# HORST GUNKEL

# JESUS
## die erste Indienreise

**Ein plausibler
Entwicklungsroman**

novum ✦ pro

Dieses **Buch ist** auch als
**e-book**
erhältlich.

Bibliografische Information
der Deutschen Nationalbibliothek:

Die Deutsche Nationalbibliothek
verzeichnet diese Publikation in
der Deutschen Nationalbibliografie.
Detaillierte bibliografische Daten
sind im Internet über
http://www.d-nb.de abrufbar.

Gedruckt in der Europäischen Union
auf umweltfreundlichem, chlor- und
säurefrei gebleichtem Papier.

© 2025 novum publishing gmbh
Rathausgasse 73, A-7311 Neckenmarkt
office@novumverlag.com

ISBN 978-3-7116-0638-9
Lektorat: Klaus Buschmann
Umschlaggestaltung, Layout & Satz:
novum Verlag

**www.novumverlag.com**

Druckprodukt mit finanziellem
**Klimabeitrag**
ClimatePartner.com/16547-2311-1001

# Inhaltsverzeichnis

# Ein Vorwort

das zum Verständnis des Buches nötig ist

Dieser Band ist der erste Teil einer Trilogie. Er beschreibt die Zeit, bevor *Jesus* als Prediger in *Palästina* auftrat. Man könnte dieses Buch auch als einen historischen Entwicklungsroman bezeichnen. Die Figur *Jesus* von *Nazareth* entwickelte sich – wie jede/-r von uns – im Laufe seines Lebens immer weiter. Von daher hat es keinen Sinn, spätere Kapitel zuerst zu lesen. Ich empfehle dringend, die Reihenfolge der Abschnitte einzuhalten und *Jesus* bei seiner Entwicklung während der ersten dreißig Jahre seines Lebens, die dieser Band beschreibt, zu folgen.

Er kommt in verschiedene Kulturen mit unterschiedlichen Sprachen, daher kommen in diesen Kulturen auch unterschiedliche, aber typische, Begriffe und Bezeichnungen vor. Diese **fett und kursiv** gedruckten Begriffe sind in einem Glossar am Ende des Buches erklärt. Ich empfehle, diese zumindest beim ersten Vorkommen dort nachzuschlagen, denn nicht immer sind die Begriffe das, was wir vielleicht dahinter vermuten. Vermutlich vergessen wir beim Lesen die Bedeutung des einen oder anderen Begriffs auch wieder, daher sind diese Begriffe bei jedem Auftauchen **fett und kursiv** gedruckt.

Es gibt aber auch Begriffe, die zwar *kursiv*, aber nicht fett gedruckt sind. Das sind Namen, diese erscheinen nicht im Glossar, zum Beispiel der Name *Jesus*. Am Ende des Buches findet sich auch ein Personenverzeichnis.

Außerdem gibt es gelegentlich Fußnoten. Diese dienen zur Erläuterung eines Begriffs oder einer Tatsache, die nur an dieser Stelle von Interesse ist. Das können beispielsweise Hinweise auf eine Quelle oder ein Bibelzitat sein. Ich empfehle daher, auch die Fußnoten zu lesen, sie dienen dem Textverständnis. Alle Bibelzitate erfolgen gemäß der Lutherbibel 2017.

Dieser Band ist keine exakte Beschreibung des Lebens *Jesu,* dazu ist die Quellenlage, die wir haben, leider zu dünn. Ich habe mich aber bemüht, alle mir vorliegenden Quellen auf ihre Plausibilität zu prüfen, und nur die Berichte, die ich für plausibel halte, zu verwenden. Ziel war dabei nicht in erster Linie eine unterhaltsame Geschichte zu schreiben, sondern die Ideen und Neuinterpretationen, die durch *Jesus* in die abrahamitischen Religionen kamen, verständlich zu machen. Das ist etwas, das die Texte des Neuen Testamentes leider nicht leisten. Daher kann man diese Biografie durchaus als einen historischen Entwicklungsroman betrachten.

Selbstverständlich sind mir einzelne Fehlinterpretationen oder auch historische Ungenauigkeiten unterlaufen, obwohl ich mich bemüht habe, solche zu vermeiden. Für diese Fehler bitte ich um Verzeihung.

Es würde mich freuen, wenn die werten Leserinnen und Leser in meinem Buch nicht nur eine interessante Lektüre finden würden, sondern auch einige Denkanstöße, die ihrer spirituellen und humanen Entwicklung dienlich sind.

In einem zweiten Band wird die Zeit von Jesu 30. Lebensjahr bis zu seinem Tod im Jahre 96 beschrieben. Dieser zweite Band ist ab Jesu 34. Lebensjahr eine hypothetische Utopie, in dem er seine Idee von einem „Reich Gottes auf Erden" in einem Ort in Kaschmir verwirklicht.

Vacha, den 24.09.2024
Horst Gunkel

# Anna, die Großmutter Jesu

Ja, es war schon schwer, wenn man als Frau kinderlos blieb. Kinder waren schließlich die Lebensversicherung für die Zeit, in der man nicht mehr für den eigenen Lebenserwerb sorgen konnte. Dies galt natürlich insbesondere für Frauen. Diese gingen keinem Lebenserwerb nach, sondern führten den Haushalt, damals ein sehr mühsames Unterfangen, und erzogen die Kinder. Sollte der Ehemann sterben, was wurde dann aus seiner Frau, wenn sie keine Kinder hatte?

Für *Anna* galt das ganz besonders, denn ihr Ehemann *Joachim* war deutlich älter als sie, würde also vermutlich vor ihr sterben. Was aber würde dann aus *Anna*? Würde sie noch einmal eine Ehe eingehen können, wenn sie nicht mehr im gebärfähigen Alter war und damit auch keine Chance hatte, diejenigen großzuziehen, die sich im Alter um sie kümmerten?

Anfangs machte sie sich noch nicht allzu viel daraus. Sie war gerade einmal 15 Jahre alt, als sie von ihren Eltern *Joachim* versprochen worden war, einem Witwer, dessen erste Ehe kinderlos geblieben war, und der nun mit der viel jüngeren Ehefrau *Anna* durchaus noch die Chance hatte Kinder zu zeugen. *Anna* war – wie so viele Mädchen – in diese Ehe hineingeschlittert, ohne sich allzu viele Gedanken zu machen. Ja, sie freute sich, obwohl *Joachim* so viel älter war. Denn er war ein gutmütiger Mann, nicht so ein Haudegen oder grobschlächtiger Kerl, der seine Frau im Suff verprügelte. Außerdem galt man damals als richtig erwachsen, wenn man verheiratet war.

*Joachim* war nicht nur ein lieber Kerl, sondern auch ein zärtlicher Liebhaber, also genoss sie die Nächte mit ihm. Aber dann war da die Sache beim Wäschewaschen am Bach. Wie jeden Mittwoch war sie dort, wusch die Wäsche und legte sie zum Bleichen aus. Natürlich waren auch zahlreiche andere Frauen da.

„Na, du bist nach fast einem Jahr Ehe noch schlank wie eine Gerte! Dein *Joachim* ist doch wohl schon zu alt für die nächtliche Begegnung?", fragte Esther, eine Nachbarin.

„Nein", wies *Anna* diese Frage brüsk zurück, „alles ist in Ordnung – und ausgesprochen angenehm."

„Angenehm vielleicht, aber ist es auch effektiv? Man macht das ja schließlich nicht nur zum Spaß, sondern auch, um Kinder zu bekommen, die einen im Alter unterstützen und am Leben erhalten können. Ist dir noch nie der Gedanke gekommen, dass es vielleicht an *Joachim* lag, dass seine erste Ehe kinderlos blieb?"

Das traf *Anna* wie ein Schlag. Nein, darüber hatte sie noch nie nachgedacht. Aber jetzt, wo der Gedanke in der Welt war, schien er gar nicht so unlogisch. An diesem Tag hatte das unbesorgte Leben *Annas* ein Ende. Sie war zwar noch sehr jung, aber der Schatten des Gedankens der Armut im Alter ließ sie nicht mehr los. An ihrem zweiten Hochzeitstag sprach sie das Thema erstmals an. „Es ist so schön mit dir, *Joachim*. Es ist fast so, wie ich mir es immer erträumt habe. Nur schade, dass wir noch keine Kinder haben." *Joachim* sagte nichts – auch nichts Abweisendes. So fasste sie etwas mehr Mut: „Merkwürdigerweise hat dir deine erste Frau auch keine Kinder geboren. Ist doch komisch, oder?"

*Joachim* kniff die Lippen zusammen: „Da fällt mir ein, *Samuel* hatte mich gebeten, ihm heute mit den Schafen zu helfen." Kaum, dass er es ausgesprochen hatte, verschwand er und kam erst lange nach Einbruch der Dunkelheit zurück. *Joachim* roch nach Wein. *Anna* stellte sich schlafend. Von diesem Tag an trugen beide an dem, was sie wussten, jedoch nicht auszusprechen wagten, wie an einer Bürde. Dies sollte für einige Jahre so bleiben.

Dann hörte *Anna* – wieder einmal beim Wäschewaschen – von einer Kräuterfrau, die magische Kräfte zu haben schien. Es gab da eine Behandlung, die wirklich alle unfruchtbaren Frauen, soweit sie relativ regelmäßig ihre Tage hatten, binnen eines Monats zur Schwangerschaft verhelfen konnte.

An diesem Tag sprach *Anna* erstmals seit Langem wieder das leidige Thema an. „Du, *Joachim*, ich bin ganz glücklich! Ich habe da etwas gehört. Du machst dir doch auch Sorgen, dass ich scheinbar keine Kinder bekommen kann. Das kann von einer Blockade kommen, habe ich gehört. Und jetzt, mein Lieber, die gute Nachricht: In *Sepphoris*[1] gibt es eine Kräuterfrau, die allen Frauen helfen kann, die regelmäßig ihre Tage haben, und die habe ich doch! Es gibt da ein Ritual und einen Kräutersud, der hilft. Es ist auch gar nicht teuer!"

*Joachim* dachte angestrengt nach. Das könnte Schwindel sein. Aber es war nicht teuer. Wenn er ihr das versagte, wo es doch ihr Herzenswunsch war, wäre klar, dass er es war, der keine Kinder zeugen konnte. Nach langem innerlichen Abwägen antwortete er ihr: „*Anna*, ich glaube, das ist ein Schwindel. Ich glaube nicht, dass dir das helfen wird, aber wenn du es unbedingt möchtest, dann gehe hin."

*Anna* fiel ihrem Mann um den Hals: „Du bist so lieb! Ich sag Bescheid, dass wir kommen."

Jetzt stutzte *Joachim*: „Wir, wieso wir? Ich werde dazu nicht gebraucht. Du bist es, die die Kinder austragen muss."

*Anna* fürchtete schon, *Joachim* würde einen Rückzieher machen, aber sie konnte ihn beschwichtigen, ohne lügen zu müssen: „Aber das ist doch nichts Heidnisches. Selbstverständlich müssen die Eheleute zu Beginn diese Rituals erst **JHWH** gemeinsam um Unterstützung bitten, sonst kann es doch nicht funktionieren. Wir sind schließlich gottesfürchtige Juden!" Da konnte *Joachim* nun wirklich nicht widersprechen, also fügte er sich, obwohl er sicher war, dass das Ritual keinen Erfolg haben würde, ach was, keinen Erfolg haben konnte! Aber es würde ihm einige Wochen Ruhe verschaffen, um nachzudenken.

---

1 Ein etwas größerer Ort als Nazareth, nur gut eine halbe Stunde von Nazareth entfernt. Hier gab es auch eine Synagoge.

Am folgenden Vollmondtag besuchten sie also die Kräuterfrau in *Sepphoris*. Zunächst gingen alle drei in den Tempel. Die Kräuterfrau opferte ein Huhn, dann sprach sie einen rituellen Text, den *Anna* und *Joachim* nachsprachen, in dem sie **JHWH** für alles dankten und sich anschließend mit ihrer ganz besonderen Bitte an ihn wandten. Dann ging es in die Hütte der Kräuterfrau, wo der Sud gekocht wurde. Während die Brühe vor sich hin brodelte, hielt die alte Frau noch eine Ansprache. *Anna* musste den Sud völlig austrinken. Am nächsten Tag würde sie Fieber bekommen, das drei Tage anhalten würde. Während dieser Zeit bekäme sie vorzeitig ihre Periode. Drei Tage nach dem Ende des Fiebers hätten die beiden ihre ehelichen Beziehungen wieder wahrzunehmen, und zwar zwei Wochen lang täglich, wenn sie wollten auch länger. In diesen vierzehn Tagen aber würde *Anna* schwanger, das sei sicher – jedenfalls, wenn es an ihr läge. Dann führte die Kräuterfrau eine Reihe von Belegen an und verwies auf bekannte Gestalten aus der jüngeren Vergangenheit, sodass ein unvoreingenommener Beobachter gesagt hätte: „Dieser Beweisgang ist schlüssig!"

Beide Eheleute hofften inbrünstig, dass das, was sie für ausgeschlossen hielten, doch einträfe. *Anna* bekam das Fieber und vorzeitig die Regel, wie die Kräuterfrau es vorausgesagt hatte. Die beiden taten alles, was die Kräuterfrau verlangt hatte. Doch als vier Wochen später *Anna* wieder blutete, war ihnen klar, was eigentlich schon zuvor klar war. Beide wussten, dass es nun zu einer Aussprache kommen musste.

*Joachim* machte, wie es sich für einen Mann gehörte, einen reiflich überlegten Vorschlag: „Ich leide unter der Tatsache, dass wir keine Kinder haben genauso wie du. Andererseits haben wir sowohl **JHWH** gebeten als auch die Sache mit den Kräutern ausprobiert. Das mit den Kräutern hat nicht funktioniert. Aber ich habe in der Nacht nach unserem Tempelbesuch im Traum eine riesige Hand mit fünf erhobenen Fingern vor mir gesehen. Im Hintergrund habe ich Menschen säen und ernten gesehen, und zwar fünf Mal. Ich denke, das bedeutet fünf Jahre. Die Hand, die ich sah, ohne dass ein Gesicht zu sehen war, denke ich, war die Hand **JHWHs**. Ich denke, das kann zweierlei bedeuten, entweder, dass wir fünf Kinder bekommen, oder dass es fünf Jahre dauert, bis wir ein Kind bekommen. *Anna*, ich weiß, du wirst ungeduldig, daher lass uns heute gegenseitig das Versprechen geben, uns einfach fünf Jahre Zeit zu geben. Heute in fünf Jahren müssen wir – falls wir bis dahin keine Kinder haben – gemeinsam alles erörtern, was dann zu tun ist, tabulos, aber gemeinsam. Ich bitte dich, meine geliebte *Anna,* um diese fünf Jahre."

*Anna* war glücklich. Das war besser als ihr eigener Vorschlag. Und er kam von ihm! „So soll es sein, *Joachim*. Ich werde dir eine gute, gehorsame Ehefrau sein und alles tun, was dich glücklich macht. Wenn ich denn wirklich erst nach fünf Jahren schwanger werden sollte, sei es drum! Ich verspreche dir sogar sieben Jahre zu warten, bevor wir das machen, was du angekündigt hast: alles erörtern, tabulos, aber gemeinsam. Heute in sieben Jahren soll das Gespräch stattfinden." Dann fielen sich beide in die Arme und küssten einander innig. Sie hatten Frieden und Zeit. Aber beide wussten auch, dass sie bis zu diesem Zeitpunkt in Ruhe nach einer Lösung suchen konnten, die möglichst auch für die andere Seite zumutbar war.

So vergingen die Jahre, es waren gute Jahre. *Anna* war *Joachim* eine fleißige und folgsame Ehefrau. *Joachim* war *Anna* ein liebevoller Gemahl. Allmählich war es auch kein Gesprächsthema mehr, dass die beiden keine Kinder hatten, sie schienen sich damit arrangiert zu haben. So vergingen die Jahre. Es waren schon mehr als fünf Jahre vergangen, wie *Joachim* vorgeschlagen hatte, aber noch nicht die sieben, die ihm *Anna* zugestanden hatte, als sie ihren dreißigsten Geburtstag beging. Als sie an ihrem Ehrentag die Augen öffnete, sah *Joachim* zu ihr herab, dann küsste er sie und sagte: „Ich wäre so weit, das Gespräch zu führen, das wir uns versprochen haben. Bist auch du bereit?"

*Anna* schaute verdutzt. Damit hatte sie heute nicht gerechnet. Sie überlegte einen Moment und antwortete: „Du hast mir damals von einer Hand erzählt, womöglich von **JHWHs** Hand. Bevor wir bei der Kräuterfrau waren, waren wir im Tempel und haben IHN um seinen Segen gebeten. Ich denke, es wäre nur angemessen, wenn wir auch vor diesem Gespräch in den Tempel gingen und **JHWH** bitten, dass er seine Hand über uns hält. Lass uns daher den Sabbat abwarten, gemeinsam im Tempel beten und dann das machen, worauf wir uns vorbereitet haben, mein Liebster."

Sie küsste *Joachim* auf den Mund. Dieser sah sie an. Was hatte er doch für eine liebe Frau. Er antwortete: „Ja, meine Liebe, du hast recht, wir wollen uns mit dem Segen des Allmächtigen in unser wichtiges Gespräch begeben."

So geschah es. Mit der Gewissheit, Gottes Segen zu haben, gingen sie in das Gespräch. „Welche Idee hast du, lieber *Joachim*?" Selbstverständlich überließ *Anna* es ihm, den ersten Vorschlag zu machen.

„Liebe *Anna*, es scheint mir eindeutig zu sein, dass ich es bin, der keine Kinder zeugen kann. Dies scheint **JHWHs** Wille zu sein, sein Wille geschehe im Himmel wie auch auf Erden. Wir beide, du und ich, du vermutlich länger als ich, denn du bist viel jünger, brauchst Kinder, die sich im Alter um dich kümmern. Die kannst du aber nur von einem zeugungsfähigen Mann bekommen. Ich andererseits will dich an keinen anderen verlieren. Wir brauchen also einen Mann, dessen Samen du empfangen kannst und der dann aus deinem Leben verschwindet, einen Mann, zu dem du keine emotionale Bindung hast. Es muss ein Mann sein, den nicht du aussuchst, sondern ich, damit keine Eifersucht in mir aufsteigt. Ein Mann, auf den ich mich verlassen kann, dass er es mir zuliebe tut und nicht, um dich an ihn zu binden. Er muss dann weg, darf nicht mit dem Kind zusammen sein und vor allem: Es darf niemand erfahren. Denn wenn es herauskäme, würdest du gesteinigt, wie es mit Ehebrecherinnen geschieht. Ich wäre gezwungen, dich zu verleugnen und zu verstoßen, sonst würde ich von allen gemieden. Liebe *Anna*, das ist mein Vorschlag. Ich kenne auch einen Mann, dem ich vertraue und der alle Kriterien erfüllt."

*Annas* Gedanken waren in eine ähnliche Richtung gegangen, aber sie hatte furchtbare Angst gehabt, dies auszusprechen. Umso erleichterter war sie, als sie das von ihm hörte, von ihrem geliebten und feinfühligen Ehemann. Dann sagte sie: „Mein Vorschlag wäre ein etwas anderer gewesen, aber deiner ist noch besser. Dennoch wird es Gerede geben, wenn ich überraschend doch schwanger werde. Am *Sabbat*, als wir im Tempel waren, hatte ich das Gefühl, als würde ein Engel mir Mut einflößen. Was hältst du davon, wenn ich herumerzähle, ich hätte eine Engelserscheinung gehabt. Der Engel hätte mir verkündet, dass ich übers Jahr schwanger würde?"

„Das ist eine ganz ausgezeichnete Idee, meine Liebe! So machen wir das. Ich bespreche alles mit meinem Vertrauten, dem Erzeuger unseres Kindes, und du erzählst von deiner Engelserscheinung!"

Und sie taten es, wie sie sich das vorgenommen hatten. *Joachim* zog für ein paar Tage mit dem Esel weg, um alles vorzubereiten, und *Anna* wurde in den nächsten Tagen nicht müde, überall von ihrer Erscheinung zu reden. Sie vergaß aber auch nicht, in den Tempel zu gehen und um Segen für ihr Vorhaben zu bitten.

Als *Joachim* von seiner kurzen Reise zurückkehrte, wurde er von Nachbarn begrüßt: „Du glaubst gar nicht, was deine Frau erzählt!"

„Mir völlig egal, Gevatter, Ihr glaubt nicht, was mir passiert ist. Nur eine Tagesreise von hier entfernt erschien mir in der Nacht ein Engel und verkündete mir, dass ich auf meine alten Tage noch Vater werde!"

Natürlich ging die Nachricht vom „doppelten Engelswunder" auch in den Nachbardörfern umher, obgleich man doch stark anzweifelte, dass die beiden tatsächlich noch Kinder bekommen konnten. Einige Zeit später, kurz bevor *Anna* ihre fruchtbaren Tage hatte, brachen die beiden mit einem Esel und etwas Gepäck auf, um angeblich einen entfernten Onkel *Joachims* zu besuchen. In Wirklichkeit aber gingen sie in eine abgelegene Gegend, wo ein einsamer Schäfer seine Schafe hütete. Es gab dort nur zwei Hütten, die des Schäfers und eine zweite, in der *Joachim* und *Anna* für ein paar Tage wohnten. Zur Abendstunde gab *Joachim* seiner Frau einen Kuss, dann stand sie auf und ging für eine Stunde in die andere Hütte. Es war etwas, wovon glücklicherweise niemand erfuhr. Der Plan war gelungen.

Monate danach wurde es im Dorfe allmählich klar: Der Engel hatte die Wahrheit verkündet, *Anna* bekam allmählich ein Bäuchlein. Neun Monate nach dem „doppelten Engelswunder" entband Anna von einer Tochter. Auch der **Rabbiner** im Tempel verkündete, dass ein Wunder geschehen war: „Die Prophezeiung in *Annas* Namen hat sich erfüllt!" Das war in aller Ohren besonders bedeutungsvoll, denn im Hebräischen bedeutet *Anna*: „**JHWH** hat sich erbarmt."

Die Eltern gaben dem Säugling den Namen *Maria*. Sie wussten damals noch nicht, dass die vielleicht berühmteste Frau der Weltgeschichte erschienen war.

*Maria* wuchs heran, doch schon früh verstarb ihr sozialer Vater (vom biologischen Vater war nichts bekannt, so wie das *Anna* und *Joachim* planten). *Anna* heiratete nach einiger Zeit erneut einen Mann namens *Kleophas* und hatte mit ihm wohl auch weitere Kinder, was allerdings nicht überliefert ist.

# Maria ist schwanger

Wir machen einen weiten Sprung, denn über die Kindheit *Marias* ist kaum etwas bekannt. Sie ist die Tochter der *Anna*. Selbstverständlich hält sie *Joachim* für ihren Vater. Sie kannte diesen Vater kaum, denn er starb schon, als sie noch ein kleines Kind war. Nachdem *Anna* den *Kleophas* geehelicht hatte, verlief ihr Leben einige Zeit recht unspektakulär. Aber dann ...

*Maria* war gerade dreizehn geworden, als sie völlig aufgelöst zu Hause erschien. *Kleophas* war zu diesem Zeitpunkt nicht zugegen. *Maria* warf sich in die Arme ihrer Mutter und heulte wie ein Schlosshund. Es war klar, dass etwas sie völlig erschüttert haben musste. Ihre Mutter versuchte sie zu beruhigen.

*Das Kind ist in der Pubertät, da können schon einmal große Gefühle und Abgründe von Enttäuschungen aufkommen*, sagte sie sich. Zu ihrer Tochter sprach sie: „Mein liebes Kind, was immer es ist, du kannst dich mir anvertrauen. Ich bin nicht nur deine Mutter, sondern auch deine beste Freundin." Vielleicht hätte sie ihrer Mutter wirklich anvertraut, was geschehen war, wenn nicht in diesem Moment gerade ihr Stiefvater hereingekommen wäre. Etwas unsensibel sagte er: „Na, was ist denn hier los? Unsere *Maria* hat doch nicht etwa den ersten Liebeskummer?"

*Maria* riss sich von ihrer Mutter los und herrschte *Kleophas* in einer Weise an, wie es für Kinder gegenüber ihren Eltern äußerst unangemessen war: „Du verstehst überhaupt nichts, nichts verstehst du!" Sie rannte weg. Als sie nach einigen Stunden noch nicht wieder aufgetaucht war, begann *Anna* ihre Tochter zu suchen. Nachdem diese Suche ihr anfänglich nicht weiterhalf, überlegte sie. Ihr kam eine Idee. Am Vortag hatte eine Katze in der kleinen Scheune am Wegrand Junge zur Welt gebracht. Das könnte *Marias* Zufluchtsort sein. Tatsächlich fand sie das Kind dort und nahm ihre

Tochter in die Arme. Noch immer liefen Tränen über *Marias* Gesicht. Lange saßen sie beisammen. Ob sie ihrer Mutter zu diesem Zeitpunkt oder später erzählte, was vorgefallen war, ist unbekannt. Ebenso alles, was in den nächsten Tagen und Wochen geschah.

Allerdings wurde sowohl *Maria* als auch ihrer Mutter in den nächsten Wochen klar, dass das Befürchtete wirklich eingetreten war: *Maria* war schwanger.[2]

Wie die Schwangerschaft eingetreten war, ist unbekannt. Das Einzige, was ziemlich sicher erscheint, ist, dass es nicht der Heilige Geist war, der das Mädchen geschwängert hatte. Von verschiedenen Möglichkeiten scheinen mir diese die plausibelsten:

- *Maria* traf sich mit einem Jungen zu ersten Zärtlichkeiten, dann geriet die Sache außer Kontrolle und er vergewaltigte sie.
- Es könnte sich auch um eine Bande gehandelt haben, die das junge Mädchen in ihre Gewalt brachte und vergewaltigte.
- Es ist bekannt, dass *Maria* sehr oft in den Tempel ging, möglicherweise wurde sie auch von einem Priester missbraucht.

Das sind sicher nur Mutmaßungen, wenn auch diejenigen, die mir als die plausibelsten erscheinen.

Natürlich taten *Anna* und *Maria* alles, was in ihrer Macht stand, damit *Marias* Schwangerschaft erst einmal nicht bekannt wurde, denn schwangeren Mädchen drohte die Todes-

---

2 Die Bibel bietet uns hier den Mythos von der Jungfrauengeburt an, um die Göttlichkeit *Jesu* zu unterstreichen. Dieser Mythos ist aber offensichtlich der übernommene Geburtsmythos der indischen Gottheit *Krshna* aus dem *Atharvaveda*, dort heißt es: „*Gebenedeit seist Du, Davanaki, unter den Frauen … Du bist ausersehen zum Werke der Erlösung … Jungfrau und Mutter, wir grüßen Dich, Du bist unser aller Mutter, denn aus dir wird der Erlöser geboren. Du sollst ihn Krshna nennen.*" (zitiert nach Holger Kersten: Jesus lebte in Indien, München: Knaur 1984, S. 114). *Krshna* gilt den **Hindus** als der Sohn des Schöpfergottes **Brahma**.

strafe durch Steinigung. „Eines ist vor allem wichtig", hatte *Anna* ihrer Tochter eingebläut, „dass erst einmal niemand – wirklich kein Mensch! – von deiner Schwangerschaft erfährt. Inzwischen kümmere ich mich um einen Ausweg. Ich habe da bereits eine Idee."

*Anna* wusste aus ihrer Erfahrung, welches Problem es sein konnte, wenn man keine Kinder hatte. Sie wusste auch, wie es war, wenn Männer oder Frauen ihren Partner verlieren und keine Kinder hatten. Sie suchte in *Nazareth* nach einem möglichen Partner und hatte tatsächlich bald jemanden im Auge. Die Verhandlungen mussten natürlich in aller Stille geführt werden, denn niemand durfte von *Marias* Schwangerschaft erfahren.

*Anna* konnte den Zimmermann *Josef* überzeugen, dass das seine Chance war. *Josef* war jetzt ungefähr 40 Jahre alt und Witwer, seine Frau war an Kindbettfieber gestorben. So wurden *Anna* und *Josef* handelseinig: Er würde die Verlobung mit *Maria* bekannt geben. Er würde sie heiraten und somit *Marias* Steinigung verhindern. Zwar würde er einen Balg aufziehen, aber das wüsste keiner außer *Maria*, *Anna* und er selbst. Der besondere Vorteil für ihn war: Er bekäme nicht nur eine neue Ehefrau, sondern dazu noch eine so junge, wie es für einen Mann seines Alters unter normalen Umständen praktisch nicht möglich war.

Als *Anna* ihrer Tochter von der Abmachung erzählte, war diese überglücklich. Natürlich nicht deswegen, weil sie einen so viel älteren Mann bekam, sondern weil damit ihr Leben gerettet war. An diesem Abend ging *Maria* noch einmal zu ihrer Mutter und umarmte sie in Dankbarkeit: „Mutter, ich bin so froh und glücklich darüber, was du für mich getan hast. Und weißt du: Ich glaube, das wird ein ganz besonderes Kind."

„Ganz bestimmt", sagte sie zu ihrer Tochter, dabei dachte sie: *Jedes Kind ist ein ganz besonderes, wenn wir es dabei unterstützen sich zu dem zu entfalten, was sein höchstes Potenzial ist.*

Das Kind wurde wirklich etwas ganz Besonders!

# Die Geburt Jesu

Die Weihnachtsgeschichte ist allgemein bekannt. Sie ist allerdings ein **Mythos**. Sie hat schlicht nicht stattgefunden. Natürlich ist *Jesus* geboren worden, aber er ist eben natürlich geboren worden. Die Sache mit der Jungfrauengeburt[3] ist ein netter **Mythos**, an den wohl heute nur die wenigsten glauben. Im letzten Kapitel wurde eine mögliche Alternative dargestellt.

Aber auch der Geburtsmythos[4] von der Reise der hochschwangeren Maria auf einem Esel nach *Bethlehem* wegen einer Volkszählung ist ein Mythos.[5] Anlass dieser Reise soll eine Volkszählung („Schätzung") auf Befehl von Kaiser Augustus gewesen sein. Diese Volkszählung gab es nicht. Das

---

3 „Und der Engel kam zu ihr hinein und sprach: Sei gegrüßt, du Begnadete! Der Herr ist mit dir!" (Lk 1,28)
„Und der Engel sprach zu ihr: Fürchte dich nicht, Maria! Du hast Gnade bei Gott gefunden. Siehe, du wirst schwanger werden und einen Sohn gebären, dem sollst du den Namen *Jesus* geben." (Lk. 1,30–31)

4 „Es begab sich aber zu der Zeit, dass ein Gebot von dem Kaiser *Augustus* ausging, dass alle Welt geschätzt würde. Und diese Schätzung war die allererste und geschah zur Zeit, da *Quirinius* Statthalter in *Syrien* war. Und jedermann ging, dass er sich schätzen ließe, ein jeglicher in seine Stadt. Da machte sich auf auch *Josef* aus *Galiläa*, aus der Stadt *Nazareth*, in das judäische Land zur Stadt *Davids*, die da heißt *Bethlehem*, darum dass er von dem Hause und Geschlechte *Davids* war, auf dass er sich schätzen ließe mit *Maria*, seinem vertrauten Weibe; die war schwanger. Und als sie daselbst waren, kam die Zeit, dass sie gebären sollte." (Lk 2,1–6)

5 Die Geburt im Stall mit Hirten erinnert stark an die zu Jesu Zeit bekannte Geschichte von Mithras, der in einer Grotte geboren und dann von Hirten besucht wurde. Der Mithraskult war eine zu Jesu Zeiten im Römischen Reich verbreitete Religion, die wiederum auf die indoarische Gottheit Mitra des Rigveda zurückgeht.
(vgl. Wikipedia (2.10.2024: https://de.wikipedia.org/wiki/Mithras)

Lukasevangelium wurde zwischen 60 und 85 n. Chr. verfasst, der Evangelist kannte *Jesus* nicht und war auch keiner seiner Jünger. Er bezieht sich also bei seinem Bericht auf das, was er gehört hat und vielleicht auch auf eigene Interpretationen. Anfänglich stammten die meisten Anhänger *Jesu* aus dem jüdischen Volk. Für sie galt das, was im **Tanach** (im Prinzip identisch mit dem Alten Testament) steht, als das Wort Gottes. Dort ist das Erscheinen des **Messias** angekündigt, allerdings in der „Stadt **Davids**", das ist *Bethlehem*. Nun stammt *Jesus*[6] allerdings aus *Nazareth*. Man brauchte also einen Vorwand, seine Geburt nach *Bethlehem* zu verlegen. Ein möglicher Anlass dazu könnte ein **Zensus** sein. Ein solcher fand wohl unter *Quirinius,* dem römischen Statthalter in *Syrien,* statt, dieser war von 12 bis 6 v. Chr. Statthalter, aber eben nicht zur Zeit Jesu. Selbstverständlich gab es dabei keine Pflicht in seinen Geburtsort zurückzukehren, wozu auch? Bei den anderen drei Evangelisten erscheint diese Szene nicht. *Lukas* gilt als der poetischste der vier Evangelisten. Die Sache mit dem Kind in der Krippe ist in der Tat eine anrührende Geschichte, ein schöner **Mythos**.

Das Ganze hat natürlich mit dem Termin[7] Weihnachten, mit dem 25. Dezember, nichts zu tun. Weihnachten wurde vielmehr auf den 25. Dezember gelegt, weil dies im *Römischen Reich* der höchste Feiertag war: „*Sol invictus*", der Tag der „unbesiegten Sonne", also die römische Sonnwendfeier. Die Christen feierten Weihnachten erstmals im Jahr 361, damals schickte sich das Christentum gerade an, in Rom Staatsreligion zu werden. 50 Jahre vorher – im Jahr 313 hatte Kaiser *Konstantin* mit dem Toleranzedikt von Mailand die offizielle Christenverfolgung beendet, 380 unterzeichneten die beiden

---

6 Die Kreuzinschrift I.N.R.I. bedeutet „Iesus Nazarenus Rex Iudaeorum", Jesus von Nazareth, König der Juden.

7 Dieser Termin harmonisiert auch nicht besonders gut mit dem katholischen Feiertag Mariä Empfängnis am 8. Dezember.

römischen Kaiser (*Valentinian II.* von Westrom und *Theodo-
sius I.* von Ostrom) das Dekret, welches das Christentum zur
Staatsreligion machte. Und so deutete man den heidnischen
Feiertag „*Sol invictus*" einfach um zu *Jesu* Geburt, was na-
helag. Denn die Christen bezeichneten *Jesus* als „Licht der
Welt". Er war derjenige, der durch die Auferstehung den Tod
besiegt hatte, da kam das Fest der Wiedergeburt der Sonne
im Jahreszyklus sehr gut zupass.

Dass es zur angeblichen Geburtszeit Jesu weder einen Ko-
meten noch eine eventuell damit zu verwechselnde Sternen-
konstellation gab, passt nur allzu gut ins Bild.

Noch ein **Mythos** rankt sich um die Geburt *Jesu*, nämlich
die des Kindermordes von Bethlehem, den König *Herodes* angeordnet haben soll, um *Jesus* zu töten, weil er ihn angeblich
für einen Thronanwärter in der Nachfolge **Davids** hielt.[8] Die
Geschichte kommt bei *Matthäus* als einzigem Evangelisten
vor. Sie ist augenscheinlich nicht richtig. Zum einen setzt
sie voraus, dass *Jesus* in Bethlehem geboren wurde, was, wie
wir gezeigt haben, nicht korrekt ist. Außerdem starb König
*Herodes* bereits im März des Jahres 4 v. Chr. Auch der jüdische Historiker *Flavius Josephus*, der im Jahre 94 n. Chr. die
„Jüdischen Altertümer" (*Antiquitates Iudaicae),* ein grund-
legendes historisches Werk über das Judentum, verfasste,
erwähnt einen Kindermord nicht.

Vorlage für den **Mythos** des „Kindermordes von Bethlehem" dürfte eine Geschichte des Alten Testaments gewesen
sein. Damals habe der ägyptische Pharao alle Kinder der Juden
töten lassen,[9] um das versklavte jüdische Volk demografisch

---

8 Als *Herodes* nun sah, dass er von den Weisen betrogen war, wurde er
   sehr zornig und schickte aus und ließ alle Knaben in *Bethlehem* töten
   und in der ganzen Gegend, die zweijährig und darunter waren, nach
   der Zeit, die er von den Weisen genau erkundet hatte. (Mt 2,16)
9 Da gebot der *Pharao* seinem ganzen Volk und sprach: Alle Söhne,
   die geboren werden, werft in den *Nil,* aber alle Töchter lasst leben.
   (2 Mo 1,22)

zu schwächen. Damals soll *Moses* dem Kindermord entgangen sein.[10] Auch dieser Kindesmord ist fraglich, denn er ist nur durch das Alte Testament belegt. Der Autor der „fünf Bücher *Mose*" soll *Moses* selbst gewesen sein.

Die heutige Bibelwissenschaft geht davon aus, dass die fünf Bücher *Mose* eine Sammlung von Schriften verschiedener Autoren sind.

---

10 Und es ging hin ein Mann vom Hause *Levi* und nahm eine Tochter *Levis* zur Frau. Und sie ward schwanger und gebar einen Sohn. Und als sie sah, dass es ein feines Kind war, verbarg sie ihn drei Monate. Als sie ihn aber nicht länger verbergen konnte, nahm sie ein Kästlein von Rohr für ihn und verklebte es mit Erdharz und Pech und legte das Kind hinein und setzte das Kästlein in das Schilf am Ufer des *Nils*. Aber seine Schwester stand von ferne, um zu erfahren, wie es ihm ergehen würde. Und die Tochter des *Pharao* ging hinab und wollte baden im *Nil*, und ihre Dienerinnen gingen am Ufer hin und her. Und als sie das Kästlein im Schilf sah, sandte sie ihre Magd hin und ließ es holen. Und als sie es auftat, sah sie das Kind, und siehe, das Knäblein weinte. Da jammerte es sie, und sie sprach: Es ist eins von den hebräischen Kindlein. (2 Mo 2,1–6)

# Der Knabe Jesus

Über die Kindheit *Jesu* ist nichts Gesichertes bekannt. Was wir wissen, ist das, was die vier Evangelisten des Neuen Testaments berichten, und das, was in **apokryphen** Schriften steht. Ich übernehme hier zunächst einige Berichte[11] aus dem **Kindheitsevangelium nach Thomas**.

*Jesus* dürfte gerade fünf Jahre alt gewesen sein, da spielte er mit einigen Knaben in einer früheren Lehmgrube. Die Jungen formten aus dem Lehm verschiedene Figuren, die unterschiedliche Vögel darstellen sollten. Da kam der Sohn des Hohepriesters *Annas* des Weges und tadelte die Knaben, denn es sei **Sabbat** und daher nicht zulässig Handarbeiten zu betreiben. Während die anderen Jungen betreten dreinschauten, ging *Jesus* in die Offensive: „Du Dummkopf, das Verbot bezieht sich doch auf Arbeiten und nicht auf Kinderspiele. Ihr solltet euch schämen, meine Freunde so anzuschnauzen!" *Annas* war ungehalten und schickte sich an, die Lehmfiguren niederzutrampeln. *Jesus* aber soll – so schreibt Thomas – in die Hände geklatscht und gerufen haben: „Fliegt davon!"

Selbstverständlich wurden die Lehmvögel augenblicklich lebendig und erhoben sich in die Lüfte, um sich in Sicherheit zu bringen. *Annas* lässt das allerdings nicht auf sich sitzen und zerstörte in der Folge die Tümpel, die die Feuchtigkeit für die Lehmgruben lieferten. Das wiederum hatte zur Folge, dass *Jesus* ihn verflucht, worauf der Verfluchte laut dem Autor dieser Schrift „verdorrt". Dies wurde später so interpretiert, dass *Jesus* ihn durch den Fluch tötete.

---

11 Meine Quelle hierfür ist in erster Linie: https://www.bibelwissenschaft.de/ressourcen/wibilex/neues-testament/kindheitsevangelium-nach-thomas-kthom (Stand: 4. 1. 2024)

Auf dem Rückweg vom Bach waren die Knaben noch ziemlich aufgebracht, ein anderer Junge lief an *Jesus* vorbei und rempelte ihn an, worauf *Jesus* auch diesen verfluchte. Der Verfluchte starb. Als *Jesus* nach Hause kam, stellte ihn *Josef* zur Rede und machte ihm klar, dass er seine übernatürlichen Fähigkeiten nicht dazu benutzen dürfe, anderen zu schaden oder gar sie zu töten.[12] (Dies ist wohlgemerkt nur der Bericht *Thomas' des Israeliten*, ihr Wahrheitsgehalt ist meines Erachtens mit Sicherheit nicht höher als der der vier anerkannten Evangelisten.)

Von den besonderen Fähigkeiten des Knaben hatte auch der Lehrer *Zachäus* gehört. Er beschloss, dem Knaben Weisheit zu vermitteln. *Jesus* wies dessen Versuche scharf zurück, für ihn jedoch endete die Episode nicht tödlich. Der Zurückgewiesene bekannte in seiner Verzweiflung hingegen, dass *Jesus* entweder „ein Gott oder ein Engel oder was soll ich sagen – ich weiß es nicht" sei.

Dennoch scheinen die Ermahnung des *Josef* und das Auftreten des *Zachäus* nicht ohne Auswirkungen geblieben zu sein, denn der Autor dieses **apokryphen** Textes lässt *Jesus* nunmehr verkünden, er werde darauf hinwirken, dass „die Blinden sehen und die Törichten verständig werden". Nun wirkte *Jesus* ein Wunder und die Geschädigten werden wiederbelebt, so berichtet *Thomas der Israelit*.

Laut dem **Kindheitsevangelium nach Thomas** führte das bis dahin Berichtete dazu, dass zum einen alle angerichteten Schäden behoben wurden, zum anderen wagte es niemand „von da an, ihn wütend zu machen".

Als Jesus etwa sieben Jahre alt ist, spielten die Kinder auf den Flachdächern von *Nazareth*, dabei stürzte der Knabe *Zenon* vom Dach und blieb tot liegen. Andere Kinder beschul-

---

12 Diese Berichte über Tötungen durch Jesus waren ein wichtiger Grund dafür, dass die Kirche diesen Text als **apokryph** ansah und ihn verwarf.

digten *Jesus*, er habe *Zenon* vom Dach geschubst. Er wurde daraufhin von den Eltern des Knaben zur Rede gestellt. Er rief *Zenon* als seinen Zeugen auf, indem er ihm zurief: „Erwache." Tatsächlich erwachte dieser und bekannte, er sei aus eigener Unachtsamkeit vom Dach gestürzt.

Als *Jesus* acht Jahre war, beschloss *Josef* ihn wegen seiner Weisheit auf die Schule[13] zu schicken, das jedoch erwies sich als fatal. Sein neuer Lehrer wurde nämlich nicht wie der erste nur beschämt, sondern er starb durch einen Fluch *Jesu*. (Das ist allerdings ein Widerspruch zu Thomas' früherer Aussage, dass es niemand mehr wagte, „ihn wütend zu machen"). *Jesus* erhielt nunmehr Hausarrest.

Ein paar Tage später bot sich jedoch ein dritter Lehrer an, *Jesus* wieder in der Schule aufzunehmen. Er erkannte *Jesu* Überlegenheit an und ließ sich seinerseits von ihm belehren. Damit beweist dieser Lehrer besondere Weisheit, denn das führte dazu, dass *Jesus* auch den verfluchten Lehrer wiederbelebte und so – nach *Thomas* – „Gnade und Weisheit" unter Beweis stellte.

Soweit das, was uns *Thomas der Israelit* im **Kindheitsevangelium** berichtet. Man sollte diesem Evangelium mindestens mit der gleichen Skepsis begegnen wie den vier kanonischen. Ich habe das hier nur nacherzählt, weil es eine gut zehnjährige Lücke in der *Jesus*-Biografie füllen kann, zehn Jahre, für die ich keine bessere Quelle habe und auch keine eigene Hypothese aufstellen will.

---

13 „Schule" fand bei den Juden in der **Synagoge** statt, die meisten der Lehrer dürften **Rabbiner** gewesen sein.

# Der Jüngling

Die Evangelisten berichten uns wenig über die Kindheit und Jugend *Jesu*. Einzig der Evangelist *Lukas* berichtet, dass *Maria* und *Josef* den Knaben *Jesus* jährlich zum **Passafest**[14] (das jüdische Fest entspricht zeitlich in etwa unserem Ostern) nach *Jerusalem* mitnahmen. Das ist eine beachtliche Reise von etwa 140 Kilometern (einfache Entfernung), die damals in etwa vier bis sechs Tagesetappen zurückzulegen war. Ein besonderes Ereignis soll sich abgespielt haben, als *Jesus* zwölf Jahre alt war.[15]

*Jesus* fand die Vorträge der **Rabbiner** interessant, jedoch genügten sie seinem kritischen Verstand nicht. Er fragte, widersprach und argumentierte. Einiges schien ihm äußerst fraglich. Der Gott, der im **Tanach** auftrat, schien jähzornig zu sein. Das war etwas, was *Jesus* aus seiner Kindheit kannte und inzwischen überwunden zu haben glaubte. Wie konnte es sein, dass Gott seinen Jähzorn nicht im Griff haben sollte? Ein guter Gott musste einer der Liebe und des Mitgefühls sein. Er musste gleichmütig sein und durfte keine negativen Emotionen haben.

Einige der **Rabbiner** verbaten sich diese Kritik und wollten den Knaben wegen Aufsässigkeit aus dem Tempel jagen. Es gab aber auch andere, die die Fragen *Jesu* absolut berechtigt

---

14 Und seine Eltern gingen alle Jahre nach *Jerusalem* zum **Passafest**. (Lk 2,41)

15 Und als er zwölf Jahre alt war, gingen sie hinauf nach dem Brauch des Festes. Und als die Tage vorüber waren und sie wieder nach Hause gingen, blieb der Knabe *Jesus* in *Jerusalem*, und seine Eltern wussten's nicht. Sie meinten aber, er wäre unter den Gefährten, und kamen eine Tagereise weit und suchten ihn unter den Verwandten und Bekannten. Und da sie ihn nicht fanden, gingen sie wieder nach *Jerusalem* und suchten ihn. (Lk 2,42–45)

fanden. Besonders drei **Rabbinern** imponierte der junge *Jesus*, ein älteren (ich nenne ihn hier *Primus*) und zwei jüngere Schriftgelehrten (ich nenne sie *Sekundus* und *Tertius*). Die Disputation zwischen *Jesus* und den drei **Rabbinern** zog sich über mehrere Tage.[16] Sie könnte in etwa so verlaufen sein:

*Jesus*: „Ich bin begeistert von der Kraft **JHWHs**. Aber manchmal frage ich mich: ‚Kann ein gütiger Gott so handeln?' Nehmen wir beispielsweise die Sache mit der Sintflut. **JHWH** soll durch diese riesige Flut alle Menschen ausgetilgt haben, bis auf die Familie des *Noah*. Waren denn alle anderen von Grund auf böse, dass sie mit dem Tode bestraft werden mussten? Auch kleine Kinder?"

*Primus*: „Ich kann dich gut verstehen, *Jesus*, auch mir sind nur allzu oft Zweifel gekommen an dem, was im **Tanach** steht. Schon als junger Mann habe ich ganz ähnliche Fragen gestellt. Ich habe ähnliche Ablehnung erfahren wie du. Das war während meiner Ausbildung zum **Rabbiner**. Eines Tages nahm mich einer meiner Ausbilder, ein alter **Rabbiner**, der mir immer verständnisvoll zugehört hatte, mit in ein geheimes Zimmer unter dem Tempel. Dort befanden sich viele Schriftrollen. Er holte vier davon heraus und las mir daraus vor. Es war immer dieselbe Stelle aus dem **Tanach**. Die erste Version kannte ich, es war ein Abschnitt, der auch beim **Passafest**

---

16 Und es begab sich nach drei Tagen, da fanden sie ihn im Tempel sitzen, mitten unter den Lehrern, wie er ihnen zuhörte und sie fragte. Und alle, die ihm zuhörten, verwunderten sich über seinen Verstand und seine Antworten. Und als sie ihn sahen, entsetzten sie sich. Und seine Mutter sprach zu ihm: Mein Kind, warum hast du uns das getan? Siehe, dein Vater und ich haben dich mit Schmerzen gesucht. Und er sprach zu ihnen: Warum habt ihr mich gesucht? Wusstet ihr nicht, dass ich sein muss bei denen, die zu meinem Vater gehören? Und sie verstanden das Wort nicht, das er zu ihnen sagte. (Lk 2,46–50)
*Lukas* will mit diesem Wortlaut klarmachen, dass *Jesus* nicht *Josef*, sondern Gott für seinen Vater hält. Es darf angezweifelt werden, ob das der Zwölfjährige auch so gesehen hat.

vorgetragen wird. Aber jede der drei anderen Varianten waren verschieden. Eine war noch ähnlich, die zweite sehr viel ausführlicher und die dritte nicht nur kürzer, sie schien auch widersprüchlich gegenüber den anderen. Der altertümlichen Sprache nach musste sie die älteste der drei Schriften sein. Ich war verwundert und fragte meinen Ausbilder: „Und was ist nun wahr?" Er lächelte und sagte mir, das wisse nur **JHWH** allein. Ich aber solle einfach mein Herz befragen: Wie würde ein gerechter und liebevoller Gott gehandelt haben? Seitdem weiß ich, dass ich immer vorsichtig sein muss, wenn irgendjemand sagt: ‚Es steht aber geschrieben …'"

*Sekundus* ergänzte: „Auch ich bin **Rabbiner**, auch ich zweifle oft. Mein Onkel, den ich sehr schätze und vor zwei Jahren besucht habe, gehört einer Sekte an. Sie nennen sich **Essēner**, fromme Leute, die ein gottgefälliges Leben führen. Sie lehnen jede Form von Gewalt ab. Sie essen nicht einmal Tiere, weil sie sagen, dass auch diese **JHWHs** Geschöpfe sind, dass sie leben und nicht sterben wollen. Ich war sehr beeindruckt von der Frömmigkeit und Genügsamkeit dieser Leute. Ich habe mich gefragt, ob ich nicht zu ihnen gehen sollte. Vielleicht wäre es besser. Aber ich muss zugeben, dass ich ein schwacher Mensch bin und lieber als angesehener Rabbiner lebe als in Armut wie sie. Zugegebenermaßen liebe ich auch den Wein, den sie nicht trinken, weil sie sagen, er trübt den Geist."

*Jesus* war beeindruckt von diesen Aussagen, er wollte noch mehr wissen: „Kann es sein, dass es viele unterschiedliche Ansichten über Gott gibt und niemand wirklich weiß, welche die richtige ist? Gibt es vielleicht noch andere Sekten, die Luxus ablehnen und ein freies und genügsames Leben führen wie die Vögel des Himmels, die nicht arbeiten und doch satt werden und Gott vielleicht näher sind als wir?"

*Tertius*: „Ich habe von einer Sekte in Ägypten gehört. Sie sind zwar keine Juden, aber sehr fromm. Sie verehren einen Erleuchteten, der vor Hunderten von Jahren gelebt haben soll. Sie heilen Krankheiten des Körpers und der Seele nach einer eigentümlichen, aber logischen Methode in vier Schritten. Sie ergründen erst, was das Problem ist, das ist noch ganz normal. Aber statt nun die bekannten Heilmittel anzuwenden, fragen sie nach den Ursachen. Nun bekämpfen sie nicht die Krankheiten mit den üblichen Methoden, sondern die Ursache. Schließlich machen sie einen genauen Plan, wie man die Ursache bekämpfen kann."

*Sekundus:* „Ja, von denen habe ich bei den **Essēnern** auch gehört. Diese Sekte nennt sich die **Therapeuten.** Den Plan den sie machen, um die Ursache des Leidens zu bekämpfen, nennt man Therapie. Einige renommierte griechische Ärzte sollen diese Methode übernommen haben."

*Jesus* war begeistert von den vielen neuen Dingen. Er sprach: „Wahrlich, ich sage euch, ich werde diese **Essēner** aufsuchen und vielleicht auch die **Therapeuten.** Es gibt mehr Dinge zwischen Himmel und Erde, als uns unsere Schulweisheit lehrt – und als im **Tanach** steht."

Nach drei Tagen fanden *Josef* und *Maria* ihren Sohn im Tempel wieder und nahmen ihn mit zurück nach *Nazareth.* Dort arbeitete er noch einige Monate – wie zuvor auch schon – als Gehilfe seines Vaters und erlernte das Handwerk des Zimmermanns.[17]

*Jesus* hatte jetzt mit zwölf Jahren das Alter erreicht, in dem die Eltern nach einer möglichen Braut ausschauten und erste diesbezügliche Einladungen arrangierten. Sie dürften mit ihren Überlegungen während der Reise oder jetzt in den Monaten, da er bei seinem Vater das Handwerk erlernte, begonnen haben. Für Jesus aber, der gerade für spirituelle Themen entflammt war, war das eher eine Bedrohung. Er musste jetzt handeln, bevor man ihn in das Familienleben zwang.

---

17 Und er ging mit ihnen hinab und kam nach Nazareth und war ihnen gehorsam. Und seine Mutter behielt alle diese Worte in ihrem Herzen. Und Jesus nahm zu an Weisheit, Alter und Gnade bei Gott und den Menschen. (Lk 2,51–52)

# Bei den Essēnern

*In der Bibel finden wir keinerlei Hinweis auf das, was zwischen Jesu zwölften und 30. Lebensjahr passierte. Es gibt keine schriftliche Belege für das, was in dieser Zeit geschah. Zwar gibt es Behauptungen, darüber lägen Quellen im Vatikan und auch im Potala des Dalai Lama in Lhasa vor, dies kann jedoch nicht als bewiesen gelten. Ich habe aufgrund einiger verstreuter Hinweise versucht, die Zeit zwischen Jesu zwölftem und seinem dreißigsten Lebensjahr zu rekonstruieren. Dies ist dementsprechend eine „hypothetische Biografie" und damit mit Vorsicht zu genießen. Allerdings sehe ich auch die gesamte Bibel – das Alte wie das Neue Testament – als „hypothetische Welt- und Geschichtserklärung" und damit als mit (mindestens) genauso großer Vorsicht zu genießen. Mit anderen Worten: Ich behaupte, der Wahrheitsgehalt dieses Buches ist nicht kleiner als der der Bibel.*

Nach dem im *Lukas*-Evangelium[18] beschriebenen mehrtägigen Aufenthalt *Jesu* bei den Schriftgelehrten im Tempel von *Jerusalem* arbeitete dieser noch für kurze Zeit in **Josefs** Zimmermannsbetrieb mit. Er hatte sich fest vorgenommen, die **Essēner** zu besuchen. Danach wollte er eventuell auch zu den Therapeuten, je nachdem, was sich in der Zeit bei den **Essēnern** herausstellte.

Das Reisen kannte *Jesus* schon von dem Besuch des **Passa**festes in *Jerusalem*. Er wusste zwar nicht genau, wo diese **Essēner** wohnten, aber *Sekundus* hatte erzählt, dass er beim Besuch seines Onkels drei Tagesmärsche von *Jerusalem*

---

18 Über alles, was zwischen Jesu' 12. und 30. Lebensjahr war, schweigen die Evangelisten. Sie hatten schlicht keine Ahnung davon. So schreibt Lukas über diese 18 Jahre lediglich: „Und Jesus nahm zu an Weisheit, Alter und Gnade bei Gott und den Menschen." (Lk 2,52)

aus unterwegs war. Also beschloss er, zunächst nach *Jerusalem* zu gehen, diesen Weg kannte er bereits. Dort könnte er *Sekundus* aufsuchen und sich von ihm den Rest des Weges erklären lassen. Um seine Ernährung machte er sich keine großen Sorgen. Er konnte sich von Früchten am Wegesrand ernähren. Außerdem kam er an Orten vorbei, wo die Leute immer interessiert waren zu hören, was anderswo geschah. Die Menschen waren gastfreundlich, ein Stück Brot fiel immer für ihn ab, mitunter wurde er auch eingeladen, den Brei oder die Suppe mit ihnen zu teilen.

Das Wiedersehen mit *Sekundus* in *Jerusalem* war eine reine Freude. Der junge **Rabbiner** war stolz darauf, diesem vielversprechenden, klugen Jüngling einen guten Tipp für seine weitere spirituelle Entwicklung gegeben zu haben. Er beschrieb ihm genau den Weg nach *En Gedi,* einer Oase unweit des Toten Meeres, wo die **Essēner** lebten. Er sollte dort nach *Nikodemus*, dem Onkel von *Sekundus*, den *Nikodemus* einst besucht hatte, fragen.

So machte sich *Jesus* am folgenden Tag auf den Weg. Am Nachmittag des dritten Tages erreichte er *En Gedi* und fragte nach *Nikodemus*.

„Oh, *Nikodemus* suchst du? Hast du ein gesundheitliches Problem? Warum suchst du unseren großen Heiler?", war die Antwort. Es ergab sich tatsächlich, dass ausgerechnet *Nikodemus* der beste Heiler dieser besonders heilkundigen Gemeinschaft war.

„Was für eine Freude, einen solch klugen Jüngling zu Besuch zu haben!", begrüßte *Nikodemus*, der eine ausgezeichnete Menschenkenntnis hatte, *Jesus*. „Lass mich raten: *Sekundus* schickt dich, weil du einen besonders kritischen Verstand und Schwierigkeiten mit dem hast, was im **Tanach** steht. Dann bist du bei uns genau richtig." Natürlich freute sich *Jesus* über den herzlichen Empfang.

Am ersten Tag erhielt er eine Einführung in die rituellen Waschungen, die dieser Sekte sehr wichtig zu sein schienen, auch trugen die Mitglieder ausschließlich weiße Kleidung.

Beides schien *Jesus* übertrieben, aber er war hierhergekommen, um zu lernen und nicht, um zu kritisieren.

Wesentlich besser fand er die Tatsache, dass es kein Geld gab. „Man kann nicht zwei Herren dienen, dem Mammon und Gott", sagte ihm *Nikodemus. Wie wahr das ist*, sagte sich *Jesus, das werde ich mir merken und zu gegebener Zeit weitergeben.*[19] Aber es war nicht nur das Verhältnis zum Geld, sondern zu jedwedem Besitz, das dem jungen *Jesus* imponierte: Es gab praktisch kein Privateigentum. Beim Eintritt in die Gemeinschaft wurde der gesamte Besitz (*hon*) an die Gruppe abgetreten, dieser wurde von einem der „Brüder", wie sie sich nannten, verwaltet. Dieser Verwalter wurde von der Gruppe gewählt. Wo immer **Essēner** lebten, bildeten sie solche „Bruderschaften". Zu dem abgetretenen Besitz zählte aber nicht nur alles materielle Vermögen einschließlich des Viehs, sondern auch *koah* und *da'at*.

Zum *koah* gehörte auch die eigene körperliche Arbeitskraft einschließlich ihrer Erträge durch Lohnarbeit. Der *da'at* waren praktisches Wissen und Sachkenntnis, also die wesentliche Grundlagen des Lebenserwerbs von Schriftkundigen, Handwerkern, Ärzten oder Lehrern. Diese Überschreibung des gesamten Besitzes durfte allerdings erst nach einem Probejahr erfolgen, in dem sich der Anwärter bewähren musste.[20]

*Jesus* fand das einerseits imponierend, andererseits war ihm klar, dass er sich hier nicht dauerhaft binden wollte. Das war ein sehr effektiver, selbstloser Lebensstil, aber sicher nicht das spirituell Höchste, was es zu erreichen gab. Er nahm sich vor, nach spätestens einem Jahr, also vor der Überschreibung

---

19 Niemand kann zwei Herren dienen: Entweder er wird den einen hassen und den andern lieben, oder er wird an dem einen hängen und den andern verachten. Ihr könnt nicht Gott dienen und dem Mammon. (Mt 6,24)

20 vgl. Stegemann, Hartmut: Die Essener, Qumran, Johannes der Täufer und Jesus, Freiburg: Herder 1993, S. 245 f.

seiner Arbeitskraft und Sachkenntnis, weiterzuziehen, vermutlich zu den **Therapeuten**, wie er damals annahm.

„Das ist alles sehr neu für mich, imponiert mir aber“, sagte *Jesus*, „nur eines verwundert mich: Ich sehe kaum Frauen.“

*Nikodemus* erläuterte dem jungen *Jesus* auch hier die Regeln der **Essēner**: „Wie es geschrieben steht und vom *Lehrer der Gerechtigkeit* gelehrt wurde, hat **JHWH** die Menschen ausschließlich für die Einehe geschaffen. Wenn eine Frau stirbt, darf der Mann keine andere Frau ehelichen. Männer werden meist mit 20 Jahren verheiratet, bei Frauen ist das ab dem zwölften Lebensjahr möglich. Der Geschlechtsverkehr ist nur zum Zwecke der Zeugung zulässig, dafür gibt es genaue Regeln hinsichtlich der Zeit, die nach der Geburt verstreichen muss, hinsichtlich der Menstruation und anderem, sodass der Geschlechtsverkehr meist nur etwa ein bis zwei Mal im Jahr zulässig ist. Da die meisten Frauen nicht älter als etwa 25 Jahre werden, das Kindbettfieber rafft die meisten trotz unserer medizinischen Bemühungen leider frühzeitig dahin, leben wir die meiste Zeit geschlechtlich abstinent. Das ist auch gut so, denn Begierde ist von Übel. Das Entscheidende ist: Für uns ist Liebe keine Sache der Begierde zwischen Mann und Frau. Eine Liebe ohne Begierde versuchen wir allen Wesen gegenüber. Das ist auch der Grund, warum wir auf Fleischgenuss verzichten.“

All das schien *Jesus* teilweise sehr imponierend, teilweise aber auch merkwürdig. Dass Liebe etwas anderes sein muss als geschlechtliche Gier, fand *Jesus* richtig. Die nicht selbstsüchtige Liebe allen Wesen gegenüber schien auch ihm der richtige Weg, manches fand er aber auch etwas überzogen. Die **Essēner** glaubten offensichtlich wörtlich, was im **Tanach** stand und befolgten, wie dieser „*Lehrer der Gerechtigkeit*“ den **Tanach** interpretierte. Er fragte *Nikodemus*: „Wer ist eigentlich dieser ‚*Lehrer der Gerechtigkeit*‘, dem ihr folgt?“

„Der *Lehrer der Gerechtigkeit* lebte vor rund 150 Jahren“, belehrte ihn *Nikodemus*. „Einst hatte er das Amt des *Hohenpriesters* von Jerusalem inne, dann jedoch riss der *Makkabäer*

*Jonatan*, ein Militärdiktator, das Amt an sich. Der *Lehrer der Gerechtigkeit* musste nach *Damaskus* fliehen. Er nahm alsdann Kontakte zu allen jüdischen Organisationen auf, da er wusste, dass **JHWH** zunächst alle zerstreuten Teile **Israels** im Heiligen Land, dem Land, das er dem jüdischen Volk geschenkt hatte, zusammenführen wollte. Leider gab es dagegen einigen Widerstand, aber immerhin kehrten sieben Gruppen von Exilanten zurück. Er gründete dann die *Essenische Union*. Vor 120 Jahren verstarb der *Lehrer der Gerechtigkeit*, wir aber bewahren sein Erbe."[21]

*Jesus* wollte auf jeden Fall für einige Zeit bei dieser recht rigiden Gemeinschaft verweilen, um in deren Heilkünste eingeweiht zu werden. Aber ihm war klar, dass es sehr unwahrscheinlich war, dass er sich dieser Gemeinschaft lebenslang anschloss.

Er schien genau beim richtigen Mann angekommen zu sein, bei *Nikodemus*. *Jesus* wusste auch schon, wie er sich dafür erkenntlich zeigen konnte.

„*Nikodemus*, das Dach deiner Hütte ist schäbig, es schützt weder richtig vor Regen noch vor Sandstürmen. Auch die Balken sind morsch. Was hältst du davon, wenn ich morgen beginne, dir ein neues Dach zu bauen. Du musst nämlich wissen: Ich habe eine Lehre als Zimmermann gemacht."

*Nikodemus* war darüber hocherfreut: Dieser Jüngling war gekommen, weil er etwas suchte, weil ihn nach Spiritualität dürstete und er – da war Nikodemus sicher – an seinem Wissen über die Heilkunst interessiert war. Aber er fragte nicht, was er bekommen würde, sondern bot an, was er geben konnte: „Genau wie bei uns **Essēnern**", freute sich *Nikodemus*.

Am nächsten Morgen begann sich *Jesus,* an die Vorarbeiten zur Erneuerung des Daches zu machen. Es musste zunächst Holz gesucht, Balken geschnitten, Latten erzeugt werden, bevor es an die eigentlichen Dacharbeiten ging. So arbeitete

---

21  nach Stegemann, S. 206 ff.

*Jesus* vormittags als Zimmermann und ging nachmittags in die Lehre der Heilkunst.

Was er dort alles lernen konnte! Die meisten Krankheiten, so erfuhr er, waren nämlich nicht allein körperlicher Natur. Sie hatten vielmehr ihren Ursprung zu gleichen Teil in der Seele. Diese konnte sowohl in der Kindheit Schaden genommen haben als auch später von Dämonen in Besitz genommen worden sein. Was er lernte, war also nur zum kleineren Teil Kräuterkunde, zum größeren Teil die Diagnose seelischer Ursachen und den richtigen Umgang mit Besessenheit von allerlei Dämonen.

*Jesus* blieb ein Jahr lang bei den **Essēnern**. In dieser Zeit lernte er viel darüber, im äußeren Verhalten der Menschen ihre seelischen bzw. geistigen Probleme zu erkennen und wie man damit umging. Neurosen mussten geheilt, Dämonen ausgetrieben werden.

Aber für noch etwas interessierte sich *Jesus*, der nie die Absicht gehabt hatte, sein ganzes Leben in *En Gedi* oder anderswo bei den **Essēnern** zu verbringen. Er wollte etwas über andere spirituelle Zentren erfahren. Also fragte er, ob *Nikodemus* oder einer seiner „Brüder" etwas von den **Therapeuten** oder dem „Erleuchteten", den sie verehrten, wussten.

„Die **Therapeuten**", antwortete *Nikodemus*, „leben gen Sonnenuntergang[22] im Lande *Ägypten* und verehren in der Tat einen Mann, den sie als **Erwachten** bezeichnen, nicht als *Erleuchteten*. Wobei mir nicht klar ist, worin der Unterschied bestehen soll. Vom vierstufigen Verfahren für die Heilung körperlicher und geistiger Krankheiten hast du von *Sekundus* schon gehört. *Ägypten* ist allerdings groß. Ich kann dir nicht sagen, wo du dort suchen musst. Am ehesten dürfte man es in *Alexandria* wissen, das ist allerdings etwa 50 Tagesmärsche von hier. Von da bis zu den **Therapeuten** ist es möglicherweise noch einmal so weit. Ich weiß von einem Mann aus

---

22  „gen Sonnenuntergang" alte Bezeichnung für „im Westen"

**Antioch**, der früher einmal bei uns war und nun schon lange nicht mehr lebt, dass irgendein Großkönig aus dem Morgenland[23] die Lehren dieses **Erwachten** durch einen Botschafter nach **Antioch** bringen ließ. Was jetzt daraus geworden ist, weiß ich allerdings nicht."

**Antioch**, so wusste *Jesus*, war die Hauptstadt der römischen Provinz *Syrien*. *Syrien* grenzt an *Palästina*. Es, so sagte er sich, muss näher sein als *Alexandria*. Sowohl was die **Therapeuten** anging als auch diese Botschaft in **Antioch**, war es fraglich, ob er sie finden würde. Sollte er dann aber tatsächlich gezwungen sein, weiter in dieses Reich eines Großkönigs im Morgenland zu gehen, hätte er in **Antioch** schon einen Teil der Strecke zurückgelegt, während *Alexandria* in der entgegengesetzten Richtung lag. Außerdem könnte er auf dem Weg nach *Syrien* kurz in *Nazareth* bei seinen Eltern vorbeischauen. Das lag praktisch auf dem Weg. *Jesu* Entschluss war gefasst: Sein nächstes Ziel war **Antioch**.

Wie geplant ging er zunächst nach *Nazareth*, wo er seine Eltern nach einem Jahr wieder traf. Bei seinem Abschied hatte er nur davon gesprochen, nach *Jerusalem* und zu den **Essēnern** zu gehen, die dort in der Nähe wohnen würden. Seine Eltern hatten geglaubt, er würde höchstens einen Monat weg sein. Natürlich hatten sie sich Sorgen gemacht.

„Da bist du ja endlich wieder, mein geliebter Sohn", sagte *Maria*, „hast du gefunden, was du gesucht hast?" Auch *Josef* freute sich zu früh: „Wie gut, dass du da bist, die Balken sind mir jetzt allein zu schwer, da kann ich einen starken Jüngling gebrauchen!" Auch dürfte bei dieser Gelegenheit wieder die Anbahnung einer Ehe Thema geworden sein.

Doch *Jesus* enttäuschte sie: „Liebe Eltern, meine Suche ist noch nicht zu Ende, ich muss weiter. Ich bin nur vorbeigekommen, damit ihr ein Lebenszeichen von mir habt, damit ihr euch nicht sorgt. **JHWH** ist mein Begleiter, er schützt mich.

---

23 eine alte Bezeichnung für ein Gebiet im Osten

Ich aber muss weiter nach **Antioch**, eventuell anschließend noch ins Land eines Großkönigs im Osten. Es kann gut sein, dass ich Jahre weg bin. Ich habe mir aber vorgenommen, dereinst wiederzukehren. In den Tempeln verbreitet man, wie ich inzwischen weiß, ein falsches Bild von **JHWH**. Was kann es aber Besseres geben, als **JHWH** so zu schauen, wie er ist, und dies der Welt hernach zu verkünden, damit sein Segen über alle Menschen in *Judäa*[24] kommt?"

Also blieb *Jesus* nur eine einzige Nacht im Hause seiner Eltern. Das Geld, das sie ihm mitgeben wollten, lehnte er ab: „Ich mache es wie die Vögel. Ich vertraue darauf, dass der Vater im Himmel für mich sorgt!" Einzig das neue Gewand, das ihm seine Mutter gab, nahm er an und ließ dafür das weiße Gewand, das er bei den **Essēnern** getragen hatte, zurück. Es war zu empfindlich für seine nächste große Wanderung, die nach **Antioch**.

---

24 *Judäa* wurde damals das Siedlungsgebiet der Juden genannt, es war seit 63 v. u. Z. Teil der größeren Region Palästina, die wiederum Teil der Provinz Syrien des Römischen Reiches war.

# Antioch

Als *Jesus* ein Jahr zuvor *Sekundus* aufgesucht hatte, war er zunächst etwas verwirrt. Damals hatte er von *Sekundus* gehört, wenn er zu den *Essenern* nach *En Gedi* wollte, müsse er zunächst nach *Antiochia*: „Bist du sicher, *Sekundus*, **Antioch**[25] liegt doch in *Syrien*?"

Doch *Sekundus* konnte das Missverständnis ausräumen: „*Antiochia* heißt ein Stadtteil Jerusalems, den Namen hat er vor 200 Jahren als Referenz für die Weltstadt und das gleichnamige Herrschergeschlecht im **Seleukidenreich** erhalten, als die **Seleukiden** unter König *Antiochos IV. Epiphanes* die Griechen aus *Judäa* vertrieben hatten und den Sabbat wieder zuließen, dessen Einhaltung die griechischen Herrscher zuvor bei Todesstrafe verboten hatten. **Antioch** aber ist die Hauptstadt der Provinz *Syrien*, allerdings liegt sie ganz am anderen Ende *Syriens* gegen Abend[26] in der Mitte des Meeres, das die Römer *Mare nostrum*[27] nennen."

Jetzt also war *Jesus* auf dem Weg dorthin. Er war morgens zeitig losgegangen, obwohl seine Mutter weinte, ihn nach so kurzer Zeit wieder zu verlieren. *Josef* war ebenfalls sichtlich enttäuscht, dass sein früherer Lehrjunge sich schon wieder abmachte.

Der junge Mann ging den ganzen Tag schnurstracks und erreichte am Abend das südliche Ende des *Sees Genezareth*. Er schlief im Freien unter einer Decke, die ihm seine Mutter mitgegeben hatte, die er an kalten Abenden oder morgens als

---

25 Der indische buddhistische Kaiser **Aśoka** (er regierte 268–232 v. Chr.) hat in seinem 13. Felsenedikt erklärt, wohin er buddhistische Missionare entsandt habe, u. a. zu König Amtiyoka von Syrien (d. i. *Antiochos II. Theos*, 261–246 v. Chr.).

26 d. h. im Norden

27 das Mittelmeer

Umhang zu benutzen gedachte. Am nächsten Tag ging er den ganzen Tag am *See Genezareth* entlang. Am späten Nachmittag erfrischte er sich mit einem Bad im See, dann füllte er Wasser in einen Schlauch,[28] den er sich umhängte, denn die nächsten Tage würde er nur selten an Wasserstellen vorbeikommen.

Wie auch schon während seiner früheren Wanderungen führte er in Dörfern Gespräche mit Menschen, die er traf, die neugierig waren, woher er kam und wohin er wollte. Dabei bemerkte er, wie sich die Aussprache des *Aramäischen*, das er sprach, allmählich veränderte. Es gab unterschiedliche Dialekte, aber wenn man zu Fuß unterwegs war und überall mit den Menschen sprach, konnte man die allmähliche Veränderung der Sprache gut in den Griff bekommen. Allerdings bedeuteten diese Kommunikation, dass es langsamer voranging als ohne diese Pausen. Andererseits führten die Gespräche auch mitunter dazu, dass er von den Menschen eingeladen wurde, ihr bescheidenes Mahl zu teilen. Auf diese Art brauchte er zehn Tage für die Strecke von *Nazareth* bis *Damaskus*, seinem Zwischenziel, wo er sich nach dem weiteren Weg Richtung **Antioch** erkundigte.

In *Damaskus* hielt er sich nicht länger auf. Je größer eine Stadt, so hatte er bemerkt, desto geschäftiger die Menschen. In den Städten suchten die Leute weniger das Gespräch mit Fremden, da man hier ständig unbekannte Menschen traf. In kleineren Orten waren die Leute zugänglicher. Das Wandern zwischen *Damaskus* und **Antioch** war ebenso entspannt wie zuvor. *Jesus* unterhielt sich auch hier mit den Menschen in den Dörfern und freute sich, auf diese Weise Umgang mit den Veränderungen der Dialekte des *Aramäischen* zu bekommen. In seiner Heimat wurde neben dem *Aramäischen* natürlich auch *Hebräisch* gesprochen. Jetzt freute er sich jedoch, dass sie zu Hause meist *Aramäisch* gesprochen hatten, sodass es bislang

---

28 Schläuche aus Tierdärmen waren damals die übliche Art Trinkwasser auf Reisen zu transportieren.

nirgendwo Sprachprobleme gab. Die *griechische* Sprache und das *Lateinische* beherrschte er nur sehr unvollständig, obwohl dies die Hochsprachen im *Römischen Reich* waren (das *Griechische* natürlich nur im Ostteil des Reiches).

Nach drei Wochen der Wanderung seit *Damaskus* erreichte er die Weltstadt **Antioch**, die Hauptstadt der Provinz *Syrien* und neben *Rom, Athen, Alexandria* und *Karthago* eine der Metropolen. In **Antioch** lebten damals etwa 500.000 Menschen.[29]

*Jesus* suchte zunächst eine **Synagoge** auf. Er stellte sich dem **Rabbiner** vor, erzählte, dass er aus *Nazareth* sei, einen **Rabbiner** aus *Jerusalem* als Freund und eine Zeitlang bei den **Essēnern** gelebt habe. Es sei hier auf der Suche nach Leuten, die einer Lehre eines **Erwachten** aus dem Morgenland folgen würden. Es solle einen Botschafter von ihm hier gegeben haben. Leider erntete er nur Unverständnis bei dem **Rabbiner** und musste unverrichteter Dinge wieder gehen.

Als Nächstes versuchte er sein Glück bei einem römischen Tempel, auch dort wusste man von alledem nichts. *Jesus* kam sich ziemlich verloren in der großen Stadt vor. Nachts schlief er, wie viele andere Menschen auch, auf einem der größeren Plätze, möglichst dicht an einem großen Gebäude, das den ärgsten Wind abhielt. Auch die Nahrungssuche war hier viel schwieriger als auf den Land. Man fand keine wild wachsenden Früchte, aber auch keine Familien, die sich von Fremden erzählen lassen wollten und dafür etwa zu essen anboten. Mehrfach nahm er kleine Arbeiten an, um statt eines Lohnes dafür eine Mahlzeit zu erhalten.

Bei keiner der religiösen Kultstätten hatte er irgendetwas herausfinden können und bereute schon, dass er hierher ge-

---

29 Jesus hatte jetzt seit seiner Abreise aus *En Gedi* mindestens 800 km zurückgelegt. (Das ist die kürzestmögliche Strecke. Meiner Erfahrung nach muss man bei nicht ausgeschilderten Fernwanderungen 25 bis 30 % dazurechnen, um auf die tatsächlich zurückgelegte Entfernung zu kommen.) Seit seiner Abreise aus *En Gedi* waren sechs Wochen vergangen.

gangen war und nicht zu den **Therapeuten** nach *Ägypten*. Doch eines Abends, er war wieder zu seinem Nachtlager am großen Stadttempel beim Marktplatz gegangen und hatte sich gerade zur Nachtruhe hingelegt, kam ein alter Mann und berührte ihn mit einem Stock an der Seite. *Jesus* öffnete die Augen. „Bist du der Jüngling, der nach dem **Erwachten** aus dem Morgenland gefragt hat?", fragte der Mann.

*Jesus* war sofort hellwach: „Ja, der bin ich, weißt du etwas?"

„Komm mit", war die Antwort. Sie gingen durch einige Straßen, unterwegs sagt der Alte: „Ich habe schon seit ein paar Tagen nach dir gesucht. Man erzählt sich, du seist bei den **Essēnern** gewesen und würdest jetzt nach der Botschaft des Königs aus dem Morgenland suchen, in der die Lehre des **Erwachten** verkündet wird. Aber dafür bist du gut 100 Jahre zu spät, mein Freund. Auch ich habe diese Zeit nicht miterlebt. Allerdings war mein Vater als junger Mann oft dort und studierte die Lehre des **Erwachten**, sie nannten ihn den **Buddha**. Er lebte zeitlebens danach. Einiges habe ich auch davon mitbekommen, allerdings hielt meine Mutter gar nichts davon. Sie opferte den *griechischen* Göttern."

Inzwischen waren sie beim Haus des alten Mannes angekommen. Er war wohl noch immer der Besitzer des Hauses, auch wenn sein ältester Sohn jetzt sein Geschäft, einen Obst- und Gemüseladen, übernommen hatte. Über dem Laden lebte die Familie, der Alte, er hieß *Dimitros*, sagte: „Hier in der Küche auf der Bank da links, schlafe ich. Die andere Bank kannst du heute Nacht haben. Morgen sehen wir weiter. Du hast sicher Hunger." *Jesus*, der den ganzen Tag noch nichts gegessen hatte, nickte. *Dimitros* holte einen Laib Brot, etwas Schafskäse und Obst, das nicht ganz frisch aussah, vermutlich das übrig gebliebene aus dem Laden, das sich nicht mehr gut verkaufen ließ. *Jesus* aber war begeistert: „So ein tolles Abendmahl habe ich seit zehn Wochen nicht mehr gehabt, als ich mein Elternhaus in *Nazareth* verließ!"

*Dimitros* sah zu, wie *Jesus* sich sättigte. Dann fragte er: „Warum suchst du eigentlich nach dieser Lehre?"

*Jesus* erzählte ihm von seiner Disputation im Tempel von *Jerusalem* mit den **Rabbinern**: „Sie sind so unwahrscheinlich schriftgläubig, und das obwohl unterschiedliche Schriften Gegenteiliges sagen. Ich war bei den **Essēnern**, bei denen hat mir gut gefallen, dass sie nicht so selbstsüchtig sind. Sie teilen den Besitz und gehen davon aus, dass sie sowieso nur vorübergehende Besitzer der Sachen sind, die ihnen **JHWH** geliehen hat. Ihre Heilkunst ist der der Nicht-**Essēner** überlegen. Aber manche Dinge sind sehr merkwürdig. Auch sie berufen sich wieder auf die Schrift, allerdings in der Auslegung eines Mannes, den sie *Lehrer der Gerechtigkeit* nennen. Überall diese Schriftgläubigkeit und diese Botschaft von einem, dem man alles glauben muss, selbst wenn es meines Erachtens der Logik widerspricht. Da gibt es diesen Gott **JHWH**, den Schöpfer des Himmels und der Erde. Er soll die Welt geschaffen und festgestellt haben: Es war gut so.[30] Aber dann passt ihm alles wieder nicht und er schickt die Sintflut, weil die Menschen offensichtlich doch nicht so gut waren, wie er dachte. Bis auf acht Menschen hat er alle vernichtet. Sollen die anderen denn wirklich alle so von Grund auf böse gewesen sein, dass man sie mit dem Tode bestrafen muss, selbst die Säuglinge? Und alle ersoffenen Tiere, waren die etwa auch so böse? Aber das darf man alles nicht ansprechen, immer ist die Antwort: ‚Es steht aber geschrieben!‘"

*Dimitros* lächelte, schloss die Augen und sagte wie in Trance: *„Recht hast du, dass du da im Unklaren bist und Zweifel hegst. In einer Sache, bei der man wirklich im Unklaren sein kann, sind dir Zweifel aufgestiegen. Geh nicht nach Hörensagen, nicht nach Überlieferungen, nicht nach Tagesmeinungen, <u>nicht nach der Autorität heiliger Schriften</u>, nicht nach bloßen Vernunftgründen und logischen Schlüssen, nicht nach erdachten Theorien und bevorzugten Meinungen, nicht nach dem Eindruck persönlicher Vorzüge,*

---

30 Und Gott sah an alles, was er gemacht hatte, und siehe, es war sehr gut. (1 Mo 1,31)

*nicht nach der Autorität eines Meisters! Wenn du aber selbst er-*
*kennst: Diese Dinge sind unheilsam, sind verwerflich, werden von*
*Verständigen getadelt, und, wenn ausgeführt und unternommen,*
*führen sie zu Unheil und Leiden, dann mögest du sie aufgeben.“*[31]

*Jesus* sah *Dimitros* mit verklärten Augen an: „Das ist großartig! Nie zuvor hörte ich etwas so Treffliches! Hast du das
etwa aus dem Stegreif so formuliert?“

„Nein, mein Lieber, niemals könnte ich das. So wie du eben
geredet hast, ist mir dieser Text wieder in den Kopf gekommen. Mein Vater hat ihn mehrfach so gesagt, dass er wohl
tief in meinem Kopf verwurzelt ist. Mein Vater hat gesagt,
das seien die Worte des **Erwachten**, dieses **Buddha**.“

*Jesus* war ganz begeistert und wollte noch mehr wissen
von *Dimitros'* Vater und von diesem **Erwachten**. Sie saßen
an diesem Abend noch lange beim Schein einer Öllampe zusammen. Wenn es nur dies war, hatte sich die Reise nach
**Antioch** gelohnt. Kurz bevor sie zu Bett gingen, fragte *Jesus*
noch: „Und die Gebote? Kennst du auch die Gebote dieses
**Erwachten**? Wie soll man sich verhalten?“

*Dimitros* schüttelte den Kopf: „Nein, mein Lieber, Gebote
gibt es keine. Der **Erwachte** ist kein Gebieter, der dir irgendetwas sagt, was du dann unbedingt machen musst. Der **Erhabene** hat Verhaltensregeln vorgeschlagen und empfohlen,
sich danach zu richten. Es sollen Anregungen zu eigenver-
antwortlichem Handeln sein.“

„Kannst du mir diese Regeln nennen, *Dimitros*?“

„Ich glaube nicht, dass ich sie wörtlich wiederholen kann.
Es sind auch keine Gebote, sondern Anregungen zum ethischen Verhalten. Aber ich kann sie dir sinngemäß wieder-
geben. Der **Erwachte** hat, soweit ich mich erinnern kann,
seinen gewöhnlichen Anhängerinnen und Anhängern, also
nicht denjenigen, die seinem Orden beigetreten sind, fünf
Regeln gegeben:

---

31  Kalama Sutta (AN 3,66)

- Ich nehme mir vor, kein fühlendes Wesen zu verletzten oder gar zu töten, stattdessen möchte ich allen fühlenden Wesen mit liebevoller Güte begegnen.
- Ich nehme mir vor, nichts Nichtgegebenes zu nehmen, stattdessen möchte ich großzügig gegenüber jedermann sein.
- Ich nehme mir vor, in sinnlichen Dingen nicht egoistisch zu handeln, stattdessen läutere ich meinen Körper mit Stille, Schlichtheit und Genügsamkeit.
- Ich nehme mir vor aufzuhören, die Unwahrheit zu sprechen, stattdessen will ich nur Ehrliches, Freundliches, Hilfreiches und Wahrhaftiges sagen.
- Ich nehme mir vor, keine bewusstseinstrübenden Mittel zu nehmen, stattdessen will ich mit hellwacher Achtsamkeit allem und allen begegnen.

So ungefähr lauten die fünf ethischen Verhaltensregeln. Ich bin zwar darin kein Experte, wie es mein Vater war. Aber ich habe mich mein Leben lang darum bemüht, die Handlungsempfehlungen des **Erwachten** umzusetzen. Vor drei Tagen habe ich von dir gehört, *Jesus*. Da wusste ich: Die Handlungsempfehlung, dass man großzügig gegenüber jedermann sein soll, bedeutet auch, dass ich dich suchen und dir das weitergeben soll, wovon ich weiß."

*Jesus* stand auf, legte seine rechte Hand aufs Herz und erklärte feierlich: „Ich, *Jesus von Nazareth*, erkläre hiermit, dass ich in das Königreich im Morgenland ziehen und die Anhänger dieses **Erwachten** suchen werde. Ich werde in jenem fernen Land all das erlernen, woran es in **Judäa** fehlt. Ich werde zurückkehren nach **Judäa** und meinem Volk helfen gütig, großzügig, genügsam, wahrhaftig und achtsam zu werden."

*Dimitros* hatte Tränen in den Augen: „Wäre ich zwanzig Jahre jünger, so würde ich mich erbieten, mit dir zu kommen, doch das geht nicht, ich bin zu alt. Manchmal habe ich mich gefragt, wozu mein Leben eigentlich gut war. Doch heute weiß ich es: Dir einen knappen Einblick in die Lehre des **Erwachten** gegeben zu haben, war das Entscheidende in meinem Leben. Es hat diesem Leben einen Sinn gegeben. Es wird nicht mehr lange dauern, dann sterbe ich. Aber ich habe die Gewissheit, dass dieses Leben nützlich war. Gott segne dich, *Jesus!*"

In dieser Nacht konnte *Jesus* kaum Schlaf finden, er war so aufgeregt! Endlich hatte er etwas gefunden! Ach, was heißt hier etwas: Er hatte den entscheidenden Hinweis gefunden! *Dimitros* hatte gesagt, dass sein Leben Sinn bekommen habe, *Jesus* den entscheidenden Hinweis auf den Erwachten gegeben zu haben. Aber auch sein eigenes Leben bekam damit Sinn. Er wollte die Lehre des **Erwachten** finden und nach **Judäa** bringen. Allerdings gab es ein Problem. Er wusste nur, dass er in ein „Königreich im Morgenland" reisen musste, aber in welches? Zumindest die Himmelsrichtung stand fest. Wer weiß, was er in diesem sagenhaften Reich noch alles entdecken würde? Dimitros hatte ihn unter anderem darauf hingewiesen, dass das gesamte Wissen *Pythagoras'* aus dem gleichen Land stammte wie der **Erwachte**. *Pythagoras* war für *Jesus* kein Unbekannter. Als er bei seinem Vater das Bauhandwerk lernte, wurde vielfach auf die Lehren des großen griechischen Physikers zurückgegriffen.[32] [33]

Am nächsten Morgen frühstückte *Jesus* mit der ganzen Familie, dann half er Dimitros' Sohn, Obst und Gemüse von außerhalb der Stadt zu holen und in den Laden zu bringen. Am Abend unterhielt sich *Jesus* wieder mit *Dimitros*. Er berichtete, dass er sich Sorgen machte, die richtige Richtung einzuschlagen. Er wusste schließlich nicht, um welches Reich es sich handelte.

---

32 Der Indologe Leopold von Schroeder hat als Erster auf die Tatsache, dass Pythagoras praktisch sein ganzes Wissen aus Indien hatte, hingewiesen (Schroeder, Leopold v.: „Pythagoras und die Inder. Eine Untersuchung über die Herkunft und Abstammung der pythagoreischen Lehren", Leipzig: Schulze 1884).

33 Bei Pythagoras tritt auch erstmals im europäischen Gedankengut die Idee von Wiedergeburt und Seelenwanderung auf (vgl. Gruber, Elmar u. Kersten, Holger: „Der Ur-Jesus. Die buddhistischen Quellen des Christentums", München: Langen Müller 1994, S. 79).

Dimitros erklärte ihm: „Ich weiß, dass es ziemlich weit weg ist, es gehört nicht zum Römischen Reich. Dieser Teil des Römischen Reichs, *Syrien*, gehörte früher zum **Seleukidenreich**, **Antioch** war nur eine der großen Städte dieses Reiches. Der größte Teil des früheren **Seleukidenreichs** und noch mehr gehört jetzt zum *Partherreich*, das liegt gen Morgen. Du musst auf jeden Fall erst durch *Mesopotamien*.[34] Früher, als ich noch der Inhaber dieses Ladens war, habe ich auch Gewürze verkauft. Die Gewürzhändler kommen ungefähr von dort, wo der **Erwachte** lebte, sagte mir mein Vater. Wenn du möchtest, gehen wir morgen auf den Markt, auf dem die Gewürzhändler ihre Waren anbieten. Du könntest dich einer Karawane anschließen und mit dieser reisen."

„Herrlich", rief *Jesus* aus, „mein Plan nimmt Gestalt an. Ich werde durch *Mesopotamien* ziehen, durchs *Partherreich* und ins Land des **Erwachten** kommen, dort ein oder zwei Jahre bleiben, mir alles Wichtige aneignen und dann die gute Lehre nach **Judäa** bringen!"

„Du hast gewissermaßen besonderes Glück", sagte *Dimitros*, „als mein Vater noch ein junger Mann war, kamen kaum Güter aus dem Reich hinter dem Fluss *Indus,* dort müsste der **Erwachte** gelebt haben, weil wegen der jahrzehntelangen fortgesetzten Kriege zwischen dem *Römischen Reich* und dem Reich der *Sassaniden* die Transporte auf der Seidenstraße unterbrochen waren. Inzwischen ist der Handel viel intensiver. Täglich ziehen dort Karawanen entlang. Seitens der Truppen besteht fast gar keine Gefahr mehr. Eine solche gibt es nur noch durch Wegelagerer und Räuberbanden. Das ist auch der Grund, warum die Kaufleute in Karawanen ziehen und sich von Bewaffneten schützen lassen."

Am nächsten Tage gingen sie zum Gewürzmarkt. *Jesus* stellte fest, dass es dort nicht nur Gewürze zu kaufen gab, sondern fast alles. Auf diesem Markt fanden sich vor allem

---

34 das Zweistromland, heute der Irak

Händler, die die Seidenstraße entlangzogen. Hier hörte *Jesus* das erste Mal von so fernen Ländern wie *China, Indien, Baktrien, Gallien, Britannien, Spanien* aber eben auch vom *Sassanidenreich*. Er strich Stunde um Stunde herum, sprach mit den Händlern, sah sich alles an und hatte *Dimitros* fast vergessen. Er versuchte eine Karawane zu finden, der er sich anschießen konnte. Er stellte aber fest, dass diese Gebühren verlangten, die er sich nicht leisten konnte.

Da berührte ihn Dimitros an der Schulter: „*Jesus*, ich habe mich umgehört. Die Karawanen hier sind bestens ausgestattet, die brauchen keine Gehilfen. Aber einen Tagesmarsch von hier, in *Seleukeia Pieria*, das ist der nächste Hafen, kommen die Schiffe aus *Rom, Alexandria* und *Athen* an. Dort werden die Karawanen zusammengestellt. Dort werden auch Gehilfen eingestellt, Kameltreiber und so. Dort kannst du dich bewerben."

„Das ist es, *Dimitros*, du bist genial! Lass uns nach Hause gehen, ich werde morgen in aller Frühe losgehen, um am Abend in *Seleukeia Pieria* zu sein. Dort werde ich in den folgenden Tagen nach einer Beschäftigung als Gehilfe bei einer Karawane suchen." Sie gingen nach Hause. Am nächsten Morgen begleitete *Dimitros Jesus* noch bis zum Stadtrand, zur Straße, die nach *Seleukeia Pieria* führte. Sie verabschiedeten sich. *Jesus* machte sich auf den Weg. Am Abend kam er in *Seleukeia Pieria* an. Er aß das Brot auf, das *Dimitros* ihm mitgegeben hatte, dann suchte er sich einen Schlafplatz.

Am nächsten Tag fand sich nichts Passendes. Tags darauf aber kamen zwei Schiffe an, eins aus Athen und eins aus Rom. Das aus Rom kam zuerst an, es wurden Männer beim Ausladen gesucht. *Jesus* meldete sich und schleppte nun, wie andere auch, Körbe und Kisten vom Schiff aufs Land.

Dort sah er, wie Kaufleute mit Kamelen ankamen, um die Waren anzunehmen. Er ließ das Ausladen sein und sprach mit den Kameltreibern. Sie vermieteten die Kamele und ihre Dienste, suchten aber noch Gehilfen. Manche von ihnen sprachen *Aramäisch*, andere eine Sprache, die er nicht beherrschte.

Wie sich später herausstellte, war es *Baktrisch*. In einer Karawane wurde sowohl *Aramäisch* als auch *Baktrisch* gesprochen. Das schien Jesus am interessantesten. Denn hier konnte er sich auf *Aramäisch* verständigen und allmählich die andere Sprache erlernen, von der er schloss, sie müsse in etwa die Sprache seiner Zielregion sein, da er solche Worte noch nie gehört hatte. Er bot sich als Gehilfe an und wurde akzeptiert.

Zwei Tage dauerte das Aufstellen der Karawane, die aus über 60 Tieren bestand. Der Karawanenführer war *Agathokles*, ein wettergegerbter Mann von etwa 50 Jahren, der aus **Baktrien** stammte und, wie sich herausstellte, seit über 30 Jahren mit Karawanen die Seidenstraße entlang zog, wobei er von seinem Sohn, einem kräftigen Mann in seinen Zwanzigern namens *Demetrios,* unterstützt wurde. Sie wurden außerdem begleitet von zwei bewaffneten Wächtern, die auf Pferden ritten und in erster Linie als Kundschafter eingesetzt wurden, erfuhr Jesus.

Einer dieser Männer, *Aischylos*, war der Leibwächter *Alexanders*, des Kaufmanns, der die Karawane anheuerte. Die Kundschafter ritten meist in einer Entfernung von einer bis drei Stunden voran, mitunter auch noch weiter, um Hindernisse zu entdecken, etwa unpassierbare Stellen durch Bergrutsche oder Überflutungen, aber auch um auszukundschaften, ob Räuberbanden oder marodierende Truppen Gefahr bedeuteten. Neben *Jesus* war noch ein zweiter Jüngling namens *Ptolemäus* in *Seleukeia Pieria* angeheuert worden.

Die Karawane zog in einem Tag nach **Antioch**, um Proviant einzukaufen, wofür *Aischylos* zwei Tage einkalkulierte. Sie kamen gegen Abend an und lagerten am Karawanenplatz unweit des Gewürzmarktes. Am Abend gab es noch eine besondere Überraschung: *Dimitros* kam mit einem großen Beutel. *Jesus* war glücklich, seinen Freund wiederzusehen.

„*Jesus*, es tut gut, dich zu sehen. Ich habe mir schon Sorgen gemacht, du würdest auf die große Reise gehen, ohne richtig ausgerüstet zu sein." *Dimitros* gab ihm den Beutel: „Mein Freund, du wirst durch Gegenden kommen, die so kalt sind, dass du dir das überhaupt nicht vorstellen kannst. Du wirst Tage und Wochen durch verschneite Berge und über vereiste Flüsse ziehen, in denen du in deiner Kleidung keine Chance hast zu überleben. Hier ist das Wichtigste drin, was du brauchst: ein Mantel aus Pelz, eine dicke Decke aus Kamelhaar und Füßlinge aus strapazierfähigem Leder mit Pelzfutter. Pass gut auf die Sachen auf, sie sind bei Räubern und Dieben begehrt. Und glaube nicht, du bräuchtest etwas davon nicht, weil es in den ersten zwei vielleicht drei oder vier Monaten warm ist. Du wirst über Passstraßen kommen, die so hoch sind, dass du glaubst, du seist im Himmel. Sie sind so kalt, dass es dir vorkommt, als wärest du gleichzeitig in einer Eis-Hölle."

*Jesus* umarmte seinen Freund, denn damit hatte er nicht gerechnet. Er kannte bisher nur *Palästina* und *Syrien*, manche Nächte waren da kalt, vor allem im Winter. Aber dass es so kalt werden konnte, wie *Dimitros* beschrieb, hätte er nie gedacht.

Die beiden verbrachten den Abend miteinander und *Jesus* erfuhr, dass *Dimitros* auch an den beiden vergangenen Abenden bereits den Karawanenplatz aufgesucht hatte, denn er wusste nicht, wann *Jesus* zurückkommen würde. Andererseits war es klar, dass er kommen würde, denn alle Karawanen, die von oder nach *Seleukeia Pieria* zogen, mussten durch **Antioch**.

„Mir ist noch immer rätselhaft, wieso du das alles für mich tust. Die Gegenstände, die du mir gegeben hast, sind doch ein Vermögen wert!", sagte *Jesus* zu seinem Freund.

Der lächelte: „Du, mein Freund, bist mir mehr wert, als alles andere. Ich habe dir gesagt, dass mein Leben jetzt, da ich dir bei deinem verwegenen Plan, die Lehre des **Erwachten** zu suchen und sie nach *Palästina* zu bringen, einen Sinn bekommen hat. Könntest du jedoch dein Vorhaben nicht umsetzen, so würde das mein Leben von jedem Sinn entleeren. *Jesus*, ich vertraue auf dich. Wenn es jemand schaffen kann, die Lehre des **Erwachten** ins *Römische Reich* zu bringen, dann du." Die beiden so unterschiedlichen Freunde umarmten sich zum Abschied. *Jesus* versprach: „Wenn ich zurückkomme, werde ich dich aufsuchen und dir berichten. Dir will ich als Erstem die Lehre des **Erwachten** verkünden!" *Dimitros* lächelte: „Das ist nett von dir, aber du wirst länger weg sein, als du glaubst. In zehn Jahren werde ich nicht mehr am Leben sein. Du aber, *Jesus*, hast eine große Verantwortung. Ich werde die gute Lehre erst hören, wenn ich wiedergeboren bin." *Jesus* verstand nicht, was sein Freund damit meinte. Er schien doch sonst nicht so senil, dass er glauben konnte, ein Gestorbener könne wiedergeboren werden. Statt darauf zu antworten, umarmte er seinen Freund, dem bei der Umarmung die Tränen kamen. Dann küsste *Dimitros Jesus* auf die Wange, bevor er ging.

# Mit der Karawane auf der Seidenstraße

Die nächsten zwei Tage verbrachten *Agathokles, Demetrios* und *Heliokles*, das war der andere junge Gehilfe, der mit *Jesus* angeheuert worden war, mit geschäftigen Einkäufen in **Antioch**. *Jesus* begleitete *Agathokles*, der die Einkäufe tätigte. *Jesu* Aufgabe war es, den Proviant und was sonst noch nötig war, auf zwei Kamelen zu verstauen, die sie zum Einkaufen mitgenommen hatten. Seinen Beutel mit der Winterkleidung hatte *Jesus* bei den anderen Kamelen gelassen, die von den beiden bewaffneten Wächtern bewacht wurden. *Jesus* hätte nie gedacht, was alles für eine Karawanenreise benötigt wurde. Aber offensichtlich gab es viele Dinge, die man in **Antioch** erstehen konnte, in den kleineren Städten, durch die sie kommen würden, jedoch nicht.

Dann kam endlich der Tag des Aufbruchs, der Tag an dem die große Reise, das Abenteuer des *Jesus von Nazareth*, beginnen konnte. Er war ziemlich aufgeregt. Alle seine früheren Reisen, etwa die nach *Jerusalem*, aber auch die Wanderung nach **Antioch**, schienen ihm nur ein unbedeutendes Vorspiel für das große Abenteuer, das vor ihm lag.

Kurz nach Sonnenaufgang waren sie losgezogen. Als sie eine Stunde später einen Hügel überquerten, warf *Jesus* einen letzten Blick auf **Antioch**. Er dachte an seinen Freund *Dimitros* und nahm sich vor, auf der Rückreise auf jeden Fall nach ihm zu sehen, vielleicht würde er ihn noch lebend antreffen. Dann wandte er sich wieder seiner Arbeit zu. *Agathokles* ging an der Spitze der Karawane, sein Sohn *Demetrios* am Ende. *Jesus* überwachte die vordere Hälfte der Karawane, *Heliokles* die hintere. Ihre Aufgabe war es aufzupassen, ob sich irgendwo ein Gepäckstück der schweren Last, die die Kamele trugen, lockerte. Jedes Kamel trug etwa das Gewicht von zwei bis drei Menschen.

Außerdem musste kontrolliert werden, dass die Seile, mit denen die Kamele untereinander verbunden waren, sich nicht irgendwie verhakten. Schließlich musste auch der Gesundheitszustand der Kamele überwacht werden. Sollte eines der Tiere eine Verletzung an Bein oder Huf haben, wurde es vom Gepäck befreit und konnte, bis das Problem behoben war, ohne Gepäck weitergehen, dazu jedoch mussten die Lasten umverteilt werden.

In der Nacht schlief man im Freien, die Männer dicht bei den Kamelen. Immer zwei Personen wachten, denn es gab drei Nachtwachen, eine für den ersten Teil der Nacht, eine für die Stunden um Mitternacht und eine, die bis Tagesanbruch ihren Dienst tat. Am Anfang war das alles für *Jesus* noch etwas aufregend und stressig, *Heliokles* hingegen war schon einmal mit der Karawane gezogen und spielte sich anfangs gern als „der Erfahrene" auf. Aber *Jesus* lernte schnell. Schon am dritten Tag hatte sich eine gewisse Routine eingespielt. Es gab täglich meist drei Mahlzeiten, eine morgens vor dem Aufbruch, eine abends, wenn man an der nächtlichen Lagerstätte angekommen war, und eine weitere kürzere während des Tages – oft dann, wenn man wegen irgendeines kleineren Problems ohnehin halten musste. Unterwegs zogen sie auf ihrer Tour durch gebirgiges Land sowie einzelne kleine Dörfer. Nach vier Tagen kamen sie erstmals wieder in einer Stadt an, in *Beroia*,[35] das dem Römischen Reich vor 80 Jahren angegliedert worden war.

Diese Stadt war viel kleiner als **Antioch,** auch deutlich kleiner als *Jerusalem*, aber wohl deutlich größer als *Nazareth*, erkannte *Jesus*. Da man sich jedoch mit allem Wichtigen zuvor in **Antioch** eingedeckt hatte, wurde nur eine kurze Mittagsrast abgehalten. Die beiden Wächter, der Kaufmann sowie *Agathokles* und sein Sohn nahmen ein Mahl in einer Art Schnellrestaurant ein, während sich die beiden jungen Männer, die

---

35  das heutige Aleppo im Norden Syriens

kein Geld hatten, mit einem Stück Brot begnügen mussten. Sie wurden zwar aus dem gemeinsamen Proviant verpflegt, erhielten aber keinerlei Lohn. Die Chance, die Welt kennenzulernen, war ihre Entlohnung. *Heliokles*, so erfuhr *Jesus* bei dieser Gelegenheit, stammte aus **Baktra**. Er wollte einfach die Welt kennenlernen, bevor er sich eine Frau nahm und ins elterliche Geschäft einstieg. „Warum bist du eigentlich unterwegs?", fragte *Heliokles* seinen Weggefährten.

„Ich suche die Lehre eines **Erwachten**, der irgendwo weit weg im Morgenland gelebt hat", sagte ihm *Jesus*. „Ach, du redest von **Buddha Śākyamuni**", erwiderte *Heliokles*.

Plötzlich war *Jesus* ganz aufgeregt: „Du kennst den **Erwachten**? Was weißt du von ihm?" *Heliokles* wiederum war jetzt erstaunt: „Wie, du weißt nichts von **Buddha Śākyamuni**, dem wohl berühmtesten Menschen, den es je gab, aber reist wegen ihm die Seidenstraße entlang?"

Im Folgenden erfuhr *Jesus* von seinem Gefährten, dass in *Baktrien* viele Menschen der Lehre des **Buddha** folgten, die sie den **Dharma** nannten, dass die Anhänger des **Buddha** ihm Opfer brachten, Früchte, Ölschalen, Räucherwerk und Ähnliches, aber niemals Tieropfer. Ansonsten war aus *Heliokles* nicht viel herauszubekommen, denn dieser interessierte sich nicht sehr für religiöse Dinge. Für *Jesus* aber war das die Bestätigung, dass er sich auf dem richtigen Weg befand. In **Baktrien** würde man ihm sicher weiterhelfen können! So war *Jesus* nunmehr sehr zuversichtlich. Er wäre es jedoch gewiss weit weniger gewesen, wenn er gewusst hätte, wie weit und beschwerlich der Weg dorthin noch war. „Ich werde in **Baktrien** herausfinden, wo der **Buddha** gelebt hat und mit seinen Anhängern sprechen!", verkündete *Jesus* feierlich.

„Ach so, du willst wissen, in welchem Land er gelebt hat? Na, das weiß doch jeder, in **Bhārat Gaṇarājya**[36] natürlich!" Einmal mehr war *Jesus* überrascht. Er wusste jetzt, um wel-

---

36 Das ist die Bezeichnung für *Indien* in der Sprache *Hindi*.

ches Land es sich handelt, obwohl er diesen Namen noch nie zuvor gehört hatte. *Vielleicht bekomme ich aus Heliokles noch mehr heraus*, sagte sich *Jesus, oder auch aus anderen Mitreisenden.*

Nach weiteren vier Tagen erreichte die Karawane den *Euphrat*. Von hier aus ging es nicht mehr durch die Berge, sondern sie folgten dem Flusslauf in östliche oder südöstliche Richtung, bis sie neun Tage später *Dura*[37] erreichten, eine damals wichtige Stadt an der Seidenstraße. Hier machten sie drei Tage Rast. *Jesus* nutzte die Gelegenheit in der Synagoge dafür zu danken, dass die Reise bisher so gut verlaufen war und er so viel Unterstützung erfahren hatte.

Grund für die Rast war, dass sich hier ein großer Markt befand, und *Alexander* die Waren anbot, die er aus *Athen* mitgebracht hatte. Inzwischen hatte sich für alle sieben Mann dieser Karawane eine gewisse Routine eingestellt.

Dann zogen sie weiter entlang des *Euphrat* und erreichten nach acht Tagen *Haditha*. Nun verließen sie den Fluss und wandten sich in nordöstlich Richtung, ihr nächstes Ziel war *Arraphum.*[38] Zum ersten Mal kam die Karawane hier durch ein relativ flaches, aber karges Land. Konnte man sich am *Euphrat* noch im Garten Eden, dem Paradies des **Tanach**, wähnen, so war das, was sie in den nächstem Tage durchquerten, landwirtschaftlich nicht genutztes Gebiet, das man am ehesten als eine Steppe bezeichnen konnte. Wenn man vom *Euphrat* kam, war auch der *Tigris* eine Enttäuschung, denn er führte hier nur wenig Wasser. Es gab lediglich entlang des Flusses ein schmales Band, an dem Landwirtschaft betrieben wurde, aber das war auch alles. Dafür ließ sich leicht eine Furt finden, durch die sie den *Tigris* überqueren konnten. *Arraphum* war zehn Tagesmärsche vom *Euphrat* entfernt. Hier bot *Alexander* wieder seine Waren feil.

---

37 heute als Dura Europos bezeichnet
38 das heutige Kirkuk im Irak

Auf dem Weg nach *Arbela*[39] passierten sie die Grenze des *Römischen Reiches*, was für *Jesus* ein denkwürdiger Moment war, denn alles, was außerhalb des Imperiums lag, galt als barbarisches Gebiet. *Jesus* war jetzt bei den Barbaren!

An der Grenze trafen sie auf einige Legionäre, die Wegezoll verlangten. Da es nicht allzu viel war und *Alexander* auch noch einen guten Rabatt aushandeln konnte, bezahlte er. Sie erreichten *Arbela* nach vier Tagen und blieben gut zwei Wochen, um Geschäfte zu machen und sich auf die nächste Etappe vorzubereiten.[40]

Diese Vorbereitungen nahmen einige Tag in Anspruch, denn die Reise durchs *Arsakidenreich*,[41] die nunmehr bevorstand, war gefährlicher als alles, was ihnen bisher auf dem Weg nach Osten begegnet war. Das lag zum einen an der Topografie. Schon das *Zagros*-Gebirge, das sie als Erstes überqueren mussten, war ein Hochgebirge. Die höchsten Gipfel erreichen über 4400 Höhenmeter. Noch bedenklicher aber war die Tatsache, dass mit Angriffen durch räuberische Banden zu rechnen war. Die Karawane, mit der *Jesus* reiste, hatte insgesamt sieben Mann, darunter zwei Jünglinge von weniger als 16 Jahren. Nur die beiden Wächter konnte man als richtige Kämpfer bezeichnen, sodass die Karawane bei einem Angriff praktisch keine Chance hatte.

*Agathokles*, der bereits viele Male die Reise unternommen hatte, wusste, was getan werden musste. Als Erstes musste die gegenwärtige Sicherheitslage herausgefunden werden, worüber er sich mit anderen Karawanenführern austauschte, die die Strecke in die entgegengesetzte Richtung zurückgelegt hatten. Es zeigte sich, dass in den letzten zwei, drei

---

39 das heutige Erbil im kurdischen Teil des Irak
40 Bis hierhin hatte *Jesus* auf seiner Pilgerwanderung (seit *En Gedi*) mindestens 2000 km zurückgelegt (wahrscheinlich aber 2500 km).
41 Das Arsakidenreich, benannt nach dem Parther Arsakes I. (3. Jh. v. Chr.), mit der Hauptstadt *Arsakia* ist in etwa identisch mit dem heutigen Iran.

Jahren die Angriffe wieder zugenommen hatten, die Gefahr aber wesentlich kleiner war als vor etwa zwanzig Jahren, als fast alle Karawanen überfallen wurden. Das bedeutete, dass man die Weiterreise zwar durchführen konnte, allerdings wesentlich mehr bewaffnete Kämpfer gebraucht wurden, mindestens 50, um die Angreifer im günstigsten Fall abzuschrecken, notfalls auch besiegen zu können. So viele Kämpfer für mehrere Monate zu heuern, überstieg jedoch die finanziellen Möglichkeiten *Alexanders*. Es galt also, sich mit anderen Karawanen zusammenzuschließen und gemeinsam eine Kampftruppe aufzustellen.

Binnen einer Woche gelang es *Agathokles* und *Demetrios* eine Reisekoalition mit fünf anderen Karawanen zu bilden, die ungefähr 350 Kamele und gut 50 weitere Lasttiere umfasste. Die sechs Karawanenführen tauschten sich dann über Erfahrungen in der Rekrutierung von Sicherungskräften aus. Das war eine heikle Angelegenheit, denn es bestand die durchaus realistische Gefahr, dass sich zweifelhafte Elemente anstellen ließen, die möglicherweise mit den Räubern gemeinsame Sache machten oder sogar von Räuberbanden nach *Arbela* entsandt worden waren, um – getarnt als Sicherheitskräfte – die Karawane in einen Hinterhalt zu locken. Eine weitere Woche dauerte es dann, um insgesamt 53 kampferfahrene Männer zu rekrutieren, einige von ihnen waren frühere Soldaten aus dem **Arsakidenreich**.

Bis zum Abmarsch kurz nach dem Frühlingsäquinoktium[42] hatten sich noch zwei weitere Karawanen ihrem Konvoi angeschlossen, sodass es inzwischen etwa 500 Kamele und 100 andere Lasttiere waren. Außerdem gehörten dem Konvoi jetzt gut 100 Männer an, davon 70 Kämpfer. Jeder Kämpfer hatte ein Pferd, außerdem waren die Führer der einzelnen Karawanen und die Kaufleute zu Pferde.

---

42 Tagundnachtgleiche, der Abmarsch dürfte also um den ersten April herum erfolgt sein.

Personell und materiell bestens ausgestattet verließ der Konvoi *Arbela,* von dessen Stadtrand aus man schon das gewaltige *Zagros*-Gebirge sehen konnte, durch das sie sich nun über 500 Kilometer kämpfen mussten. Es gab auch keinen richtigen Weg. wie sie bald feststellen mussten, selbst leichte Fahrzeuge hätten hier nirgends passieren können. Schon am zweiten Tag verlor der Konvoi das erste Kamel. Es hatte sich beim Sturz ein Bein gebrochen und wurde daraufhin geschlachtet. Insgesamt verlor der Konvoi bis **Arsakia** 25 Tiere.

Am dritten Tag dieses Reiseabschnittes kamen sie erstmals über einen Pass, auf dem noch Schnee lag. *Jesus* staunte, als er die verschneite Landschaft sah, das war so völlig anders als die Winter in *Palästina.* Jetzt begann er zu verstehen, was *Dimitros* meinte, als er sagte, er würde durch Gegenden kommen, in denen es kälter ist, als er es sich überhaupt vorstellen könne. *Jesus* trug an diesem Tag erstmals die Füßlinge, die ihm *Dimitros* geschenkt hatte, statt der üblichen Sandalen. Für die vordersten Tiere[43] des Konvois wurde es sehr viel schwieriger. Denn dort, wo Schnee lag, konnten sie nicht erkennen, wo gefährliche Stellen waren. Ihre Geschwindigkeit verlangsamte sich dadurch.

Nachts bildeten die Kamele der Karawane des *Agathokles* zwei Ringe, in deren Mitte die Männer schliefen und durch die Tiere vom Wind geschützt waren. Die Suche nach Schlafplätzen war aber inzwischen schwieriger geworden, denn es galt einen vor der Witterung geschützten Platz ausfindig zu

---

43 So sind die breiten und flachen Füße nicht nur zur Fortbewegung auf Sand, sondern auch auf Schnee geeignet. Und die Höcker könnten als Fettspeicher zum Überleben in den eisigen Wintern gedient haben. Nach Afrika und Asien gelangten die ursprünglich in Amerika beheimateten Tiere übrigens vor sechs bis sieben Millionen Jahren, indem sie über die Beringstraße wanderten, eine Landbrücke zwischen Nordamerika und Asien.
Quelle:    https://www.wissenschaft.de/erde-umwelt/kamele-sind-schneefest/

machen, der gleichwohl einen guten Ausblick ermöglichte, um etwaige sich nähernde Feind zu erspähen. Der Platz durfte auch nicht am Fuß einer Talsenke sein, denn dies hätte möglichen Angreifern einen doppelten Vorteil gewährt: Im Falle des Kampfes flogen von oben abgeschossene Pfeile weiter als von unten abgeschossene. Außerdem wäre die Flucht erschwert, denn die beladenen Tiere wären aufwärts viel langsamer als berittene Angreifer.

Hier im Gebirge gab es keine Städte, nur einzelne sehr kleine Weiler und gelegentlich Zelte nomadischer Hirten. *Jesus* hatte sich von Anfang an keine Illusionen gemacht. Er wusste, dass die Fernwanderung beschwerlich sein würde, aber dass es so lange durch eine derart karge Landschaft ging, die auch jetzt – im Frühling! – so kalt war, das hatte er sich zuvor nicht vorstellen können. Erstmals kamen ihm leichte Zweifel, ob er es wirklich schaffen würde, bis **Bhārat Gaṇarājya** und wieder lebend zurückzukommen. Täglich betete er für sein Wohl und das seines Konvois. Meist schloss er ein solches Gebet auch damit ab, dass er um Gesundheit für seine Eltern und Freunde – also *Sekundus, Dimitros* und *Nikodemus* – bat.

In der dritten Woche seit sie *Arbela* verlassen hatten, geschah das, wovor sich alle gefürchtet hatten: Einer der Kundschafter kam zurückgeritten und berichtete, etwa fünf Meilen[44] von hier hätten sie Wachtposten auf zwei Bergen gesehen, einen rechts und einen links vom geplanten Weg. Vermutlich würde also im Tal dazwischen ein Angriff durch Räuber erfolgen. In einem kurzen Gespräch der Karawanen-

---

44 Hier wird der Begriff Meile verwendet, der im Militär des Römischen Reiches entstanden war. Das Wort Meile ist abgeleitet vom Begriff „mille passus" (= tausend Doppelschritte). Ein Doppelschritt (also die Entfernung zwischen dem zweimaligen Auftreten des rechten Fußes) betrug etwa 1,48 m. (Die Menschen waren damals etwas kleiner als heute.) Eine römische Meile entsprach also rund 1,5 Kilometern. Auch das Wort „Militär" ist davon abgeleitet.

führer wurde beschlossen fünf Wächter loszuschicken, um Alternativrouten auszukundschaften. Dann setzte der Konvoi allmählich seinen Weg fort, denn auf den nächsten zwei Meilen, so hatte der erste Kundschafter berichtet, bestünde noch keine Gefahr, vom Feind gesehen zu werden. Als sie gerade diese Strecke zurückgelegt hatten, kamen zwei der ausgesandten Kundschafter zurück. Sie berichteten, dass es unmöglich sei, links des ursprünglich geplanten Pfades die Gefahrenzone zu umgehen. Kurz darauf kam ein weiterer Kundschafter mit der Nachricht: „Soweit ich das in Erfahrung gebracht habe, besteht rechts der geplanten Strecke eine Ausweichmöglichkeit, jedenfalls für die ersten fünf Meilen.“ Zwei Kundschafter seien von dort auf verschiedenen Routen weitergeritten, um den Weg zu erkunden. Man folgte also jetzt zunächst der „rechten Umgehung“ und hoffte auf eine positive Rückmeldung der beiden anderen Kundschafter. Nach zwei Meilen traf einer dieser Kundschafter ein und überbrachte die Nachricht, dass die von ihm erforschte Strecke in einer Art Sackgasse münde, dass aber dort, wo er sich von dem letzten noch verbliebenen Kundschafter getrennt habe, ein Platz sei, der für eine gegebenenfalls nötige Übernachtung tauge, wenn man kein Feuer entzünde, das den Standort verriet.

Sie zogen also bis zu dieser Stelle. Dort trafen sie auch den letzten verbliebenen Kundschafter, der berichtete, die von ihm gefundene Alternative sei „schwierig, aber machbar“. Da die Sonne schon tief stand und einige weitere berittene Kämpfer mit Ausspähungserfahrung berichteten, in der Nähe keine Feinde gesehen zu haben, lagerten sie an dieser Stelle. In einiger Entfernung wurden Wachen aufgestellt. An diesem Abend gab es kein Feuer und damit auch keine Heißgetränke. Wo sie lagerten, lag kein Schnee mehr, aber die Temperatur fiel in der Nacht wieder in den Frostbereich und *Jesus* musste feststellen, dass er, obwohl er den Überzieher und die Decke von *Dimitros* benutzte, mehr fror als je zuvor in seinem noch jungen Leben.

Am nächsten Morgen brachen sie bei Sonnenaufgang auf. Man spürte förmlich die Anspannung eines jeden in der Truppe, als man sich auf den Weg machte, der in der Tat viel beschwerlicher war als alles, was sie bisher zurückgelegt hatten, denn es ging durch äußerst unwegsames Gelände. An diesem Tag verlor der Konvoi zwei Kamele, allerdings hatte glücklicherweise die Karawane von *Agathokles* keinen Verlust aufzuweisen. Die verletzten Tiere wurden getötet, ihr Gepäck auf andere verteilt. Zum Schlachten und Ausnehmen der Tiere war keine Zeit. Sie wurden einfach liegen gelassen, Geier und Hyänen würden die Bestattung vornehmen.

Am frühen Nachmittag kamen sie wieder auf die Hauptroute, wo sie einen Fußgänger erspähten, einen Mann von nicht einmal 20 Jahren. Er berichtete, dass er mit einer Karawane von 120 Tieren und zwölf Kämpfern sowie sieben weiteren Männern unterwegs war. Sie kamen von **Arsakia** und wollten in Richtung *Erbil*, als sie überfallen wurden – offensichtlich an der Stelle, durch die auch unsere Karawane ursprünglich wollte. Alle anderen Männer seien getötet worden, er aber habe aus dem Kampfgetümmel in ein Versteck fliehen können.

Nach einer kurzen Diskussion, ob vielleicht einige der eigenen Kämpfern dorthin reiten und die Toten bestatten sollten, entschloss man sich, das nicht zu tun, zu groß sei das Risiko, auch überfallen zu werden.

Den restlichen Tag über schwiegen alle. Sie waren sehr betroffen vom Schicksal der anderen Karawane. Jeder machte sich seine Gedanken. Auch für *Jesus* war das sehr erschütternd. Seine romantischen Vorstellungen vom großen Abenteuer der Reise nach **Bhārat Gaṇarājya** wurden von der schmerzlichen Realität verdrängt. Wenn er jemals in **Bhārat Gaṇarājya** ankommen sollte, würde er das alles noch einmal auf sich nehmen, um wieder zurück in seine Heimat zu kommen? Diesen Abend verbrachte er lange im Gebet. Allmählich hatte er das Gefühl, Gott würde seine schützende Hand über ihn halten. Mit dieser Zuversicht schlief er ein. So vergingen die Tage und Wochen.

In der zweiten Maihälfte hatten sie diesen bislang anstrengendsten Teil ihrer Reise hinter sich und erreichten *Epiphaneia,*[45] ein bedeutendes Zentrum des **Hellenismus**. Hier verbrachten die Karawanen unseres Konvois eine Woche. Sie boten ihre Waren an, was nicht so günstig war, da sich die Warensortimente der einzelnen Karawanen überschnitten, sie also in Konkurrenz zueinander standen, was für die Händler etwas misslich war. Man entschloss sich daher, den Konvoi nur solange beizubehalten, bis die Sicherheitslage eine Auflösung möglich machen würde.

Für *Jesus*, der eine Art „Handlungsreisender in Sachen Religion" war, aber ergab sich hier etwas Unerwartetes. Er begegnete dem **Zoroastrismus**, einer Religion, von der er noch nie gehört hatte. Als er am Abend des letzten Tages in der Stadt davon erfuhr, war die Zeit bis zur Abreise allerdings zu kurz, um Näheres zu eruieren. Da sie aber in weniger als zwei Wochen in der Hauptstadt des **Asarkidenreiches** sein würden, nahm er sich vor, dort mehr darüber herauszufinden.

Ende Mai brach der Konvoi durch eine jetzt etwas weniger unwegsame Landschaft auf. Es ging ohne größere Zwischenfälle in zwölf Tagen nach **Arsakia**.

---

45 Die Stadt wird mehrfach im **Tanach** und im Alten Testament erwähnt, allerdings mit ihrem Namen *Ekbatana,* so heißt es bei Tob. 6,10–11: Und als sie in der Nähe der Stadt *Ekbatana* aufhielt, sagte der Engel zu dem Jungen: Bruder Tobias! [.] Wir müssen diese Nacht bei Raguël übernachten. Dieser Mann ist dein Verwandter und hat nur ein einziges Kind, eine Tochter mit Namen Sara. In der griechischen Zeit (und auch noch zur Zeit *Jesu) hieß die Stadt jedoch Epiphaneia.* Der achämenidische Palast diente noch im 3. Jh. v. Chr. als Residenz der **Seleukiden**.

# Das Arsakidenreich und Zarathustra

Anfang Juni traf der Karawanenkonvoi in **Arsakia** ein, der Hauptstadt des **Asarkidesreiches**, das rund 250 Jahre zuvor von *Asarkes I.* gegründet worden war. Mindestens eine Woche wollte *Agathokles* hier bleiben, seine Waren anbieten sowie mit den anderen Karawanenführern des Konvois beraten, ob sie gemeinsam weiterreisen oder getrennte Wege gehen würden. Mindestens eine Karawane würde sowieso ausscheren, denn ihr Ziel war **Arsakia**.

*Jesus* aber hatte hier ein ganz anderes Ziel. Er wollte möglichst viel über die Lehre erfahren, die auf **Zarathustra** zurückzugehen schien, einen Weisen, der vor vielen Jahrhunderten hier gelebt haben müsste. Genaueres hatte er leider bisher nicht in Erfahrung bringen können. Das sollte sich, so hoffte er, jetzt ändern. Da sie im griechischen Kulturraum waren, der sich von Sizilien im Westen bis zum heutigen *Pakistan* im Osten erstreckte, war die Sprache der Gelehrten das Griechische. Noch vor einem halben Jahr, als er *En Gedi* und die **Essēner** verließ, sprach *Jesus* nur gebrochen *Griechisch*. Das hatte sich jedoch in den letzten zwei Monaten stark verbessert. Da der einzig wirklich kluge Mann in der Karawane *Alexander* war, hatte sich *Jesus* vor allem mit ihm unterhalten, wenn sie abends am Lagerfeuer saßen. *Alexander* sprach lieber *Griechisch*, seine Muttersprache. Er konnte aber auch *Aramäisch*, sie hatten also mit dem *Aramäischen* eine gemeinsame Sprache. *Jesus* hatte ihn gebeten, mit ihm *Griechisch* zu sprechen. Aber wenn er Begriffe nicht verstand, konnte *Alexander* ihm entweder sagen, was ihnen im *Aramäischen* entsprach oder er umschrieb den Begriff mit etwas anderen Worten auf *Griechisch*. Auf diese Weise hatte er inzwischen recht gute *Griechisch*kenntnisse.

Er suchte also einen Tempel der **Zoroaster** und einen Priester, der ihm die Lehre erklären konnte. Den fand er in

*Artavan.* Sie vereinbarten, sich am nächsten Tag nachmittags zu treffen, wenn *Jesus* mit dem Versorgen der Kamele fertig war.

„Werter Herr *Artavan*", sagte *Jesus,* „ich komme aus *Palästina* und bin Jude. Ich habe von Eurer Religion erst vor Kurzem gehört und bin immer interessiert, ob es etwas gibt, das noch besser ist als die jüdische Religion oder ob es Teile in anderen Religionen gibt, die auch für mich als Juden eine Bereicherung sind. Daher frage ich Euch: Was ist besonders an Eurer Religion? Was sollte ein Mensch tun? Woran sollte man glauben? Wie kann ich mich selbst verbessern? Was kann ich anderen sagen, was ihnen hilft?"

„Das hast du schön gesagt, *Jesus.* Das sind eine Menge Fragen. Am liebsten möchte ich mit deiner Frage beginnen, was ein Mensch tun sollte. Da gibt es eine ganz klare Anweisung bei uns, es sind drei Dinge, die der Mensch tun sollte:

1. Der Mensch sollte Gutes denken.
2. Der Mensch sollte Gutes reden.
3. Der Mensch sollte Gutes tun."

*Jesus* freute sich: „Das ist eine ebenso gute wie knappe und geniale Anleitung. Das gefällt mir. Da ist allerdings immer die Rede vom Guten, da frage ich mich doch: Woher kommt das Böse?"

„Die Welt, mein lieber junger Freund, ist von zweierlei Geist. Da ist *Spenta Mainyu,* der gute Geist. Aber er hat auch einen Zwilling, den *Angra Mainyu,* das ist der böse Geist, durch ihr Zusammenwirken besteht die Welt. Damit der gute Geist siegt, muss der Mensch entscheiden. Er ist nämlich das einzige Lebewesen, das sich in jedem Moment entscheiden kann, ob es dem gutem oder dem bösen Geist folgt."

„Aber sagt mir bitte, Herr *Artavan*, hat Gott auch den bösen Geist geschaffen?"

„Die Welt, mein lieber *Jesus,* wurde erschaffen von *Ahura Mazda,*[46] sein Widersacher aber ist *Ahriman,* der Herr der Finsternis. Vor dem solltest du dich hüten. Am Tag des Gerichtes werden wir danach beurteilt, wem wir gefolgt sind, dem guten Geist oder dem bösen."

*Jesus* bohrte nach, denn eine Antwort, ob der Schöpfer auch das Böse geschaffen hat, und wenn ja, warum, hatte er hier ebenso wenig erfahren wie von den **Rabbinern** in *Jerusalem.* Aber als sich herausstellte, dass der Priester es nicht sagen konnte, ließ er davon ab. Diese Antwort gab der **Zoroastrismus** offensichtlich ebenso wenig wie das Judentum. Aber *Jesus* hatte herausgefunden, dass es auch hier so etwas gab wie den **Tanach,** nämlich eine heilige Schrift namens *Avesta.* Wenn ein Priester durch Fragen verunsichert wird, so antwortet auch er: „Es steht aber geschrieben ...!"

Weiters stellte es sich heraus, dass es hier, wie bei den Römern und Griechen, weitere Götter gab, Sonnengott, Mondgott, sogar Tageszeitengötter. Es gab auch Engel und sieben Erzengel, die die Personifizierung von Tugenden waren, nämlich
- der gute Sinn
- die beste Wahrheit
- das wünschenswerte Reich
- die Segen bringende Frömmigkeit
- Wohlfahrt
- Nicht-Sterben
- der Segen bringende Geist

Allerdings fand *Jesus,* dass wann immer er versuchte, etwas ganz konkret herauszufinden, z. B. was die „besten Wahr-

---

46 Der Autokonzern Mazda leitet tatsächlich von dieser Gottheit seinen Namen ab. Vermutlich geht der Name aber auf den Gründer der Firma zurück, Herrn Matsuda. Da das Japanische eine Silbenschrift ist, werden in dieser Schrift Mazda und Matsuda gleich geschrieben. Für die Vermarktung im Ausland entschied man sich dann wohl für die Schriftvariante, die dem Weltenschöpfer Mazda entspricht.

heiten" von „guten Wahrheiten" unterscheidet oder wie diese „Wohlfahrt" konkret aussieht und wer wofür verantwortlich ist, es dann hierzu einfach keine klaren Antworten gab. Das kritische Denken, wie er es bei dem Rabbiner *Sekundus* kennengelernt hat, oder der Geist dessen, was ihm *Dimitros* mit dem längeren Zitat des **Erwachten** vermittelte, fehlte hier ganz. Sicher, das konnte an diesem bestimmten Priester liegen. Als *Jesus* sich an *Dimitros* erinnerte, fiel ihm auf, dass er von ihm damals auch gehört hatte, dass die *Buddhisten* keine Tiere opferten, daher fragte er *Artavan:* „Gibt es bei euch Tieropfer?"

„Ja, Jesus, wir opfern auch Tiere. Es ist aber wichtig, dass man sie vorher nicht grausam behandelt."

Das, so sagte sich Jesus, war doch einmal eine klare Aussage, ansonsten war er von dem Gespräch etwas enttäuscht. Das Gleiche kann man wohl auch von *Artavan* sagen, der kurz darauf das Gespräch damit beendete, dass er sagte, er habe noch „sehr, sehr viel zu tun". Als er sich mit den Worten „Ich wünsche dir alles Gute für deinen weiteren Lebensweg" verabschiedete, war *Jesus* klar, dass er kein Wiedersehen wollte.

Der **Zoroastrismus** schien also auch nicht besser zu sein als das *Judentum.* Andererseits wollte er sich nach einem einzigen Gespräch mit einem seiner Priester auch nicht zu einem vorschnellen Urteil verleiten lassen und sagte sich: „Ich kann auf dem Rückweg von **Bhārat Gaṇarājya** noch einmal das Gespräch mit Priestern des **Zoroastrismus** suchen." Bei zwei kurzen Begegnungen mit anderen Priestern des **Zoroastrismus** hatte *Jesus* auch nicht mehr Erfolg, sodass es ihm nichts ausmachte, als *Alexander* ihm am Abend eröffnete, man würde am übernächsten Tag bereits aufbrechen. Es habe sich ergeben, dass vier Karawanen zu diesem Zeitpunkt Richtung *Hekatompylos* aufbrechen wollten. Es hieß auch, dort sei nicht mehr mit größeren Banden zu rechnen, sodass außer den von den einzelnen Karawanen angestellten Wächtern nur noch fünf erfahrene Kämpfer mitziehen würden.

Am folgenden Tag ging *Jesus* mit *Alexander* wieder einige Besorgungen erledigen. Proviant musste ergänzt und einige andere Dinge mussten besorgt werden, z. B. Seile. Außerdem hatten die Wächter darauf bestanden, dass jeder noch einen wollenen Übermantel bekam, wenn man weiter als bis *Hekatompylos* ziehen würde. Es war zwar erst Juni, aber sie würden die Ebenen von **Bhārat Gaṇarājya** erst spät im Jahr erreichen und mussten noch durch mehrere Hochgebirge, wo es bereits ab September Schnee und Frost geben konnte.

In der zweiten Juniwoche brach also die Rumpfkarawane auf in Richtung *Hekatompylos*. Die Strecke erwies sich als unproblematisch. Sie erreichten ihr Ziel nach drei Wochen. Der Name *Hekatompylos* ist griechisch und bedeutet „Stadt der hundert Pforten",[47] was jedoch einfach nur bedeutete, dass die Stadt mehr als die vier damals üblichen Stadttore hatte. Sie mochte einige Zehntausend Einwohner haben, war jedoch – trotz des etwas großspurigen Namens – keine Metropole wie **Antioch** oder **Arsakia**. Dennoch machte sich *Jesus* auch hier an seinem freien Nachmittag daran, einen Priester des **Zorastrismus** zu suchen und fand einen namens *Mewa*.

Nachdem er sich und sein Anliegen vorgestellt hat, fragte er ihn: „Werter Herr *Mewa*, mir ist zu Ohren gekommen, dass Eure Religion lehrt, dass die Menschen nach ihrem Tode gerichtet werden, könnt Ihr mir dazu Näheres sagen?"

*Mewa* schien erfreut über die Frage: „Aber sicher, junger Herr, es steht geschrieben,[48] dass alle Buchungen der guten wie der bösen Taten nach dem Tode des Menschen, wenn die Seelen an die *Činvat-Brücke* kommen, verglichen werden. Diese Brücke ist von *Mazda* geschaffen worden. Der Gott *Vizaresha* führt die Seelen fort. Dann erschient ein schönes, wohlgewachsenes Mädchen mit zwei Hunden. Es ist mit einem Strick

---

47 Diese Stadt ist nicht zu verwechseln mit Theben in Ägypten, das den gleichen Beinamen hatte.
48 Vendidâd 19, 27–30

versehen und zerrt so die schlechten Seelen in die Finsternis hinab, die Seelen der wahrhaft Gerechten aber überschreiten die *Činvat-Brücke.*"

*Jesus* fragte nach: „Wenn ich es richtig verstehe, gibt es also zwei Sorten Menschen, die wahrhaft Gerechten und diejenigen, die trügerisch sind?"

„Genauso ist es, Herr *Jesus*, man kann das Gute auch als Wahrhaftigkeit bezeichnen, das Böse ist aber voller Lug und Trug. Es gibt das Reich des Lichtes, in dem *Ahura Mazda*, der Herr der Weisheit, wohnt. Auf der anderen Seite befindet sich der Abgrund der Finsternis, wo sich sein Gegenpart *Ahriman* verbirgt, die Macht der Negation, der Zerstörung und des Todes."

*Jesus* erschien dieser Dualismus nicht ganz seiner Wahrnehmung zu entsprechen, aber er war nicht gekommen, um zu diskutieren, sondern um etwas über die Lehre **Zarathustras** zu erfahren, damit er sie beurteilen, teilweise übernehmen oder verwerfen konnte. Er fragte weiter: „Also, dieser Dualismus zwischen Licht und Finsternis, zwischen *Ahura Mazda* und *Ahriman*, diese unversöhnlichen Gegensätze sind der zentrale Ansatz eures Glaubens, wenn ich das richtig verstehe?"

„Ja, junger Herr, diese beiden Gegensätze, diese Prinzipien von Wahrhaftigkeit auf der einen Seite und Lug und Trug auf der anderen unterscheiden sich fundamental. Das Entscheidende ist aber, dass sich jeder Mensch – da unterscheidet er sich von den anderen Lebewesen – frei für die eine und gegen die andere Seite entscheiden kann. Ich habe mich entschieden. Ich stehe auf der Seite der *Wohltätigen Unsterblichen, der Spənta Aməšas,* den sechs Mächten des Lichtes, nämlich dem gute Sinn, der besten Wahrheiten, dem wünschenswerten Reich, der Segen bringenden Frömmigkeit, der Wohlfahrt und dem Nicht-Sterben, die zusammen mit *Ahura Mazda* die göttliche Siebenheit bilden, daher steht geschrieben: ‚So verehren wir denn die guten Wesen, männlich und weiblich, die *Spənta Aməšas,* die ewig Lebenden, die ewig Wohltätigen, die am guten Vorsatz festhalten."'[49]

Da war sie wieder, diese Schriftgläubigkeit, die nicht hinterfragt werden durfte, wie bei den **Rabbinern** im Tempel von *Jerusalem*, wo es mit *Primus*, *Sekundus* und *Tertius* glücklicherweise lobenswerte Ausnahmen gab. *Solche Ausnahmen wird es auch hier geben*, sagte sich *Jesus*. *Wenn ich aber dereinst das Wort Gottes in Palästina verkünde, werde ich keine dieser alten Schriften zum Dogma machen.* Er sagte: „Ich danke Euch, werter Herr Mewa, für diesen Einblick in Eure Religion. Ihr habt mir damit sehr geholfen."

Für *Jesus* war damit alles erledigt, was er im Reich der *Arsakiden* erledigen wollte. Er freute sich jetzt auf das, was er in **Baktrien** und in **Bhārat Gaṇarājya** an spirituellem Wissen finden würde. Aber er wusste, dass es noch Wochen, vielleicht Monate dauern würde, bis sie dort waren.

Nachdem die Kaufleute alles erledigt hatten, was sie in *Hekatompylos* vorhatten, ging es zwei Tage später weiter Richtung *Herat*. Vor ihnen lag jetzt die zweite schwere Etappe, danach sollte es leichter werden. Aber diese hatte es noch einmal in sich, denn sie war über 600 Meilen lang. Es ging insgesamt über 6000 Höhenmeter aufwärts und 5500 abwärts. Allerdings würden sie wohl etwas zügiger vorankommen als auf der ersten großen Etappe im **Arkasidenreich**, denn der Restkonvoi bestand jetzt nur noch aus vier Karawanen.

Die ersten vier Tage verliefen problemlos, doch am fünften stellte *Jesus*, der auch für die Kontrolle der vorderen Karawanenhälfte zuständig war, fest, dass ein Kamel merkwürdig ging. Es lahmte etwas am rechten Vorderhuf. Er meldete das Problem *Agathokles*, der es sich ansah und entschied, dass eine Rast eingelegt werden musste, um das Kamel vom Gepäck zu befreien, das auf die anderen Tiere verteilt wurde. Leider schien das Problem dadurch nicht zu verschwinden. Das Tier

---

49 Yasna 39,3

hinkte weiter. Obwohl *Jesus* gut auf es einredete, schien es starke Schmerzen zu haben. In der Nacht machte *Jesus* dem Kamel einen Kräuterwickel, von dem er wusste, dass er bei Menschen half. Ob die Kraft der Kräuter auch durchs Fell drang, war zweifelhaft. Das Tier war die ganze Nacht unruhig und fand nur wenig Schlaf. Am nächsten Morgen entschied man sich, dass *Agathokles'* Karawane ans Ende des Konvois kam und das kranke Kamel ans Ende der Karawane. Gegen Mittag jedoch ging es nicht mehr.

*Agathokles'* Karawane wurde abgekoppelt. Man einigte sich, dass das Kamel geschlachtet, ausgenommen und das verwertbare Fleisch zerteilt und mitgenommen werden musste, was allerdings einige Stunden dauern würde. Der übrige Teil des Konvois würde langsamer ziehen. *Agathokles'* Karawane konnte so den vorderen Teil in zwei Tagen einholen.

So verfuhr man. Am nächsten Tag brach man beizeiten auf und verzichtete auf die Mittagspause, um den Konvoi auch sicher am nächsten Tag einholen zu können. Doch schon am Nachmittag sah man, dass er in einem Tal lagerte. Was war geschehen?

Einer der Männer des Konvois klärte die Leute von *Agathokles'* Karawane auf: „Heute Vormittag gab es einen Angriff auf uns. Es waren zum Glück nur fünf Reiter, sie kamen von links, stürmten auf uns zu und töteten das Leitkamel, um uns an der Weiterreise zu hindern. Zum Glück hatten wir neben den zwei Wächtern von jeder Karawane noch die fünf angeheuerten Kämpfer, sodass wir stärker waren und uns erfolgreich verteidigen konnten. Wir verletzten einen der Männer und trafen auch ein Pferd, das verletzt stürzte. Darauf nahmen die anderen dessen Reiter mit und flohen. Auch einer unserer Männer wurde am Arm getroffen, glücklicherweise war es kein Giftpfeil. Dann schlachteten wir das verletzte Pferd und nahmen das getötete Kamel aus. Zwei unserer Kämpfer verfolgten die Räuber und sahen, dass sie ein Zeltlager vier Meilen von hier haben. Dort gibt es aber wohl keine anderen kampffähigen Männer, sondern nur Frauen, Kinder und einen alten Mann, sodass wohl nicht mit einem weiteren Angriff zu rechnen ist. Auch scheint keiner der Männer weitergeritten zu sein, um Verbündete zu holen. Wir haben entschieden, hier zu kampieren und in der Nacht unsere Wachen zu verstärken."

*Jesus* sah nach dem verletzten Mann. Man hatte ihm den Pfeil entfernt, dabei war wohl ein Teil der Spitze abgebrochen. „Wenn der nicht entfernt wird, wird das vereitern, was dazu führen kann, dass der Arm amputiert werden muss. Wisst ihr, wie weit der Pfeil im Arm steckte?"

„Ziemlich genau anderthalb Daumen breit", sagte der Mann, der den Pfeil entfernt hatte.

*Jesus* wandte sich an den Verletzten: „Wenn die Pfeilspitze nicht entfernt wird, wird sich in zwei Tagen so viel Eiter gebildet haben, dass du starke Schmerzen hast. Dann wird es nicht mehr möglich sein, die Pfeilspitze zu entfernen. Vermutlich wird dann die Wunde auch nicht mehr verheilen. Dann ist der Tod nur noch dadurch zu vermeiden, dass man dir den Arm abnimmt. Aber auch da besteht die Gefahr, dass Knochensplitter in der Wunde bleiben oder du zu viel Blut verlierst, um zu überleben. Die einzige Alternative ist, die Pfeilspitze jetzt herauszuschneiden, auch das ist sehr schmerzhaft, aber nicht tödlich. Durch einen Kräuterverband kann die Verletzung geheilt werden. Ich habe bei unseren letzten Einkäufen dafür gesorgt, dass wir die wichtigsten Kräuter haben. Vor unserer Reise war ich bei einem Heiler in *Palästina* in der Lehre. Ich habe eine ähnliche Operation schon gesehen und dabei assistiert. Wenn du möchtest, kann ich sie durchführen."

Der Mann sah alles andere als glücklich aus. Die Beschreibung, was zu erwarten war, klang sehr klar. Der Jüngling schien zu wissen, wovon er redete. Ihm war aber alles andere als wohl dabei, von einem Vierzehnjährigen operiert zu werden. Allerdings schien die Alternative noch weniger erstrebenswert.

„Dann bleibt mir wohl vernünftigerweise keine andere Wahl", sagte er. *Jesus* holte eine Pinzette und einen kleinen Dolch und wies an, diese in kochendes Wasser zu legen, wie er es bei den **Essēnern** gelernt hatte. Dann wurden die stärksten Männer geholt, um den Patienten während der Operation festzuhalten. *Jesus* sprach ein kurzes Gebet, dann besah er sich nochmals die Wunde. Mit einem raschen Schnitt stach er zu und fuhr mit dem Dolch den Muskelstrang entlang, bis er einen Widerstand spürte, wo kein Knochen war. Mit dem Dolch in der rechten Hand hielt er die Wunde offen, während er zielsicher mit der Pinzette die Pfeilspitze aus der blutenden Wunde des zitternden und schreienden Mannes holte. „Operation geglückt", sagte er. Dann nahm er die vorbereitete Kräutertinktur, füllte sie in ein frisch gewaschenes Tuch und verband den Arm. Einige der Männer standen mit offenen Mündern herum. So etwas hatte noch keiner gesehen. Es hätte auch keiner geglaubt, wenn er es gehört hätte. Da die Wunde in den nächsten Tagen rasch verheilte, wurde er von da an „*Jesus, der Heiler*" genannt.

Am Abend saßen die Männer ums Feuer, es gab gebratenes Kamel- und Pferdefleisch. Dabei forderte *Alexander Jesus* auf: „Heiler, bitte erzähle uns von deiner Zeit, als du in *Palästina* bei einem Heilkundigen in der Lehre warst." Das tat *Jesus*. Er erzählte kurzweilig und spannend, ließ dabei auch eine Menge von der Lehre der *Essener* einfließen, aber nur das, was ihm gut und nachahmenswert erschien. Keiner der Anwesenden würde diesen Abend jemals vergessen, vieles von dem, was *Jesus* sprach, wurde von den Zuhörern später weitergegeben. Vieles von den ethischen, philosophischen und religiösen Lehren, die er dabei gab, hatte Einfluss auf die Zuhörer und deren Denken, Reden und Handeln.

Auch *Jesus* lernte etwas an diesem Abend, nämlich, dass er einen großen Einfluss haben konnte, wenn er als Heiler <u>und</u> Lehrer auftrat. Und dass er genau das sein wollte, war ihm seit diesem Abend klar: *Wenn ich heilen kann, hören die Menschen auf das, was ich sage. So werde ich ein Heiler des Körpers, des Geistes und der Seele.* An diesem Abend schlief er so vertrauensvoll ein wie vielleicht nie zuvor. Er wusste, was er wollte und wie er in diesem Leben auftreten würde. Er wusste aber auch, dass er noch viel lernen musste, um einst genauso erfolgreich auftreten zu können wie heute.

Wurde *Jesus* bis dahin als so etwas wie ein Lehrbub angesehen, der nette kleine Kerl oder Gehilfe, den man überall hinschicken konnte, um etwas zu erledigen, das die anderen nicht machen wollten, so war er plötzlich nicht minder angesehen als die Kaufleute. Er stand sogar im Ansehen über den Karawanenführern. Er sah dies mit Wohlgefallen, bildete sich aber nichts darauf ein. Die Tatsache, dass er sich auch weiter nicht zu schade war, die einfachsten und unangenehmsten Tätigkeiten rasch und mit einem Lächeln im Gesicht zu erledigen, war etwas, das alle bewunderten. Natürlich bemerkte *Jesus* diese Bewunderung, ließ es sich aber nicht anmerken. Von daher war die Reise nach Herat, obwohl sie sehr anstrengend war, für ihn eine äußerst angenehme Zeit.

Auch das Wetter machte ihnen nicht zu schaffen, denn diese Etappe der Reise fand im Juli statt. Da sie jedoch im Hochgebirge waren, war es nicht heiß. Auf den Berggipfeln und in den höheren Lagen gab es zwar noch Schnee, aber auf den Pfaden in den Tälern und an Hängen lag keiner mehr. Es war auch nicht mehr so nass wie während und nach der Schneeschmelze. Der Boden war vielmehr relativ trocken und für Mensch und Tier gut zu begehen. Selbst die Passstraßen waren jetzt schneefrei.

So kamen sie ohne weitere größere Zwischenfälle in der zweiten Augustwoche in *Herat*[50] an, der letzten Stadt im **Arkasidenreich**, durch das sie jetzt 2000 Kilometer gereist waren. In *Herat* blieben sie für vier Tage. Wieder wurden Vorräte ergänzt. Natürlich boten die Händler auch wieder ihre Waren an. Etwas hatte sich aber geändert, *Jesus* ging mit *Agathokles* und dem Führer der Karawane, zu welcher der vom Pfeil getroffene Mann gehörte, zu einer Kräuterhandlung. Sie kauf-

---

50  Stadt in Afghanistan, sie hat heute gut 600.000 Einwohner.

ten dort allerlei Heilpflanzen. *Jesus* erläuterte deren Wirkung und Anwendung.

Allerdings sagte *Agathokles* irgendwann: „Ich fürchte, dass ich mir davon das wenigste merken kann. Was soll ich nur machen, wenn du nicht mehr bei uns bist?" Der andere Karawanenführer stimmte ein: „Mir geht es ganz genau so, in diesem Moment weiß ich es, aber im Notfall werde ich es vergessen haben."

Doch *Jesus* lächelte die beiden an: „Wenn ihr wollt, können wir uns jeden zweiten Abend zusammensetzen. Ich erkläre es euch dann nicht nur. Wir üben auch Tinkturen anzurühren und Verbände anzulegen. Aber ich wüsste noch ein paar weitere Sachen. Ein verständiger Mann lernt nämlich nicht durch Hören, sondern durch Tun, durch Machen, durch Handeln, durch Anwenden."

*Agathokles* strahlte übers ganze Gesicht: „*Jesus*, du bist der jüngste Weise, der mir je begegnet ist. Dich will ich gern als meinen Lehrer annehmen. Ich weiß, ich bin lernfähig. Aber nicht durch Hören, sondern durch Handeln. Bitte sei mein Lehrer." Auch der andere stimmt ihm zu, als er ihm die Hand reichte: „*Jesus,* schlag ein, du wirst die nächsten Wochen mein Lehrer sein."

So wurde *Jesus*, der Jüngling, zum Lehrer zweier alter, hoch angesehener Experten für Fernreisen.

# Baktrien

Schon am zweiten Tag nach der Reise nach **Baktra** passierten die Karawanen die Grenze nach **Baktrien**, das jedenfalls behauptete Straton, einer der Wächter, der von dort stammte, als sie eine kleine Siedlung namens *Armalek* durchquerten und den nahe gelegenen Pass erreichten: „Wir sind in meiner Heimat, in **Baktrien**, fühlt sich das gut an." Es gab allerdings nicht so etwas wie eine Grenzstation oder Wachsoldaten, wie das der Fall war, als sie das *Römische Reich* verließen und ins **Arsakidenreich** kamen. „Nein, so etwas gibt es bei uns nicht. Es ist auch gar nicht nötig. Wir wissen, wo die Grenze ist. Ihr werdet sehen, auch die Grenze zwischen **Baktrien** und **Bhārat Gaṇarājya** ist nicht durch Posten gesichert. Hier ist es zwar manchmal so, dass ein lokaler Herrscher so etwas wie Wegezoll verlangt, aber die großen Reiche haben das nicht nötig. Deren Herrscher sind am internationalen Handel interessiert", erklärte *Straton*. Ob das so war oder sich *Straton* als *Baktrier* damit nur wichtigmachte, war nicht ganz klar.

Auf jeden Fall stand **Baktrien** noch unter hellenistischem Einfluss. Die Sprache der Händler war *Griechisch*, auch die Gebildeten kannten diese Sprache, ansonsten wurde *Baktrisch* gesprochen. Von *Alexander*, dem Einzigen, der auch *Griechisch* schreiben konnte, wusste *Jesus,* dass die Schrift hier auch *Griechisch* war, allerdings mit zwei Sonderzeichen, sodass man auch von einer *graeco-baktrischen* Schrift sprechen konnte. *Jesus* sucht nun die Gesellschaft von *Straton*, um von ihm die Grundlagen der baktrischen Sprache zu erlernen. Das war *Straton* keineswegs lästig, denn er fühlte sich geehrt, „Jesus, dem Heiler" noch etwas beibringen zu können. *Jesus* seinerseits war darüber sehr glücklich, denn er hoffte, hier in **Baktrien** endlich Anhänger der **Erwachten** treffen zu können, und von ihnen mehr über den **Dharma** zu erfahren. Er war sich nicht sicher, ob diese *Griechisch* sprachen oder *Baktrisch*.

Wie es ausgemacht war, trafen sich die beiden Karawanenführer *Agathokles* und *Kujula* sowie *Demetrios* jetzt jeden zweiten Abend mit *Jesus*. *Jesus* brachte *Straton* mit, der sich dadurch aufgewertet fühlte. Auf diese Weise drückt *Jesus* seine Dankbarkeit gegenüber dem Mann aus, auf dessen sprachkundige Hilfe er hier angewiesen war. Am ersten Abend übte *Jesus* mit seinen „Schülern" das Behandeln von Knochenbrüchen. Es ging sowohl um die Behandlung von Wunden bei offenen Knochenbrüchen als auch um das Richten der Knochen bei einfachen Brüchen und das Schienen. Seine Schüler erwiesen sich als sehr gelehrig. Meist hatte *Straton* den Verletzten zu spielen. Der Unterricht war eine Mischung aus heiterem Umgang, gewissenhafter Aufmerksamkeit und Vorsicht, die dem Thema angemessen war. In ähnlicher Weise ging es ungefähr jeden zweiten Tag, insgesamt gab es 18 solcher Unterrichtsabende auf dem Weg nach **Baktra**.

Die Arbeit am Tag war ihnen inzwischen so zur eingespielten Routine geworden, dass sich oft zwei Männer dabei unterhielten. Für *Jesus* war das auf dieser Etappe der Reise vor allem *Straton*, der *baktrischen* Sprache wegen. Aber allmählich versuchte er auch etwas über den **Dharma**, die Lehre des **Erwachten** zu erfahren, wozu *Straton* wenig Erhellendes beitragen konnte. Schließlich war er kein bekennender Laienanhänger des **Buddha**. Laienanhänger – das war ein gutes Stichwort, belauschen wir die beiden doch einmal bei ihrer Unterhaltung.

*Jesus*: „Du sagst, du bist kein bekennender Laienanhänger, was ist eigentlich ein Laienanhänger genau?"

*Straton*: „Laienanhänger sind Männer, die von den Lehren des **Buddha** so überzeugt sind, dass sie sich zum **Buddha** bekennen. Sie sprechen feierlich eine sogenannte Zufluchtsformel. Dann werden sie als Laienanhänger angenommen."

Jesus: „Gibt es auch Laienanhängerinnen?"

*Straton*: „Ja, sicherlich, häufig ist es so, dass beide Ehepartner Laienanhänger sind, manchmal auch die Kinder, aber erst die größeren."

*Jesus*: „Sie sprechen eine Zufluchtsformel hast du gesagt, weißt du, was sie sagen?"

*Straton*: „Ich kann es dir nicht wörtlich sagen, denn diese Formel wird in einer fremden Sprache gesprochen. Aber ich habe einen Freund gefragt, der Laienanhänger des **Buddha** ist. Er hat gesagt, sie bekennen sich erstens zum **Buddha**, ihrem großen Vorbild, zweitens zu seiner Lehre und drittens zur Gemeinschaft, die diesen Weg geht, das sind die Mönche."

*Jesus*: „Worin besteht der Unterschied zwischen Laienanhängern und Mönchen?"

*Straton*: „Da gibt es einen großen Unterschied. Laienanhänger leben ihr ganz normales Leben, gehen aber immer mal zu Vorträgen der Mönche und bringen vielleicht auch kleine Opfer dar, Räucherwerk oder so, aber sie haben einen ganz normalen Beruf, also Bauer, Händler oder Handwerker. Die Mönche arbeiten nicht, sie beschäftigen sich ganz mit religiösen Dingen, sie machen etwas, das heißt Meditation. Was es genau ist, kann ich nicht sagen, aber dabei sitzen sie mit verschränkten Beinen auf dem Boden."

*Jesus*: „Wovon leben sie, wenn sie keine Bauern, Händler oder Handwerker sind?"

*Straton*: „Sie gehen jeden Tag mit einer Schale auf Almosengang. Mitunter bringen Laienanhänger ihnen etwas zu essen oder spenden Roben oder Arznei."

*Jesus*: „Gibt es auch weibliche Mönche?"

*Staton*: „Ja, die nennt man Nonnen. Bei denen ist es ähnlich. Es gibt aber sehr viel weniger davon. Und das ist ganz wichtig: Mönche und Nonnen sind strikt getrennt. Sie wohnen nicht zusammen, sie unterhalten sich nicht miteinander, sie gehen nicht gemeinsam auf Wanderschaft. Mönche und Nonnen sind also strikt getrennt."

*Jesus*: „Dann gibt es wohl auch keine Ehen zwischen ihnen?"

*Straton*: „Nein, das ist völlig undenkbar, es gibt auch keine Ehen zwischen Mönchen und Laienanhängerinnen oder zwischen Nonnen und Laienanhängern, das ist unmöglich!"

*Jesus*: „Auch keine Liebschaften?"

*Straton*: „Nein, sie würden sofort aus dem Orden, also der Gemeinschaft der Mönche bzw. Nonnen, ausgeschlossen."

In dieser Weise informierte sich *Jesus* über die Gebräuche von Mönchen, Nonnen, Laienanhängern und Laienanhängerinnen des **Buddha**. Über den **Dharma** konnte ihm *Straton* nichts sagen, aber über die Gebräuche und Kultstätten der Anhänger des **Erwachten** wusste er bald recht gut Bescheid und zog seine Schlüsse. Es erinnerte ihn etwas an die **Essēner**. Allerdings war bei den Mönchen und Nonnen des **Buddha** die Geschlechtertrennung noch sehr viel strenger. Auch unterschieden sie sich von den **Essēnern** darin, dass diese einem Handwerk nachgingen, die **Mönche** jedoch nicht. Diese praktizierten nur ihre Religion und lehrten, etwa so wie die **Rabbiner**.

Auf diese Weise verging die Reise für *Jesus* mit der täglichen Routine sowie mit den medizinischen Lehrstunden an jedem zweiten Abend und den Gesprächen, vor allem mit *Straton*. Natürlich war auch dieser Reiseabschnitt anstrengend. Sie hatten allerdings keine Probleme mit Räubern, höchstens mit einigen Kleingruppen, die nachdrücklich einen Wegzoll verlangten. Der Reiseabschnitt zwischen *Herat* und **Baktra** verlief eine Zeitlang entlang eines Flusstales, aber auch immer wieder über hohe Bergketten und Passstraßen, sodass sie froh waren, im Sommer unterwegs zu sein. Dieser ganze Abschnitt befand sich in einer Gegend, die heute als *Afghanistan* bekannt ist.

Sie hatten bereits den allergrößten Teil dieser Reiseetappe zurückgelegt, da kam einer der Kundschafter zurückgeritten. Er erstattete in solchen Fällen normalerweise *Alexander* Bericht. Heute jedoch ritt er direkt auf *Jesus* zu: „Verehrter junger Herr, es gibt da etwas, das Euch interessieren wird. In ungefähr drei Meilen Entfernung kommen uns zwei Personen entgegen. Ihrer Kleidung und ihren geschorenen Köpfen nach sind es Mönche, die den Lehren des **Erwachten** folgen!" Das war nun wirklich eine ganz außerordentliche Nachricht für *Jesus*. Seit fast einem Dreivierteljahr, seit er von *Dimit-*

*ros* erstmals von einem **Erwachten** gehört hatte, von dem er jetzt wusste, dass man ihn den **Buddha** nennt, hatte er dieser Begegnung entgegengefiebert, die heute Wirklichkeit werden sollte! Zum Glück bildete an diesem Tag die Karawane von *Agathokles* den vorderen Teil des Konvois. Da *Jesus* die ersten 30 Kamele überwachte, war er ziemlich an der Spitze. Vor jeder Wegbiegung war er ganz aufgeregt. Würde er sie jetzt sehen? Sollte er sie etwas fragen? Dann kam ihm eine Idee: Sie gingen doch auf Almosengang, sicher wäre es gut, ihnen etwas vom Proviant abzugeben. Ob sie wohl Griechisch sprachen? Vermutlich nicht, er musste es auf *Baktrisch* versuchen. Sie hatten schätzungsweise fast drei Meilen zurückgelegt, da sah er sie nach einer Wegbiegung, aber sie gingen nicht der Straße entlang. Dennoch bestand kein Zweifel daran, dass diese beiden glatzköpfigen Männer Mönche des **Buddha** waren.

Aber was machten sie denn da? Sie saßen etwas abseits des Weges unter einem Baum. Da fiel es ihm wieder ein. *Straton* hatte von einer religiösen Übung gesprochen, die Meditation heißt und meist mit verschränkten Beinen sitzend unternommen wird. Je näher sie kamen, desto klarer war: Sie meditierten tatsächlich. Sie beachteten die Karawane, die hier doch das Ereignis des Tages war, überhaupt nicht. Sie saßen einfach ruhig da, die Gesichter ganz entspannt. Ob sie wohl auf diese Weise mit einer Gottheit kommunizierten, vielleicht mit dem **Buddha** selbst? *Jesus* wurde klar, dass es heute zwar zu einem optischen Kontakt mit Mönchen, die dem **Buddha** folgten, gekommen war, dass er aber jetzt noch nicht die Gelegenheit haben würde, mit ihnen zu sprechen. Umso mehr freute er sich auf die Ankunft in **Baktra** und sein erstes Gespräch mit einem von ihnen.

Am Abend lagerten sie in Sichtweite eines Bauernhofes, der in der Nähe eines Baches lag. An diesem Bachlauf wurde überall Landwirtschaft betrieben. Es war klar, dass die Höfe mehr produzierten, als zur Eigenversorgung nötig war, ein untrügliches Zeichen dafür, dass sie sich einer Stadt näherten. *Jesus* wusste, dass es nicht irgendeine Stadt war, es war **Bak-**

**tra**, die Hauptstadt des *Baktrischen Reiches*. In dieser Nacht schlief *Jesus* sehr unruhig. Die Vorfreude auf die Stadt, die Spannung, was ihn erwarten würde, aber auch die Angst davor, dass er von der Begegnung ähnlich enttäuscht sein könnte wie bei den **Zoroastern** oder den **Rabbinern** in *Jerusalem*. All das ließ ihn kaum Schlaf finden. Früh am Morgen stand er auf. Diese Unruhe! Da erschien vor seinem geistigen Auge das Bild der beiden Mönchen, die – trotz des Trubels beim Vorbeiziehen der Karawanen – völlig unberührt meditierten. „Das will ich auch lernen!", sagte er sich.

Nach dem Frühstück und dem Aufstellen der Karawanen für diesen Tag ging es endlich los. Gut eine Stunde später sah man in einer Entfernung von vielleicht vier, fünf Meilen die Stadt in einer Ebene liegen. Als sie sich näherten, erkannte *Jesus*, dass sie ringförmig angelegt war, Ringstraßen um einen Mittelpunkt – vermutlich der Sitz des Herrschers. Von dort gingen Straßen sternförmig in alle Richtungen. Um die Stadt befand sich ein grüner Versorgungsgürtel mit intensiver Landwirtschaft. Die Getreidefelder waren bereits gemäht, aber Gemüse und Obst wurden geerntet. Auf der Straße begegneten sie jetzt landwirtschaftlichen Fuhrwerken. Sie sahen auch Mönche, die eine Bettelschale trugen, auf dem Weg in die Stadt.

Heute würde es noch viel Arbeit geben, das wusste *Jesus*. Das war immer so, wenn sie am Ende einer Etappe in einer Stadt den Karawanenplatz aufsuchten und ihr Lager einrichteten. *Jesus* wusste, dass sie etwa eine Woche hier bleiben würden. Das hatte er von *Agathokles* erfahren. Dieser hatte ihm auch die ersten drei Tage des Aufenthalts freigegeben, danach würde er wieder gebraucht. *Jesus* hatte sich über die freien Tage gefreut, aber er war nicht ganz sicher, ob er dann weiterreisen würde. Vielleicht war er bereits hier am Ziel, vielleicht war das der Ort, an dem sich alle seine Wünsche erfüllten, wer weiß? Mit dieser spannenden Ungewissheit schlief *Jesus* an diesem Abend ein. Nachdem die letzte Nacht vor Spannung und Aufregung so unruhig war, schlief er in dieser tief und fest. Er hatte erreicht, was er erreichen wollte. Er war bei den Menschen, die die Lehre des **Erwachten** kannten.

Am nächsten Morgen machte sich *Jesus* auf den Weg Richtung Stadtzentrum. Auf dem kam ihm ein Mönch entgegen. *Wer sollte wohl besser Bescheid wissen, wo ich hier Informationen über den* **Erwachten** *bekommen kann?*, dachte er. „Guten Tag, Ehrwürdiger", sprach er den Mönch auf Baktrisch an, „ich bin soeben in **Baktra** eingetroffen. Ich komme als Pilger aus dem Römischen Reich und bin auf der Suche nach der Lehre des **Buddha.** Wohin muss ich gehen, um mehr zu erfahren?"

Der Mönch sah ihn erstaunt an. Zwar kamen gelegentlich Handelskarawanen aus dem Römischen Reich durch die Stadt. Aber ein Pilger, der diesen weiten Weg auf sich genommen hatte, um die Lehre des **Buddha** zu suchen, war ihm noch nie untergekommen, dergleichen hatte er noch nie gehört. „Junger Herr, das freut mich außerordentlich, dass Ihr diese weite Reise auf Euch genommen habt, lasst mich Euch den Weg zu unserem Kloster zeigen." So schritten sie gemeinsam ins Zentrum der Stadt, unterwegs erkundigte sich der Mönch, er hieß *Sraddhamitra*, nach Einzelheiten der beschwerlichen Reise *Jesu* nach *Baktrien*. Beim Kloster bedeutete *Sraddhamitra* dem jungen Pilger, sich einen Moment zu gedulden. *Jesus* fand sich in einer Eingangshalle wieder. Die Tür, durch die sie eingetreten waren, stand offen. Rechts und links an den Wänden waren jeweils zwei Türen, durch eine war *Sraddhamitra* verschwunden. Vor ihm befand sich eine große zweiflügelige Tür. Alle diese Türen waren geschlossen. An der einen Seitenwand sah er ein Gemälde. Es zeigte einen großen Baum. Am Fuß des Baumes war eine Art großes Licht, fast sonnengleich. Im Verhältnis zum Baum musste dieses dargestellte Licht einen Durchmesser von zwei Metern haben. An der anderen Seitenwand hing ein Gemälde, das einen Löwen auf einem Berggipfel darstellte. Der Löwe sah mächtig aus. Er hatte den Kopf erhoben und das Maul geöffnet, als würde er brüllen. *Jesus* fragte sich, was diese Bilder wohl darstellen sollten.

„Dies zeigt den Löwenruf!", sagte *Sraddhamitra*, der inzwischen zurückgekommen war. „Der Löwe ist der König der Tiere, der Höchste unter den Tieren. Sein Ruf ist weithin vernehmlich. Daher stellt der Löwe den **Buddha** dar, der der Höchste unter den Menschen ist. Wie der Löwenruf weithin zu hören ist, so ist auch die Stimme des **Buddha** weithin zu vernehmen. Sie ruft diejenigen, die nur wenig Staub auf den Augen haben und so in der Lage sind, das Wunderbare zu erkennen. Der Löwenruf des **Buddha** war erfolgreich. Ihr, junger Herr, habt ihn selbst im Römischen Reich gehört, seid seinem Ruf gefolgt und jetzt hier angelangt. Willkommen im großen buddhistischen Tempel von **Baktra**!"

*Jesus* strahlte übers ganze Gesicht: „Ich verstehe. Ihr stellt den **Buddha** nicht bildnerisch dar, macht euch kein Bild vom **Erwachten**, sondern stellt ihn in Symbolen dar, zum Beispiel hier als Löwen, dessen Ruf bis in ferne Länder zu hören ist." Nun drehte sich *Jesus* zu dem Bild auf der anderen Seite um. „Dieses sonnengleiche Licht hier am Fuße des Baumes symbolisiert ebenso den **Erwachten** und vermutlich auch den Akt des **Erwachens**. Daraus schließe ich, dass der **Buddha**, als er erwachte, unter einem Baumes saß und meditierte. Vermutlich nennt ihr diesen dann Baum des **Erwachens**."

In diesem Moment ertönte eine Stimme von der Seite. Sie gehörte einem anderen Mönch, dessen Kommen *Jesus* zuvor gar nicht bemerkt hatte: „Ganz ausgezeichnet, junger Mann, Ihr seid von großartigem Verständnis und rascher Auffassungsgabe. Ich schätze, Ihr habt nur wenig Staub auf den Augen, sodass Ihr in der Lage seid, die Lehre des **Erhabenen** zu verstehen und zu praktizieren." Mit einer höflichen Verbeugung verschwand dieser Mönch so plötzlich, wie er aufgetaucht war, hinter einer der Türen.

Jesus sah *Sraddhamitra* fragend an, dieser klärte ihn auf. „Das war *Shantiraja*, der Sekretär des Abtes. Bei ihm war ich eben, denn *Jñanaketu* sitzt noch in Meditation. *Shantiraja* wird dem Abt sagen, dass Ihr ihn zu sprechen wünscht, sobald er seine Meditation beendet hat. Sicher wollte er wissen, was denn das für ein Pilger ist, der aus dem *Römischen Reich* kommt, um die Lehre des **Erhabenen** zu suchen. Eines ist sicher, Herr *Jesus*, mit dieser trefflichen Analyse habt Ihr *Shantiraja* beeindruckt. Ich bin sicher, dass er *Jñanaketu* davon berichten wird. Ich selbst muss jetzt weiter, wartet bitte im Meditationsraum auf den Abt." Mit diesen Worten öffnete er die Doppeltür, hinter dem sich ein großer Raum befand, der gewiss 300 Menschen Platz bot. Gekrönt war er von einer Kuppel. Auf dem Boden lagen vereinzelt Matten mit einem oder zwei Kissen darauf. Auf vier solcher Kissen saßen Mönche mit verschränkten Beinen, offensichtlich bei der Meditation.

*Jesus* suchte sich eine Matte in der Nähe der Tür, damit der Abt ihn leichter finden konnte, wenn er kam. Er nahm Platz und betrachtete den vorderen Teil des Raumes. Dort stand, nahe der Wand, eine Art Altar. Darauf befanden sich zwei große Schalen mit frischem Obst, vermutlich Opfergaben. Im vorderen Teil sah er sieben kleine Schalen. Was diese enthielten, konnte man nicht sehen. Aber Jesus erinnerte sich, ebensolche sieben Schalen auch bei den **Zoroastern** gesehen zu haben. Außerdem erinnerte das an die siebenarmigen Leuchter in jüdischen Tempeln. Die heilige Zahl Sieben wurde also überall geschätzt. Oberhalb des Schreins war an der Wand ein goldenes Rad mit acht Speichen dargestellt. Acht, nicht sieben! Es musste also in der Lehre des **Buddha** etwas besonders Verehrtes geben, das aus acht Teilen bestand. Aber das dürfte nichts Statisches, in Stein Gemeißeltes sein wie die heiligen Schriften, die er kannte, auf die sich die Priester mit der Formel „Es steht aber geschrieben ..." bezogen, wenn sie nicht weiterwussten. Dass es etwa Dynamisches sein musste, erkannte man daran, dass es ein Rad war, ein Fortbewegungsmittel, etwas, das einen weiterbringt.

Auf diese Art versuchte *Jesus* durch genaues Betrachten zu ergründen, was die Symbolik bedeutete, als sich die Tür öffnete. *Jesus* sah auf. In der Tür stand ein großer Mann in einer Robe, der wohlwollend aber auch auffordernd auf ihn blickte. *Jesus* stand auf und verbeugte sich schweigend vor ihm. Er wollte die meditierenden Mönche nicht stören. Er folgte *Jñanaketu* in angemessenem Abstand. Sie kamen durch einen langen Gang mit vielen Türen, *Jñanaketu* öffnete eine davon. In dem Raum stand *Shantiraja*, der Sekretär. An der Wand war eine große Tabelle. In jedem Feld befand sich ein Nagel, an manchen hingen kleine Schiefertafeln, auf denen kleine bunte Symbole zu sehen waren. Das musste ein Plan sein, wunderte sich *Jesus*, der eine solche Planungsmethode noch nie gesehen oder auch nur davon gehört hatte. Durch eine weitere Tür kam man in den Raum von *Jñanaketu*. Rechts auf dem Boden lag eine Matte, der Größe nach vermutlich eine Schlafmatte mit Decken darauf, links gab es einen einfachen Meditationssitz wie im Tempel. An der Stirnseite, leicht erhöht auf einem Katheter, stand eine Art Stuhl, über dem eine rote Decke lag, was etwas an einen Thron erinnerte, darauf nahm *Jñanaketu* Platz.

Es scheint eine Art Hierarchie zu geben. Der Abt war offensichtlich ein Höherstehender, das sollte das Ambiente deutlich machen. Andererseits befand man sich offensichtlich auch im Schlafzimmer, das ganz einfach eingerichtet war, also Bescheidenheit zeigen sollte. Die Tatsache, dass der Abt ihn selbst geholt und dafür nicht seinen Sekretär geschickt hatte, zeigte Jesus, dass trotz der wohl in Klöstern üblichen Hierarchie *Jñanaketu* nicht als abgehoben und eine Art Herrscher gesehen werden wollte.

Selbstverständlich wartete Jesus, dass *Jñanaketu* das Gespräch eröffnete, dieser sagte: „Herr *Jesus*, ich bin erstaunt, einen so jungen Mann von soweit her, ich habe gehört, Ihr kommt aus dem Römischen Reich, hier begrüßen zu können. Ist es wirklich allein die Lehre des **Buddha**, die Euch hierherführt?"

„Ja, ehrwürdiger Herr, einzig allein meine Suche nach der Wahrheit und der Lehre des **Buddha**." Dann erzählte *Jesus* kurz von seinen Erlebnissen im Tempel von *Jerusalem*, seinem Jahr bei den **Essenern**, seiner Begegnung mit *Dimitros* in **Antioch** und auch seiner früheren Überlegung zu den **Therapeuten** zu gehen.

„Zu den **Therapeuten**? Was sind das für Leute?", fragte *Jñanaketu*.

„Ich weiß nur, dass sie eine besondere Heilmethode haben, das hat mir ein Priester in Jerusalem erläutert. Denn sie heilen Krankheiten des Körpers und der Seele nach einer eigentümlichen, aber logischen Methode in vier Schritten. Sie ergründen erst, was das Problem ist, das ist noch ganz normal. Aber statt nun die bekannten Heilmittel anzuwenden, fragen sie nach den Ursachen. Nun bekämpfen sie nicht die Krankheiten mit den üblichen Methoden, sondern entscheiden sich, die Ursache zu bekämpfen. Schließlich machen sie einen genauen Plan, wie man die Ursache bekämpfen kann."

*Jñanaketu* war hocherfreut, als er dies hörte: „Offensichtlich haben die Gesandten, die Kaiser **Aśoka** vor über 300 Jahren ins Abendland schickte, doch etwas ausgerichtet. Denn diese Methode entspricht den **Vier Edlen Wahrheiten**, einer der Kernlehren des **Erhabenen**. Der Name **Therapeuten** ist ganz offensichtlich abgeleitet von **Theravāda**. Das ist die Richtung innerhalb der Lehre des **Buddha**, der auch wir in diesem Kloster folgen."

*Jesus* stellte fest, dass es offensichtlich unterschiedliche Auslegungen der Lehre des **Buddha** gab. Wobei er sich hier bei einer Richtung befand, die irgendwie mit den **Therapeuten** zusammenhängt. Er fragte: „Könnt Ihr mir bitte die Lehre von den **Vier Edlen Wahrheiten,** die offensichtlich sehr wichtig ist, kurz erläutern?"

„Das ist die Grundlage der Lehre des **Buddha**. Zunächst muss man sich klarmachen, das alles, was entsteht, jedes einzelne Phänomen, in Abhängigkeit von bestimmten Bedingungen entsteht. Fehlen diese Bedingungen oder einige davon, das Fehlen einer kann schon ausreichen, dann verschwindet auch das Phänomen. Auf dieser Grundlage hat der **Buddha** Folgendes herausgefunden:

- Die erste Edle Wahrheit besagt, dass es **Dukkha** gibt. **Dukkha** ist alles, was unschön ist, was unvollkommen ist, was wir so nicht wollen, was vielleicht sogar leidvoll ist. Wenn man es zu Ende denkt, ist jedes abhängig von Bedingungen entstandene Phänomen **Dukkha**.
- Die zweite Edle Wahrheit besagt, dass **Dukkha**, wie alles abhängig von Bedingungen Entstandene, Ursachen hat. Die Ursache von **Dukkha** liegt in unserer Gier, aber auch in unserem Hass begründet und in unserer Verblendung.
- Die dritte Edle Wahrheit besagt, dass wir unsere Gier, unseren Hass und unsere Verblendung überwinden müssen, damit **Dukkha** verschwindet.
- Die vierte Edle Wahrheit ist die vom Weg dahin, also dem Weg, der zur Überwindung von Gier, Hass und Verblendung führt. Das ist der **Edle Achtfache Pfad.**"

„Das ist ebenso genial wie logisch", freute sich *Jesus*, „auch wenn ich noch darüber reflektieren muss, um es nicht nur intellektuell zu verstehen, sondern dem auch wirklich folgen zu können. Nun verstehe ich auch den Sinn des achtspeichigen Rades im großen Meditationsraum: Es stellt den **Edlen Achtfachen Pfad** dar. Er wird als Rad dargestellt, weil es einen allmählich immer weiterbringt, wenn man es umsetzt. Man kommt auf dem Pfad voran, daher das Symbol des Rades. Natürlich ist der **Edle Achtfache Pfad** eine runde Sache, außerdem ist das Rad die bedeutendste Erfindung in der Menschheitsgeschichte, das Wagenrad in der Geschichte der Technologie, der **Edle Achtfache Pfad** in der Geschichte der Geisteswissenschaft!"

„Ihr lernt schnell und kombiniert gut, Herr *Jesus*, es ist eine Freude Euch zuzuhören", lobte *Jñanaketu*. „Kann ich Euch sonst noch irgendwie helfen?"

„Sicher, ehrwürdiger *Jñanaketu*, auch wenn ich damit noch etwas Eurer kostbaren Zeit beanspruche. Aber Eure Unterweisung wäre nicht komplett, wenn Ihr mir nicht noch den **Edlen Achtfachen Pfad** erläutern würdet, das was einen auf dem Weg zum **Erwachen** voranbringt."

„Es ist nicht so wie bei Eurer Reise von *Jerusalem* hierher. Da gab es einzelne Abschnitte, die Ihr nacheinander bereisen musstet, zunächst von *Jerusalem* nach **Antioch**, dann von dort zum *Euphrat* und so weiter. Der **Edle Achtfache Pfad**, das sind eher acht Baustellen, an denen Ihr zu arbeiten habt, an jeder einzelnen Baustelle immer weiter, bis Ihr das Geübte vollkommen beherrscht. Ich nenne Euch jetzt die acht Pfadglieder, die acht Baustellen, an denen Ihr arbeiten müsst, das sind:

1. Die *Rechte Ansicht*, davon habt Ihr jetzt schon eine ungefähre, aber noch sehr unvollständige Vorstellung. Diese gilt es allmählich weiterzuentwickeln bis letztendlich zur vollkommenen Ansicht.

2. Die *Rechte Entschlossenheit*, es war eine gewisse Entschlossenheit nötig, um diese Reise hierher auf Euch zu nehmen. Aber auch Eure Entschlossenheit muss immer weiterentwickelt und genährt werden, sonst verkümmert sie.

3. Die *Rechte Rede*, Ihr sollt nicht nur wahrheitsgemäß sprechen, wie das sicher auch Eure bisherige Religion verlangt. Eure Rede soll auch liebevoll, hilfreich für Eure Gesprächspartner und Euch selbst sein. Außerdem sollte sie Harmonie stiftend sein und, besonders schwierig, sie sollte immer zur rechten Zeit erfolgen, nämlich dann, wenn der Gesprächspartner aufnahmefähig ist.

4. Das *Rechte Handeln*: Nicht nur Eure Sprache sollte liebevoll usw. sein, sondern sie muss auch Ausdruck in Euren Taten finden.

5. Der *Rechte Lebenswandel*, Eure ganze Lebenseinstellung, Euer Umgang mit anderen, Euer Beruf, kurz, so, wie Ihr durchs Leben wandelt, sollte von Freundlichkeit, Liebe, Hilfsbereitschaft und vom Wunsch Harmonie zu stiften durchdrungen sein.

6. Die *Rechte Bemühung*. Ja, alles das ist mühsam, Ihr müsst Euch darum wirklich bemühen. Halbherzigkeit führt nicht weiter!

7. Die *Rechte Achtsamkeit*, damit Ihr das alles machen könnt, müsst Ihr achtsam und wissensklar hinsichtlich Euch

selbst, den anderen und Eurer ganzen Umwelt sein. Ihr müsst so genau hinsehen, wie Ihr das gemacht habt, als Ihr hier im Haus den Löwen, den Baum des Erwachens und das achtspeichige Rad gesehen habt.

8. _Rechter_ **Samadhi**, also die richtige und immer bessere, schließlich die vollkommene Art Euch in der Meditation zu vertiefen."

_Jesus_ war beeindruckt: „Das ist ein sehr ambitioniertes Unterfangen. Um das umzusetzen, brauche ich Unterricht in Meditation und einen Gesprächspartner oder eine Gesprächsgruppe von Menschen, die den **Edlen Achtfachen Pfad** praktizieren, sonst wird es nicht gehen."

„Ganz genau, wenn Ihr möchtet, könnt Ihr morgen früh vorbeikommen, und zwar eine Stunde nach Sonnenaufgang im Meditationsraum. Dort wird ein Mönch zugegen sein und Euch – und einigen anderen – Anweisungen geben."

Dies klang für _Jesus_ ganz nach dem Ende der Audienz. Er stand auf, verbeugte sich tief vor _Jñanaketu_ und drückte in wohlgesetzten Worten seinen Dank aus. Dann zog er sich unter Verbeugungen zurück.

_Jesus_ kannte jetzt die zentrale Lehre des **Erhabenen**, über die er etwas nachzudenken gedachte. Er hatte gesehen, dass im Zentrum der Stadt ein Park war. Dort wollte er sich auf die Wiese setzen und darüber nachdenken. Ob das „meditieren" war? Er setzte sich unter einen Baum, wobei er lächelte: Er dachte an das Bild im Kloster, auf dem der Baum des **Erwachens** abgebildet war und darunter dieser strahlende Glanz, der den **Buddha** im Moment des **Erwachens** symbolisierte.

Nachdem er so einige Zeit gesessen und über den **Edlen Achtfachen Pfad** reflektiert hatte, hörte er Stimmen in der Nähe, die er nicht weiter beachtete. Erst als die Worte „Mönch", „Meditation" und **„Buddha"** an sein Ohr drangen, blickte er auf. Etwa zehn Meter von ihm entfernt saßen vier Mönche im Gespräch.

_Jesus_ stand auf, näherte sich und blieb etwa fünf Meter vor ihnen stehen. Er nahm eine demütige Haltung ein, denn er wollte sie einerseits nicht im Gesprächsfluss stören, gleichzeitig aber signalisieren, dass er ein Anliegen hatte. Einer der Mönche sah kurz zu ihm auf. Als eine Gesprächspause eintrat, fragte dieser ihn: „Habt Ihr ein Anliegen, junger Herr?"

„Ja, in der Tat", sagte *Jesus*, „Ehrwürdige, ich komme aus einer fernen Gegend im Römischen Reich, um mehr über den **Buddha** und seine Lehre zu erfahren. Heute Morgen war ich bei *Jñanaketu*, der mir die **Vier Edlen Wahrheiten** und den **Edlen Achtfachen Pfad** dargelegt hat. Ich möchte irgendwo Meditation erlernen und mich mit anderen über die Lehre des **Buddha** austauschen. Könnt ihr mir da einen Rat geben?"

„Wie lange willst du dir dafür Zeit nehmen?", fragte einer aus der Mönchsrunde.

*Jesus* wog ab: „Ich reise als Gehilfe in einer Karawane, eigentlich habe ich nur drei Tage Zeit. Wenn ich aber gute Möglichkeiten zum Lernen und Meditieren hätte, würde ich meine Stelle bei der Karawane aufgeben. Dann könnte ich auch ein Jahr oder sogar noch länger darauf verwenden."

Die Mönche sahen sich an. Dann richtete der Älteste der Runde das Wort an ihn: „Das mit den drei Tagen ist keine Option. Aber falls es dir so ernst ist, dass du wirklich ein Jahr oder länger darauf verwenden möchtest, dann solltest du Novize werden, also so etwas wie ein Mönchslehrling. Du könntest ein oder mehrere Jahre im Kreis der Mönche leben, lernen und hinterher entweder zum Mönch ordiniert werden oder aber jederzeit dieses Ansinnen aufgeben und in ein bürgerliches Leben zurückkehren."

Einer der anderer Mönche ergänzte: „Ich an deiner Stelle würde das dann aber nicht hier in **Baktra** machen. Wenn du mit einer Karawane unterwegs bist, so zieht ihr doch sicher nach **Gandhāra** oder **Bhārat Gaṇarājya**. Dort hast du wesentliche bessere Möglichkeiten, dort gibt es zahlreiche Klöster."

„Dort gibt es auch verschiedene Schulrichtungen der Lehre des **Buddha**. Vielleicht schaust du dich erst einmal um, was dir am besten erscheint", ergänzte ein dritter.

Nach einigen weiteren Wortwechseln, die das Gesagte vertieften, bedankte sich *Jesus* und ging nachdenklich zurück. Es schien verschiedene Schulrichtungen unter den Mönchen zu geben. Das musste also so ähnlich sein wie zwischen der Lehre der **Rabbiner** und der der **Essēner**. Das machte die Sache komplizierter, als er es erwartet hatte. Eigentlich hatte er gehofft etwas zu finden, was „die Wahrheit" war. Aber so einfach war es wohl nicht. Er würde suchen müssen, welche dieser Lehrinterpretationen ihm am besten erschien – oder aber die nächstbeste ausprobieren. Vermutlich war es dazu aber am besten dorthin zu gehen, wo die Lehre des Erhabenen in verschiedenen Facetten erblühte, also nach **Gandhāra,** das, so hatte er gehört, seit einigen Jahrzehnten nicht mehr zu **Baktrien** gehörte. Mindestens bis dorthin konnte er mit *Agathokles'* Karawane ziehen. Dann hätte man, wie er gehört hatte, die großen Gebirge hinter sich gelassen, von dort an gab es fruchtbares Land, besser noch als am *Euphrat,* am *Jordan* oder am *Nil,* wie er von Begegnungen mit anderen Karawanen wusste.

Damit war für *Jesus* erst einmal alles klar: Er reiste mit seiner Karawane weiter und konnte den **Hindukusch** wohl noch vor dem Wintereinbruch überqueren. Die restliche Zeit in **Baktra** half er dabei, die Karawane für diese letzte große Hochgebirgstour bereit zu machen.

# Über den Hindukusch

Es war höchste Zeit sich an die Überquerung des Gebirges zu machen, denn der Herbst hatte angefangen. Im Winter war eine Überquerung des *Hindukusch* praktisch unmöglich. Eine der anderen Karawanen war in **Baktra** bereits aus dem Konvoi ausgeschieden. Sie wollte nicht mehr bis **Gandhāra** ziehen, wobei es für *Jesus* nicht ganz klar war, ob sie in **Baktra** überwinterten oder an einen anderen Ort weiterzogen. Auf jeden Fall waren außer *Agathokles'* Karawane nur noch zwei weitere künftig dabei. Da derzeit in diesem Gebiet nicht mit größeren Räuberbanden zu rechnen war, hatten die verbliebenen Karawanenführer beschlossen, in einem „lockeren Verbund" miteinander zu reisen, was auch immer das bedeuten mochte. Auf jeden Fall aber hieß es etwas mehr Flexibilität. Von den verbliebenen fünf zusätzlichen Wachmännern erhielten die beiden vorderen Karawanen jeweils zwei, die hintere einen zugeteilt.

Am Morgen ihres Aufbruchs in **Baktra** fiel heftiger Regen. *Straton* kommentierte das als schlechtes Omen: „In höheren Lagen dürfte es Schnee geben, ich habe kein gutes Gefühl." Am Nachmittag des zweiten Tages – es regnete noch immer, wenn auch nicht mehr so stark – passierten sie *Kholm*. Kurz hinter dem Städtchen, dort wo der Anstieg ins Gebirge begann, wurde kampiert. In den nächsten Tagen mussten sie über den ersten Pass ihrer Reiseetappe. Zum Glück war er noch schneefrei, obwohl es inzwischen bereits Anfang Oktober war, aber es pfiff ein eisiger Wind.

Nach acht Tagen kamen sie in eine Talniederung, in der fünf Bauernhöfe verstreut lagen. Hier gönnten sie sich einen freien Tag auf einer Wiese, wo die Kamele weiden und an einem großen Teich trinken konnten, bevor es über die höchsten Stelle ihrer Überquerung des **Hindukusch** ging. Diesem Teil des Weges sahen alle mit äußerst ungutem Gefühl entgegen, denn hier mussten sie einen Pass überqueren, der bei den Karawanen als „Pass des Schreckens" bekannt war. Die Straße führte bis auf über 3000 Meter. Diese Stelle liegt etwa 80 Kilometer Luftlinie nördlich der heutigen afghanischen Hauptstadt *Kabul*. Heutzutage geht dort eine Straße, die etwa ab Mitte Oktober bis Ende April nur mit Spezialfahrzeugen befahrbar ist. Zur damaligen Zeit war eine Überquerung mit einem Wagen völlig unmöglich. Selbst die Passage mit Eseln, Maultieren, Pferden und Kamelen war ambitioniert. Bis zur höchsten Stelle ihrer Strecke war es von diesem Rastplatz noch gut eine Woche, bei ungünstigen Bedingungen waren es vielleicht zehn Tage.

Man hatte die Reihenfolge der drei Karawanen ausgelost, denn es gab auf der Strecke keine Stelle, an der genügend Rast für die über 150 Tiere der Karawanen war. *Agathokles'* Karawane war die zweite, die loszog, drei Stunden nach der ersten. Der Anstieg war an diesem Tag mühsam. Als ärgerlich empfunden wurde es insbesondere, wenn es wieder einmal 300 Höhenmeter abwärts ging, wobei man genau wusste: Die musste man hinterher auch wieder aufwärts. Ähnlich ging es in den nächsten vier Tagen. Auffällig war, dass sie seit **Baktra** keiner Karawane begegnet waren, die in die Gegenrichtung zog, obwohl sie sich doch auf einer interkontinentalen Hauptverkehrsachse befanden: Der südliche Arm der Seidenstraße überquerte hier den **Hindukusch**. Der nördliche war bereits in *Hekatompylos* abgezweigt und führte in die *Mongolei* und nach *China*.

Am Abend des nächsten Tages fanden sie keine Stelle, an der Platz für alle Tiere ihrer Karawane war. Sie mussten sich für diese Nacht teilen. Der vordere Teil der Karawane fand eine halbe Stunde später eine einigermaßen geeignete Stelle, da war es schon dämmrig. Zwei Tage später ging es richtig steil aufwärts. Sie kamen nur mühsam voran, auch setzte wieder leichter Regen ein. Die Wachmänner wurden hier vor allem als Kundschafter eingesetzt. Sie hatten voranzureiten und zu eruieren, ob es irgendein Problem gab und welche Lösungsmöglichkeiten sich boten. Außerdem mussten sie Kontakt mit den beiden anderen Karawanen halten, damit der Abstand gewahrt blieb, weil nicht alle an einem Platz übernachten konnten. An diesem Tag waren alle – Menschen wie Tiere – vom Anstieg müde und schliefen fest – bis auf die Person, die gerade Wachdienst hatte.

Doch der nächste Tag sollte keineswegs leichter werden, im Gegenteil. Von der ersten Karawane hörten sie, dass ein Felssturz Geröll auf ihren Pfad geschüttet hatte. Alle Wachmannschaften und jeder verfügbare Mann wurden nach vorn beordert, um den Weg freizuräumen. Auch *Jesus* war bei diesem Trupp. An der Stelle befand sich rechts ein mächtiges Bergmassiv, von dem sich die Steine gelöst hatten, die jetzt den Weg blockierten. Die Gipfel dieser Berge erhoben sich bestimmt tausend Meter über ihrem Weg. Links ging es vielleicht 500 Höhenmeter sehr steil abwärts. Der Weg war teilweise nur etwas mehr als einen Meter breit und auf 20 Meter Länge vom Geröll blockiert, teilweise beschädigt. Alle mussten nun versuchen, die Steine und Felsbrocken vom Weg wegzubringen. Am Abend hatten sie erst etwa die Hälfte der Arbeit erledigt.

Sie legten sich schlafen. *Jesus* hatte alle Kleidung, die er von *Dimitros* in **Antioch** bekommen hatte, an, auch die Füßlinge, zusätzlich noch die Decke, die sie in *Hekatompylos* gekauft hatten.

Am nächsten Tag ging die Arbeit weiter. Als die Stelle noch nicht ganz freigeräumt war, beschlossen die Karawanenführer, einen der Kundschafter zu Pferde über das verbliebene Geröll reiten zu lassen, um zu untersuchen, ob es weitere unpassierbare Stellen gab. Er kam vier Stunden später zurück. Schon von Weitem rief er ihnen zu: „Keine weiteren Probleme!" Dann machte er sich daran, erneut die Reste des Gerölls zu überqueren, dazu war er vom Pferd abgestiegen. Plötzlich gab ein Geröllbrocken unter ihm nach, das Pferd scheute und stürzte auf den Wachmann. Unter der zusätzlichen Belastung brach ein Stück an der Abrisskante des Weges ab, sodass mit großem Getöse Steine, Pferd und Wachmann in die Tiefe gerissen wurden. Der gellende Todesschrei des Mannes vermischt mit dem Gebrüll des Pferdes fuhr ihnen durch Mark und Bein, dann ein Aufprall, erneutes Poltern, der weiter in den Abgrund rollenden Felsen, anschließend absolute Stille. Diesen Moment und den Schrei würden die Anwesenden niemals vergessen.

Sie hielten etwas später eine kleine Trauerfeier ab. Dann machten sich alle schweigend wieder an die Arbeit.

Obwohl er von der Arbeit total erschöpft war, konnte *Jesus* an diesem Abend nicht einschlafen. Schließlich betete er für den Verunglückten. Danach fühlte er sich etwas besser. Aber er betrachtete auch das merkwürdige Gefühl der Dankbarkeit und Erleichterung, dass er es nicht war, der herabgestürzt war. Er wusste nicht genau, ob ihm das ein schlechtes Gewissen machen sollte. Schließlich schlief er wieder ein.

Am nächsten Tag mussten sie die notdürftig wiederhergestellte Stelle passieren. Dazu waren die Kamele heute nicht mit Seilen verbunden, damit nicht ein Kamel, sollte es abstürzen, die anderen mit in die Tiefe reißen konnte. Die erste Karawane schaffte es ohne Verluste. Dann kamen die Kamele des *Agathokles'* dran. Sie hatten schon etwa 50 Tiere über die Gefahrenstelle bugsiert. Jedes der Tiere hatte das vorausgehende an der Gefahrenstelle ängstlich beobachtet, als ein Stein sich bei der Berührung eines Kamels drehte. Das Tier geriet in Panik und wollte losrennen, wodurch es weitere Steine lockerte, es stürzte, die schwere Last des Gepäcks hing dadurch über dem Abgrund und riss es mit nach unten.

Die folgenden Kamele weigerten sich, auch nur einen Schritt weiterzugehen. *Agathokles* schimpfte, doch *Jesus* sprach auf ihn ein: „Ich werde die Kamele beruhigen, *Agathokles,* vertraue mir." Dann schaute er nach einer Stelle, wo der Weg etwas breiter war. Dort ließ er ein Kamel nach dem anderen umdrehen.

Sie gingen zurück zur dritten Karawane, die an diesem Tag die Engstelle nicht mehr passieren würde. Sie lagerte etwa einen Kilometer weiter hinten. Dorthin führte er die verbliebenen acht Kamele von *Agathokles'* Gruppe. Sie lagerten dort gemeinsam. *Jesus* ging zu jedem einzelnen Tier und sprach beruhigend auf es ein, dann schlief er bei den Kamelen.

Am nächsten Tag verabredete er mit dem Führer dieser dritten Karawane, dass *Agathokles'* Kamele sich zwischen den anderen einreihten, sodass jeweils drei Kamele, die das Unglück nicht gesehen hatten, vor einem der traumatisierten gehen sollten. So passierten sie problemlos die Gefahrenstelle.

Danach ging *Jesus* mit seinen acht Kamelen wieder nach vorn, um die anderen im Laufe des Tages einzuholen, wie er hoffte. Die Wachmänner, die den Kontakt zwischen den Karawanen hielten, berichteten ihm vom Abstand zu den beiden Karawanen. So gelang es ihm, *Agathokles*, der frühzeitig einen Rastplatz aufgesucht hatte, noch am Abend einzuholen. Dieser freute sich riesig: „Wie gut, dass ich so einen einfühlsamen Mann eingestellt habe. Du bist ein Segen für alle Bedrängten, *Jesus*."

Als sie aufwachten, mussten sie leichten Schneefall feststellen – ausgerechnet jetzt, wo der „Pass des Schreckens" vor ihnen lag! Sie bemühten sich zügig voranzukommen. Zum Glück war die Schneedecke noch dünn, sodass die Wegstrecke gut auszumachen war. Hier lauerte auch nicht mehr ein tiefer Abgrund in unmittelbarer Nähe, andererseits wehte ein eisiger Wind.

In der nächsten Nacht schneite es nicht, dafür war es sternenklar. Ein eisig kalter Wind ließ sie selbst die dicken Decken, die sie dabei hatten, wie einen hauchdünnen Stoff empfinden. Außerdem konnten sie bei dieser Kälte kein Feuer entzünden. Sie hatten zwar Feuerstein, Schlageisen und Zunderpilz dabei, allerdings waren sie oberhalb der Baumgrenze. Es gab also kein Holz und auch kein genügend trockenes Material, etwa Stroh, das der Zunder hätte entzünden können. Deshalb gab es auch keine Heißgetränke.

Mit der Morgendämmerung brachen sie auf, denn die Anstrengung der Muskeln war das Einzige, was Mensch und Tier erwärmen konnte. Die Kamele hatten auf ihre Weise vorgesorgt, denn ihre Höcker waren die Fettspeicher, aus denen sich bei diesem Wetter die nötige Energie gewinnen ließ. Jetzt wusste *Jesus*, was *Dimitros* gemeint hatte, als er sagte, es würde kälter, als er es sich vorstellen konnte.

Zwei Tage später hatten sie glücklicherweise das Härteste überstanden. Es ging jetzt meist entlang kleiner Hochtäler, in denen vereinzelt Bauern lebten und im Sommer Landwirtschaft betrieben. Außerdem hielten sie Ziegen, vereinzelt auch Schafe, sodass man dort Milch und Käse kaufen konnte. In den Tälern lag kein Schnee mehr. Es wurde, trotz Novembers, von Tag zu Tag wärmer, je tiefer sie kamen.

Vier Wochen nach ihrer Abreise erreichten sie *Adīnapūr*,[51] die erste kleine Stadt in **Gandhāra**. *Jesus* konnte schon von Weitem das Kloster außerhalb der Stadt sehen. *Adīnapūr* lag nur 600 Meter hoch. *Jesus* empfand es nach den kalten Bergen hier als sehr warm.[52] Er hatte die Kleidung an, die er auch in *Palästina* trug. *Jesus* freute sich, in **Gandhāra** zu sein, nicht nur des Wetters wegen, sondern weil er hier zu bleiben gedachte, um *Meditation* und den **Dharma** zu studieren. Aber er wusste auch, dass dies noch nicht der Ort war, an dem er sich von der Karawane trennen würde, denn er hatte *Agathokles* gesagt, dass er mindestens bis *Puruschapura*[53] mitreisen würde, also noch etwa eine Woche. Dennoch stellte sich bei ihm bereits so etwas wie ein Abschiedsgefühl ein. Die Zeit mit der Karawane ging zu Ende. Es würde lange dauern, *Jesus* schätzte zwei bis fünf Jahre, bevor er sich auf die Rückreise machen konnte. Er wusste noch nicht, dass es noch deutli-

---

51 heute: *Dschalalabad* in Afghanistan
52 Tatsächlich liegt in *Dschalalabad* die durchschnittliche Tageshöchsttemperatur im November bei 20 °C.
53 Heute heißt die Stadt am östlichen Ausgang des *Chaiber*-Passes *Peschawar* und hat zwei Mio. Einwohner. Zu Jesu Zeiten war sie erst vor wenigen Jahrzehnten von den buddhistischen Königen *Gandhāras* gegründet worden.

cher länger dauern sollte, bevor er den indischen Kulturraum verlassen würde.

Sie blieben in **Puruschapura** zwei Tage, auch hier wurden wieder Handelswaren feilgeboten. Was aber das Wichtigste für *Jesus* war: Er hörte erstmals einen öffentlichen Vortrag eines Mönches. Auf dem Markt sagte man ihm, dass ein bekannter Mönch am Abend einen Vortrag über *Dana* halten wollte. Natürlich ging er hin. Er war schon lange vor der Zeit da und musst feststellen, dass die meisten Menschen nicht sehr gespannt waren, sondern man hier einfach zur Unterhaltung hinging und um Leute zu treffen.

Als der Mönch kam, ging *Jesus* etwas nach vorn, um besser hören zu können. Man hatte dem Redner auf einem Podest einen Sitzplatz hergerichtet, auf dem er mit verschränkten Beinen – wie bei der Meditation – saß.

**Dana**, so hörte Jesus, bedeutet Großzügigkeit, aber vor allem „freudiges Geben", ein Geben ohne Wunsch, eine Gegengabe zu erhalten. Es hat also auch etwas von Loslassen zugunsten eines anderen. Die Menschen können sich durch **Dana** gutes **Karma** machen, also Verdienste erwerben. Die Mönche leben davon, dass die Leute ihnen Nahrungsmittel als **Dana** geben oder Roben, dass sie ihnen Übernachtungsplätze zur Verfügung stellen und im Krankheitsfall mit Arznei versorgen.

Aber **Dana** ist nicht nur etwas, was man Mönchen gibt. Er selbst, der Mönch, würde zurzeit **Dana** geben, ein ganz kostbares **Dana**. Er würde den **Dharma** geben, die gute Lehre, die den Menschen helfen könne, sich weiterzuentwickeln. Eine andere ganz wichtige Gabe sei Furchtlosigkeit. *Das ist originell*, dachte *Jesus*, das hatte er noch gar nicht so gesehen, aber wenn er es richtig überlegte, war das, was er mit den verängstigten Kamelen nach dem tödlichen Unfall in den Bergen gemacht hatte, das Geben von Furchtlosigkeit gewesen. Die Tiere waren schockiert, furchtbar verängstigt, er aber hatte ihnen durch geschickte Mittel, die Furcht genommen, sodass sie am nächsten Tag die Gefahrenstelle überwinden konnten.

Aber das war noch nicht alles, **Dana** war auch das Geben von Erziehung. Im Geiste dankte *Jesus* seinen Eltern, *Sekundus, Nikodemus, Dimitros und Agathokles*.

Auch die Verdienste, die man sich durch seine guten Taten erworben hatte, sollte man nicht für sich selbst behalten, sondern zum Wohle aller abgeben. Das war etwas, worüber *Jesus* bei Gelegenheit gründlich nachdenken, es vielleicht auch mit Mönchen besprechen wollte.

Eine weitere Gabe konnte es auch noch geben: Man könne sein Leben opfern, wenn das, wofür man es opferte, es wert war. Dies war für Jesus in diesem Moment eine schockierende Sache. Er dachte an Soldaten, die ihr Leben im Krieg geben. Aber konnte es auch eine Sache geben, die für ihn, für *Jesus*, so wichtig war, dass er bereit war, dafür sein Leben zu opfern?

Diese Frage beschäftigte *Jesus* rund zwanzig Jahre lang. Noch heute hören die Christen in der Kirche am Karfreitag davon.

# Gandhāra

Nach zwei Tagen zog die Karawane weiter nach **Puruschapura**, das sie ohne Zwischenfälle fünf Tage später erreichte. **Puruschapura** war damals noch eine junge Stadt, gegründet von den Königen von **Gandhāra**.[54] Sie war von Anfang an durch ihre Lage am *Chaiber-Pass* eine wichtige Handelsstadt und Indiens Tor zum Westen, also zur griechisch-römischen Welt.

Wie *Jesus* mit *Agathokles* besprochen hatte, würden sich hier ihre Wege trennen. Da die Karawane jetzt nicht mehr durch abgelegenes, bergiges Land ziehen würde, benötigte sie nur noch einen Gehilfen, das war *Ptolemäus,* der sich seit *Seleukeia Pieria,* dem Hafen am Mittelmeer, diese Arbeit mit *Jesus* geteilt hatte. Auch die angeheuerten fünf zusätzlichen Wachmänner suchten sich jetzt eine andere Anstellung. Bei ihrer Weiterreise würde *Agathokles'* Karawane also nur noch aus ihm, seinem Sohn *Demetrios,* dem Gehilfen *Ptolemäus,* dem Wachmann *Straton* sowie aus dem Kaufmann *Alexander* und seinem Leibwächter *Aischylos* bestehen – und natürlich aus den Tieren. *Jesus* war etwas wehmütig darüber, so viele Gefährten, mit denen er ein Abenteuer von zehn Monaten Dauer teilte, zu verlieren.

Die drei Tage, an denen die Karawane in **Puruschapura** blieb, verbrachte er mit seinen alten Gefährten und verrichtete mit besonderem Eifer seine üblichen Arbeiten. Am Morgen des vierten Tages reiste die Karawane weiter, *Jesus* begleitete sie noch bis zum Stadttor, dann trennten sich ihre Wege.

Für *Jesus* begann jetzt ein neuer Lebensabschnitt, einer in dem er zunächst völlig auf sich gestellt war. Er hatte sich

---

54 Der Name *Puruschapura* heißt übersetzt „Männerstadt", was darauf hindeuten könnte, dass sie in der ersten Zeit vor allem von Mönchen und Staatsbeamten besiedelt war.

in den vergangenen Tagen auf dem Markt schon nach einem Kloster erkundigt, in dem der **Dharma** des **Buddha** gelehrt und praktiziert wurde. Es stellte sich heraus, dass es zwei Klöster bei **Puruschapura** gab, die sich beide auf den **Buddha** beriefen, aber irgendwie unterschiedlich waren. Eines sah sich einer Tradition namens *Sarvāstivāda*[55] verpflichtet, ein anderes der **Theravāda**-Tradition.

Von *Sarvāstivāda* hatte *Jesus* noch nie gehört. **Theravāda** kannte er aus *Baktra*. Dieser Tradition hatte das dortige Kloster angehört. Auch die **Therapeuten** gehörten wohl dem Namen nach zum **Theravāda.** Das schien *Jesus* also das Original zu sein. Dann fragte er einen Mönch, den er auf der Straße traf, der gut Griechisch sprach, was denn der Unterschied sei.

„Nun, das ist recht einfach: **Theravāda** bedeutet ‚Lehre der Alten‘, was heißt, dass wir *Theravādins* uns auf das berufen, was die Alten, also die ersten Mönche zur Zeit des **Buddha** von ihm gehört haben. Wir bleiben also gewissermaßen dem Original treu, der ursprünglichen Lehre des **Buddha**. Die *Sarvāstivādins* haben dem aber Elemente hinzugefügt und Dinge interpretiert, die sich beim **Erwachten** gar nicht finden. Ihr Name ist von *sarvām asti* abgeleitet, was ‚alles ist‘ bedeutet. Dadurch wird behauptet, dass Vergangenheit, Gegenwart und Zukunft in diesem Moment gleichzeitig existieren. Mir erscheint das äußerst merkwürdig.“

---

55 Häufig wird im Buddhismus zwischen *Hinayana* und *Mahayana* als den beiden Hauptrichtungen des Buddhismus unterschieden. Zum *Hinayana* gehörten mindestens 18 verschiedene Schulrichtungen, darunter die beiden hier in **Puruschapura** ansässigen Richtungen des **Theravada** und *Sarvāstivāda*. Letzteres war zu Jesu Zeiten die größte *Hinayana*-Richtung. Von diesen 18 *Hinayana*-Schulen ist heute nur noch das **Theravāda** übrig. Da die Anhänger des *Theravada* jedoch die Bezeichnung „*Hinayana*“ = „kleines (minderwertiges) Fahrzeug“ als diskriminierend empfinden, verwende ich hier durchgängig die Bezeichnung **Theravāda**.

Dieser Aussage des Mönches konnte *Jesus* nur zustimmen, obwohl ihm natürlich auch klar war, dass man keine ausgewogene Antwort erwarten konnte, wenn man einen Anhänger einer Glaubensrichtung über die andere befragte.

Dann fragte der Mönch: „Junger Herr, Eure Aussprache und Ausdrucksweise ist etwas ungewöhnlich, ich nehme an, Ihr kommt aus einer fernen Gegend?"

*Jesus* antwortete: „Ja, Ehrwürdiger, Ihr habt recht, was die *Sarvāstivādins* angeht. Und zu eurer Frage: Ich komme aus *Palästina*, einem Land im *Römischen Reich*. Ich bin vorgestern hier mit einer Karawane angekommen, um die Lehre des **Erhabenen** zu studieren und Meditation zu erlernen. Ist das in Eurem Kloster möglich?"

„Aber sicher, wenn du willst, kannst du gleich mitkommen."

*Jesus* war hocherfreut über das Angebot, wies aber darauf hin, dass er noch für die Karawane arbeite, bis diese in etwa zwei Tagen weiterzöge, dann käme er gern zum Kloster.

„Gut, sag dort, dass du mit mir gesprochen hast, mein Name ist *Sukhapada*."

Nunmehr aber, nachdem die Karawane aufgebrochen war, ging *Jesus* auf direktem Weg zum **Theravāda**-Kloster, das etwa zwei Kilometer außerhalb der Stadt lag. Auf dem Weg dorthin sah er Mönche am Wegesrand sitzen, die aus einer Schale eine Mahlzeit einnahmen. *Jesus* erinnerte sich, dass die Mönche keiner Erwerbsarbeit nachgingen und ihr Essen zu erbetteln pflegten, kein Wunder, dass sie jetzt zur Mittagsstunde eine Mahlzeit einnehmen. *Jesus* grüßte einen jeden, den er sah.

Am Eingang des Klosters, das aus einem Hauptgebäude und etwa 40 Hütten bestand, zwischen den Gebäuden befand sich eine Gartenlandschaft mit Obstbäumen, saß ein Mönch.

„Wohin des Weges, junger Mann?", fragte dieser. „Guten Tag, Ehrwürdiger, mein Name ist *Jesus,* ich bin aus *Palästina*. Das liegt im *Römischen Reich*. Ich habe mich mit dem ehrwürdigen *Sukhapada* unterhalten. Er sagte, ich soll hierherkommen, wenn ich den **Dharma** studieren und Meditation lernen möchte.“

„Fein“, entgegnete der Mönch, „ich bringe dich zu *Maitreyabandhu*, der kann dir bestimmt weiterhelfen.“

*Maitreyabandhu* entpuppte sich als ein Mann mittleren Alters mit strengem Blick, der *Jesus* über seine religiöse Herkunft, seine Motivation und Pläne befragte. Schließlich sagte er: „Das klingt durchaus alles sehr ernsthaft, was du sagst. Ich bin bereit, dich als vorläufigen Novizen aufzunehmen. Aber es gibt einige Bedingungen. Du hast eine dreimonatige Bewährungszeit, danach entscheidet sich, ob du als regulärer Novize bei uns bleiben kannst. Bei Zuwiderhandlungen gegen unsere Regeln kannst du auch vorher entlassen werden. Dies sind die wichtigsten Regeln:

- Du hast dich gemäß unseren Vorschriften zu kleiden.
- Du darfst keine Mahlzeit nach der Mittagsstunde einnehmen.
- Du darfst keine Frauen oder Mädchen ansprechen.
- Wenn du aber von ihnen etwas gefragt wirst, antwortest du, ohne ihnen ins Gesicht zu sehen.
- Du darfst keiner Frau ins Gesicht sehen oder sie mit lustvollen Blicken ansehen.
- Du hast dich gemäß unseren ethischen Regeln zu verhalten, über die Einzelheiten wirst du noch unterrichtet.
- Du hast allen Anweisungen von Mönchen des **Theravāda**-Ordens Folge zu leisten.
- Solltest du gegen eine dieser Regeln verstoßen haben oder deine Zeit als vorläufiger Novize beenden wollen, meldest du dich bei mir.

Akzeptierst du diese Bedingungen?“

„Ja“, sagte Jesus, allerdings nicht freudigen Herzens, denn das klang nach einer strengen Disziplin, der er sich zu unterwerfen hatte. Er dachte etwas wehmütig an seine Aufnahme bei den **Essēnern** zurück.

*Maitreyabandhu* brachte ihn dann in ein anderes Zimmer des Hauptgebäudes, in dem eine Kleiderkammer war und übergab ihn *Jñanavaca*. Kaum dass *Maitreyabandhu* den Raum verlassen hatte, lächelte *Jñanavaca Jesus* an: „Na, hat dich der alte Griesgram gehörig abgeschreckt? Keine Angst, so streng sind hier nur manche Mönche. Allerdings, die Regeln, die er dir gesagt hat, gelten wirklich, da gibt's kein Pardon. Jetzt will ich dich erst mal hässlich machen!", sagte er und holte sein Rasierzeug. *Jesus* bekam den Kopf geschoren und auch das noch spärliche Barthaar. Alsdann bekam er eine dreiteilige Robe[56] und eine ausführliche Anweisung, wie diese zu tragen und in Ordnung zu halten sei, anschließend eine einfache und nicht allzu große Bettelschale.

Nunmehr brachte *Jñanavaca* ihn in eine der Hütten, die nur einen Raum hatten. Dieser war etwa dreinhalb Meter breit und vier Meter lang. Rechts und links lagen jeweils zwei Schlafmatten hintereinander, es handelte sich also um eine Unterkunft für vier Personen. „Dies ist dein Lager", *Jñanavaca* zeigte auf eine der Matten. „Heute Nachmittag hast du frei, schau dich vielleicht etwas im Kloster um. Ach ja, siehst du dort hinten diese Hecke? Dahinter sind die Latrinen. Am Abend ertönt die Glocke, dann gehst du in den Versammlungsraum."

Also schaute er sich im Kloster um, nachdem er die äußere Robe, die als Decke dient, auf seiner Schlafmatte abgelegt hatte, denn auch auf den anderen drei Matten lagen solche. In der Gartenanlage gingen mehrere Mönche auf eine äußerst merkwürdige Art spazieren: Sie bewegten sich extrem langsam und schauten dabei vor sich auf den Boden. In einem anderen Teil des Gartens saßen kleine Gruppen von Mönchen zusammen, jeweils drei bis sechs Männer, und unterhielten sich. Einzelne Mönche saßen auf der Wiese und meditierten. Es gab auch einen großen Versammlungsraum, der schätzungs-

---

56 Sie besteht aus einem Stück Stoff als Unterwäsche, einer Robe als Oberbekleidung und einer weiteren für kalte Tage oder als Decke in der Nacht.

weise 200 Menschen fassen konnte. Hier gab es Matten und Sitzkissen, die mit Stroh oder Getreide gefüllt waren. An den Wänden hingen Bilder, deren Sinn sich Jesus nicht erschloss. Er ging in seine Hütte und legte sich auf die Matte, um die neuen Eindrücke auf sich wirken zu lassen.

Irgendwann musste er eingeschlafen sein, denn eine Glocke weckte ihn. *Jesus* stand auf und ging in die Versammlungshalle. Er nahm sich ein Kissen und setzte sich auf den Boden, wie es die anderen auch taten. *Sukhapada* nahm neben ihm Platz: „Schön, dich hier zu sehen. Ich habe schon nach dir Ausschau gehalten. Weißt du, hier werden immer Vorträge gehalten, die wir dann in Kleingruppengesprächen vertiefen. Austausch ist wichtig, sonst wird das, was wir in den Vorträgen gehört haben, nur aus dem eigenen Sichtwinkel betrachtet. Dies führt leicht dazu, unsere eigenen Vorurteile und irrigen Vorstellungen zu verfestigen. Daher ist es wichtig, das Gehörte mit Freunden zu besprechen. Diese Gesprächsgruppen bestehen aus drei bis acht Mönchen und Novizen. In unserer regelmäßigen Gesprächsgruppe sind wir derzeit nur drei Personen, alles ordinierte Mönche. Wenn du möchtest, kannst du dich dieser Gruppe anschließen."

*Jesus* war erfreut über die Einladung: „Das ist prima. Ich hatte mich schon etwas einsam und orientierungslos gefühlt nach dem Gespräch mit *Maitreyabandhu*."

*Sukhapada* lächelte: „Das kann ich verstehen. Das ist aber *Maitreyabandhus* Absicht, denn manche jungen Männer kommen hierher, um einfach von zu Hause wegzukommen. Daher muss von Anfang an klar sein, dass das, was wir hier machen, kein Faulenzen ist, sondern Arbeit, zugegebenermaßen eine andere Arbeit als bei den Weltlingen da draußen. Wir arbeiten hier an unserem Geist, auf dass er sich entwickeln kann weg von Gier, Hass und Verblendung, weg vom Ego und hin zur Vollkommenheit, zur Großmut, Liebe und Erkenntnis der Dinge, wie sie wirklich sind, hin zum endgültigen **Erwachen**."

„Wenn wir **erwachen**, sind wir dann auch ein **Buddha**? Das ist doch der Ausdruck für **Erwachter**?"

*Sukhapada* schüttelte den Kopf: „Vom Wort her hast du recht. Aber als **Buddha** wird nur einer bezeichnet, der die höchste Wahrheit, den **Dharma**, selbst entdeckt hat, nicht einer, der nach Anleitung allmählich dahin geführt wird. Das aber ist unser großes Ziel: die Wirklichkeit wirklichkeitsgemäß zu sehen wie der **Buddha**. Wer das erreicht hat, den nennt man einen **Arahant**, einen Heiligen. **Arahants** sind sehr selten, meist muss man viele Leben lang eifrig praktizieren, um dorthin zu gelangen. Daher bemühen wir uns in diesem Leben an einen Punkt zu kommen, den man als **Stromeintritt** bezeichnet. Wer ein **Stromeingetretener** ist, kann nicht mehr zurückfallen ins Leben als Weltling, der wird binnen spätestens sieben Leben zum **Arahant** werden."

„Bist du ein **Stromeingetretener**?", fragte **Jesus**.

„Darüber sprechen wir nicht. Niemand bezeichnet sich normalerweise selbst als **Stromeingetretener**. Das würde Mönche dazu verleiten sich höher einzuschätzen als sie sind. Aber wenn ein sehr hoch entwickelter Mönch jemanden als **Stromeingetretenen** bezeichnet, dann kann man davon ausgehen, dass er einer ist."

**Jesus** dachte nach: „Du sprichst von sehr hoch entwickelten Mönchen. Gibt es denn noch Stufen zwischen dem **Stromeingetretenen** und dem **Arahant**?

„Ja, *Jesus*, die gibt es. Ich habe dir gesagt, ein **Stromeingetretener** muss höchstens noch sieben Mal wiedergeboren werden. Die nächste Erreichungsstufe ist der **Einmalwiederkehrer**. Wie das Wort schon sagt, wird dieser nur noch einmal wiedergeboren. Dann gibt es noch den **Niewiederkehrer**, das ist jemand, der zwar noch kein **Arahant** ist, der aber gar nicht mehr in dieser Welt wiedergeboren wird, sondern in einer himmlischen Sphäre verweilt, bis er schließlich das vollkommene **Erwachen** erreicht."

In diesem Moment ertönten drei Glockenschläge. Alle Mönchen und Novizen verstummten und standen auf. Jesus tat es ihnen gleich. Dann rezitierten alle die dreifache **Zufluchtsformel**:

**Namo tassa bhagavato arahato sammā sambuddhāssa**[57]
**Namo tassa bhagavato arahato sammā sambuddhāssa**
**Namo tassa bhagavato arahato sammā sambuddhāssa**
**Buddhaṃ saraṇaṃ gacchāmi**
**Dhammaṃ saraṇaṃ gacchāmi**
**Saṅghaṃ saraṇaṃ gacchāmi**[58]

Danach gab es eine etwa halbstündige Meditation, bei der *Jesus* nicht genau wusste, was er tun sollte. Stattdessen ließ er einfach die Ereignisse des Tages an sich vorbeiziehen. Es gab viele neue Eindrücke. Ihm war klar, dass nach der abenteuerlichen Wanderung, einer Zeit mit vielen neuen Eindrücken, nunmehr eine der Stille und Einkehr folgen würde. Das war eine große Umstellung. Aber schließlich war es das, was er gesucht hatte: sich selbst weiterzuentwickeln. Aber es war nicht das Einzige, was er hier suchte, es gab noch etwas: Er wollte die bestmögliche Lehre finden und sie nach *Palästina* bringen. Er wollte die alte jüdische Religion reformieren, weg von den bronzezeitlichen Gewaltvorstellungen hin zu einer Religion des Friedens.

Anschließend hielt *Singhamati*, der Abt des Klosters, einen Vortrag über einen Aspekt der *Rechten Rede*: Man sollte harmoniefördernd sprechen. *Singhamati* erläuterte das am Beispiel der Gesprächsgruppen. Hier könnte es immer einmal zu unterschiedlichen Ansichten kommen. Es ginge aber nicht darum, recht zu behalten. Vielmehr sei es wichtig, die Sichtweise des anderen zu verstehen und dadurch die eigene weiterzuentwickeln, Aspekte, die man vorher nicht gesehen hatte einzubauen und den anderen zu helfen, ebenso zu verfahren.

---

57 Ehre sei ihm, dem Erhabenen, dem Verehrungswürdigen, dem vollkommen Erwachten.
58 Zum Buddha nehme ich meine Zuflucht. Zur Lehre nehme ich meine Zuflucht. Zur Gemeinschaft nehme ich meine Zuflucht.

Damit jedoch nicht genug: Wenn man in der Gesprächsrunde über andere Personen, die der Gesprächsrunde nicht angehörten, spreche, dann sei es auch wichtig, deren Sichtweise zu erkennen und verstehen zu lernen. Wenn ein Gruppenmitglied über einen Dritten, den man auch kenne, abfällig spräche, so solle man diese Position nicht bestätigen und damit das Urteil des Gesprächspartners über den nicht Anwesenden vertiefen. Vielmehr solle man dem Gesprächspartner helfen, die Position und die Motive des nicht Anwesenden zu verstehen. Nur so könne Negativität und Ablehnung überwunden werden. Nur das sei harmoniefördernd. *Singhamatis* Vortrag dauerte eine gute halbe Stunde, dann ging es in die Gesprächsgruppen.

*Jesus* folgte *Sukhapada* in seine Gruppe. Es stellte sich heraus, dass sich diese Arbeitsgruppe „Bambusgruppe" nannte, weil sie sich in der Nähe der Bambushütte traf. Das war die Hütte, in der *Jesus* und ein weiteres Mitglied, *Vajraguptā,* wohnten. Außerdem gehörte noch *Dayavandana* der Gruppe an. Man stellte sich einander vor. Natürlich war das Interesse an *Jesus*, der aus einer ganz anderen Weltgegend kam, besonders groß, sodass er etwas über **Judäa**, das Judentum und auch die **Essēner** berichtete.

Nach dieser Vorstellungsrunde ließ sich *Jesus* erklären, was er in der Meditation tun sollte. Man empfahl ihm die Atemachtsamkeit. Er sollte einfach den Atem beim Ein- und Ausatmen betrachten. Er bekam Methoden des Zählens beim Atmen erläutert und an welcher Stelle seines Körpers er den Atem betrachten konnte. Vor allem *Sukhapada* war es wichtig, dass man im letzten Teil der Meditation, wenn die Konzentration sehr verfeinert war, den Atem nur an der Nasenspitze betrachten sollte, der Stelle, wo Luft beim Einatmen zu Atem wird und der Atem beim Ausatmen zu Luft. *Vajraguptā* erläuterte noch, welche Meditationshindernisse es gäbe und wie er damit umgehen sollte.[59]

---

59 Darauf wird hier nicht eingegangen, dies wird ausführlich im Buch „Meditation und buddhistische Ethik" vom gleichen Autor erläutert.

Inzwischen war es schon später Abend, aber der Mond spendete ihnen genügend Licht. Irgendwann, während sie zusammensaßen, hatten *Jesus* und *Vajraguptā* ihre äußeren Roben, die tagsüber auf ihrer Schlafmatte lagen, geholt und sich übergezogen. Die Abende im November waren doch etwas frisch.

Danach begaben sich alle in ihre Hütten. Jetzt lernte *Jesus* auch die beiden anderen Bewohner kennen: *Maitrikaya* und *Jnanadhara*. *Maitrikaya* war ein noch junger Mönch in den Zwanzigern, während *Jnanadhara* zu den ältesten im Kloster gehörte. Er war etwa achtzig Jahre alt und schnarchte, wie *Jesus*, der an diesem Abend noch lange nicht einschlafen konnte, feststellte. Das lag allerdings weniger am Schnarchen, denn *Jesus* war es inzwischen gewohnt, im Freien zu schlafen, wo allerlei Geräusche zu hören waren. Vielmehr gingen ihm die neuen Eindrücke im Kopf herum. Sein Leben schien ihm bislang in drei Abschnitte aufgeteilt: die Kindheit in *Nazareth*, die Zeit bei den **Essēnern** und die Wanderzeit. An diesem Tag hatte sein vierter Lebensabschnitt begonnen. Wie lange würde er wohl hierbleiben? Würde er Erfolg mit seiner Suche haben und danach zurückkehren? Oder würde er nach **Bhārat Gaṇarājya** weiterziehen?

Dann fiel ihm noch etwas auf: Er hatte Hunger! Er hatte den ganzen Tag nichts zu essen bekommen. Er war erst gegen Mittag eingetroffen. Da hatten die Mönche bereits ihre Almosenspeise verzehrt. Hier im Kloster schien es keine Küche und Vorräte zu geben. Er war tatsächlich darauf angewiesen, sich sein Essen zu erbetteln. Das war das Letzte, woran er dachte, bevor er einschlief.

Es war noch dunkel, als die Glocke schlug. Er stand zusammen mit seinen Zimmergenossen auf. Sie gingen zur Morgenmeditation in die Versammlungshalle. Nachdem sie – wie am Vorabend – wieder die **Zufluchten** rezitiert hatten, sagten die Mönche gemeinsam noch etwas auf, das *Jesus* nicht verstand, denn es war in einer ihm fremden Sprache. Die Meditation dauerte gut eine Stunde. Dann schlug *Singhamati* drei Mal die Glocke. Die Mönche wollten gerade aufstehen. Da schlug *Singhamati* erneut die Glocke, womit er eine Ansage ankündigte. Alle lauschten, aber es war nur eine knappe Meldung: „Der Mönch *Sukhapada* und der Novize *Jesus* bitte zu mir." Die beiden, die nebeneinander gesessen hatten, sahen sich fragend an, dann folgten sie der Aufforderung.

Als sie beim Abt angekommen waren, sagte der: „Es sieht so aus, als hättet ihr beiden euch schon etwas angefreundet. Ihr seid außerdem in der gleichen Hütte und Gesprächsgruppe, sodass ich annehme, dass ihr das zarte Band der Freundschaft vertiefen werdet. Ich würde dieser Beziehung gern einen formalen Rahmen geben. Wir haben hier die Einrichtung von **Kalyāṇamittatā,** das bedeutet ‚schöne, noble Freundschaft'. Sie wird üblicherweise zwischen einem erfahrenen Mönch und einem Novizen geschlossen, wenn dies beide wünschen, normalerweise aber erst nach einigen Wochen, wenn sicher ist, dass der Novize bleibt, oft auch erst nach der Probezeit des Novizen. Ich denke, in eurem Fall kann ich eine Ausnahme machen und bereits heute vor der Abendmeditation die Zeremonie vollziehen. Was haltet ihr davon?"

*Sukhapada* stimmte dem freudig zu. *Jesus* war etwas überrascht: „Ich sehe Euer Vertrauen als große Ehre an, bin allerdings noch nicht ganz vertraut mit der Idee dieser **Kalyāṇamittatā,** was genau bedeutet das?"

*Singhamati* hatte nicht mit Einwendungen gerechnet, denn es bedeutete eine besondere Auszeichnung für den jungen Mann. Andererseits konnte er verstehen, dass ein aufgeweckter Novize vorsichtig war, wenn er die Gebräuche nicht kannte und eine etwas unklare Beziehung zu einem Älteren eingehen sollte. Daher erläuterte er: „Es hat etwas von einer Lehrer-Schüler-Beziehung, einer Beziehung zwischen zwei Personen auf einem unterschiedlichen Niveau, einer erfahrenen Person und einer, die viele Dinge erst noch erlernen muss. Es muss aber auch Zuneigung vorhanden sein wie zwischen Vater und Sohn. Wir erwarten von *Sukhapada* vor allem Hilfsbereitschaft. Du sollst dich mit allen Fragen, insbesondere denen, die Meditation und **Dharma** betreffen, an ihn wenden können. Umgekehrt wird ein gewisses Maß an Demut von dir erwartet, *Jesus*, das bedeutet die Bereitschaft, dich auf Lehren und meditative Übungen vertrauensvoll einzulassen."

*Jesus*, der die Verwunderung *Singhamatis* über seine Frage sehr wohl bemerkt hatte, zeigte sich mit der Antwort zufrieden: „Dann habe ich so etwas wie einen Privatlehrer, an den ich mich immer wenden kann. Das ist genau das, was mir gestern gefehlt hat, als ich ankam. Genauso, wie Ihr es eben beschreibt, war meine Beziehung zu *Nikodemus*, als ich in der Gemeinschaft der **Essēner** lebte. Ich freue mich mit *Sukhapada* in **Kalyāṇamittatā** verbunden zu werden."

*Singhamati* machte körpersprachlich klar, dass für ihn damit die Sache beschlossen war. Alsdann wurde die **Kalyāṇamittatā**-Zeremonie durchgeführt. *Sukhapada* und *Jesus* verbeugten sich zum Schluss vor dem Abt und verließen die Versammlungshalle. Sie setzten sich abseits nieder, um die Sache zu besprechen. *Sukhapada* machte den ersten Vorschlag: „Du weißt, dass die Mönche nach der Mittagsstunde nichts mehr essen dürfen. Auch die Novizen sollten sich daran halten. Ich denke, wir sollten die ersten Tage gemeinsam auf Almosengang gehen, damit du siehst, wie wir das machen und wie die Haushälter das von uns erwarten."

*Jesus* konnte dem zustimmen, auch wenn etwas anderes ihm noch wichtiger war: „Das ist eine gute Idee, *Sukhapada*. Aber es gibt noch etwas, was mir wichtiger ist. Ich bin sehr erfreut, dass wir jetzt in **Kalyāṇamittatā** verbunden werden, denn gestern erschien mir hier alles so förmlich, geregelt, nüchtern und kalt. Erst unsere Gesprächsgruppe am Abend hat mir mehr Verständnis und Zuneigung vermittelt. Auch die Meditation und die Betrachtung des Atems erscheinen mir kalt und distanziert. Ich vermisse dabei so etwas wie emotionale Wärme, wie Herzensgüte. Muss sich denn die Meditation immer so kühl und distanziert abfühlen?"

*Sukhapada* schüttelte den Kopf: „Nein, keineswegs. Auch beim Atem kannst du freundlich und liebevoll mit dir umgehen. Sei dankbar, dass dir die Natur diese Atemluft zur Verfügung stellt, ohne eine Gegenleistung zu verlangen. Wenn du bemerkst, wie sich deine Bauchdecke beim Atem hebt und senkt, dann gehe in die damit verbundenen Emotionen hinein. Untersuche, ob sich das angenehm, neutral oder unangenehm anfühlt. Beachte auch sonst immer diese drei grundlegenden emotionalen Zustände: angenehm, neutral oder unangenehm."

*Jesus* nickte, aber er wollte noch mehr: „Gibt es auch Meditationen, die ganz auf die Emotionen abzielen, die Freundlichkeit und Hilfsbereitschaft festigen?"

*Sukhapada* freute sich: „Das, was wir jetzt machen, ist genau das, was **Kalyāṇamittatā** ausmacht. Du wendest dich mit Fragen bezüglich der Praxis an mich, ich beantworte sie dir. Dann machst du entsprechende Übungen in der Meditation, diese haben Rückwirkungen auf dein Verhalten. Gelegentlich berichtest du mir über deine Erfolge und Probleme. Wir schauen gemeinsam, wie wir an den Problemen arbeiten können, und freuen uns gemeinsam über deine Erfolge."

„Das ist gut", sagte *Jesus*, „und wie funktioniert so eine Meditation zur Festigung der Freundlichkeit?"

„Ja, genau, jetzt zu deiner konkreten Frage, *Jesus*. Es gibt eine Gruppe von Meditationen, die wir **Brahmavihāras** nennen, göttliche Weilungen. Die erste dieser Meditationen heißt **Mettā bhāvanā**.[60] Alle diese Worte kommen aus einer Sprache, die der **Buddha** sprach und die in ganz **Bhārat Gaṇarājya** gesprochen wird, wenn auch in verschiedenen Dialekten. Das Wort **Mettā** bedeutet Freundlichkeit, Zuneigung, Wohlwollen, Liebe, Offenheit, Empathie. **Bhāvanā** ist abgeleitet vom Wort **bhāva,** das ‚werden' heißt oder ‚entstehen', **bhāvanā** heißt also, die Bedingungen zu schaffen, dass etwas entste-

---

60 Diese Meditation und das Gefühl von **Mettā** wird 20 Jahre später die entscheidende Grundlage von Jesus und der spirituellen Gemeinschaft, der er dort angehört, sein. Es ist also gut, diese Meditationsform zu kennen, vielleicht magst du sie selbst einüben?

hen kann, eben dieses **Mettā**. Wir üben die **Mettā bhāvanā** in fünf Phasen ein, wie es der **Buddha** gelehrt hat. In der ersten Phase übst du **Mettā** für dich selbst. Stelle dir etwas vor, wodurch sich dein Herz öffnet, was Freude und Begeisterung über dich selbst aufkommen lässt, so wie bei deiner großen Reise, wenn du freudig festgestellt: Ich bin einen entscheidenden Schritt weitergekommen. Dann kommt Freude auf, dann empfindest du **Mettā** für dich selbst. Wenn das gefestigt ist, vielleicht nach dem fünften Teil einer Stunde oder so, dann stelle dir einen guten Freund vor, stelle dir zum Beispiel deine Begegnung mit *Nikodemus* oder *Dimitros* vor, von denen du mir gestern erzählt hast. Denke an sie mit der gleichen Offenheit, Freude, Empathie, Liebe, Zuneigung, **Mettā** wie zuvor für dich selbst."

„Das klingt gut, das bringt Freunde, da kommen Emotionen herein, das gefällt mir!", freute sich *Jesus*.

„Aber das waren erst die ersten beiden Stufen. Es wird jetzt allmählich ambitionierter. In der dritten Stufe der Meditationen wendest du dich mit dem offenen Herzen, das du in den ersten beiden Stufen aufgebaut hast, einer neutralen Person zu, und bemühst dich, ihr mit genau so vieler emotionaler Offenheit zu begegnen, wie dir selbst und deinem guten Freund zuvor. Das muss nicht gleich bei deinem ersten Versuch funktionieren, aber allmählich, bei immer weiterer Übung, sollte es immer besser werden."

„Und in der vierten Stufe versuche ich dann meinen Feind zu lieben?", fragte *Jesus*.

„Toll, du hast das Prinzip verstanden. Du übst **Mettā** für deinen Feind ein, vielleicht anfangs nicht für einen ganz schlimmen Feind, sondern einfach für einen, den du nicht magst. Ganz wichtig ist es, diese Person nicht mit deinen Augen, aus deinem Blickwinkel und mit deinen Bewertungen und Vorurteilen zu sehen, sondern sie mit ihren Augen zu betrachten, als einen verletzlichen und verletzten Mensch, als einen, der – wie du – nach Glück strebt."

„Jetzt bin ich aber neugierig, was in der fünfte Stufe noch kommen kann!", überlegte *Jesus*.

„Du beginnst in der fünften Stufe damit, dass du dir noch einmal diese vier Personen vergegenwärtigst. Du kannst sie dir vorstellen, wie sie hier auf der Wiese gemeinsam sitzen: du, dein Freund, die neutrale Person und dein Feind. Du aber begegnest allen mit der gleichen emotionalen Offenheit und Zuneigung. Dann nimmst du allmählich noch mehr Leute in diese Meditation hinein, die anderen hier im Kloster, dann alle hier in **Puruschapura**, dann im übrigen **Gandhāra**, schließlich alle auf der ganzen Welt. Vergiss auch nicht dein **Mettā** an alle Tiere zu senden, Pferde, Ziegen, Löwen, Ameisen, Spinnen, an alle. Aber vergiss auch nicht die körperlosen Wesen, die Geister, Dämonen, Engel, Götter und was es sonst noch gibt. Mögen alle fühlenden Wesen glücklich sein: SABBE SATTĀ SUKHI HONTU!"

*Jesus* sah seinen Freund mit leuchtenden Augen an: „Das klingt fantastisch! Genau das wird meine Hauptmeditationspraxis sein. Ich will dahin kommen zu sagen: ‚Ich liebe meine Feinde!'"

Dann setzten sich beide in Meditationshaltung und übten die **Mettā bhāvanā**. Danach berichtete *Jesus* seinem Freund von seiner Meditation, auch von seinen Schwierigkeiten und Hindernissen. *Sukhapada* gab ihm Tipps für seine nächsten Versuche mit der **Mettā bhāvanā**.

„So, jetzt ist es aber Zeit nach **Puruschapura** zu gehen, sonst bekommen wir heute nichts mehr zu essen."

Das ließ sich *Jesus*, der schon am Tag zuvor keine Nahrung zu sich genommen hatte, nicht zwei Mal sagen. Sie holten ihre Bettelschalen und marschierten in die Stadt.

Dort bedeutete *Sukhapada Jesus*, er solle sich einfach zurückhalten und an Hauseingängen einen halben Schritt hinter ihm bleiben, um so aus seinem Verhalten zu lernen, wie er es zu machen hatte. Nach einigen Tagen könne er dann allein auf Almosengang gehen, wenn er das wünsche.

*Jesus* war erstaunt, wie zurückhaltend sich *Sukhapada* verhielt. Er stellte sich an einen Hausgang, hielt demütig seinen Blick gesenkt und wartete, ob die Hausfrau, die an der Kochstelle eine Art Eintopf zubereitete, von ihm Notiz nahm. Als sie ihn sah, aber keine Anstalten machte, ihm etwas abzugeben, ging er einfach weiter zum nächsten Haus. Auch hier köchelte etwas auf kleiner Flamme vor sich hin. Jedoch blickte die Hausfrau sofort zu *Sukhapada* und lächelte ihn an, dieser aber hielt den Blick weiter gesenkt. „Ihr habt heute auch einen Novizen dabei, Ehrwürdiger. Wie heißt du denn?", wandte sie sich an *Jesus*. Der sagte seinen Namen, dann senkte auch er seinen Blick. Die Frau gab jedem eine Tasse vom Eintopf in seine Bettelschale. „Danke!", sagte *Jesus*. „Schönen Tag noch", sagte die Frau, als sie sich zum Weitergehen anschickten. *Sukhapada* erwiderte den Gruß, *Jesus* ebenso.

„War das in Ordnung?", fragte *Jesus* seinen **Kalyāṇamitta**. „Das war schon ziemlich gut", erwiderte der, „vor allem, dass du dich zurückgehalten hast. Du hättest dich aber nicht bedanken sollen, denn das macht den Eindruck, sie hätte dir etwas Gutes getan, du würdest gewissermaßen in ihrer Schuld stehen. Es ist aber so, dass sie sich selbst durch die Gabe an dich gutes **Karma** gemacht hat. Daher wäre es allenfalls angemessen gewesen, wenn sie sich bedankt hätte, dass du ihr dazu Gelegenheit gegeben hast. Dass du auf ihre Frage nach deinem Namen nur kurz geantwortet und das nicht als Gelegenheit genommen hast, ein Gespräch zu beginnen, war gut so. Denn mit Frauen sprechen wir nur das Allernötigste. Alles andere könnte als Signal gewertet werden, mit ihr oder ihrer Familie Kontakt aufzunehmen. Es kommt vor, dass Eltern versuchen, einen Novizen als Heiratskandidaten für ihre Tochter zu bekommen. Vor allem wenn das Mädchen nicht mehr unbescholten ist und es sonst keinen ehrbaren Mann bekäme. Manche Novizen finden nämlich das Leben im Kloster nicht attraktiv. Es scheint ihnen erstrebenswert, ins häusliche Leben zurückzukehren und sich an geschlechtlichen Freuden zu ergötzen. Im Übrigen habe ich auch bemerkt, dass du deinen Blick nicht die ganze Zeit gesenkt hieltest. Du hattest mindestens zwei Mal Augenkontakt mit der Frau."

*Jesus* dachte nach, dann sagte er: „Das mit dem Augenkontakt stimmt. Ich sehe die Menschen, mit denen ich zu tun habe, gern an, um aus ihren Verhaltensweisen und Reaktionen zu verstehen, was in ihnen vorgeht. Das halte ich für gut und richtig so. Aber ich werde künftig darauf achten, das bei Frauen anders zu machen, wie es sich für Mönche und Novizen geziemt." *Jesus* hatte die feste Absicht, sich so zu verhalten, solange er im Kloster lebte. Er hatte allerdings keineswegs die Absicht, ordiniert zu werden und sein restliches Leben im Kloster zu verbringen. Er wollte hier spirituell lernen und dann alles, was ihm gut und richtig erschien, in *Palästina* verbreiten. Das Vermeiden von Augenkontakt mit Frauen gehörte allerdings nicht dazu.

In dieser Art sammelten sie ihre Mahlzeit an diesem und drei weiteren Tagen gemeinsam. Dann war *Sukhapada* der Meinung, *Jesus* sei jetzt so weit, dies allein zu tun. Also gingen die beiden danach meist allein auf Almosengang.

An diesem ersten Tag nahmen sie ihre Mahlzeit am Rande der Stadt ein, dort, wo es saftige Wiesen mit Mangobäumen gab. Sie aßen schweigend, denn *Sukhapada* hatte *Jesus* darüber aufgeklärt, sich immer auf eine Handlung zu konzentrieren: „Wenn wir miteinander sprechen, dann sprechen wir miteinander. Wenn wir essen, dann essen wir, dann reden wir nicht. Wir denken an nichts anderes als an unser Essen, an die Art, wie wir essen und sind dabei dankbar für die Gaben, die wir aufgrund vieler Bedingungen erhalten haben. Weil die Hausfrau sie uns gab, weil Menschen diese Dinge geerntet haben, weil Pflanzen sie produziert haben, weil der Boden (das Erdelement) sie hervorgebracht hat, weil sie dank des Regens (des Wasserelementes) wachsen konnten, weil die Sonne (das Hitzeelement) sie wachsen ließ und ihre Blätter die Luft (das

Windelement) mit den nötigen Stoffen[61] versorgte. Wir machen immer nur eine Sache, die aber mit ganzem Herzen und mit klarem Verstand."

Nach dem Essen gingen sie zurück ins Kloster. Es gab eine Mittagspause, in welcher *Jesus* seinem **Kalyāṇamitta** Fragen stellte und dieser sie beantwortete. Dann ertönte die Nachmittagsglocke. „Zeit für das Rezitieren der Reden des Buddha", erläuterte *Sukhapada*. Das war etwas, was *Jesus* noch nicht kannte, was aber in diesem Kloster zum Tagesablauf der Mönche gehörte.

Sie gingen in die Versammlungshalle. Dort hielt einer der *Theras*, der alten Mönche,[62] einen Vortrag. Er rezitierte eine Lehrrede des **Buddha** wörtlich. Nachdem er diese vorgetragen hatte, konnten Fragen zum Textverständnis gestellt werden. Zum Gedankenaustausch darüber waren die Gesprächsgruppen am Abend gedacht, aber es gab natürlich auch informelle Zusammenkünfte von Mönchen, in denen Inhalte dieser Lehrereden miteinander besprochen und so vertieft wurden.

Nachdem Verständnisfragen geklärt waren, wiederholte der Mönch die Lehrrede Satz für Satz. Nach jedem Satz wiederholten die Mönche und Novizen ihn im Chor. Zu *Jesu* Zeiten wurden diese Texte erstmals im **Pāḷi-Kanon**, also in der Schriftsprache **Pāḷi,** in *Sri Lanka* fixiert. Etwa zur gleichen

---

61 Der Kohlenstoffkreislauf, also die Umwandlung von Kohlendioxid in molekularen Sauerstoff und Kohlenstoff für das Pflanzenwachstum, war auf diese Art damals noch nicht bekannt. Wohl aber die Tatsache, dass ohne Luft, Wasser, Sonne und Erde die Pflanzen nicht gedeihen konnten. Man nannte sie die „vier großen Elemente", die vier **„Mahābhūtas"**, *die* „Großen Geister", eine in Indien geläufige Bezeichnung der vier klassischen Elemente der antiken Philosophie (Erde, Wasser, Feuer/Hitze und Luft/Wind).

62 Mit „Theras" sind nicht die nach Lebensalter alten Mönche gemeint, sondern solche, die schon sehr lange ordiniert sind und zahlreiche Lehrvorträge des Buddha auswendig gelernt hatten und vortragen konnten. Der Inhalt des Pāḷikanons war bis dahin noch nicht schriftlich fixiert worden, sondern wurde mündlich tradiert.

Zeit wurde auch in **Gandhāra** und Nordindien begonnen, diese Lehrreden auf **Sanskrit** aufzuschreiben. In dem Kloster, in dem *Jesus* war, folgte man – wie in den meisten Klöstern damals – noch dem Weg der mündlichen Tradierung.

Auf diese Weise lernte *Jesus* einen Teil der Lehrreden des **Buddha.** Zahlreiche Zitate daraus brachte er später mit nach *Palästina*, auch einige Gleichnisse übernahm er vom **Buddha**, manche davon finden sich in den Evangelien wieder, doch davon später mehr.

Eines jedoch haben wir schon kennengelernt, die Feindesliebe. Sie stammt aus der **Mettā bhāvanā**, die im Widerspruch zum Alten Testament, dem jüdischen **Tanach,** steht.[63] Leider ist im Evangelium kein Bericht erhalten, ob und wie *Jesus* seine Jünger dazu angehalten hat, das einzuüben, ob er beispielsweise Workshops oder Meditationsretreats zur **Mettā bhāvanā** abgehalten hat. Leider wurden die Evangelien nicht von seinen Jüngern verfasst, sondern von Leuten, die ihn nicht mehr erlebt haben und nur vom Hörensagen kannten, was sie weitergaben.

Die Sache mit den Vorträgen, die nachmittags gehalten und gemeinsam rezitiert wurden, hatten jedoch den Nachteil, dass sie in einer Sprache gehalten wurden, die *Jesus* nicht verstand. Der Buddha sprach *Magadhi* und *Kosambi*, zwei indoarische Dialekte, die seinerzeit in der Region in Nordostindien gesprochen wurden, in der er lebte. Aus diesen und anderen Dialekten entstand später das *Prakrit*, die Sprache, die (in verschiedenen Dialekten) ab etwa 500 u. Z., gesprochen wurde. Man kann also davon ausgehen, dass die Reden damals entweder in *Magadhi* gehalten wurden oder in einer

---

63 Ihr habt gehört, dass gesagt ist: „Du sollst deinen Nächsten lieben" (Lev. 19, 18) und deinen Feind hassen. Ich aber sage euch: Liebt eure Feinde und bittet für die, die euch verfolgen, auf dass ihr Kinder seid eures Vaters im Himmel. Denn er lässt seine Sonne aufgehen über Böse und Gute und lässt regnen über Gerechte und Ungerechte. (Mt 5,43–45)

frühen Form des *Magadhi-Prakrits*. *Jesus* sprach dies damals nicht und verstand es auch nicht. Er lernte allmählich diesen indoarischen Dialekt, konnte aber aus den Lehrreden damals noch nicht allzu viel Nutzen ziehen, etwas, was ihn dazu brachte, sich in diesem Kloster nicht wirklich heimisch zu fühlen.

Dennoch praktizierte *Jesus*, wie es von ihm erwartet wurde. Seine Meditation verbesserte sich allmählich, er konnte sich wirklich lange konzentrieren. Es gelang ihm auch, das erste **Jhana**, die erste meditative Vertiefung zu erreichen. Er machte seinen täglichen Almosengang. Von den Lehrreden verstand er allerdings so gut wie nichts. Erst aus den Gesprächen mit den anderen drei Mönchen seiner Gesprächsrunde konnte er etwas Nutzen ziehen.

Die abendlichen Vorträge waren häufig eine Bereicherung, manche beschäftigten sich allerdings mehr mit der Etikette, also, wie sich der Mönch bei verschiedensten Anlässen zu verhalten habe usw. „Es ist noch immer nicht das, was ich gesucht habe", sagte er sich und überlegte, ob er weiterziehen oder noch hier bleiben sollte, um diesen indoarischen Dialekt – das Frühprakrit oder Vorprakrit[64] – zu erlernen, der sowohl in den Lehrreden als auch in **Bhārat Gaṇarājya** gesprochen wurde.

In den nächsten Wochen ließ er sich auch die anderen Meditationen aus der Gruppe der **Brahmavihāras** erklären. Alle folgten dem gleichen Muster, dass man sie sich selbst sowie zu jeweils einer als angenehm, als unangenehm und als neutral empfundenen Person gegenüber entwickeln und ausstrahlen sollte. Anschließend wurde das Ganze auf alle fühlenden Wesen ausgedehnt. Während es aber in der **Mettā bhāvanā** um die Emotion von Freundlichkeit, Wohlwollen, Liebe und Empathie ging, war die grundlegende Emotion in der **Muditā bhāvanā** neidlose Mitfreude mit einer glücklichen Person

---

64 Wenn später in unserem Bericht von „Prakrit" gesprochen wird, ist genau dieses ‚Vorprakrit' oder ‚Frühprakrit' gemeint.

und in der **Karunā bhāvanā** Mitgefühl. Beides war nur logisch und konsequent. *Jesus* übte alle drei **Brahmavihāras** gern und erfolgreich ein. Die vierte **Brahmavihāra** allerdings leuchtete ihm nicht ein. Er empfand massiven inneren Widerstand dagegen. Diese vierte **Brahmavihāra** hieß **Upekkhā bhāvanā**. In dieser Übung ging es darum, Gleichmut gegenüber den vier in den **Brahmavihāras** üblichen Personen und hinterher gegenüber allen fühlenden Wesen zu empfinden.

*Sukhapada* hatte dies die Königsdisziplin aller **Brahmavihāras**, aller göttlichen Weilungen, genannt. Ausgerechnet hiergegen sperrte sich sein Schützling. „Nein, *Jesus*", erklärte *Sukhapada* ihm, „Gleichmut ist nicht Gleichgültigkeit. Gleichmut ist getragen von Liebe, Mitfreude und Mitgefühl, von allen dreien. Vor allem das Wohlwollen ist dabei mit vorhanden. Mit diesem von Liebe und Freundlichkeit getragenen Empfinden sollst du in der Meditation den anderen Wesen begegnen, sowohl denen, die du als angenehm empfindest als auch den neutralen und den schwierigen Personen. Dann ist der Feind eben kein Feind mehr, sondern eine schwierige Person, die dein Mitgefühl braucht. Ziel ist es, allen Personen mit dem gleichen Wohlwollen zu begegnen."

*Jesus* konnte da nicht mitgehen: „Wenn ein Schakal oder ein Wolf in eine Gruppe Ziegen eindringt und sie grausam und mit Mordlust reißt, sogar kleine Zicklein, dann kann ich nicht Schakal oder Wolf mit dem gleichen Empfinden begegnen wie den Ziegen oder dem Zicklein. Wenn eine dreiste Räuberbande einen einsamen Bauernhof überfällt, den Bauern ermordet, seine Frau erst vergewaltigt, dann umbringt und die Kinder in die Sklaverei verkauft, dann kann ich nicht die Räuber mit dem gleichen von Wohlwollen getragenen Gleichmut betrachten wie die, denen Gewalt angetan wurde. Mein Herz wird immer aufseiten der Armen und Unterdrückten sein und nicht auf der der Ausbeuter und Mörder."

*Sukhapada* schüttelte den Kopf: „Gerade darum ist es wichtig, diese **Brahmavihāras** zu üben. Du musst wegkommen vom Freund-Feind-Denken. Der moralisch falsch Handelnde ist Gefangener seiner Gier, seines Hasses, seiner Verblendung, die Dinge nicht so zu sehen, wie sie sind. Der gleiche Hass, die gleiche Gier, die gleiche Verblendung wie in dieser Person ist auch in dir, Jesus, und in mir, wenn auch in unterschiedlichem Maße. Das liegt daran, dass wir in unterschiedlichem Maße geübt haben, diese Fehlhaltungen zu überwinden, der Räuber vermutlich kaum jemals, du schon öfter, ich selbst habe inzwischen keine Probleme mehr mit dem Gleichmut. Wenn auch du diese Königsdisziplin gemeistert hast, wird das Leben auch für dich einfacher. Dann hast du keine Feinde mehr, jedenfalls niemanden, den du als Feind empfindest. Machst du diese Übungen nicht, dann wirst du früher oder später Probleme haben."

„Mein Herz wird immer auf der Seite der Armen und Unterdrückten stehen!", antwortete *Jesus* trotzig.

„Ja, *Jesus*, das darf es, aber lerne auch die anderen zu verstehen, die, deren Handlungen du ablehnst. Denn auch diese Personen haben das Üble nicht von ungefähr. Es ist in Abhängigkeit von Bedingungen dazu gekommen, das ist **paticca-samuppāda**, bedingtes Entstehen. Arbeite daher an den Bedingungen, die dazu geführt haben, dass diese übel handeln. Der Ermordete ist das Opfer einer Tat, aber auch der Mörder ist Opfer von Umständen, die ihn auf diesen Weg geführt haben. Er ist Opfer von spiritueller Unwissenheit. Diese gilt es zu bekämpfen."

„Ich werde sehen, was ich in dieser Hinsicht tun kann", sagte *Jesus*, der einerseits anerkannte, dass *Sukhapadas* Argumentation durchaus logisch war, andererseits aber noch immer erhebliche Widerstände hatte. *Jesus* übte auch nicht wirklich, dies zu überwinden. Die Sache mit der **Upekkhā bhāvanā** unterließ er erstmals ganz. Leider. Das führte später zu Problemen.

So ging das Leben im Kloster seinen Gang.

Es war Frühling, als es zum Eklat kam. *Jesus* war in die Stadt gegangen, aber es war noch zu früh für den Almosengang. Da Markttag war, ging er zum Markt. Er hatte nicht die

Absicht etwas zu kaufen – wie auch, Mönchen ist es verboten Geld zu besitzen. Natürlich hatten auch die Novizen kein Geld.

Das Erste, was er auf dem Markt sah, war eine Gruppe von Menschen, die Handfesseln trugen, mit der sie an je zwei andere gefesselt waren, an einen, der vor ihnen ging, und einen dahinter. Es waren meist Männer, aber auch einzelne Frauen und Kinder. Offensichtlich war dieser Teil des Marktes der Sklavenmarkt. Der Sklavenhändler pries seine Waren an, manche potenziellen Kunden betrachteten sie genauer. Ein recht dicker alter Marktbesucher, seiner Kleidung nach ein wohlhabender Mann, interessierte sich vor allem für eine vollbusige Sklavin. „Das ist doch keine Unberührbare, oder?", fragte er den Sklavenhändler. *Jesus* merkte, wie in ihm eine unbändige Wut aufstieg. Geistesgegenwärtig entschloss er sich, sofort von diesem Teil des Marktes zu verschwinden. Er ging dorthin, wo Bauern ihre Produkte anboten.

„Frische Eier", rief einer, „frische, schlachtreife Hühner, aber auch solche, die ihr zum Eierlegen halten könnt." Eine Hausfrau näherte sich: „Ich nehme drei Stück", sagte sie zu dem Händler. Der fing drei Hühner aus dem Käfig auf seinem Karren, schnappte sie, band ihre Füße zusammen und hielt sie der Frau entgegen. Die Hühner hingen an dem Strick mit dem Kopf nach unten und waren in großer Panik.

„Du tust ihnen weh und versetzt sie in große Angst. Du solltest alle Wesen respektieren, auch ein Huhn fühlt – wie du – den Schmerz!" Diese Maßregelung kam von *Jesus*.

„Ach, da ist wieder so ein **Buddha**-Knabe mit gelber Robe, so ein nichtsnutziger Kerl, der noch nie gearbeitet hat! Du Nichtsnutz willst mir, einem hart arbeitenden Bauern, erzählen, wie ich handeln soll? Darauf scheiße ich!", rief er. Da er an diesem Tag sowieso schon voller Wut und Zorn war, wollte er dem vorlauten Novizen zeigen, wer auf seinem Bauernhof der Herr war: „Schau an, du Nichtsnutz, ich kann mit meinem Besitz machen, was ich will", sprach's, nahm ein Huhn aus dem Käfig und brach dem entsetzten Tier mutwillig einen Flügel. „Das kann ich machen, wenn ich will. Ich kann es jetzt zwar nur noch zum Schlachten verwenden, aber was soll's. Na, Jüngelchen, was sagst du jetzt?", schrie der Streitlustige.

*Jesus* bekam vor Wut und Zorn einen roten Kopf. Er bemerkte wie der Zorn, der in ihm am Sklavenmarkt aufgestiegen war, noch verstärkt worden war durch diesen widerlichen Mann. *Jesus* streckte seine Hand aus und deutete auf ihn: „Wahrlich ich sage dir: Du hast dir schlechtes **Karma** gemacht. Ich verfluche dich, Widerwärtiger. Dir wird es noch in diesem Leben so gehen wie dem Huhn. Du wirst zur Strafe zehn Mal in einer Hölle wiedergeboren!"

Das schien den Angesprochenen noch wütender zu machen. Er sprang auf *Jesus* zu und boxte ihm mit der Faust ins Gesicht, sodass er stürzte. Dann trat er noch zwei, drei Mal auf den am Boden Liegenden ein. Anschließend spuckte er auf ihn, während *Jesus* sich kriechend durch die Menge der Schaulustigen in Sicherheit brachte. Hinter einem Stall versteckte er sich. Sein rechtes Auge begann zu schwellen, eine Lippe war aufgeplatzt. Er ging an diesem Tag nicht auf Almosengang. Er saß nur hinter dem Stall und bedauerte sich selbst und die Situation, in die er sich gebracht hatte. Hätte er geschwiegen, so musste er feststellen, hätte der Grobschlächtige dem Huhn nicht den Flügel gebrochen und ihn nicht verdroschen. Er tröstete sich etwas damit, dass der Übeltäter zur Hölle fahren würde.

Erst am Nachmittag ging er zurück zum Kloster. Am Eingang saß *Sukhapada*. Er hatte offensichtlich auf ihn gewartet. Demnach musste die Neuigkeit sich schon bis hierher herumgesprochen haben.

„Was hast du dir dabei nur gedacht? Allzu gut kannst du in der **Mettā bhāvanā** die Feindesliebe nicht eingeübt haben. Die Weigerung, den Gleichmut zu üben, war wohl auch keine allzu gute Idee", maßregelte *Sukhapada* ihn.

*Jesus* sah seinen Freund entsetzt an: „Aber ich bin doch das Opfer, ich und das Huhn!"

„Ach" fragte *Sukhapada,* „und der Bauer war kein Opfer? Ist nicht vor zwei Monaten sein einziger Sohn, der den Hof übernehmen sollte, von einem Tiger getötet worden? Ist nicht seine Frau, trotz seiner Pflege, vor zwei Wochen von einer Seuche hingerafft worden? Muss er nicht jetzt allein den ganzen Hof versorgen, wo seine zwei kleinen Mädchen erst zwei und vier Jahre alt sind und seine ältere Tochter geistig behindert ist? Diesen Mann verfluchst du, drohst ihm für dieses Leben mit weiterem Unglück und mit zehnmaliger Wiedergeburt in der Hölle? Bringst ihn zur völligen Verzweiflung? Hast du denn kein Herz?"

*Jesus*, der auf Verständnis gehofft hatte, war wie vor den Kopf geschlagen. War er selbst etwa der noch schlimmere Täter? Er sah sich plötzlich als verblendeten Übeltäter entlarvt.

„Das ist dem armen Mann tatsächlich alles jüngst widerfahren?", fragte er.

*Sukhapada* sah ihn eindringlich an. Nach ein, zwei Minuten, die *Jesus* wie eine Ewigkeit vorkamen, deutete *Sukhapada* auf ihn: „Und du, weißt du denn, dass es nicht so war? Oder hast du einfach aus Unkenntnis der Umstände unüberlegt, hasserfüllt und harmoniezerstörend gehandelt?"

*Jesus* wurde schlagartig klar, dass er selbst einen Teil der Schuld an dem Geschehenen hatte. Er blickte zu Boden: „Es tut mir leid. Ich möchte nie wieder so handeln, nie wieder so reden."

*Sukhapada* sah ihn traurig an: „Ich glaube dir, dass du das willst. Aber dafür musst du an dir arbeiten, die **Brahmavihāras** üben. *Jesus*, du musst unbedingt deinen Jähzorn in den Griff bekommen, du musst ihn besiegen. Diesmal hast du nur Schläge abbekommen, das kann noch viel übler enden."

Die beiden gingen ins Kloster. Dann sagte *Sukhapada* das, was er bislang noch nicht gewagt hatte: „Du sollst dich umgehend bei *Singhamati* melden. Es tut mir leid." Das war es, was *Jesus* am meisten gefürchtet hatte. Er machte sich umgehend auf den Weg dorthin.

Fast zwei Stunden musste er vor *Singhamatis* Tür warten, bis er endlich hereingerufen wurde.

*Jesus* trat ein, er sah aus wie ein Häufchen Elend, das vor seinen Richter tritt. Eine Weile schwiegen beide. Dann sagte *Jesus*: „Ich habe aus Unwissenheit und Wut falsch gehandelt, aber ..."

„Nichts aber! Das vor diesem dummen Wörtchen ‚aber' war in Ordnung. Ein ‚Aber' ist uninteressant, es ist irrelevant. Natürlich gibt es für alle Handlungen Gründe, das ist schließlich das Gesetz von **paṭicca-samuppāda**. Dein Verhalten hatte ebenso Gründe wie seines. Aber er ist ein einfacher Bauer, ein Weltling. Du aber wähnst dich auf dem Pfad des **Buddha**. Du hast ihn mit Worten angegriffen, er dich mit Taten. Er hat so gehandelt, wie es in seiner Welt üblich ist. Aber du hast nicht so gehandelt, wie es bei denen, die dem Pfad **Buddhas** folgen, üblich ist, indem du so geredet hast. Wir reden erstens wahrheitsgemäß, du aber hast von **Karma** gesprochen, ohne das **Karma**-Gesetz richtig verstanden zu haben, daher war deine Rede nicht wahrheitsgemäß. Wir reden zweitens freundlich. Dass deine Rede nicht freundlich war, weißt du selbst. Wir reden drittens zweckdienlich. Der Zweck deiner Rede sollte Gewaltvermeidung sein. Deine Provokation hat aber sowohl zu mehr Gewalt gegenüber dem Huhn geführt als auch gegenüber dir. Das war kontraproduktiv. Unser vierter Redevorsatz ist, dass wir Harmonie stiftend reden. Deine Rede war alles andere als Harmonie stiftend. Und schließlich gibt es den fünften Redevorsatz: Unsere Rede sollte zur rechten Zeit sein. Einen wütenden Mann vor einem großen Publikum dazu zu bringen, seine Haltung als falsch einzusehen, war absolut der falsche Zeitpunkt. – *Jesus*, wir haben fünf Redevorsätze, du hast in einer Minute alle fünf gebrochen!"

*Jesus* war zerknirscht. „Alles, was Ihr sagt, ist richtig. Ich habe kläglich versagt. Ich bitte untertänigst um Vergebung."

„Das ist keine Frage, ob ich dir vergebe oder nicht. Du, *Jesus*, hast dir heute schlechtes **Karma** gemacht. Es ist an dir, dein Verhalten zu ändern, an deinem Jähzorn zu arbeiten, die **Brahmavihāras** zu üben. Das geht nicht von heute auf morgen, dafür brauchst du viele Jahre Zeit und regelmäßige

Übung. Das ist das, was du tun musst. Aber auch ich muss etwas tun. Es geht darum, Schaden vom Kloster, das ich leite, abzuwenden. Dein Verhalten und die Prügelei ist heute Stadtgespräch, das wird Wirkungen haben. Wir können uns nicht erlauben, dass es heißt, unsere Novizen beschimpfen die Leute. Du bist ab sofort kein Novize mehr. Gib deine Robe und die Bettelschale ab. Du wirst noch heute unser Kloster verlassen."

Das war heftiger, als es *Jesus* erwartet hatte. Er war vollkommen ernüchtert. Tränen stiegen ihm in die Augen, als er sich verbeugte. Dann wandte er sich zum Gehen.

„Übrigens, *Jesus*", dieser wandte sich nochmals um, „ich bin beeindruckt von deinem Eifer im Studium und in allem, was du hier im Kloster tust. Ich bin überzeugt, du kannst in diesem Leben fast alles erreichen, bis hin zur Heiligkeit. Also sieh zu, dass du deinen Jähzorn in den Griff bekommst. Intellektuell hast du den Hass hinter dir gelassen. Aber er steckt noch tief in dir drin. Einige Übungen dazu hast du hier erlernt, nutze sie. Ich wünsche dir alles Gute auf deinem weiteren Lebensweg, vor allem spirituellen Erfolg."

*Jesus* bedankte sich artig. Dann gab er seine Robe und die Bettelschale ab und verabschiedete sich wehmütig von seinen Freunden im Kloster. Nur kurz überlegte er, ob er ins Kloster der *Sarvāstivādins* hier am Ort gehen sollte. Doch das verwarf er gleich wieder. Auch dort würde man von dem ungeschickten Handeln eines Novizen wissen. Es war das Beste, dorthin zu gehen, wo ihn keiner kannte.

Es war das erste Mal seit dem Beginn seiner großen Reise, dass er ziemlich ratlos war, wie es weitergehen sollte. Er wusste, dass er **Bhārat Gaṇarājya** erreichen würde, wenn er weiter nach Osten ging, aber auch, wenn er sich südlich wandte. **Bhārat Gaṇarājya** war ein riesiger Kulturraum, vergleichbar mit dem Römischen Reich. So setzte er sich am Abend hinter einem Stall am Wegesrand nieder und dachte nach.

Vor allem musste er diese indoarische Sprache besser lernen, bevor er wieder in ein Kloster ging. Alle Lehrreden wurden in dieser Sprache oder einem ihrer zahlreichen Dialekte gehalten, auch die Inder sprachen so. An diesem Abend machte er einen Plan. Dann konnte er beruhigt einschlafen. Er wusste jetzt, wie er es anstellen sollte. Außerdem, so war ihm klar, musste er seinen Jähzorn, oder wie er es lieber nannte, seinen „heiligen Zorn" besser in den Griff bekommen. Der hatte ihm schon als Kind Probleme bereitet und nun wieder.

# Bei den Jains

Der Plan, den sich Jesus für die nächsten Wochen vorgenommen hatte, war, zunächst nach Osten zu gehen, wo er in etwa vier Tagen auf einen sehr großen Fluss treffen würde. Er hatte gehört, dass dieser Fluss dort, wo er ihn zu erreichen hoffte, bereits breiter sei als der Tigris und – wenn man ihm folgte – noch sehr viel breiter würde, manche sagten „breit wie das Meer". Dieser Fluss hieß *Sindh*.[65]

Dem Flusslauf wollte er in Prinzip folgen, egal in welche Richtung es ging, denn der *Sindh* floss von dort an, wo er ihn treffen würde, immer durch **Bhārat Gaṇarājya**, also durch das Land, bis zu welchem er kommen wollte, in dem auch der **Buddha** einst lebte.

Was für ihn während seiner Frühlingswanderschaft wichtig war: Er wollte unbedingt die Sprache[66] lernen, die in **Bhārat Gaṇarājya** gesprochen wurde und aus der sich auch die beiden Schriftsprachen ableiten, in welchen die Texte von *Hindus*, *Buddhisten* und *Jains* niedergeschrieben wurden, nämlich *Pali* und *Sanskrit*.

Wenn er wenige Tagen nach seinem Abmarsch die Seidenstraße verließ, würde er keine fremdsprachigen Kaufleute mehr treffen, er hatte dann außerdem den graeco-indischen Kulturraum verlassen. Er war also ganz auf *Prakrit* angewiesen, das

---

65 In heutigen *Pakistan*, wo sich *Jesus* damals befand, heißt dieser Fluss noch heute *Sindh*. Bei uns ist er besser bekannt unter dem Namen *Indus*. Er ist – neben dem *Ganges* und dem *Brahmaputra* – einer der drei riesigen Ströme des indischen Subkontinents. Die Stelle, an der *Jesus* in unserer Geschichte den *Sindh* erreicht, ist unweit vom heutigen Islamabad (Pakistan).

66 Ich nenne sie im Folgenden „Prakrit", obwohl dieser Ausdruck eigentlich erst ab dem Frühmittelalter verwendet wird. Es ist also gewissermaßen „Frühprakrit".

er in **Puruschapura** nur sehr rudimentär gelernt hatte. Aber es langte, um sich im Alltag einigermaßen zu verständigen. Wie überall, so sagte er sich, wird die dörfliche Bevölkerung interessiert sein, von Fremden zu hören, was es in anderen Ländern gab. Auf diese Art konnte er mit den Menschen in Kontakt kommen, die Sprache besser erlernen, würde wohl auch etwas zu essen und vielleicht sogar einen Schlafplatz bekommen. Wenn nicht, musste er wieder im Freien übernachten. Hier war es immerhin nicht mehr so kalt.

Während der ersten Tage musste er irgendwann die Grenze zwischen *Gandhāra* und **Bhārat Gaṇarājya** überschritten haben, auch wenn es keine Grenzposten gab. Am dritten Tag sah er vor sich eine weite Ebene, eine Flussniederung, in der der große Strom **Sindh** wie in einem Urstromtal dahinfloss. Es gab keinen klar erkennbaren Flussverlauf, sondern teilweise fünf verschiedene Flussarme, dann wieder nur zwei. Wie, so fragte er sich, sollte er dem Flussverlauf folgen können?

Er betrachtete daher diese Flusslandschaft von einem Hügel aus genau und konnte erkennen, dass es in einem Abstand von gut einem Kilometer vom eigentlichen Fluss entfernt ein weitmaschiges Netz von kleinen Dörfern gab, die durch einen Weg verbunden waren. Wenn er diesem Weg durch die kleinen Dörfer folgte, konnte er Richtung Süden vorankommen. Der Weg wäre so sehr viel länger, da der Fluss einen stark gewundenen Verlauf hatte. Aber er hatte vorerst nichts anderes vor, als zu wandern und mit den Menschen ins Gespräch zu kommen, um mit dem *Prakrit* vertrauter zu werden.

Tatsächlich war es so, dass die Menschen froh waren, mit einem Fremden ins Gespräch zu kommen. *Jesus* erzählte ihnen gern kleine Geschichten von seinen Reiseabenteuern. Am Anfang mussten sie noch oft wegen seiner merkwürdigen Ausdrucksweise lachen, doch *Jesus* ließ sich gern verbessern. So lernte er binnen zwei Monaten die Sprache so gut zu beherrschen wie die einfache Landbevölkerung. Fast täglich wurde er irgendwo zum Essen eingeladen. Meist bekam er auch ein Nachtlager angeboten, sei es auf einer Matte im Haus, im Stall oder in der Scheune. *Jesus* war, wenn er im Freien schlief, sorgfältig darauf bedacht, dass keine gefährlichen Insekten oder Schlangen zu sehen waren, außerdem hatte er großes Gottvertrauen.

Er hatte sich auch nach der religiösen Praxis der Menschen erkundigt. Die meisten waren **Hindus**, buddhistische Mönche traf er nur ganz selten an. Ein Mal, da war er schon fast zwei Monate unterwegs, sah er einen Wandersmann, der ganz nackt war. Er trug eine Bettelschale und erbettelte sich seine Nahrung wie die buddhistischen Mönche. *Jesus* beobachtete ihn eine Zeit lang, denn der merkwürdige Mönch ging in die gleiche Richtung wie er. Als er in einem Dorf bettelte, ging *Jesus* an ihm vorbei. Merkwürdigerweise wunderte sich die Hausfrau, die ihm etwas in seine Bettelschale tat, nicht über seine Nacktheit. Sie behandelte ihn, als sei das ganz normal. Kurz hinter dem Dorf setzte sich *Jesus* dann an den Wegrand und wartete auf den Nackten. Dieser kam kurz darauf mit seiner gefüllten Bettelschale. Er blickte etwas erstaunt, als er *Jesus* sah. Etwas abschätzend Ängstliches lag in seinem Blick, der schnell zwischen *Jesus* und seiner Mahlzeit hin und her ging.

„Keine Angst", sagte *Jesus* auf *Prakrit*, „ich werde dir dein Essen nicht wegnehmen."

Jetzt lächelte der Fremde: „Du hast auf mich gewartet?"

„Ja", sagte *Jesus*, „ich habe dich auf deinem Bettelgang gesehen, das machst du genau wie die Mönche des **Buddha**. Aber ich nehme an, du folgst einem anderen Meister."

„Ja, das ist richtig, ich bin ein **Jain**. Ich folge den Lehren des **Furtbereiters Mahavira**, der vor mehr als 500 Jahren lebte, genau wie der **Buddha**. Ich heiße übrigens *Jainmitra* und du?"

„Mein Name ist *Jesus*. Hier nennen mich viele *Isa*, weil der Name *Jesus* in diesem Teil der Welt nicht bekannt ist. Ich komme nämlich aus *Palästina*, das gehört jetzt zum Römischen Reich. Meine ursprüngliche Religion ist das Judentum, ich fand dort aber einiges nicht richtig. Daher bin ich hierher gekommen, um andere Religionen kennenzulernen. In Baktrien habe ich den **Zoroastrismus** kennengelernt, den ich aber auch nicht besser fand als das Judentum. Dann war ich in **Gandhāra** einige Monate in einem buddhistischen Kloster bei **Theravādins**. Nunmehr bin ich seit zehn Wochen auf Wanderschaft, habe eure Sprache einigermaßen erlernt und bin auf der Suche nach tiefgründigen Lehren. Das ist der Grund, warum ich auf dich gewartet und dich angesprochen habe."

„Einiges kann ich dir von unserer Lehre erklären, *Jesus*. Aber ich bin kein altgedienter Mönch. Ich gehöre unserem Orden erst seit zwei Jahren an. Ungefähr zwei Wochen flussabwärts von hier ist ein Kloster, das das Ziel meiner Wanderung ist. Wenn du möchtest, kannst du auch dorthin gehen. Wir könnten auch zusammen gehen."

„Das klingt gut", sagte *Jesus* nachdenklich, „aber ich habe bislang immer viel mit den Leuten geredet, mich in den Dörfern aufgehalten, um die Sprache zu erlernen. Nun gut, darauf könnte ich inzwischen verzichten. Bei dir kann ich das genauso gut. Dazu könnten wir uns noch über religiöse Themen austauschen, für die man teilweise einen ganz anderen Wortschatz benötigt, den ich bei dir erlernen könnte. Das wäre sehr gut. Nur habe ich bisher meine Nahrung dadurch bekommen, dass ich mich lange bei Leuten aufhielt und diese mich dann an ihrer Mahlzeit teilhaben ließen. Während du mit einer Almosenschale umhergehst. Auch sieht uns jeder an, dass wir nicht zusammengehören. Ich nehme an, alle Mönche der **Jains** gehen nackt, oder?"

„Bei uns gibt es zwei Richtungen", erläuterte *Jainmitra*, die *Digambaras* und die *Śvetāmbaras*. Ich bin bei den *Digambaras* ordiniert. Das Wort bedeutet in ‚Luft gekleidet'. In unserer Sekte ist man also strenger, was die Bedürfnislosigkeit angeht, als bei den *Śvetāmbaras,* den ‚Weißgekleideten'. Diese tragen weiße Roben wie die **Brahmanen**. Das Kloster, zu dem ich jetzt gehe, gehört zu den *Śvetāmbaras*. Ich möchte einige Zeit bei und mit ihnen praktizieren und dann entscheiden, bei welcher Richtung ich dauerhaft bleibe. Wir könnten also gemeinsam auf Almosengang gehen. Wenn man uns beide zusammen sieht, wird man dich für einen Śvetāmbara halten[67] und mich für das, was ich jetzt bin, ein *Digambara*. Wir müssen eigentlich nur noch eine Bettelschale für dich schnitzen."

Den nächsten Tag nutzte *Jesus*, um mit Leuten zu reden. Zuvor hatte er sich ein großes Stück Holz geholt. Er hatte an diesem Tag darauf geachtet, bei Leuten zu sein, bei denen er viel Werkzeug zur Holzverarbeitung gesehen hatte. Während des Gesprächs bat er darum, ein zum Schnitzen geeignetes Werkzeug benutzen zu dürfen. Als gelerntem Zimmermann war es keine große Kunst für ihn, das Holzstück in eine Bettelschale zu verwandeln. *Jainmitra* saß inzwischen außerhalb des Dorfes und nutzte die Zeit zum Meditieren. Am nächsten Tag gingen sie dann zusammen weiter, *Jainmitra* als Luftgekleideter und *Jesus* als Weißgekleideter.

Sie gingen täglich auf Bettelgang und unterhielten sich während des Wanderns. Dabei perfektionierte *Jesus* nicht nur sein *Prakrit*, sondern lernte auch die Grundzüge des **Jainismus** kennen. Er erfuhr, dass das Wort **Jainismus** von „*Jina*" abgeleitet ist, was „Sieger" bedeutet und daher soviel wie „Erleuchteter".

Weiter lernte *Jesus*, dass das wichtigste Prinzip im **Jainismus** *Ahimsa* ist, Gewaltlosigkeit. Im ganzen Lebenswandel hat man dieses Prinzip so weit wie möglich anzuerkennen und umzusetzen. Viele *Jains* würden daher immer einen kleinen Besen mit sich tragen und beim Gehen vor ihren Füßen kehren, um kleinste Lebewesen zur Seite zu wischen, damit man sie nicht zertritt. Im Kloster würde außerdem alles Wasser abgekocht, bevor man es trinkt. Durch die Erhitzung würde es

---

67 Nachdem Jesus seine Bettelschale und die gelbe Robe der **Theravādins** im Kloster in **Puruschapura** abgeben musste, ging er jetzt wieder in der weißen Robe, die er schon früher bei den **Essēnern** getragen hatte. Alle übrige Kleidung hatte er als unnötigen Ballast angesehen und längst verschenkt, da er hier in einem warmen Land war.

den Wassergeistern zu warm, und sie würden sich entfernen. Dadurch würde man vermeiden, dass man sie verschluckt.[68] Das erschien *Jesus* zwar absurd, aber er sagte es nicht.

Die Gewaltlosigkeit führt dazu, dass die *Jains* vegetarisch leben, zum großen Teil sogar vegan, und sich auch bei vegetarischem Essen zurückhalten, um so wenige Pflanzen wie möglich zu töten.

Weiter hörte *Jesus*, dass ein ganz wichtiger Aspekt von *Ahimsa*, die gewaltfreie Kommunikation war, wofür sie regelmäßig Übungskurse in den Klöstern abhielten. **Mahavira** forderte: keine Gewalt, nicht gegen Menschen, nicht gegen Tiere, nicht gegen Pflanzen und auch nicht gegen Minerale. Die absolute Bedürfnislosigkeit würde sich bei seiner Sekte, den *Digambaras,* auch darin zeigen, dass sie auf Kleidung verzichten. Man könnte also aus heutiger Sicht sagen: Das, was die **Jains** leben, ist ein auf die Spitze getriebener Nachhaltigkeitsgedanke.[69]

Auch seine Wanderung wurde von seinen Ordensbrüdern als problematisch angesehen, weil er dadurch Kleinstlebewesen töten würde, die *Jains* empfahlen ihren Anhängern daher eine weitgehend sitzende Lebensweise.[70]

---

68 Dass man dadurch Krankheitserreger abtötet, war damals nicht bekannt, sonst hätten die *Jains* Wasser nicht abgekocht, da Krankheitserreger auch Kleinstlebewesen sind. Die Gewohnheit des Abkochens führte dazu, dass es bei den **Jains** wesentlich weniger Tote durch Epidemien gab als bei den Hindus und Buddhisten, eben weil Bakterien abgetötet wurden.

69 Ein Freund von mir berichtete, dass er, als er bei einer dem **Jainismus** nahestehenden Organisation in Indien ein Retreat machte, sich eine heftige Mageninfektion zugezogen hatte. Er durfte aber keine Antibiotika benutzen, weil diese Bakterien abtöten würden.

70 Dies führte dazu, dass ihre Anhänger oft Kaufleute oder Bankiers wurden und dadurch zu hohem Wohlstand kamen. Der bekannteste Vertreter in Deutschland dürfte *Anshu Jain* sein, der frühere Chef der Deutschen Bank.

Obwohl ihm einiges äußerst merkwürdig vorkam, sah *Jesus* durchaus die vielen positiven Ansätze, vor allem die gewaltfreie Kommunikation. Die Übungen dazu interessierten ihn. Denn genau sein Fehlverhalten in der Kommunikation hatten ihn dazu gebracht, dass er aus dem **Theravāda**-Kloster in **Puruschapura** ausgeschlossen wurde. *Jesus* nahm sich also vor, einige Zeit im Kloster der *Śvetāmbaras* zu bleiben. Dieses Mal, so sagte er sich, würde er den Zeitpunkt selbst bestimmen, an dem er das Kloster verlassen würde. Er hatte eine ziemlich deutliche Vorahnung, dass dies noch nicht sein letzter Aufenthalts- und Lehrort in **Bhārat Gaṇarājya** sein würde.

Nach gut zwei Wochen erreichten sie das Kloster *Ahimsadhātu*,[71] das kleiner war als das **Theravāda**-Kloster von **Puruschapura**. Hier gab es nur knapp vierzig Mönche. *Jainmitra* war der Wortführer und erklärte einem Mönch im Eingangsbereich des Klosters ihr Anliegen. Der weiß gekleidete Mönch führte sie zum Abt, einem Mann namens *Ahimsaka*. Der musterte die beiden: „Es erstaunt mich, einen Luftgekleideten und einen – ich vermute Laienanhänger – hier zu sehen. Was führt euch hierher?"

*Jainmitra* berichtete ihm, dass er seit zwei Jahren ordiniert sei und das Leben als Mönch für die beste Art des Lebenswandels hielt. Er habe jetzt zwei Jahre bei den *Digambaras* praktiziert, fühle sich jedoch ganz ohne Kleider noch immer unwohl. Hinzu kam, dass er im letzten Winter sehr gefroren habe und lange erkältet gewesen sei. Er bitte daher höflich darum, von den *Śvetāmbaras* angenommen zu werden.

„Das ist kein Problem", sagte *Ahimsaka*, „du bist bereits ordiniert. Da wir dich jedoch nicht kennen, hast du eine dreimonatige Probezeit. Sollte sich in dieser Zeit ein Prob-

---

71 Wir befinden uns damit noch immer im Tal des Indus etwa 300 km nördlich des indischen Ozeans, also im südöstlichen Teil Pakistans (heutige Provinz *Sindh*).

lem ergeben, so würden wir dich bitten, uns zu verlassen. Du würdest dieser Bitte selbstverständlich nachkommen."

Dann fragte er *Jesus* nach seinem Begehr. Dieser erzählte, wo er herkomme und warum er die Reise nach **Bhārat Gaṇarājya** unternommen habe. „Zunächst war ich als Novize in einem **Theravāda**-Kloster in **Gandhāra**. Inzwischen ist mir aber zu Ohren gekommen, dass die Lehre **Mahaviras** weiter geht als die **Buddhas**, vor allem was die Gewaltlosigkeit und die Bedürfnislosigkeit angeht. Ich möchte gerne als Novize studieren, auf dass ich prüfen kann, ob mir das Leben hier weiterhilft und möglicherweise um Ordination bitte – oder ob meine Suche weitergeht."

*Ahimsaka* sah *Jesus* nachdenklich an: „Normalerweise sagen junge Männer, die hierherkommen, dass sie ordiniert werden möchten. Dann nehmen wir sie an. Von einigen müssen wir uns bald wieder trennen, weil sie nicht unserer Disziplin genügen. Die meisten werden nach einer angemessenen Probezeit ordiniert. Es gibt aber auch welche, denen erst während ihres Noviziats auffällt, dass das nicht der Weg ist, den sie gehen wollen oder können. Dass jemand schon bei der Ankunft von sich aus sagt, er wisse noch nicht, ob er bleiben werde, ist uns noch nicht untergekommen."

*Jesus* schwieg. Er senkte demütig das Haupt, machte jedoch keine Anstalten zu gehen oder sich weiter zu erklären. Es dauerte mehrere Minuten, in denen alle drei Männer schwiegen, Minuten, die *Jesus* wie drei Stunden vorkamen, dann sprach *Ahimsaka:* „Niemand, der hier ankommt und um Ordination bittet, kann genau wissen, ob er es sich nicht anders überlegt, wenn er unsere harte Praxis am eigenen Leib und im eigenen Geist spürt. Dass du dies eingesehen und zugegeben hast, ehrt dich. Du bist als Novize angenommen."

*Jesus* warf sich vor *Ahimsaka* auf den Boden: „Ich danke Euch, Ehrwürdiger!"

Dann folgten sie *Ahimsaka* zur Kleiderkammer. Dort erhielten beide eine einfache weiße Robe. Als *Ahimsaka Jesus* diese aushändigte, sagte er. „Deine derzeitige Kleidung werde ich hier für dich für den Fall einlagern, dass du weiterziehen willst oder wir das von dir verlangen, aber erst gehst du zum Bach und wäschst sie." *Jesus* verbeugte sich tief.

In diesem Kloster wurde ihnen keine Hütte zugewiesen. Es gab zwar acht Schlafhütten, die aber, so erfuhren sie, wurden nur in der Regenzeit genutzt, ansonsten schlief man im Freien. *Jesus* hörte auch, dass das Kloster so etwas wie ein Schulungszentrum für umherziehende Mönche war. Gut die Hälfte war nur für einige Monate da, dann zog sie weiter. Der Tagesablauf begann morgens mit einer gemeinsamen Meditation. Mahlzeiten wurden gewöhnlich im Kloster eingenommen, einmal wöchentlich – an **Uposatha** – kamen Laienanhänger/-innen zu einem Vortrag. Sie brachten vegane Nahrungsmittel mit. An diesem Tag aßen die Mönche nichts. Die Lebensmittel wurden während der Woche verzehrt bzw. zubereitet. Es gab verschiedene Breie und Eintöpfe, aber auch Obst und Gemüse umfassten die Mahlzeiten.

Nachmittags gab es einen Vortrag, der gewöhnlich mit einem Übungsauftrag endete. Da es sich häufig um Kommunikationsübungen handelte, wurden auch hier Kleingruppen gebildet. *Ahimsaka* hatte *Jesus* und *Jainmitra* mit zwei sehr erfahrenen Mönchen, *Sukhavaca* und *Maitrivaca,* in eine Gruppe eingeteilt.

Da es inzwischen fortgeschrittener Abend an ihrem Ankunftstag war, würde die Abendmeditation die erste gemeinsame Praxis sein. Etwa eine halbe Stunde vor Beginn ließ *Ahimsaka Jesus* zu sich rufen.

„Welche Meditationspraktiken habt ihr bei den **Theravādins** gemacht?", fragte er.

„Da gab es Achtsamkeitspraktiken, vor allem Atemachtsamkeit, Körperachtsamkeit und Achtsamkeit auf die Empfindungen. Und wir haben die **Brahmavihāras** geübt."

„Wie habt ihr denn die **Mettā bhāvanā** geübt?"

„In fünf Phasen: für mich selbst, für einen guten Freund, eine neutrale Person, einen Feind und schließlich für alle Wesen."

„In nächster Zeit, Jesus, wirst du die **Mettā bhāvanā** ein Mal täglich üben, entweder morgens oder abends, von mir aus auch in der Zeit, die ihr zur freien Verfügung habt. Aber nicht wie bisher, sondern mit folgenden Phasen: 1. **Mettā** für dich selbst, 2. für einen bestimmten Mönch, für welchen, kannst du dir aussuchen, 3. für einen männlichen Laienanhänger, den du kennst, 4. für einen Weltling, einen nicht-spirituellen Menschen, 5. für ein ganz bestimmtes Tier, 6. für eine bestimmte Pflanze, die sich in deiner Nähe befindet und 7. für einen ganz bestimmten Stein. Jeden **Uposatha** wirst du nach der Morgenmeditation zu mir kommen und über deine Meditation berichten, dann erhältst du neue Anweisungen. Die gemeinsamen Meditationen werden hier immer mit einem dreifachen Glockenschlag eingeleitet. Auch am Ende der Meditation ist das so. Gewöhnlich unterteilen wir unsere Meditation in sieben Phasen. Nach jeder ertönt ein Gong, noch Fragen?"

„Nein, ehrwürdiger *Ahimsaka,* Eure Anweisungen sind klar und knapp, dafür bin ich Euch sehr dankbar."

Bei der folgenden Meditation bemerkte *Jesus,* dass die Übungszeit ziemlich lang war, die Meditation dauerte etwa anderthalb Stunden. Die letzten Phasen waren noch sehr ungewohnt, denn für eine Pflanze und einen Stein hatte *Jesus* noch nie meditiert.

Den Abend verbrachte er mit *Jainmitra.* Die beiden tauschten sich über ihre Eindrücke hier und den Vergleich mit ihrem jeweils letzten Kloster aus. *Jesus* ließ allerdings die Tatsache aus, warum er das Kloster verlassen musste. Hinterher schlief er, trotz anfängliche schlechten Gewissens, weil er seinem Freund etwas verschwiegen hatte, gut und fest unter freiem Himmel.

In der Morgenmeditation nahm er sich nochmals die siebenfältige **Mettā bhāvanā** vor.

*Jesus* freute sich auf den Vortrag *Ahimsakas* am Nachmittag. Dieser bemühte sich in einem sehr grundlegenden Vortrag das, was im **Jainismus** besonders wichtig ist, darzulegen.

So erfuhr *Jesus,* dass es in der Lehre der **Jains** zwei grundlegende Prinzipien gab. Die waren aber nicht Gut und Böse wie bei den **Zoroastern,** sondern Geistiges und Ungeistiges. Das Ungeistige zerfällt, sagte *Ahimsaka,* in fünf Kategorien, nämlich Raum, Zeit, Materie, Bewegung und Ruhe. Demgegenüber steht das Geistige, **Jīva,** worunter man einerseits das Lebensprinzip[72] versteht, andererseits auch die unendliche Menge von Seelen.[73] „Alles Stoffliche ist beseelt, Menschen und Tiere[74] ebenso wie Pflanzen, Wasser und Mineralien", sagte *Ahimsaka.*

Dann kam **Karma** ins Spiel. Jedwede Tat verursache **Karma,** ganz gleich, ob sie absichtlich oder unabsichtlich verübt wurde,[75] zwingt zum Verbleib im Lebenskreislauf (**Samsāra**), bis alles **Karma** getilgt ist. Die Seele kann nur geläutert werden durch ethisches Leben und Askese.[76] Allerdings können nicht alle Seelen gerettet werden. Es gibt auch unfähige Seelen, die aufgrund ihrer Veranlagung nie dem **Samsāra** entkommen können.[77]

*Jesus* war von der klaren Darlegung beeindruckt, gleichzeitig merkte er aber auch Widerstände gegen einige dieser Punkte. Er beschloss jedoch, jetzt nicht vorschnell zu einem Urteil zu kommen, sondern alles Gehörte ruhig und sach-

---

72 Hier ähnlich verstanden wie die „Viriditas", die Grünkraft, bei Hildegard von Bingen.

73 Ganz anders im Buddhismus, hier gibt es keine Seele, keinen festen unveränderlichen Wesenskern.

74 Ähnlich wie in der europäischen Antike. Das lat. Wort „anima" bedeutet sowohl Lebenskraft als auch Seele. Ein beseeltes Wesen ist daher ein „animal", womit Tier, Mensch, Lebewesen gemeint sind. Erst das Christentum ließ die Seele auf den Menschen beschränkt sein.

75 Auch das ist im Buddhismus deutlich anders. Hier führt nur absichtliche, willentliches Handeln zu *Karma.*

76 Noch ein Unterschied zum Buddhismus, hier führen nämlich nicht Ethik und Askese zu **Nirwana,** sondern Ethik, Meditation und auf deren Basis entwickelte Weisheit.

77 Auch diese fatalistische Einstellung ist dem Buddhismus völlig fremd.

lich zu prüfen und mit seinen Gefährten in der Gruppe zu besprechen.

Diese Gesprächsgruppe war alsdann die nächste Überraschung, denn *Sukhapali* erklärte, dass in diesen Gruppen paraphrasiert würde. Das bedeutet, dass man nicht einfach seinem Gegenüber antwortet, sondern zunächst dessen Position wiederholt, aber mit eigenen Worten. Dies diene dazu Missverständnisse oder Fehlinterpretationen von Begriffen zu vermeiden. Danach sollte man für zwei Minuten schweigen, die Position des anderen durchdenken und dann erst antworten, aber nicht mit dem Ziel, den anderen zu widerlegen, sondern um zu versuchen, eine gemeinsame Sichtweise zu erarbeiten, die für alle Beteiligten vertretbar war. Anfangs tat sich *Jesus* damit sehr schwer. Diese Art der Kommunikation war nicht nur ungewohnt. Er bemerkte dabei auch seine Schwierigkeiten mit der für ihn neuen Sprache, dem *Prakrit*, etwas mit anderen Worten als denen des Sprechers wiederzugeben.

Am nächsten Tag sprach *Ahimsaka* über Ethik: „Ihr wisst, Mönche, auch unsere Laienanhänger haben die drei Kleinen Gelübde abgelegt,

- das **Ahimsa**-Gelübde, Gewaltlosigkeit gegenüber allen beseelten Existenzen,
- das **Satya**-Gelübde, mit dem sie sich zur Wahrhaftigkeit bekennen und
- das **Aparigraha**-Gelübde, das zum Nicht-Zugreifen bezüglich allem unnötigen Besitz gemahnt.
- Wir aber, wir Mönche auf dem Pfad, den uns **Mahavira** aufgezeigt hat, ebenso wie auch die Nonnen, wir haben die fünf Großen Gelübde abgelegt.
- Das **Ahimsa**-Gelübde bedeutet für uns die Gewaltlosigkeit noch verfeinerter zu üben, als das die Laien tun sollten. Daher machen wir die Übungen zur gewaltfreien Kommunikation. Aber ich möchte auch, dass alle Mönche, die auf einem Weg gehen, noch achtsamer sind. Baut euch noch heute einen Wedel, womit ihr vor euren Füßen kehrt, da-

mit kein noch so kleines Lebewesen getötet oder verletzt wird. Achtet auch darauf, dass euer Wedel so beschaffen ist, dass ihr möglichst kein Wesen damit verletzt.

- Die *Wahrhaftigkeit* üben wir bitte so, dass nichts über- oder untertrieben wird, auch lassen wir nichts weg, um so ein besseres Bild von uns aufrechtzuhalten oder etwas zu vertuschen. Außerdem möchte ich, dass ihr heute jedem eurer Gefährten in der Übungsgruppe eine Kompliment macht, das wahrhaftig ist und von Herzen kommt.
- Das *Asteya*-Gelübde besagt, dass wir uns nicht an fremdem Eigentum vergreifen sollen. Was das bedeutet – über das hinaus, was offensichtlich ist – vertieft ihr bitte in euren Übungsgruppen.
- Das *Brahma*-Gelübde bedeutet keinerlei geschlechtliche Aktivität, weder mit anderen Wesen noch entsprechende Handlungen an sich selbst vorzunehmen, darüber zu sprechen oder in euren Gedanken darüber zu fantasieren.
- Das *Aparigraha*-Gelübde bedeutet, dass ihr nur lebensnotwendige Güter besitzen sollt. Ihr wisst, wir unterscheiden uns von den *Digambaras* darin, dass wir in einem Punkt weniger streng sind: Wir halten es für angemessen, eine Robe zu tragen. Überprüft bitte, ob sich in euren Besitz etwas findet, was nicht lebensnotwendig ist, und wenn ja, entledigt euch seiner."

All das Besprochene wurde hinterher in der Gesprächsgruppe vertieft, wobei alle eine gewaltfreie und harmoniefördernde Gesprächsweise einübten. Wobei sich *Jesus* und *Ahimsaka* wirklich noch bemühen mussten, während es für *Sukhapali* und *Maitrivaca* bereits eine in Fleisch und Blut übergegangene Routine bedeutete. Man kann annehmen, dass *Ahimsaka* gezielt diese sprachgewandten Mönche mit den beiden jetzt erst ins Kloster eingetretenen in eine Gruppe einteilte, weil er ihre besondere sprachliche Fähigkeit bei der Namensgebung im Auge hatte. Denn *Sukhavaca* kann man mit „der schöne Worte spricht" übersetzen und *Maitrivaca* mit „der mit der liebevollen Rede".

Diese Art zu sprechen und das gezielt einzuüben gefiel *Jesus* sehr, auch wenn er sich damit noch schwertat. Ihm war die segensreiche Wirkung liebevoller Worte sehr wohl bewusst. Andererseits fand er das mit dem Anfertigen eines Wedels, um beim Gehen zum Schutz von Insekten vor sich zu kehren, übertrieben. *Jesus* verstand, dass es darum ging, sich bei jedem Schritt klarzumachen: Allein die Tatsache, dass meine Seele in einem materiellen Körper wohnt, bringt anderen Wesen Leiden, also sollte ich mich darum bemühen, dass meine Seele in einer himmlischen Sphäre wiedergeboren wird, nicht in einer mit grobstofflicher Materie.

Andererseits kam es ihm ziemlich albern vor, wenn er sich vorstellte, wie er mit einem Wedelbesen vor sich fegend ging. Er sah sich schon zum Gespött der Kinder werden. Hier mögen sie es vielleicht noch gewohnt sein und sich auf Anweisung ihrer Eltern zurückhalten. Aber wenn er sich vorstellte, wie er so auf dem Rückweg die Seidenstraße entlangging oder in Palästina durch Dörfer und Städte gehen würde, nein, das würde zu albern wirken. Sein Ziel war es schließlich als Prophet durch *Palästina* zu ziehen, nicht als Clown!

Aber er sagte sich: „Ich bin hier, um zu lernen. Vieles ist sehr gut und hilfreich, pass dich also an, solange du hier bist!" Also machte er auch die Übungen mit, die er kritisch sah.

Der Tagesablauf war immer gleich, mit der kleinen Änderung, dass einmal wöchentlich, an **Uposatha**, die Laienanhänger kamen und Nahrungsmittel brachten. So hatte *Jesus* viel Zeit für Meditation, Gespräche und tieferes Eindringen in die Lehren der *Jains*. Es schien ihm eine tiefe Weisheit vom Kern der Lehren auszugehen. Allerdings konnte man auch den guten Willen übertreiben, wenn man mit Staubwedeln beim Gehen vor sich kehrte oder Kleidung als nicht lebensnotwendig ablehnte, fand er.

Gut zwei Monate, nachdem er angekommen war, ereignete sich allerdings etwas, das für *Jesus* das Fass zum Überlaufen brachte. Einer der Mönche dieses Klosters, *Ahimsamaitri,* hatte seit ein paar Tagen eine offene Wunde, die offensichtlich sehr schmerzhaft war. Eines Morgens war er verschwunden. Man suchte überall im Klostergelände und auch außerhalb in der näheren Umgebung, weil man fürchtete, dem Verletzten sei etwas zugestoßen, konnte ihn aber nicht finden. Am darauf folgenden Tag war **Uposatha.** Die Menschen aus den umliegenden Dörfern kamen, um den Mönchen Almosenspeise zu bringen. Sie berichteten, in einem größeren Dorf, etwa zwei Stunden vom Kloster, läge ein Mönch auf der Straße, der sich zwar mit abgekochtem Wasser versorgen ließe, aber weigere, seine Wunden versorgen zu lassen. Erstaunlicherweise machten sich jedoch nicht sofort einige Mönche auf den Weg, um nach dem Verletzten zu sehen, sondern der Tagesablauf folgte der Routine. *Jesus* überlegte sich, ob er in der Nacht losgehen sollte, um nach ihm zu sehen und zu schauen, ob er ihm helfen könne.

Doch nach der Abendmeditation fragte *Ahimsaka*: „Mönche, ihr habt gehört, dass *Ahimsamaitri* verletzt ist. Möchte jemand morgen nach der Frühmeditation nach ihm sehen?" Selbstverständlich meldete sich *Jesus* sofort per Handzeichen und blickte sich um. Es herrschte betretenes Schweigen, ganz zögerlich gingen vier weitere Hände nach oben. *Ahimsaka* sagte: „Das werden *Sukhavaca* und *Jesus* machen, danke." Das war alles sehr knapp gehalten. *Jesus* wunderte sich, dass man zwar bei Gesprächen auf besonders liebevollen Umgang achtete, aber zögerlich bei Hilfe in der Not war. Er hätte gern noch mit anderen darüber gesprochen, aber an **Uposatha** galt nach der Abendmeditation „edles Schweigen".

Am nächsten Morgen nach der Meditation packte *Jesus* etwas Nahrung, vor allem Obst, in seinen Beutel, in dem er auch die wichtigsten Heilkräuter aufbewahrte. Dann suchte er *Sukhavaca*. Dabei wurden er von einem anderen Mönch angesprochen, einem jungen Mann: „Wie, du hast einen Beutel? Meinst du, der ist wirklich lebensnotwendig?"

Jesus sah ihn verwundert an: „Wenn ein Beutel mit frischem Obst für einen Verletzten und Heilkräuter, die vielleicht sein Leben retten können, nicht lebensnotwendig sein sollen, dann bin ich offensichtlich anderer Meinung als du."

„Das war keine gewaltfreie Sprache, *Jesus*. Du hättest deine Sicht und die dahinterstehende Motivation erläutern und deinem Gesprächspartner die Gelegenheit geben sollen, dir zuzustimmen. Du hättest an seine Solidarität appellieren können, so aber hast du ihn vor den Kopf gestoßen. Das nenne ich ungeschickte Rede", sprach ihn *Sukhavaca* von hinten an.

*Jesus* fühlte sich ertappt: „Schön, dass du da bist, *Sukhavaca*, lass uns keine Zeit verlieren."

Die beiden gingen los. Zunächst schwiegen sie. Dann aber wollte *Jesus* endlich zum Ausdruck bringen, was ihm auf das Gemüt drückte: „Da ist einer von euch schwer krank, braucht Hilfe, aber erst wird gar nichts unternommen. Später werden Leute gesucht, die nachschauen sollen, und gerade einmal jeder Zehnte meldet sich. Dann wartet man noch eine ganze Nacht, bis endlich jemand losgeschickt wird. Schließlich werde ich noch kritisiert, dass ich meinen Medizinbeutel mitnehme. Wo ist denn da der liebevolle Umgang miteinander?"

*Sukhavaca* sah *Jesus* an: „Ich höre Wut und Verärgerung in dir, dabei scheinst du gar nicht nach unseren Motiven gesucht zu haben, das ist schade. Ich finde es auch schade, dass du gesagt hast: ‚Da ist einer von euch krank' und nicht ‚Da ist einer von uns krank.' Damit siehst du dich, so scheint es mir, außerhalb unserer Gemeinschaft. Du hast auch nicht danach gefragt oder gesucht, was die Motivation *Ahimsamaitris* war, so zu handeln. Siehst du nicht, dass es spirituelle Gründe haben könnte?"

„Welche spirituellen Gründe denn?"

„Du kennst doch inzwischen unsere grundlegende Einstellung und Gelübde. Denke darüber nach. Wenn du glaubst, zu einer Lösung gekommen zu sein, dann sage es mir."

*Jesus* fand seinen Weggefährten irgendwie überheblich. Er hatte gar keine Lust, sich nach Motiven für eine in seinen Augen absolut unsinnige, selbstzerstörerische Handlung zu suchen. Daher gingen sie schweigend weiter. Sie hatten eigentlich auch genug damit zu tun, den Weg mit ihren Wedeln insektenfrei zu bekommen, und dabei aufzupassen, dass sie nicht gerade mit dem Wedel ein beseeltes Wesen misshandelten.

Sie kamen in das Dorf, in dem *Ahimsamaitri* lag. Einige Menschen, vor allem Frauen, alte Männer sowie einige Kinder umringten den Verletzten. *Jesus* starrte entsetzt auf die vereiterte Wunde, in der bereits Maden waren. Auch allerlei Fliegen ließen sich auf der offenen Wunde nieder oder umschwirrten sie. *Jesus* machte eine Handbewegung, um sie zu verscheuchen.

„Halte ein!", rief der offensichtlich im Fieber redende *Ahimsamaitri*. „Du verscheuchst meine Freunde, die Insekten. Sie haben Hunger und wollen sich an mir laben. Ich bin bereit, mich ihnen hinzugeben. Ich habe die letzten zwanzig Jahre nur das Nötigste und nur Pflanzliches gegessen. In meiner Jugend habe ich, so muss ich gestehen, auch noch tierische Nahrung gegessen. Dafür schäme ich mich. Jetzt ist es an der Zeit, meinen Körper, der von einer Seele bewohnt ist, hinzugeben, und ihn diesen vielen kleinen Wesen, die ebenso eine Seele haben wie ich, zu opfern."

Jesus sah ihn entsetzt an: „*Ahimsamaitri*, du bist ein wertvoller Mensch, du wirst sterben, wenn du das zulässt. Bitte lass mich dir helfen. Ich werde auch alle Würmer vorsichtig zur Seite tun, damit ihnen nichts geschieht. Für die Insekten werde ich etwas Obst hinlegen, damit sie sich laben können. Ich habe außerdem Heilkräuter dabei. Ich bin nicht sicher, ob die dir noch helfen können, aber es ist einen Versuch wert."

„Danke, das ist lieb gemeint, *Jesus*, aber ich, der ich in meiner Jugend Fleisch gegessen habe, bin bereit, meinen Körper jetzt anderen, die noch Fleisch essen, hinzugeben.

Lass mich, einen Einzelnen, mein Leben hingeben, um die Vielen zu erretten."[78]

Eine Frau kam mit einer Tasse Wasser: „Hier ehrwürdiger Mönch, trinkt davon. Ihr müsst doch furchtbaren Durst haben bei der Hitze."

Der Mönch sah sie mitleidsvoll an: „Danke, liebe Frau, das ist sehr aufmerksam von Euch. Ich fürchte aber, es ist nicht abgekocht. Dann sind bestimmt beseelte Geistwesen darin, die ich verschlucken und so töten könnte."

Die Frau sah ihn entsetzt an, dann stand sie auf und ging rasch ins Haus zurück, möglicherweise, um das Wasser abzukochen.

Nunmehr wandte sich *Sukhavaca* an die umstehenden Menschen: „Männer, Frauen und Kinder, ihr seid Zeugen eines großen Augenblicks. Vor euren Augen stirbt ein Mann. Er opfert sich, ein Einzelner, um die Vielen leben zu lassen, die Maden, die Würmer, die Fliegen und was da noch für weitere Tiere von ihm essen. Das hat einen zweifachen Effekt: Er rettet viele. Das ist eine gute Tat. Die Seele dieses Mannes, meiner Ordensbruders *Ahimsamaitri*, wird bald diesen Körper verlassen, der dann weiter von Tieren aufgefressen wird. Aber *Ahimsamaitri* hat in diesem Leben – wie auch in früheren – unzählig viele gute, selbstlose Taten vollbracht, damit seine Seele sich von schlechtem **Karma** reinigen konnte. Die Seele dieses Mönchs wird in eine himmlische Sphäre eingehen und muss nie wieder im leidvollen Rad der Geburten gefangen sein. Ihr seid Zeugen dieses großen Wunders, geht hin und verkündet, was ihr gesehen habt."

---

78 Möglicherweise hat diese Tat eines höherentwickelten Menschen, sich selbst zu opfern, um die vielen anderen beseelten Wesen zu retten, einen so tiefen Eindruck auf Jesus gemacht, dass sie ihn später motiviert hat, etwas zu tun, dessen sich die Christen jeden Karfreitag erinnern.

Eine Frau rief: „Ich gehe ins Nachbardorf, um den Leuten vom Wunder zu erzählen. Sie sollen kommen und es mit eigenen Augen sehen. Hier geschieht Großes!" Es gab zustimmende Rufe von einigen anderen, die auch weiterziehen und es verkünden wollten.

*Jesus* stand daneben und wurde von widersprüchlichen Gefühlen überwältigt: vom Mitgefühl mit dem Sterbenden, vom Entsetzen über so viel Verblendung, vom Erstaunen darüber, wie das Auftreten *Sukhavacas* zu einer religiösen Aufbruchstimmung geführt hatte, und vor Entsetzen davor, dass hier ein Menschenopfer zugunsten einer religiösen Ansicht vor seinen Augen dargebracht wurde. Entsetzen, Schauder und Bewunderung fühlte er in sich.

Vielleicht hatte *Ahimsaka* wirklich ein sehr gutes Gespür dafür gehabt, warum er gerade den stimmgewaltigen *Sukhavaca* und den jungen *Jesus* hierhin geschickt hatte. Auf jeden Fall könnte er damit die Religionsgeschichte und vielleicht sogar die Weltgeschichte beeinflusst haben.

*Jesus* war jedenfalls, auch wenn momentan noch das Entsetzen in ihm vorherrschte, tief beeindruckt. Ich möchte sagen: Er war <u>nachhaltig</u> beeindruckt.

Sie blieben noch zwei Tage hier, in denen immer mehr Menschen herbeiströmten. *Ahimsaka*, der in dieser Zeit nur abgekochtes Wasser zu sich nahm, war bis zum Ende bei Bewusstsein, auch wenn er hohes Fieber hatte, und nicht mehr reden konnte. Nur manchmal hauchte er noch „Ahimsa" (Gewaltlosigkeit), was immer zu Geraune bei den inzwischen über zweihundert Umstehenden führte.

Als *Ahimsaka* gestorben war, trugen *Ahimsamaitri* und *Jesus* den Leichnam zu einer Stelle in der Nähe des Dorfes.

*Ahimsamaitri* hielt eine Leichenrede, in der er die inzwischen fünfhundertköpfige Menschenmenge dazu aufforderte, der Welt von dieser Selbstaufopferung zu berichten und die Selbstlosigkeit zu rühmen. Dann forderte er die Dorfbewohner auf, den Leichnam hier liegen zu lassen, bis sich alle Tiere daran satt gegessen hätten. So hätten auch religiöse

Verehrer von außerhalb noch die Gelegenheit, seine sterblichen Überreste zu sehen. In zwei Wochen würde er selbst, *Ahimsamaitri,* mit noch zwei Mönchen kommen. Dann würden Freiwillige gesucht, die über den sterblichen Überresten, über diesen Reliquien, eine **Stupa** errichten, auf dass auch noch kommende Generationen zum Grabmal des heiligen *Ahimsaka* pilgern konnten.

Dann machten sich *Jesus* und *Sukhavaca* auf den Weg. Lange Zeit schwiegen sie. In Jesus brodelten die Gefühle. Schließlich wandte er sich an seinen Begleiter: „Weißt du, *Sukhavaca,* ich bin zu euch gekommen, weil ich von eurer Religion lernen wollte. Ich glaube, ich habe mehr gelernt, als ich erhofft hatte. Ich habe viel über die Wirkungsweise von Religionen generell gelernt."

*Sukhavaca* schwieg einige Minuten, dann sagte er: „Du hast wieder ‚zu euch' verwendet. Beim ersten Mal vor einigen Tagen hast du das unbewusst gemacht. Eben hingegen hast du es bewusst getan. Du wolltest dich dadurch von den **Jains** absetzen. Du möchtest weiterziehen und wirst wohl noch heute *Ahimsaka* davon in Kenntnis setzen. Durch göttlichen Willen bist du zu uns gekommen und hast gelernt. Du wirst weiterziehen und das Gelernte auf die eine oder andere Art einsetzen. Das ist in Ordnung, solange du das aus Liebe zu den fühlenden Wesen gewaltlos machst."

Jesus antwortete nichts. Er stellte aber fest, welch feines Gespür *Sukhavaca* für das hatte, was *Jesus* zwar nicht ausgesprochen hatte, was aber mitschwang. Offensichtlich, so erkannte *Jesus,* führt die Übung der gewaltfreien Kommunikation nicht nur dazu, sich liebevoller auszudrücken, sondern auch besser zuzuhören.

Am Abend erstattete *Jesus Ahimsaka* Bericht. Er teilte ihm mit, dass und warum er die **Jains** verlassen werde. *Ahimsaka* sagte ihm zum Abschied: „Du hast hier vermutlich mehr gelernt, als dir im Moment bewusst ist. Alles, was geschieht, hat Folgen. Auch das, was du hier gelernt hast, wird Folgen für dein Leben haben. Ich freue mich, dir etwas mitgegeben zu haben, dessen Nutzen du momentan noch gar nicht einschätzen kannst."

*Jesus* verbeugte sich: „*Ahimsaka*, ich danke Euch für alles, für das, was ich jetzt schon einschätzen, aber auch für das, was ich derzeit noch nicht einschätzen kann."

Am Abend saß *Jesus* ein letztes Mal in seiner Gesprächsrunde und besprach mit seinen Freunden das Erlebte. Dann verabschiedeten sich alle voneinander. Am nächsten Morgen ging *Jesus*, der schon am Vorabend bei *Ahimsaka* seine Robe gegen seine ursprüngliche Kleidung eingetauscht hatte, in der Morgendämmerung los, als die anderen noch schliefen.

# Regenzeit

## und Frühlingsgefühle

*Jesus* war wieder einmal unterwegs auf den Straßen Südasiens. Er hatte sich nach Osten gewandt. Dort sollte man monatelang unterwegs sein können, ohne **Bhārat Gaṇarājya** zu verlassen, so hatte er gehört. Er hatte kein bestimmtes Ziel vor Augen, aber war sich sicher, dass in diesem spirituellen Land noch viele weitere Lehren auf ihn warteten. Er sollte nicht enttäuscht werden!

*Jesus* hatte sich entschlossen immer weiter der aufgehenden Sonne entgegenzugehen – rätselhafter, spiritueller Orient! Aber bereits am dritten Tag legte sich ein Schatten auf sein Gemüt. Seit er das Hochgebirge verlassen hatte, also in **Gandhāra** und **Bhārat Gaṇarājya** hatte fast immer die Sonne geschienen, aber heute gegen Mittag kamen dunkle Wolken auf. Gut eine Stunde später fing es an zu regnen. Zu regnen? Nein, zu schütten! Es schüttete wie aus Eimern, so etwas hatte *Jesus* in seinem ganzen Leben noch nicht erlebt. Wie sollte er auch? Er war noch nie zuvor in der warmen Jahreszeit in einer Weltgegend mit *Monsun*. Das Gehen war mühsam, denn der Weg war voller Schlamm. Jetzt, wo es bergauf ging, weil er nämlich das Urstromtal des **Sindh** verließ, kam ihm das Wasser auf dem Weg wie ein Sturzbach entgegen. Es war schlicht unmöglich, hier irgendwo einen Schlafplatz im Freien zu finden. Er freute sich, als er gegen Abend eine Siedlung vor sich sah. Sie hieß *Mirpur Khas*,[79] wie sich später herausstellte.

---

79 *Mirpur Khas* in Südost-Pakistan ist heute eine Großstadt mit etwa 250.000 Einwohnern. Es ist bekannt durch den Kahu-Jo-Darro, eine antike **Buddha**-Statue, die es aber zu Jesu Zeiten noch nicht gab. Damals dürfte der Ort höchstens 1000 Einwohner gehabt haben.

Zum Glück hatte der Regen inzwischen aufgehört, aber *Jesus* muss kläglich ausgesehen haben, wie er so völlig durchnässt auf der Straße daherkam. In einem der ersten Häuser waren die Leute gerade beim Ausbessern des Daches, es hatte hereingeregnet. Daneben befand sich eine Scheune, in der man übernachten könnte ...

„Guten Tag, liebe Leute, ich bin ein Wandersmann, kenne mich aber mit Dächern aus. Was haltet ihr davon, wenn ich euch ein wenig helfe?"

Der älteste Sohn der Familie war etwa im gleichen Alter wie *Jesus* und schien ein aufgeweckter junger Mann zu sein. Er lachte und fragte: „Und dafür möchtest du, ein mittelloser Wandersmann, dann in unserer Scheune übernachten."

„Nein", sagte *Jesus*, „nicht dafür. Ich helfe euch selbstverständlich gern und auch ohne Gegengabe. Aber wenn ihr mir die Übernachtung in eurer Scheune anbieten würdet, würde ich nicht Nein sagen."

„Na, dann komm her." Es dauerte gut zwei Stunden, da war alles soweit geflickt, dass es fürs Erste reichte. Der Haushälter bedankte sich und bot *Jesus* das erhoffte Nachtlager an.

„Das nehme ich gern an. Aber ich würde euer Dach nicht in diesem Zustand hinterlassen. Ich habe da ein paar Ideen, wie man es so ausbessern kann, damit es für Jahre hält. Das macht aber etwas Arbeit. Drei Männern werden einen ganzen Tag damit beschäftigt sein", bot *Jesus* an.

„Nanu, woher habt Ihr solche Kenntnisse?"

„Ich komme aus einem fernen Land, mehr als 200 Tagesmärsche von hier. Mein Vater war Zimmermann, hat unter anderem Dächer gebaut. Ich bin bei ihm in die Lehre gegangen."

*Jaspal*, der Haushälter, nickte: „Klingt gut, setz' dich hierhin. Du kannst mit uns zu Abend essen. Dann lass mal deine Vorschläge hören."

Als *Jesus* damit fertig war, einigte man sich, dass *Jesus* noch einen Tag bleiben und mit *Jaspal* und seinem ältesten Sohn *Sunil* am Dach arbeiten sollte. Zur Familie gehörte noch seine Frau *Tamana*, ein jüngerer Sohn mit Namen *Prem*, etwa sieben Jahre alt, und zwei Töchter, die elfjährige *Desna* und die vierzehnjährige *Anisha*.

Nach dem Essen sagte *Tamana*: „Es gibt doch den Möbeltischler *Singh* hier im Ort, der nur Töchter hat und niemanden, der mit ihm arbeitet, obwohl immer viel Arbeit anfällt. Vielleicht könnte *Jesus* bei ihm arbeiten, wenigstens, bis die Regenzeit vorbei ist?"

Alsdann erfuhr *Jesus*, dass der heutige Starkregen keine Ausnahmeerscheinung gewesen war, sondern, dass man am Beginn einer dreimonatigen Regenzeit stünde. Während dieser würde niemand umherreisen, nicht die Kaufleute, nicht einmal die Mönche und **Sadhus**. *Jesus* entschied sich unter diesen Umständen beim Schreiner nachzufragen. Am Abend erzählte er auf Wunsch der Familie noch etwas von seiner Reise. Alle zeigten sich beeindruckt, besonders *Anisha*, die ältere der beiden Töchter.

Als schließlich nur noch der Schein einer Öllampe den Raum erhellte und *Tamana* begann, alles für die Nacht herzurichten, ging *Jesus* in die Scheune und legte sich schlafen. Er dachte über die heutigen Ereignisse nach. Wenn er mit etwas nicht gerechnet hatte, dann mit drei Monaten Regenzeit im Sommer! Andererseits konnte es nicht schaden, das normale dörfliche Leben in diesem Land kennenzulernen, in dem er sich, so schien es ihm inzwischen, gewiss noch zwei oder drei Jahre aufhalten würde.

Gut erholt wachte *Jesus* am Morgen auf, als die Hähne krähten. Da die Haustür seiner Gastgeberfamilie offen stand, trat er ein. Das Haus hatte zwei Räume, eine Wohnküche und ein Schlafzimmer. In der Küche lag auf einer Bank *Desna* und schlief, die andere war leer. Vermutlich diente sie *Anisha* als Nachtlager. Auf einer Schlafmatte in der Ecke lag *Sunil*, der sich gerade den Schlaf aus den Augen rieb. *Anisha* bereitete das Frühstück vor. Aus dem Schlafzimmer kam gerade *Tamana* mit dem kleinen *Prem*. Sie sagte: „Schön, dass alle schon da sind. Ihr habt gleich nach dem Frühstück einiges vor mit dem Dach, so wie du das gestern erklärt hast, *Jesus*. Ihr Mädels geht bitte aufs Gemüsefeld, solange es nicht regnet, und überprüft die Entwässerung, nicht dass alles im Wasser steht und verfault."

„Ja, ist gut", antwortete *Anisha*, „und dann muss ich noch mit *Jesus* zu *Singh* gehen, wegen der Stelle als Schreinergehilfe."

*Tamana* schaute ihre Tochter verwundert an: „Meinst du nicht, das bekommt *Jesus* alleine hin."

„Nein, Mutter, es ist schon besser, wenn ich mitgehe. Nicht, dass *Singh* ihn ablehnt, weil er ihn nicht kennt. Wenn ich ihm schildere, wie toll *Jesus* uns hier geholfen hat, nimmt er ihn bestimmt."

*Tamara* sah ihre Tochter nachdenklich an: „Du scheinst ein besonderes Interesse daran zu haben, dass *Jesus* hier im Ort bleibt."

Jetzt war es an *Anisha*, sich zu verteidigen: *„Jesus* hat uns ganz toll geholfen. Am Abend hat er uns mit spannenden Geschichten unterhalten. Meinst du nicht auch, dass ich ihm da diesen kleinen Gefallen erweisen sollte?"

„Ja, schon, aber es wäre definitiv besser, wenn *Sunil* das machen würde."

„Nein", wand *Sunil* ein, „ich muss noch mit dem Esel ins Wäldchen, um Ausbesserungsmaterial zu besorgen. Es ist besser, wenn *Anisha* das macht."

Dagegen konnte *Tamana* nur wirklich nichts einwenden, aber sie hatte ein sehr ungutes Gefühl. Schon als *Jesus* gestern von seiner abenteuerlichen Reise erzählte, hatte sie das Leuchten in *Anishas* Augen gesehen. Jetzt hatte sie sich erboten, bis ans andere Ende des Dorfes mit ihm zu gehen. Wo sollte das hinführen? *Anisha* war bereits seit vielen Jahren *Ranjid* versprochen, einem jungen Mann aus dem Nachbardorf, dessen Vater ein Cousin von *Jaspal* war. *Jaspal* und *Ranjids* Vater hatten das vor Jahren eingefädelt, um die Familienbande zu festigen. Es hatte auch etwas mit einem Stück Land zu tun, auf das beide Familien Anspruch hatten, wenn sie das richtig verstanden hatte. *Anisha* sollte sich eigentlich mehr zurückhalten, was andere junge Männer betrifft, nicht dass die noch auf dumme Gedanken kommen, noch dazu so ein Landstreicher wie dieser *Jesus*, der offensichtlich von zu Hause weggelaufen war, seine Anstellung in der Schreinerei seines Vaters aus irgendeinem Grund aufgegeben und wohl Vater und Mutter im Stich gelassen hatte! Sie sah jede Menge Gründe dafür, ihm zu misstrauen.

Inzwischen war *Jaspal* in die Küche getreten, hatte am Frühstückstisch Platz genommen und begonnen, mit *Jesus* über die Arbeitsabläufe des Tages zu sprechen.

„Ist noch Ziegenmilch da?", fragte *Prem*. „Ja", sagte *Anisha*, die neben *Jesus* gesessen hatte, „ich hole dir welche." Beim Aufstehen hielt sie sich leicht an *Jesu* Schulter fest, was in ihr ein sehr angenehmes Gefühl aufsteigen ließ. Auch *Jesus* empfand die Berührung als anregend. Er sah jedoch auch, wie sich *Tamanas* Augen verengten …

Als sie mit einem Krug zurückkam und ihrem kleinen Bruder in dessen Becher Milch schenkte, fragte sie: „Für dich auch, *Jesus*? Ich habe extra heute Morgen schon für euch gemolken."

*Jesus* bemerkte ihre Zuneigung, aber er wusste auch, dass dies *Tamanas* Misstrauen nur steigern würde, daher sagte er nur: „Danke, nein." Dann setzte er das Gespräch über die anstehende Arbeit mit *Jaspal* und *Sunil* fort.

*Anisha* war etwas enttäuscht und nahm sich vor, den Gang mit *Jesus* zum Schreiner *Singh* für ein Gespräch mit ihm zu nutzen, wenn ihre Mutter nicht dazwischenfunken konnte.

Nach dem Frühstück begannen die Männer mit der Arbeitsvorbereitung. Danach sagte *Jaspal*: „Ich gehe jetzt mit *Sunil* zum Wäldchen. Wir nehmen beide Esel zum Tragen mit, schließlich werden wir einiges Material holen müssen. *Anisha*, du kannst inzwischen mit *Jesus* zu *Singh* gehen."

*Tamana* war alles andere als begeistert von dieser Anweisung. *Jaspal* schien wohl gar nicht bemerkt zu haben, was sich da anbahnte. Ach, Männer konnten manchmal so unsensibel sein!

*Anisha* hingegen war hocherfreut über diese unerwartete Unterstützung: „Wie du wünschst, Vater!" Und zu *Jesus* sagte sie: „Komm, wir wollen die Sache erledigt haben, bevor es wieder regnet."

Auf dem Weg dorthin sprudelte es aus ihr heraus: „Ich bin so froh, dass du gekommen bist. In *Mirpur Khas* ist es so tröge und langweilig, alles geht seinen öden, immer gleichen Gang. In der Regenzeit ist es am schlimmsten. Ich will weg von hier, will die Welt kennenlernen wie du! Du machst dein eigenes Ding, hast dich von deinem Heimatdorf gelöst und gehst mutig durch die Welt. Du erlebst viel, deine Geschichten gestern Abend fand ich ganz toll. Heute Nacht habe ich sogar davon geträumt, wie wir beide mit einer Karawane unterwegs sind. Ich würde am liebsten genauso unabhängig durch die Gegend ziehen! Aber für Frauen ist das allein viel zu gefährlich. Es ist gar nicht machbar."

„Ja, du hast recht, für Frauen ist das nicht machbar, *Anisha*. Deshalb solltest du es dir aus dem Kopf schlagen."

„Na ja, allein als Frau ist es nicht machbar. Aber wenn ich nicht alleine wäre, müsste das gehen. Wie ist das mit dir, *Jesus*? Ich habe gesehen, wie du gestern Abend in der Unterhaltung geradezu aufgeblüht bist. Wäre es nicht auch für dich angenehmer, mit jemandem zu wandern, dessen Begleitung du als angenehm empfindest, mit der du alles besprechen kannst? Ich glaube, *Jesus,* du sehnst dich auch nach jemandem, die dich in den Arm nimmt, die ganz bei dir ist." Als sie das sagte, ging sie so nah zu ihm, dass sich ihre Arme berührten. Sie beide spürten das prickelnde Gefühl, das dabei aufstieg. *Jesus* sah sie an. Beide blieben stehen. *Anisha* sah *Jesus* erwartungsvoll an, ihr Gesicht näherte sich allmählich seinem.

„Sag mal, wo wohnt denn eigentlich dieser *Singh*? Wir sind fast am Ende des Dorfes." *Anisha* schreckte aus ihrer romantischen Stimmung auf und sah sich um. „Tatsächlich, du hast recht, wir sind vorbeigelaufen!"

*Jesus* sah sie lächelnd an. Er wusste, dass es höchste Zeit war, das Gesprächsthema zu wechseln: „Sag mal, was ist das eigentlich für ein Mann, dieser *Singh*?"

*Anisha* war nicht erbaut über den plötzlichen Themenwechsel, aber sie war als gehorsames Mädchen erzogen und erzählte *Jesus*, was sie von *Singh* und seiner Familie wusste. Inzwischen waren sie am Haus des Schreiners angekommen.

„Meister *Singh*", rief sie, „heute ist Ihr Glückstag. Sie können sich bei *Lakshmi*[80] bedanken, denn ich habe hier einen ausgezeichneten jungen Schreinerburschen."

*Singh* war höchst erstaunt darüber und noch mehr beeindruckt, dass *Anisha* die Arbeit *Jesu* in den höchsten Tönen lobte.

„*Jesus*, das hört sich toll an. Ich glaube, du bist genau der, den ich brauche. Ich bin den Göttern sehr dankbar, dass sie dich geschickt haben. Du kannst gleich morgen bei mir anfangen, Arbeit ist genug da."

Als *Jesus* antwortete, erschauderte *Anisha*, denn es gab eine Wendung, mit der sie nicht gerechnet hatte. Er sagte: „Fein, Meister *Singh*, nur eine Sache ist da noch. Ich brauche eine Bleibe. Kann ich wohl in Eurer Werkstatt schlafen?"

„Aber sicher, das ist eine ganz ausgezeichnete Idee, dann bist du immer gleich zur Stelle, wenn ich dich brauche."

*Anisha* musste mit den Tränen kämpfen. Sie hatte gehofft, dass *Jesus* mindestens bis zum Ende der Regenzeit bliebe, und natürlich, dass er bei ihnen wohnte. Sie wollte *Jesus* nah sein, wollte seine Liebe gewinnen. Ein kräftiger junger Mann wie er würde zwangsläufig in Verlangen verbrennen müssen, wenn er direkt neben einer voll erblühten Jungfrau wohnte – und jetzt das!

Sie hatte sich etwas gefasst, als sie den Heimweg antraten. „Warum willst du von uns weg? Warum hast du nach einem Schlafplatz dort gefragt?"

*Jesus* blieb stehen, er sah sie an, schaute ihr tief in die Augen und sagte dann: „Liebe *Anisha*, ich sehe, was ein eintägiger Aufenthalt mit uns gemacht hat. Ich sehe die Sehnsucht,

---

80 Lakshmi ist die hinduistische Göttin des Glücks. Sie ist aber auch die Göttin der Liebe, der Schönheit und Fruchtbarkeit.

das Verlangen in dir. Ich spüre das gleiche Verlangen in mir. Aber das ist nicht gut. Mein Ziel ist es, Gott, das Göttliche, zu finden, zu verstehen und in mein Land zu bringen. Dort möchte ich den göttlichen Willen verkünden. Das kann ich nicht, wenn ich eine Familie habe. Du, meine Liebe, bist mit Sicherheit schon einem jungen Mann versprochen. Unsere Liebe würde dich und mich von deiner Familie entfernen, würde zu einem Bruch deiner Eltern mit denen des Bräutigams führen. Ich aber will nicht Unglück über die bringen, die mir geholfen haben."

*Anisha* musste weinen, als sie das hörte, Sie legte ihr verweintes Gesicht auf *Jesu* Schulter, um sich auszuheulen. Der ließ es geschehen. Aber er sah auch die alte Frau vor ihrem Haus, die sie neugierig ansah. *Oh weh*, dachte Jesus, *morgen weiß es das ganze Dorf, aber zum Glück bin ich dann schon bei Singh.*

In diesem Augenblick fing es an zu regnen. „Komm, lass uns nach Hause gehen", sagte *Jesus*. *Anisha* folgte ihm. *Bei Regen wird mein verweintes Gesicht nicht so auffallen*, dachte sie. Damit hatte sie recht, nur ihrer Mutter fiel es auf und erfreute sie. Sie nickte *Jesus* dankbar zu. *Scheint doch ein anständiger junger Mann zu sein!*, dachte sie. Und sie hatte recht!

An diesem Tag wurde das Dach mustergültig hergerichtet. Es fand in der Folge zahlreiche Neider in der Nachbarschaft, denn wirklich regendichte Dächer sind während des Monsuns eine Notwendigkeit, waren aber damals in *Mirpur Khas* leider keineswegs Standard. Es war *Jesu* letzte Nacht im Stall des Bauern. Er war nach der harten Arbeit des Tages und nachdem er am Abend noch kurze Episoden aus dem Leben der *Essēner*, der *Jains* und der *Theravādins* erzählt hatte, sofort eingeschlafen.

Dennoch hatte er einen unruhigen Schlaf. Er träumte von *Anisha*. Er glaubte ihren warmen, weichen Körper zu spüren, ihren Atem im Nacken, die Berührung ihrer Lippen …

*Jesus* schreckte auf! Das war kein Traum, *Anisha* hatte sich in den Stall geschlichen und von hinten an ihn gekuschelt.

„*Anisha*, bist du denn verrückt geworden? Wenn das deine Eltern erfahren! Du bringst uns alle in Teufels Küche!"

Tränen stiegen in ihre Augen: „Aber ich habe dich doch so lieb. Ich will mein ganzes Leben mit dir verbringen."

„Nein, *Anisha*, das willst du nicht. Du willst nicht monatelang vor einem Männerkloster sitzen, wenn ich wieder dort bleibe wie in *Puruschapura* oder bei den *Jains*, wovon ich dir erzählt habe. Du willst auch nicht bei Eiseskälte tagelang frierend über Berge gehen, die so hoch und steil sind, wie du sie dir überhaupt nicht vorstellen kannst, wo du wochenlang draußen im Schnee schlafen musst. Du willst nicht durch Gegenden ziehen, wo die Wölfe und Bären noch die sympathischeren Weggenossen sind und immer mit dem Überfall von Räuberbanden zu rechnen ist. Was sie mit den Frauen machen, ist schlimmer, als du es dir vorstellen kannst. Du liebst nicht mich, sondern eine Traumgestalt, die du zwar *Jesus* nennst, die aber ein ganz anderer Mann ist. Ich bin nicht für das Leben in Häusern geschaffen, sondern für das auf der Straße. Ich bin nicht dazu geboren als Zimmermann, Gemahl und Vater zu leben, sondern um von Dämonen Besessene zu heilen und den Willen Gottes zu verkünden. Jetzt ist es Zeit wieder ins Haus zu gehen, bevor deine Geschwister dich vermissen."

*Jesus* stand auf, nahm sie am Arm und führte sie zur Haustür. „Gute Nacht, *Amisha*, und schlag dir den *Jesus* aus dem Kopf, den es nicht gibt!"

„Gute Nacht, mein Geliebter", sagte sie und sah ihn traurig an. Plötzlich, *Jesus* wusste nicht, wie ihm geschah, drückte sie ihre Lippen auf seine, drehte sich um und verschwand im Haus.

*Jesus* stand wie vor den Kopf geschlagen da. Diese Berührung, dieser Kuss, war so zärtlich, so liebevoll, so – wunderschön, so anmutig, so vielversprechend. Er hatte – unfreiwillig – von dem Elixier gekostet, das die Weltlinge trunken und liebestoll machte.

In dieser Nacht betete er zum ersten Mal wieder aus tiefem Herzen zu Gott, den er nicht mehr **JHWH** nannte, sondern

„Gott im Himmel". Er bat um die Kraft, niemals von der Körperlichkeit ins weltliche Leben gezogen zu werden. Er dankte dafür, dass er diese Gefahr jetzt erkannt hatte.

Dennoch fand er keinen Schlaf mehr, zu vielfältig waren die Gefühle in seiner Brust. Sobald die Hähne krähten, ging er zur Schreinerei.

Auch *Anisha* konnte in dieser Nacht nicht mehr schlafen. Sie weinte bitterlich. Als sie aufstand, kam *Desna*, ihre Schwester, und flüsterte ihr ins Ohr: „Ich weiß, dass du heute Nacht bei ihm warst."

Kurz darauf kamen auch die anderen Familienmitglieder zum Frühstück. „Kommt *Jesus* nicht?", fragte *Sunil*. „Vielleicht ist er heute sehr, sehr müde", orakelte *Desna*. *Anisha* beeilte sich zu versichern: „Ich denke, er wird in aller Frühe zu *Singh* gegangen sein, um seine neue Stelle anzutreten."

„Aha", sagte *Jaspal*, „aber er wohnt doch wohl weiter bei uns in der Scheune, oder?"

„Nein, ich habe *Singh* gesagt, wenn er dort arbeitet, soll er auch dort wohnen. Dann wäre er immer sofort zur Stelle, wenn er benötigt wird."

*Tamanas* Gesicht hellte sich auf. „Das war aber eine kluge Idee von dir, *Anisha*, das freut mich."

*Desna* schickte sich gerade an etwas zu sagen. Sie blickte zu *Anisha* und sah, wie ihr Kopf rot anlief. Plötzlich tat *Desna* ihre Schwester leid. Sie legte den Zeigefinger auf ihre Lippen und nickte ihr, die merklich aufatmete, zu. Zum Glück hatte niemand diese nonverbale Kommunikation wahrgenommen.

Inzwischen war *Jesus* bei seinem neuen Arbeitgeber angekommen, auch dort war man gerade beim Frühstück. „Komm setze dich und iss mit uns", lud *Singh Jesus* ein. Dieser setzte sich mit etwas gemischten Gefühlen. Hier saßen gleich vier Mädels am Tisch. Zum Glück waren die meisten noch sehr jung.

Das Gespräch drehte sich um die anstehende Arbeit in der Werkstatt, aber auch im Haus. *Jesus* erfuhr, dass *Singhs* Frau vor einem Jahr gestorben war. Den Haushalt führte jetzt *Brinda*, die mit ihren 13 Jahren alt genug war, bevor sie an ihrem

16. Geburtstag die Ehe mit *Amal* eingehen würde, der jetzt 14 war, dem sie bereits seit vielen Jahren versprochen war. *Darshanna* war mit ihren elf Jahren auch schon seit mehreren Jahren verlobt und hier im Haus vor allem für die Aufsicht der kleinen Geschwister zuständig, für *Ila* (7) und *Lali* (4).

# Jesus fasst einen Entschluss

*Jesus* hatte inzwischen etwas Erfahrungen mit der indischen Gesellschaft gesammelt und auch Einblick in das **Kasten**system bekommen. Im Kloster der **Jains** war das unwichtig, denn die Klöster des **Mahavira** sind wie die des **Buddha** klassenlose Gesellschaften.

In *Mirpur Khas* hatten **Kasten** eine gewisse Rolle gespielt. Die Familie des *Jaspal* hatte der Kaste der **Vaiśyas** angehört. Jaspal war Bauer. Zur **Kaste** der **Vaiśyas** gehörten neben den Bauern und Grundbesitzern auch Händler und Kaufleute. Da man nur innerhalb der **Kaste** heiratete, war es klar, dass auch *Anishas* Verlobter ein **Vaiśya** war. *Anishas* Wunsch mit *Jesus* zu ziehen wäre also nicht nur ein Verstoß gegen die Ordnung, dass die Eltern die Lebensgefährten ihrer Kinder aussuchen, sondern auch gegen die **Kasten**ordnung gewesen.

Als *Jesus* dann zu den *Singhs* ging, kam er in eine Familie aus der Kaste der **Śūdras**, das ist die unterste der vier **Kasten**. Hierin befinden sich nicht nur Handwerker wie *Singh*, sondern auch Bauern, die kein eigenes Land besitzen, sondern es bei Grundbesitzern (also **Vaiśyas**) gepachtet haben, und eben Tagelöhner. Hierzu hätte *Jesus* auch gehört, wenn er Inder gewesen wäre, denn er war Lohnarbeiter bei einem Handwerker. Da er jedoch Ausländer war, gehörte er dieser **Kaste** nicht an. Nach dem **Kasten**system wäre es also nicht nur unzulässig gewesen, *Anisha* zu ehelichen, sondern auch *Brinda, Singhs* älteste Tochter.

Mit dem Leben in zwei **Kasten** hatte *Jesus* inzwischen Erfahrung gesammelt, und zwar den beiden unteren. Die damals noch immer angesehenste **Kaste** waren die **Kṣatriyas**, was man am besten mit Adel übersetzen könnte. Solche Familien gab es damals in *Mirpur Khas* nicht. Die **Kṣatriyas** sind die Kaste, aus der der **Buddha** stammte und auch **Mahavira**. Meist werden die **Kṣatriyas** als „*Kriegerkaste*" übersetzt, angemessener wäre allerdings die Übersetzung „Ritter". Denn im Mittelalter waren das die Krieger – einmal von Söldnern abgesehen, die im indischen **Kasten**recht als Tagelöhner (und damit **Śūdras**) im Sold eines **Kṣatriyas** tätig waren. Zu den **Kṣatriyas** gehörten aber keineswegs nur Krieger, sondern alle, die mit dem Staatswesen zu tun hatten, also auch Beamte und Politiker. Man könnte die **Kṣatriyas** also mit Fug und Recht als „Adel" oder „politische **Kaste**" übersetzen.

In der damaligen **Kasten**hierarchie unter den **Kṣatriyas** aber über den anderen beiden Kasten angesiedelt waren die **Brahmanen**, die als die religiöse Elite galten. Das war ein **Kaste,** aus der die Priester stammten, denn nur **Brahmanen** durften im **Hinduismus** religiöse Rituale ausführen und die vedischen Schriften auslegen. Gegen dieses Priestermonopol hatte sich um 600 v. Chr. eine Protestbewegung religiöser Aussteiger gebildet, die für sich in Anspruch nahmen, eigene religiöse Erfahrungen zu machen und weiterzugeben. Die beiden bekanntesten Vertreter dieser Bewegung sind der **Buddha** und **Mahavira**.

In ihrem Selbstverständnis standen die **Brahmanen** höher als die anderen **Kasten**. Aber es war nicht so, dass der Beruf, den man ausübte, die **Kasten** definierte, zu der man gehörte. Vielmehr war es umgekehrt: Die **Kaste** definierte, welchen Beruf man ausüben konnte. Das alles galt als von den Göttern gewollt und in den **Veden**, den heiligen Schriften der **Hindus**, kodifiziert.

Mit Klöstern des **Buddha** und von **Mahavira** hatte *Jesus* inzwischen seine Erfahrungen gemacht. Das buddhistische Kloster musste er verlassen, weil er in grober Weise die Sprachvorsätze verletzt hatte. Das **Jain**-Kloster hatte er verlassen, weil er eine Gewaltlosigkeit, die bis zur Selbstvernichtung ging, für unvertretbar hielt.

Wenn er also weiter in die religiösen Geheimnisse Indiens eindringen wollte, musste er sich wohl oder übel an die **Brahmanen** wenden. Er nahm sich daher vor, auf seiner Wanderung nach Osten vorwiegend Begegnungen mit diesen zu suchen.

Ihm war völlig klar, dass er es dabei mit sehr unterschiedlichen Leuten zu tun hatte, ähnlich wie es bei den **Rabbinern** war. Die meisten würden stumpfsinnig nach der „Es steht aber geschrieben"-Methode verfahren. Es wird aber, so sagte er sich, solche Leute wie *Primus*, *Sekundus* und *Tertius* auch unter den **Brahmanen** geben. Über die würde er dann an die wirklich Weisen kommen, so hoffte er.

Auf diese Weise verdichteten sich allmählich die Informationen, dass er Heiler, Dämonenaustreiber und Yogis mit sehr hohen Erreichungen – einige davon galten als Götter – am ehesten im Gangestal, im Osten von **Bhārat Gaṇarājya** würde treffen können.

Wir verzichten daher auf Einzelheiten seiner Reise zum **Ganges** und sehen uns gleich an, was dort geschah. Er kam im Winter dort an, was aber nur heißt, dass die Tage kürzer waren. Die Temperaturen liegen dort im Winter bei den gleichen Werten wie in Deutschland im Sommer. Inzwischen war *Jesus* 16 Jahre alt, was übrigens in **Bhārat Gaṇarājya** für das beste Alter eines Menschen gehalten wird: Man ist bereits erwachsen, aber noch immer in der Blüte der Jugend.

Bei seinen Unterhaltungen mit **Brahmanen** hatte er von ganz erstaunlichen Möglichkeiten durch die vollkommene Beherrschung bestimmter Meditationstechniken gehört und welche **Gurus** in welcher Stadt diese unterrichteten. Eigentlich war er wegen der Lehre des **Erwachten** nach **Bhārat Gaṇarājya** gekommen. Inzwischen wusste er, dass es mindestens zwei solcher Religionsstifter gab, den **Buddha**, der augenscheinlich derjenige war, dessen Lehre er bei *Dimitros* in **Antioch** ansatzweise kennenlernen konnte, und den **Furtbereiter Mahavira**, dem die **Jains** folgten, eine Lehre, die *Jesus* nach seinen Erfahrungen als zu radikal ablehnte. Nach allem, was er von den **Brahmanen** gehört hatte, gab es aber wohl mehr erstaunliche, paranormale Fähigkeiten bei den **Gurus** der **Hindus.** Da es *Jesus* als unabdingbar ansah, die Menschen in Palästina mit Wundern, Krankenheilungen und Dämonenaustreibungen zu beeindrucken, wenn er sie auch mit seinen zur Ethik gemahnenden Worten erreichen wollte, stand jetzt die Suche nach diesen **Gurus** und **Fakiren** auf seiner Agenda.

Insbesondere zwei **Gurus** wollte *Jesus* unbedingt aufsuchen, nämlich *Maharadesh*[81] in **Benares** und *Amar Jadoo*[82] in **Rajagṛha.** Wobei *Maharadesh* als der ausgezeichnetste Meditationslehrer galt, während *Amar Jadoo* der größte aller lebenden Wundertäter war. Einer der **Brahmanen**, mit denen *Jesus* auf seiner letzten großen Wanderung gesprochen hatte, war selbst eine Zeit lang Schüler *Amar Jadoos* gewesen. Er hatte es jedoch längst nicht so weit gebracht wie erhofft. *Amar Jadoo* hatte ihm gesagt, das läge daran, dass seine meditative Praxis nicht stabil genug sei, weil er nicht mit den **Arūpajhānas** vertraut sei. Was das genau war, konnte er allerdings *Jesus* nicht erklären. Daher hatte sich *Jesus* entschieden, zunächst *Maharadesh* aufzusuchen, also nach **Benares** zu gehen.

In dieser am *Ganges* gelegenen Stadt kam *Jesus* im Winter bei strahlendem Sonnenschein und einer Temperatur von etwa 30 $^0$C an – und war wie benommen. Eine solche Stadt hatte er noch nicht gesehen! Hatte er schon **Antioch** als ungeheuer beeindruckend und gleichzeitig wahnsinnig bedrückend erlebt, so galt das für **Benares** erst recht. Das lag allerdings nicht an der Größe der Stadt. **Benares** war damals bei Weitem nicht so groß wie **Antioch**, sondern an seiner exotischen Ausstrahlung. Es gab mehrere Märkte, u. a. einen Blumenmarkt, auf dem man frisch geflochtene Blütengirlanden und allerlei mehr kaufen konnte. Manche Frauen trugen diese Blütenkränze im Haar, manche Männer in weißen Roben um den Hals. Knaben spielten mit Trommeln, die aus Kokosnussschalen oder mit solchen, die aus einer Tierhaut gefertigt waren. Auf dem Kochmarkt gab es Hunderte verschiedene Gewürze und Gewürzmischungen sowie Aufstriche, die aus

---

81 Der Name bedeutet „der große König der Heiligen".
82 Der Name bedeutet „der unsterbliche Zauberer".

allerlei Obst und gewürztem Gemüse bestanden. Kritische Hausfrauen oder Zwischenhändler, die die Ware an anderer Stelle weiterzuverkaufen gedachten, kosteten davon. Dazwischen krochen teilweise verstümmelte Bettler herum. Welch ein asiatisch-exotisches Chaos!

Bald waren diese widersprüchlichen Eindrücke für *Jesus* zu viel. Er wollte zum heiligen Fluss *Ganges*, um zur Ruhe zu kommen. Dort angekommen stellte er fest, dass auch dies keineswegs ein ruhiger, besinnlicher Ort war, wie er es von Flüssen in den Gebirgen Asiens, aber auch vom *Jordan*, dem *Euphrat* und *Tigris* her kannte. Hier aber tummelten sich merkwürdige Gestalten, halbnackte Männer, bunt bemalt, teilweise mit Spießen in der Haut, die laut unterschiedliche Lehren predigten. Manche saßen auch inmitten des Trubels in Meditation versenkt. Einige tranken vom sichtlich verschmutzten Flusswasser und sandten dann Gesten der Dankbarkeit himmelwärts.

Etwas abseits davon, aber direkt am Fluss, standen einige Tempel. Daneben war ein erhöhter Platz direkt am Fluss, auf dem Feuer brannten. Das war merkwürdig, so etwas kannte *Jesus* noch nicht. Als er die Stufen auf dem Weg dorthin emporging, schob ihn jemand zur Seite, um Platz zu machen. Er schaute sich um und sah vier Träger, die einen männlichen Leichnam, der mit Blumen geschmückt war, die Treppe hochtrugen. *Jesus* ging sichtlich verstört einen Schritt zur Seite. Er hatte eine Vermutung, was dort oben geschah …

Dann begab er sich auf den erhöhten Platz. Dort stieg an zwei Stellen Rauch auf. An einer war nur noch rauchende, klimmende Asche zu sehen. An einer zweiten brannte Holz und etwas Undefinierbares darin, daneben stand ein *Brahmane* und rezitierte irgendwelche Texte.

Der Leichnam, wegen dem *Jesus* zur Seite gehen musste, wurde jetzt von sechs Männern gemeinsam auf einen Holzstapel gelegt. So viele Männer waren nötig, da der Verstorbene deutlich übergewichtig war. Es schien sich um eine wichtige Person zu handeln, denn gleich drei *Brahmanen* segneten den

Leichnam ein. Etliche Menschen waren mit dieser Trauerprozession gekommen, sie trugen auf der Stirn das Kastenzeichen der **Brahmanen**kaste. Während zwei der **Brahmanen** mit ihrer Litanei begannen, reichte der dritte einem jungen Mann eine Fackel. Dann goss dieser **Brahmane** eine Flüssigkeit über das Holz. *Jesus* vermutete, dass es sich um Öl handelte. Der junge Mann zündete den Holzstapel an. Die Flammen zündelten empor, ergriffen das Gewand der Leiche, dort, wo dieses mit Öl durchtränkt war. Dann fing das lange Haar des Toten Feuer, bald brannte der ganze Körper lichterloh. Der Geruch von gebratenem Fleisch lag in der Luft, das Fett des Mannes begann zu schmelzen und das Feuer weiter anzufachen. Gespannt schaute die Trauergemeinde diesem grausigen Schauspiel zu.

*Jesus* drehte sich zur Seite, er ging jetzt – innerlich tief aufgewühlt – in den Tempel. Dieser war reichhaltig geschmückt und mit vielen Bildern und unzähligen Götzenfiguren ausgestattet. Eine dieser Figuren war ein Mensch mit einem Elefantenkopf. Aber es gab auch andere Wesen, halb Mensch, halb Tier. All das war *Jesus* ziemlich rätselhaft, es schien eine religiöse Bedeutung zu haben. Viele der abgebildeten Frauenfiguren hatten einen nackten Oberkörper, einige waren ganz nackt. Auch Männerfiguren mit erigierten Penissen waren zu sehen und Paare in geschlechtlicher Vereinigung. Offensichtlich gab es in der hinduistischen Religion Fruchtbarkeitskulte, etwas, das er aus seiner Heimat nicht kannte.

*Jesus* setzte sich nieder, um diese vielen, fremdartigen Eindrücke zu verarbeiteten. Allmählich geriet er in eine meditative Ruhe, während sich in seinem peripheren Gewahrsein merkwürdig fremdartige Rituale vollzogen.

Dann erschien plötzlich ein Mann, der nur mit einem weißen Tuch um seine Hüften bekleidet war, vor seinem inneren Auge. Er kam näher. Der Mann hatte langes schwarzes Haar, das zu zwei Zöpfen geflochten war. Auf seiner linken Wange befand sich eine alte, schlecht verheilte Narbe. Um den Hals trug er eine Kette. Es war ein Lederriemen mit großen Tierzähnen, darunter die Reißzähne eines großen Tigers, diese waren etwa acht Zentimeter lang. Die Gestalt, die *Jesus* in seiner Meditation sah, sprach nur das Wort „komm", dann wandte sie sich um und ging. *Jesus* öffnete die Augen. Er war ziemlich verstört, wusste nicht, was das zu bedeuten hatte.

Etwas unschlüssig ging er zur Tür des Tempels, dort kam ihm ein **Brahmane** entgegen. *Jesus* hörte, wie er selbst diesen Mann ansprach: „Ehrwürdiger **Brahmane**, könnt Ihr mir vielleicht sagen, wo ich den ehrwürdigen *Maharadesh* finden kann?"

Zu *Jesu* Erstaunen schien der Angesprochene nur auf diese Frage gewartet zu haben, denn er sprach druckreif wie ein Automat: „Junger Mann, Ihr verlasst den Tempel und folgt dem Ganges flussabwärts. Nach dem Stadttor geht es zwei Meilen weiter. Links von Euch seht Ihr dann einen Drei-Baum, darunter sitzt *Ganesh*, den ihr heute schon kennengelert habt. Daneben beginnt ein Pfad, dem folgt Ihr." Sprach's und ging weiter. *Jesus* hatte nicht einmal Zeit sich zu bedanken, dann fiel ihm ein, dass er nicht wusste, wer dieser *Ganesh* war. Er drehte sich um und wollte den **Brahmanen** fragen, der aber schien wie vom Erdboden verschluckt.

*Jesus* wurde schwindlig, er setzte sich auf die Stufen des Tempels und schlief sofort ein. Als er aufwachte, dämmerte es bereits, so machte er sich auf den Weg. Anfangs roch es noch immer nach gebratenem Menschenfleisch, aber dann, auf der Straße, wurde dieser Geruch allmählich von anderen überlagert: Es roch nach Blumen, gekochtem Essen, allerlei Gewürzen, verschiedensten Sorten Weihrauch und immer wieder nach Schweiß, Urin, Kot, stinkenden Tieren und parfümierten Frauen. Er ging bis zum Stadttor, das bereits geschlossen war. *Jesus* suchte sich einen ruhigen Platz, wo er sich hinlegte und zusammenrollt wie ein Hund einschlief.

Am frühen Morgen waren es diesmal nicht krähende Hähne, die ihn aufweckten, sondern der morgendliche Anstieg des Lärmpegels einer großen Stadt. Er sah einige zerlumpte Gestalten vor einer Bäckerei stehen und vermutete, wie sich herausstellte zu Recht, dass in dieser Bäckerei alte, unverkäufliche Backwaren an die Armen verteilt wurden. Es gelang ihm, ein großes Stück Brot zu ergattern. Als er sich gerade umwenden wollte, sah er einen auf dem Boden liegenden Mann, dem ein Bein und eine Hand fehlten und der sich vergeblich bemühte, auch etwas von den Backwaren zu bekommen. *Jesus* riss ein kleines Stück vom Brot, das er ergattert hatte, ab, behielt dieses, und gab den größeren Rest dem Erbarmenswürdigen. Dann half er ihm noch, an einen sicheren Platz zu kommen.

Nunmehr wurde das Stadttor geöffnet. *Jesus* verließ das stressige **Benares**. Während der ersten Meile verschwanden der Lärm und die Gerüche dieses olfaktorischen Phänomens **Benares** und in das Herz *Jesu* kehrte allmählich wieder Ruhe und Frieden ein. Er war noch keine Stunde unterwegs, da sah er in einiger Entfernung drei große Bäume, die wie aus einer Wurzel emporzuragen schienen. *Das könnte der Brahmane mit dem Begriff Drei-Baum gemeint haben, aber was zum Teufel soll denn das für ein **Ganesh** sein, der darunter sitzen und den ich schon kennengelernt haben soll? Da sitzt doch kein Mensch!*, dachte er.

Als *Jesus* sich dem *Drei-Baum* näherte, sah er darunter in einer Art aus Lehm und Steinen gefertigtem weißen Puppenhaus die Figur einer menschlichen Gestalt mit einem Elefantenkopf. *Das muss **Ganesh** sein, den habe ich gestern im Tempel gesehen!*, durchfuhr es *Jesus*, der jetzt auch den Fußweg sah, der von hier aus durch den Hain führte.

Nach nicht einmal einer halben Meile fühlte sich *Jesus* plötzlich beobachtet. Er blieb stehen und sah sich um. Tatsächlich, da saß einer, ein Mann mit geschlossenen Augen. Er war nur mit einem Lendentuch bekleidet und hatte zwei schwarze Zöpfe. Auf seiner linken Wange klaffte die Narbe einer schlecht verheilten Wunde, um den Hals trug er einen Lederriemen, an dem große Tierzähne und die Reißzähne eines mächtigen Tigers hingen. Ohne die Augen zu öffnen, sprach dieser: „Da bist du ja endlich, *Jesus*. Ich habe dir doch schon gestern gesagt, du sollst kommen." Dann öffnete er die

Augen. Das konnte *Jesus* allerdings nicht mehr sehen, denn er hatte sich schon in einer vollen **Prostration** dem Heiligen zu Füßen geworfen.

Nach einer oder zwei Minuten, in denen *Jesus* so verharrte, sprach *Maharadesh*: „Steh auf, *Jesus* von *Nazareth*!"

*Jesus* erhob sich und stand mit gesenktem Haupt. *Dieser Meister muss über magische Fähigkeiten verfügen*, dachte er und sagte: „Danke, großer Meister, ich habe von Euch gehört und bin aus *Palästina* in der Provinz *Syrien* des Römischen Reiches nach **Bhārat Gaṇarājya** gekommen, um in allen Künsten der Meditation unterrichtet zu werden. Ich war kurzzeitig Novize bei den **Theravādins** und den **Jains**. Nachdem ich von Euch hörte, bin ich unverzüglich hierhergekommen. Ich möchte die Praktiken erlernen, die Ihr mir zu vermitteln bereit seid, um sie in meine Heimat zu bringen."

Der **Guru** fragte *Jesus* alsdann nach seiner bisherigen Meditationspraxis. *Jesus* war seiner Erklärung zufolge auch mit den fünf Gruppen von Meditationshindernissen und den gängigen Strategien, diese Meditationen zu bekämpfen, vertraut.[83] Er berichtete auch, dass er die erste meditative Vertiefung, das erste **Jhana**, erreicht hatte.

„Wie häufig meditierst du?", fragte der Guru.

„Während meinen Wanderungen mindestens einmal täglich, mitunter zwei Mal."

„Gut, *Jesus*, das werden wir in den nächsten Monaten deutlich intensivieren. Wir werden gleich in unseren **Ashram** gehen. Ich habe dort genau 108 Schüler, von denen ich heute einen entlassen werde. Ich habe immer 108 Schüler. Wann immer ein neuer hinzukommt, entlasse ich einen, manchmal einen, der weggehen möchte, manchmal einen, der nicht diszipliniert genug geübt hat. Du wirst für sieben Tage einer

---

83 Diese Hindernisse und ihr Umgang damit werden hier nicht weiter erläutert. Wer sich dafür interessiert, sei auf das Buch „Meditation und Ethik" des Autors dieses Buches verwiesen.

meiner bevorzugten Schüler sein, d. h., du wirst einmal am Tag zum Gespräch bei mir erscheinen. Danach werde ich den Gesprächsrhythmus neu festsetzen. Sieben Schüler spreche ich täglich, 49 Schüler einmal wöchentlich, die anderen einmal monatlich. Folge mir jetzt."

Daraufhin wandte sich der **Guru** um und ging den schmalen Pfad weiter, bis sie an eine große Lichtung kamen. Hier befanden sich etwa 20 Hütten. Auf der Lichtung standen manche der Schüler *Maharadeshs*. Andere saßen in kleinen Gruppen und unterhielten sich. Links befand sich eine lange Tafel, an deren einem Ende leeres Geschirr stand, auf der anderen Seite eine große Zahl von sauberen Essnäpfen, vermutlich einer pro Person.

„Derzeit ist gerade Gesprächszeit", erläuterte der **Guru**. „Die dauert etwa eine Stunde, in der sich die Schüler miteinander unterhalten können. Wenn der nächste Gong ertönt, beginnt wieder eine Meditation. Nach dem darauffolgenden Gong beginnt die Arbeitsphase. Du bist für diesen Monat zum Latrinendienst eingeteilt. Du gehst dann nach hinten zu diesen Büschen. Der zuständige Dienstleiter sagt dir, was du zu tun hast. Danach ist Essenszeit. Du wirst merken, dass es einen genauen Tagesablauf gibt, passe dich einfach an. Du gehörst zu den Leuten, die vormittags zum Gespräch mit mir kommen, bist also morgen das erste Mal dran. Wenn niemand dahinten an den beiden Salbäumen steht, gehst du dorthin, alles andere ergibt sich."

Daraufhin drehte sich der **Guru** um und ging zu einer Gruppe von drei Leuten. Er sagte etwas zu einem der Männer, einem etwa 30-Jährigen. Dann stand dieser auf, verbeugte sich vor dem **Guru** und ging weg. Als er *Jesus* erblickte, ging er auf ihn zu. *Jesus* sah, dass er bitterlich weinte. Der Weinende ging an ihm vorbei und zischte: „Das habe ich alles dir zu verdanken, dir Kerl aus dem Abendland!"

*Jesus* sah ihm nach. Der Unglückliche verließ den **Ashram** auf dem Weg, auf dem *Jesus* ihn betreten hatte. *Jesus* verstand: „Dieser musste gehen, weil ich aufgenommen wurde, denn *Maharadesh* hat immer genau 108 Schüler. Aber dieser Mann irrt sich. Er musste nicht gehen, weil ich kam, sondern weil er am nachlässigsten war, vielleicht auch, weil er die Gehässigkeit in sich noch nicht besiegt hat. Was man daran erkennt, dass er in mir, einem Ausländer, eine Bedrohung sieht. Möge er dies verstehen und an seinen Emotionen arbeiten."

*Jesus* sah sich noch etwas um und wurde von einem anderen angesprochen. Sie wechselten ein paar Worte, dann erklang der Gong. Jeder suchte sich einen Platz, an dem er glaubte, gut meditieren zu können und setzte sich. *Jesus* tat es den andern gleich.

Da er noch keine Anweisung seitens des Meisters bekommen hatte, übte er die **Mettā bhavana**, in der ersten Phase für sich selbst, dann für den **Guru**, anschließend für den Schüler, mit dem er kurz gesprochen, schließlich für den, der ihn beschimpft hatte.

Einen Gong später begann die Arbeitsphase. *Jesus* begab sich zu den Latrinen. Dort waren etwa zehn Männer. Der Dienstleiter trat auf *Jesus* zu: „Willkommen beim Latrinentrupp, ich bin *Amal*, der Dienstleiter. Wann immer du diesem Trupp zugeteilt bist, das ändert sich monatlich, hast du während der Arbeitszeit auf mich zu hören. Heute wirst du zusammen mit mir Wasser auffüllen. Neben jedem der zehn Latrinenplätze steht ein Eimer mit Wasser für die Reinigung. Heute ist es deine Aufgabe, die Eimer dort unten am Bach aufzufüllen. Sollten Eimer verunreinigt sein, so säuberst du sie am Bach. Wenn du damit fertig bist, kommst du zu mir und hilfst mir dabei, große Blätter für die Gesäßreinigung zu holen und bereitzulegen. Wenn wieder der Gong ertönt, gehst du zum Bach und wäschst die Hände gründlich. Anschließend geht's zur Tafel zum Essenfassen." *Jesus* nickte und machte sich an die Arbeit.

Nach dem nächsten Gong wusch er sich, wie geheißen, die Hände und ging zur Tafel, die inzwischen reichlich gedeckt war. Er stellte sich auf der Seite an, wo die Näpfe standen. Als er einen hatte, bediente er sich an dem reichhaltigen Buffet.

Eine solche Auswahl an Nahrungsmitteln hatte er zum letzten Mal bei einer Feier in Nazareth gesehen!

Es wurde ihm jetzt auch deutlich, warum er aufgefordert wurde, sich nach dem Latrinendienst gründlich die Hände zu waschen, denn man bediente sich aus den Schüsseln mit den Händen, Besteck gab es damals nicht. Er sah aber, dass einige der Schüler einen Holzlöffel bei sich trugen. Den hatten sie wohl mitgebracht oder sich hier geschnitzt, um ihr Essen nicht mit den Fingern vom Napf zum Mund zu führen. Als er sich fertig bedient hatte, setzte *Jesus* sich abseits nieder und verspeiste sein Mahl im Schweigen – wie alle anderen auch, jetzt war schließlich nicht die Gesprächsstunde.

Als wieder ein Gong ertönte, brachte *Jesus* seinen Napf wie die anderen ans Ende der Tafel, wo er ihn auf einen Stapel legte. Dann gab ihm *Amal* ihm ein Zeichen, dass er mitkommen solle. Schweigend gingen die beiden an den Latrinen vorbei ins Wäldchen. Dort sagte *Amal*: „Nach dem Essen haben wir zwei Stunden Freizeit. Man kann sich hinlegen und ein Mittagsschläfchen machen oder auch spazieren gehen. Außerhalb des **Ashrams** ist es auch erlaubt, sich zu unterhalten. Da stört man die anderen nicht. Weil du neu bist, dachte ich mir, ich nehm dich mal mit, vielleicht hast du noch Fragen."

„Das ist sehr aufmerksam von dir, *Amal*. Ich habe in der Tat noch einige Fragen. Vielleicht kannst du mir sagen, was mich hier noch alles erwartet. Was mich besonders interessiert: Woher kam das tolle Essen?"

„Ja, das mit dem Essen ist schon großartig. Wir müssen uns darum überhaupt nicht kümmern. Es gibt in **Benares** einige sehr reiche **Vaiśya**-Familien, die haben sich untereinander abgesprochen, diesen **Ashram** zu unterstützen. Sie wechseln sich täglich darin ab uns zu versorgen. Vormittags während der Arbeitsphase bringen sie die Nahrungsmittel und bauen sie auf, dann nehmen sie auch die leeren Gefäße vom Vortag mit.

Dafür stehen diesen Familienclans insgesamt zehn Studienplätze bei uns zu. Meist entsendet jeweils eine dieser **Vaiśya**-Familien einen jungen Mann aus ihrer Mitte für ein Jahr her. Dann geht er wieder und ein anderer kommt. Allerdings wird von denen keiner rausgeworfen, wenn die 108 Plätze besetzt sind." Amal lachte verschmitzt.

„Was das übrige Programm angeht, ist der Tagesablauf immer derselbe. Nach der Freizeit wird **Yoga** praktiziert, Leibesübungen. Danach kommen zwei Stunden freie Praxis, danach kann man entweder weiter **Yoga** machen oder meditieren. Dann ist eine Stunde frei. Wenn man will, kann man sich da noch mal an der Tafel bedienen. Hinterher ist Versammlung. Wie die abläuft, hängt ganz von unserem **Guru** ab. Danach ist Nachtruhe. Wer will, kann sich natürlich auch in der Nacht hinsetzen, meditieren oder **Yoga** machen, wenn er nicht schlafen kann. Morgens gibt es wieder einen Gong, dann hat man eine Stunde Zeit für die Körperpflege und anschließend zwei Mal eine Stunde Meditation mit einer kurzen Pause dazwischen. Morgens und in dieser Zeit sind die Latrinen am gefragtesten", schmunzelte *Amal*.

„Frauen gibt es hier keine, wie ich sehe", stellte Jesus fest. *Amal* schüttelte den Kopf: „Das gäbe nur Probleme. Bei uns gilt die Regel des *Brahmacarya*: ,Leben wie ein Brahma.' Die Götter der Brahmawelt sind androgyn. Wenn wir *Brahmacarya* üben, also während unseres ganzen Lebens im **Ashram**, enthalten wir uns aller geschlechtlichen Aktivitäten im Handeln, im Reden und in Gedanken. Dies stärkt die *yogischen* Fähigkeiten."

Dann fragte *Amal Jesus* nach seiner Herkunft, dieser erläuterte sie. Selbstverständlich waren die beiden – wie auch alle anderen, rechtzeitig zum **Yoga** wieder da. **Yoga** wurde in drei Klassen unterrichtet. *Jesus* kam in die Anfängerklasse, die von *Jerin* geleitet wurde. Es wurden einfache **Āsanas** geübt, vor allem aus der Gruppe der Dreiecksübungen. *Jesus* sann über den Sinn dieser Übungen nach. Er sagte sich, die-

ser müsse wohl darin bestehen, den Körper ebenso zu beherrschen wie den Geist, was für ihn durchaus Sinn hatte.
*Mens sana in corpore sano*,[84] wie es im Römischen Reich hieß.

Da er feststellte, dass er sich – verglichen mit den anderen – noch recht schwer mit dem **Yoga** tat, verwendete *Jesus*
an diesem Tag auch noch den größten Teil der freien Praxis-
zeit dazu, die **Yoga**-Übungen zu vertiefen, wobei *Jerin* immer
mal *Jesu* Körperhaltung leicht korrigierte.

Besonders interessant fand *Jesus* dann das Abendprogramm,
das von *Maha Radesh* selbst geleitet wurde. Es ging heute um
das Thema *Mara*. *Mara*, so hörte *Jesus*, sei ein schrecklicher
Dämon, dessen Name „Mord" oder „Tod" bedeute. Er sei das,
was unsere spirituellen Bemühungen töten wolle. *Mara* sei
sogar das, was unserer spirituellen Praxis ein Ende bereite.
So würde *Mara* auch als *Yama* auftreten. Es gäbe erstens den
*Yama* des Todes, denn dem Tod gelänge es, alle spirituellen
Erreichungen, die wir in diesem Leben hatten, ein Ende zu
bereiten. Man müsse dann im nächsten Leben wieder bei
null anfangen.[85]

Zweitens gäbe es den inneren *Yama* der störenden Emotionen, die unsere karmische Hinterlassenschaft aktivieren
und uns so in eine neue Wiedergeburt trieben. Dann gäbe es
drittens den geheimen *Yama*, der uns daran glauben lässt,
konzeptionelle Erscheinungen für wahre Existenzen zu halten.

Der *Mara* der störenden Emotionen und Geisteshaltungen
könne einen total verwirren. Einen solchen vom *Mara* der störenden Emotionen Besessenen wollte er heute vorführen. Ein
Gong ertönte. *Maharadesh* verschwand in die nächstgelegene
Hütte. Statt ihm brachten jetzt vier kräftige Männer einen

---

84 „Ein gesunder Geist wohnt in einem gesunden Körper", lat. Sprich-
wort.
85 *Maharadesh* ist *Hindu*, er erklärt hier die *Hindu*-Sicht. Buddhistinnen
und Buddhisten andererseits bemühen sich genau aus diesem Grund
in diesem Leben, den **Stromeintritt** zu erlangen.

gefesselten Jüngling auf den Platz. Dieser tobte und schrie heraus, dass dieser Platz und alle hier Praktizierenden verflucht seien. Sie würden alle für eine Million Leben in einer Hölle wiedergeboren. Auch versuchte der Besessene einen übel riechenden Schleim auf die Zuhörer zu spucken. Er war augenscheinlich völlig verrückt – eben ein Besessener.

Jetzt erschien *Maharadesh* wieder und fragte: „Wer ist der Vater dieses Unglücklichen?"

„Ich", sagte einer der Männer, die den Gefesselten mit Stricken festhielten.

„Seit wann geht das so, Vater des Tobsüchtigen?"

„Seit mehr als einem Monat ist es ständig so. Früher trat es nur vereinzelt auf, alle paar Monate für eine Stunde oder so. Wir wissen inzwischen weder ein noch aus. Sollen wir ihn verstoßen, sollen wir ihn in den Irrenturm werfen lassen, oder was? Aber er ist doch mein Sohn, war es jedenfalls einmal", sagte der Vater kleinlaut, während der Sohn ihn verfluchte und schwor, ihn dem *Yama* des Todes zu übergeben, der ihn auf grausamste Weise malträtieren würde.

*Maharadesh* ging jetzt ganz langsam auf den Tobsüchtigen zu und schrie ihn an: „Sieh mir in die Augen, *Mara*!"

Wie von Geisterhand bewegte sich der Kopf des Tobsüchtigen in Richtung des **Gurus**. Obwohl sich der irre Kerl dagegen wehrte, wurden seine Augen auf magische Weise gezwungen, *Maharadesh* anzusehen, der jetzt den Tobsüchtigen fixierend laut und vernehmlich sprach: „Ich bin **Shiva**, der Gott der Zerstörung. Mit diesem Finger", er erhob den Zeigefinger seiner rechten Hand, „werde ich dir ins dritte Auge bohren und **Mara** für alle Zeiten aus diesem Körper verbannen!"

Der Tobsüchtige schrie, versuchte sich loszureißen und konnte doch den Blick nicht von *Maharadesh* und dessen Zeigefinger abwenden. Immer näher kam dieser Finger dem Wahnsinnigen, dann berührte der Finger ihn zwischen den Augenbrauen. Es erscholl ein gewaltiger Donner. Der Finger schien mühelos durch die Stirn in den Unglücklichen einzudringen, der jetzt erzitterte. Als *Maharadesh* seinen Finger zurückzog, sank der eben noch tobsüchtige Mann wie tot zusammen. „Löst seine Fesseln", ordnete *Maharadesh* an. Die vier Männer taten, wie ihnen geheißen.

„Steh auf, mein Freund", sagte der **Guru** jetzt zu dem Häufchen Elend. Plötzlich kam wieder Leben in den am Boden Liegenden. Er kroch auf den Knien zum Meister, küsste ihm die Füße, kroch wieder ein Stück zurück und stand auf. Es war eine kläglich-demütige Haltung, die er einnahm, als er zu seinem Vater ging: „Bitte lass uns heimgehen, lieber Vater. Ich schäme mich so." Jetzt ging ein ungläubiges Raunen durch die Reihen.

*Jesus* aber sagte sich: *Das ist ungeheuerlich. Wenn ich das könnte und mit dieser Kraft nach Palästina zurückginge, würde man mich für den Sohn Gottes halten. Die Menschen würden mir glauben, was ich verkünde.*

Ein Entschluss war gefasst.

# Der Guru des Nazareners

An diesem Abend war *Jesus* noch derart von der Hochstimmung, die die Dämonenaustreibung bei ihm ausgelöst hatte, getriggert, dass seine abendliche Meditation erstmals seit Wochen in eine meditative Vertiefung führte. Freude und Begeisterung stiegen in ihm auf, sodass er eine Gänsehaut bekam und ihm Freudentränen über die Wangen liefen.

Es dauerte lange, bis er an diesem Abend einschlafen konnte. Denn das Erlebte öffnete ihm völlig neue Perspektiven. Gewiss, auch *Nikodemus* hatte ihn bei den **Essénern** in das Geheimnis der Dämonenaustreibung eingeführt, aber das hier war doch eine ganz andere Nummer.

Auch am nächsten Morgen erreichte *Jesus* die erste meditative Vertiefung **(Jhāna)**. Daher sah er mit großer Zuversicht der heutigen Begegnung mit seinem **Guru** und Meister entgegen. Als er voller Erwartung zu den beiden Salbäumen sah, an die er sich stellen sollte, wenn da kein anderer mehr stünde, erblickte er einen weiteren Wartenden. Sobald der weg war, lief *Jesus* schnurstracks zu den Salbäumen. Er blickte sich um – nichts. Jetzt verstand er: Die Salbäume waren das Wartezimmer. Etwa 20 Minuten später kam ihm ein anderer Schüler auf einem kleinen Pfad entgegen und sagte: „Du bist dran."

*Jesus* ging zwei oder drei Minuten dem Pfad nach, dann sah er *Maharadesh* auf einem gewaltigen Baumstumpf sitzen. *Jesus* verbeugte sich tief. Er machte dem Meister sofort Komplimente und begann mit höchster Bewunderung ihn ob der Dämonenaustreibung zu loben. Doch der **Guru** winkte ab und fragte: „Wie geht es mit deinen Meditationen?"

*Jesus* begann ihm vom Erreichen des **Jhāna** und der Verzückung, die ihn ergriffen hatte, zu berichten, als der **Guru** ihn unterbrach: „Genau die Verzückung, diese Begeisterung, diese überbordende Freude werden wir künftig versuchen zu überwinden. Die war zwar nötig, um in Vertiefung zu gelangen, aber sie behindert die weitere Entwicklung. Was wir in der Meditation immer beibehalten müssen, ist die einspitzige, die ungeteilte Fixierung auf das Meditationsobjekt. Hindernisse, auch die subtilen, sollten jetzt nicht mehr auftreten. Bislang hat dich diese Verzückung darin unterstützt, das Meditationsobjekt im Fokus zu behalten. Jetzt musst du lernen, dich allmählich von dieser Begeisterung zu lösen, dich davon zu emanzipieren. Diese Begeisterung, diese starke Emotion, war dir bislang eine Hilfe, ebenso wie ein Brett als Schwimmhilfe eine Unterstützung für einen Schwimmschüler ist. Aber ebenso wie der Schwimmschüler lernen muss, sich von dem Brett zu lösen, so musst du jetzt lernen, dich von der Verzückung freizuschwimmen. Du musst lernen, das Meditationsobjekt auch ohne diese sehr angenehmen Faktoren von Freude und Verzückung im Fokus zu behalten. Denn diese Faktoren sind noch zu grob geartet, zu nahe an weltlichen Sinnesgenüssen.

Das, mein Lieber, ist das Fernziel. Als Nahziel solltest du dir aber vornehmen, das Nachdenken über das Meditationsobjekt loszulassen. Hast du verstanden? Lass erst einmal alles Denken weg. Verweile beim Meditationsobjekt, betrachte das Objekt nur. Dabei dürfen aber Freude und Verzückung zunächst noch vorhanden sein."

Etwas ernüchtert ging Jesus zurück. War er zuvor so begeistert und in Erwartung, diese Begeisterung könne in noch ungeahntere Höhen steigen, so hatte ihn der *Guru* auf den Teppich zurückgeholt. Das war gut so.

Weniger gut war es allerdings, dass er sich entschied, einige *Brahmavihāra*-Meditationen nicht mehr einzuüben und damit auch nicht mehr zu vertiefen. In diesen geht es darum, wertvolle Emotionen zu entwickeln: Freundlichkeit, Mitgefühl, Mitfreude und einen von allen diesen Emotionen getragenen Gleichmut. Das waren gerade die Meditationen, die verhindern sollten, dass in ihm wieder diese Wut, dieser Jähzorn aufwallte, mit dem er schon als Kind zu kämpfen und der ihn letztmals mit aller Wucht auf dem Marktplatz von **Puruschapura** heimgesucht hatte. Lediglich die beiden **Brahmavihāras**, die sich mit Freundlichkeit und Mitgefühl befassten, übte er gelegentlich noch.

*Jesus* praktizierte in der Folge vor allem körperbetonte Meditationen wie die Atembetrachtung und Achtsamkeit auf subtile Empfindungen im Körper. Da er mit starkem Willen sehr diszipliniert übte, gelang es ihm tatsächlich bei der Wahrnehmung der Empfindung zu bleiben und jedes Nachdenken darüber loszulassen. Dies berichtete er seinem **Guru** ein paar Tage später beim täglichen Gespräch über die Übungspraxis.

„Das ist sehr erfreulich, mein Lieber", sein **Guru** war angetan, „aber du merkst sicher auch, dass dich eine große Freude darüber überkommt, wenn du diesen Zustand erreichst und halten kannst. Versuche stabil bei diesem Nicht-Denken zu bleiben. Denn das ist ein Zustand einer gewissen Seligkeit, dieses Wegfallen der Gedanken, diese erfreuliche Armut im Geiste. Nunmehr kannst du weitermachen, um zu emotionslosen seligen Zuständen zu kommen, bei denen diese Freude über die Erreichungen, diese Begeisterung am eigenen Erfolg wegfällt und du allein in dieser geistig gestillten Ruhe sitzt."

„Ah, ich verstehe: Selig sind, die da geistlich arm sind, denn ihrer ist das Himmelreich", fasste *Jesus* diese Erkenntnis zusammen.

„Das ist gut, *Jesus*, den Spruch kannst du dir merken und ihn eines Tages an deine eigenen Schüler weitergeben, wenn du zurück in deiner Heimat bist."[86]

So übte *Jesus* weiter, er nutzte jede Gelegenheit dazu: Auch in der freien Zeit am Spätnachmittag verzichtete er auf **Yoga.** Er nahm nur noch am Pflichtprogramm teil, statt dessen übte er das meditative Verweilen im emotional gestillten Bereich. So konnte er in den nächsten drei Wochen seinem Guru zunächst berichten, dass er die grobe Form freudiger Emotion,

---

86 Was Jesus dann bekanntlich auch tat. Dieser Spruch findet sich wortgleich am Anfang der Bergpredigt (Mt 5,3).

die man mit „Begeisterung" oder „Verzückung" umschreiben kann, hinter sich gelassen hatte.

Wenig später konnte er feststellen, dass auch die Freude über die Erreichung einem stillen „Wohlgefallen" gewichen war und schließlich zu einer Form des Gleichmuts[87] wurde. Selbstverständlich berichtete er auch darüber seinem Meister.

„Sehr gut, *Jesus*, wirklich ganz ausgezeichnet. Du beherrschst jetzt alle vier Vertiefungen der feinkörperlichen Sphäre. Das erreichen nur die wenigsten Schüler in diesem **Ashram**, auch von denen, die schon seit Jahren hier sind. Du hast nun die Grundlage gelegt für etwas Höheres, für die Vertiefungen der unkörperlichen Sphäre. Die erste dieser Vertiefungen, also insgesamt die fünfte Vertiefung, ist das Erreichen des Raumunendlichkeitsgebietes. Aber da gibt es noch etwas anderes, was für dich wichtig ist, die *Iddhi*, die magischen Kräfte. Solche Fähigkeiten entstehen gewissermaßen als Nebenerscheinungen der meditativen Erreichungen. Die verschiedenen Meditationsschulen gehen hiermit unterschiedlich um. Du warst anfänglich in einem buddhistischen Kloster. Bei den Anhängern des **Buddha**, insbesondere bei den **Theravādins,** sind diese verpönt. Der **Buddha** hat sogar seine Jünger angewiesen, keine Wunder zu wirken, weil er, wie er sagte, die Menschen mit der Schönheit seiner Lehre gewinnen wollte und nicht mit billigen Gauklervorstellungen."

*Jesus* schüttelte den Kopf: „Das sehe ich ganz anders! Die Menschen lieben Magie. Sie lieben die Wunder und eben auch die Wundertäter, sie verehren sie. Wenn man die Menschen durch Wunder gewinnen kann, sind sie auch eher bereit,

---

87 Diese Form des Gleichmuts ist nicht völlig identisch mit dem Gleichmut in der **Upekkhā bhāvanā,** weil sie nicht auf der Basis von Liebe, Mitfreude und Mitgefühl für andere Wesen erreicht wurde, sondern nur auf der Basis der Selbstbetrachtung, der Betrachtung des (eigenen) Atems und des (eigenen) Körpers. Daher beinhaltet diese Form des Gleichmuts *nicht* die Überwindung der latenten Unzufriedenheit, die zu Wut und Jähzorn führen kann.

einem zuzuhören. Ich zum Beispiel war von dieser Dämonenaustreibung ungeheuer beeindruckt. Das hat mich auch motiviert, hier so intensiv zu üben. Ich wünsche mir, dass ich in meiner Heimat die Menschen mit Wundern gewinnen kann, um sie gefügig zu machen, damit ich ihnen die Liebe Gottes predigen kann – statt dieser grausamen Geschichten eines rachsüchtigen Gottes, der im **Tanach** verkündet wird."[88]

„Gut", sagte der **Guru** Maharadesh, „dazu brauchst du die Fähigkeit Kranke zu heilen, am besten sogar die, vermeintlich Tote wieder zum Leben zu erwecken. Du brauchst die Kraft, Dinge in andere Dinge zu verwandeln und die Fähigkeit scheinbar den Tod zu überwinden. All das kann ich dir beibringen. Ich will es dir beibringen, weil mir dein Plan gefällt, das Volk **Israel** von diesem Kriegsgott **JHWH** zum Gott des Friedens und der Liebe zu bekehren. Allerdings bin ich nur bereit, dir das alles zu vermitteln, wenn du die unkörperlichen Vertiefungen meisterst."

---

88 Tatsächlich ist **JWHW**, der Gott des Alten Testaments, ein Kriegsgott. Ich zitiere hierzu das **Pfälzische Pfarrerblatt**:
*Jahwe ist für Israel der „Mann des Krieges" – also der Kriegsgott (Ex 15,3!!!), der sein Volk in den Krieg führt (Ex 17,16). Jahwe hört das Rufen im Krieg (Num 10,9). Schon früh gab es in Israel ein Buch über diese Kriege Jahwes (Num 21,14 vgl. Jos 10,13; 2 Sam 1,18). Jahwe befiehlt den Krieg für sein Volk (Dtn 1,41) und hat sich im Krieg durch Zeichen und Wunder als Gott erwiesen (Dtn 4,34). Das sogenannte Kriegsgesetz (Dtn 20,1–20) zeigt, dass Gott mit seinem Volk in den Krieg zieht und die Feinde in die Hände der Seinen gibt (Jos 8,1). Ja, er ordnet den Krieg seines Volkes an (Ri 20,23.28) und wird als „Gott des Krieges" als [.] Iejahwe hamilchama bezeichnet. So wird dieser Krieg angeordnet (1 Sam 18,17) und ist von David in seinem Namen zu führen (1 Sam 25,28). Jahwe selbst lehrt die Hand des Kriegers (Ps 18,35; 144,1) und stärkt zum Krieg (2 Sam 22,35): er selbst sendet sein Volk aus in den Krieg (2 Sam 22,40) und das Vertrauen auf ihn entscheidet letztlich die Schlacht (1 Chr 5,20), denn der Krieg war von Gott (1 Chr 5,22).*
**Quelle**: https://pfarrerblatt.de/ulrich-kronenberg/ihr-werdet-hoeren-von-kriegen-und-von-kriegesgeschrei/(Stand: 10. Februar 2024)

Das war genau der Motivationsschub, den *Jesus* brauchte, um erfolgreich zu üben. Er erwies sich bald als der am intensivsten Übende im ganzen **Ashram**. *Jesus* nutzte jede freie Minute, um an seiner Meditation zu arbeiten. Täglich sprach er bei *Maharadesh* vor, erzählte von seinen meditativen Bemühungen und ließ sich Tipps geben, wie er arbeiten sollte. Bald schon konnte er die vier feinkörperlichen Vertiefungen spielend durchlaufen und sich auf die Erreichung des Raumunendlichkeitsgebietes konzentrieren. Nach nicht einmal sieben Wochen seit seiner Ankunft eröffnete ihm der Meister im täglichen Gespräch: „Ja, genau so, wie du das beschreibst, so ist es. **Jesus**, du hast das Raumunendlichkeitsgebiet erreicht."

„Werdet Ihr mich jetzt in eine magische Fähigkeit einführen, **Bhante**?"

„Das könnte ich machen, *Jesus*. Ich weiß aber, dass du dich dazu ganz auf deine meditativen Übungen konzentrieren musst. Ich habe in deinem Geist gelesen, dass du abgelenkt bist und das weißt. *Jesus*, ich sehe in deinem Geist den sehnlichsten Wunsch, vom täglichen Arbeitsdienst entbunden zu sein."

„Wirklich, das habt Ihr in meinem Geist gelesen? Ich hätte mich niemals getraut, einen solchen Wunsch vorzutragen!"

„Eben deshalb habe ich deinen Wunsch ausgesprochen. Du bist von nun an bis auf Weiteres von allen Arbeitsdiensten entbunden. Ich werde dich jetzt in eine kleine Einsiedelei hier in der Nähe führen. Dann brauchst du nur noch zu den Gesprächen zu mir zu kommen und zu den Mahlzeiten an die Tafel. Wenn du möchtest, kannst du aber auch an den Versammlungen teilnehmen."

Dann zeigte ihm *Maharadesh* die kleine Einsiedelei, *Jesu* Behausung für die nächste Zeit, die etwa zehn Minuten entfernt lag.

*Jesus* überlegte einen Augenblick: „Aber wie werde ich von den Essenszeiten und vom Beginn der Versammlungen erfahren?"

„Das, mein lieber *Jesus*, kannst du durch das *Dibba-sota*, das himmlische Ohr. Du bist jetzt soweit, in bestimmten Fällen zu hören, was an einem anderen Ort gesagt wurde. Das ist so eine Art Gedankenübertragung."

*Maharadesh* wusste, wie er den Zweifel in *Jesus* überwinden konnte. „Ja, *Jesus*, dein Geist und der Geist anderer sind nicht völlig getrennt. Durch meditative Erreichungen können diese Schranken zwischen ‚deinem' Geist und dem Geist ‚da draußen' allmählich überwunden werden. Als du im Tempel in **Benares** warst und mich suchen wolltest, aber nicht wusstest, wo ich zu finden war, habe ich die genaue Wegbeschreibung an einen Mann in deiner Nähe gesendet. Der hat sie dir gegeben."

Der **Guru** drehte sich um und ging. *Jesus* aber stand mit vor Staunen offenem Mund vor seiner Hütte am Bach, seiner neuen Behausung, der Einsiedelei.

Er nutzte von da an, wann immer sich die Gelegenheit dazu bot, die Zeit, um an seiner Meditation zu arbeiten. Die äußeren Ablenkungen fehlten in seiner Einsiedelei, die nicht mehr war als ein vielleicht sechs Quadratmeter kleiner überdachter Raum, der gegen Wind und Regen schützte (es war allerdings jetzt keine Regenzeit). Das Wasser des Flusses war trinkbar. Er musste auch nicht mehr zu den Latrinen, sondern konnte das Wäldchen dazu benutzen, wie es auch die Tiere taten. Bevor die Regenzeit begann, schlief Jesus – so wie die anderen im **Ashram** auch – außerhalb der Hütte, denn Naturverbundenheit ist für spirituell Praktizierende von großer Bedeutung.

Das größte Problem, das bei *Jesus* nunmehr auftrat, war das planende Denken. Alles, was er hier tat, tat er mit dem Ziel, eines Tages in seiner Heimat – oder vielleicht auch an anderen Orten – von Gott zu predigen, der für ihn ein Gott der Liebe war, keiner des Krieges. Der Gott **JHWH** des **Tanach** war nichts anderes als eine bronzezeitliche Projektion einer starken, strengen, autoritären Vaterfigur der patriarchalischen Gesellschaft. Die Menschen sollten aber erfahren, dass es einen Gott gibt, der der Gott der Liebe war.

Darum kreisten häufig die Gedanken *Jesu*. Er kam unwillkürlich dazu, so etwas wie kleine Pläne zu machen, er fing an, Ideen, die er hatte, auszuschmücken. Wenn er das tat, war sein Geist rege. Erfolgreiche Meditation aber bedeutet „arm zu sein im Geiste", nicht abgelenkt von Wunschdenken, von Projektionen oder auch Zukunftsängsten. Immer wieder schlich sich genau das in *Jesu* Meditation ein. Dann war er in gar keiner Vertiefung, dann war er, wie ein Anfänger – zurück in den Meditationshindernissen, im Verlangen, in Abneigung, in innerer Aufgeregtheit. Mitunter gab es auch seltene Momente von Trägheit und von skeptischem Zweifel, ob er denn schaffen würde, was er sich vorgenommen hatte.

Es gab aber auch ganz starke Zeiten. Wenn diese Hindernisse gerade wieder einmal beseitigt waren, konnte er binnen Tagen wirklich vorankommen. So hatte er, in weniger als einem Monat, nachdem er von den Arbeitsdiensten befreit war, das Bewusstseinsunendlichkeitsgebiet in der Meditation gemeistert.

„Das ist ganz ausgezeichnet, *Jesus*. So weit ist keiner der anderen Schüler hier. Dabei bist du gerade einmal ein Vierteljahr bei uns."

„Führt Ihr mich jetzt in Wunder ein, **Bhante**?"

„Ja, sicher. Du solltest dafür aber nicht allzu viel Zeit aufwenden. Ich werde dich mit zu Krankenheilungen nehmen. Manchmal bringt man nämlich Kranke zu mir. Du musst wissen, es gibt drei Typen von Krankheiten. Typ eins sind unheilbare Krankheiten. Hier ist der Körper von einer starken Kraft befallen. Bei diesen ist unser magischer Einfluss kaum von Hilfe. In solchen Fällen ist eine Heilung auch durch mich nicht möglich. Die Schwierigkeit dabei ist, das den Angehörigen des Kranken zu kommunizieren, ohne dass das Vertrauen der Menschen in meine Wunderkräfte erschüttert wird. Am hilfreichsten ist es dann, auf eine karmische Verstrickung hinzuweisen, die mit dem Tod gesühnt werden müsse und daher erst im nächsten Leben gelöst werden könne."

*Auf eine karmische Verstrickung werde ich in meiner Heimat nicht hinweisen können*, dachte Jesus, *aber auf den Willen Gottes.*

„Dann kommen wir zum Typ zwei. Das sind Wahnvorstellungen, die können durch eine den Patienten verstörende, erschütternde Tatsache geheilt werden, durch eine paradoxe Intervention. Das werde ich dir an praktischen Beispielen zeigen und, wenn der Kranke und seine Begleiter weg sind, dir mein Vorgehen auch erklären. Um das in der Praxis umzusetzen, bedarf es aber eines gewissen Einfühlungsvermögens und einiger Erfahrung. Dann gibt es noch Typ drei. Körper und Geist sind nämlich nicht wirklich getrennt. Sie beeinflussen und durchdringen sich gegenseitig. Hierbei nutzen wir den Geist des Kranken, den wir über die Sprache mit unserem Geist beeinflussen können. Auf diese Art stärken wir die geistigen Selbsthilfekräfte im Körper und bekämpfen so den körperlichen Teil des Problems, die Schmerzen oder das Geschwür. Sowie eine gewisse körperliche Verbesserung für den Erkrankten zu spüren ist, hat das wiederum eine positiv verstärkende Wirkung auf den Geist. Die Geist-Körper-Spirale, die sich zuvor nach unten drehte, dreht sich jetzt nach oben, baut den Kranken auf. Das kann allerdings meist nicht in einer einzigen Begegnung erreicht werden. Die Behandlung muss oft in zahlreichen Terminen fortgesetzt werden."

„Und was ist mit Dämonenaustreibungen?", fragte Jesus.

„Das ist vielfach eine andere Betrachtungsweise der gleichen Sache. Ob ich etwas einen Dämon nenne oder eine Krankheit ist eine Frage des Blickwinkels. Indem ich die Krankheit personifiziere, wird ein Dämon daraus. Mit der klassischen Dämonenaustreibung beginnen wir, wenn du die siebte meditative Vertiefung erreicht hast. Jetzt, wo du mit dem Bewusstseinsunendlichkeitsgebiet die sechste erreicht hast, betrachten wir das, was noch nicht unter der Dämonenperspektive läuft, obwohl die oft sehr hilfreich ist."

Danach erläuterte *Maharadesh* ihm, was das Nichtsheitsgebiet ist, die siebte meditative Vertiefung, und wie diese erreicht werden kann.

In den nächsten Wochen kam es fast an jedem zweiten oder dritten Tag vor, dass *Maharadesh Jesus* an einer seiner

Krankenbehandlungen teilnehmen ließ. Hinterher erläuterte er *Jesus*, warum er jeweils so gehandelt habe. Auf diese Weise erhielt *Jesus* eine praktische Heilerausbildung. Einiges kam ihm bekannt vor. *Genau wie bei Nikodemus bei den Essenern*, dachte er dann. Aber vieles war auch ziemlich verschieden.

Einmal brachte ein Mann seinen Nachbarn gefesselt zum **Ashram** und klagte vor *Maharadesh*: „Mein Nachbar ist seit gestern von einem Dämon besessen!" Mehrere andere Männer begleiteten sie. Tatsächlich, der Besessene schrie mit einer entsetzlich fremden Stimme. Er verfluchte die Anwesenden und drohte ihnen die schlimmsten Gräueltaten an. Der Kerl tobte so sehr, dass er von vier starken Burschen festgehalten werden mussten, die es selbst mit vereinten Kräften kaum schafften. *Maharadesh* wies zwei seiner Schüler an, unverzüglich eine große Menge Wasser zum Kochen zu bringen. Zwei andere sollten ein Loch graben.

Die anderen Schüler und auch die von **Benares** gekommenen Schaulustigen wussten nicht, was er vorhatte. Der Besessene hatte inzwischen Schaum vorm Mund. Seine Augen waren blutrot und weiteten sich von Irrsinn getrieben. Er machte die wildesten Verrenkungen und stieß die obszönsten Verwünschungen aus, die man sich vorstellen konnte. Er fing außerdem an, blutroten Schleim zu spucken.

*Maharadesh* drängte jetzt: „Seid ihr mit dem Loch fertig, es eilt! Und das Wasser – kocht es schon?" Dann brüllte der Guru noch lauter als der vom Dämon Besessene: „Wir müssen ihn ins Loch werfen und mit dem kochenden Wasser übergießen. Dann begrabt ihn lebendig. Nur so kann der böse Geist zerstört werden. Her mit dem kochenden Wasser!"

Die entsetzten Schüler des **Ashrams** waren trotz aller Bedenken bereit, ihrem Meister zu gehorchen. Auch den Stadtbewohnern wurde klar, dass sie dabei waren, Zeuge einer Hinrichtung zu werden. Den gleichen Eindruck hatte auch der Besessene, allerdings mit dem Unterschied, dass ihm klar war, dass er das Opfer sein würde. Er sank in sich zusammen und schaute entsetzt, aber irgendwie ruhig und erschöpft in

Erwartung seines unabwendbaren Schicksals. *Maharadesh* ging jetzt mit gütigem offenen Blick auf das Häufchen Elend vor ihm zu, legte dem Unglücklichen die Hand auf den Kopf und sagte laut und vernehmlich: „Der Dämon ist ausgetrieben, du bist von ihm befreit. Ich segne dich, mein Lieber." Die Umstehenden sanken auf die Knie und priesen den **Guru**.[89]

Auf diese und ähnliche Weise führte *Maharadesh Jesus* in Dämonenaustreibungen und Krankenheilungen ein.

Natürlich nahm *Jesus* aber nicht nur an Krankenheilungen und Dämonenaustreibungen teil. Er arbeitete auch weiter intensiv an seiner Meditationspraxis. Diesmal dauerte es volle zwei Monate, bis er sein Meditationsziel, das allerdings auch sehr hoch gesteckt war, erreicht hatte, nämlich das Nichtsheitsgebiet, die siebte meditative Vertiefung, die gleichzeitig die dritte unkörperliche Vertiefung ist.

„*Jesus*, du bist der beste Schüler, den ich jemals hatte. Ich werde dir jetzt den Auftrag geben, an der achten Vertiefung zu arbeiten, etwas, das nur ganz wenige Praktizierende in ganz **Bharat Ganarajya** beherrschen. Es geht um die Erreichung des Gebietes der Weder-Wahrnehmung-noch-Nichtwahrnehmung." Dann beschrieb der **Guru** seinem Musterschüler, wie er nunmehr üben sollte.

„Ich danke Euch, großer Meister, und verspreche, eifrig zu üben ..." *Maharadesh* unterbrach ihn und kam damit einem unausgesprochenen Wunsch *Jesu* nach: „Ich gebe dir, wie versprochen, Unterweisungen im *Vikubbanā-iddhi*, das, wenn man es auf Dinge anwendet, ein Ding in ein anderes verwandelt."

„Wie kann es sein, dass sich ein Ding in ein anderes verwandelt, **Bhante**?"

---

89 Diese hier beschriebene Szene hat wirklich genauso stattgefunden. Der Guru hieß jedoch nicht *Maharadesh,* es war vielmehr der berühmte buddhistische Abt **Ajahn Chah** des Klosters *Wat Nong Pa Phong* in *Thailand*. Es geschah in den 70er-Jahren des 20. Jahrhunderts.

„Nun, **Jesus**, es gibt verschiedene Möglichkeiten, manche liegen in der Materie begründet, manche im Geist und manche in der Zeit!"

„Könnt Ihr mir das an einem Beispiel erläutern, **Bhante**?"

„Fangen wir mit Verwandlungen in der Zeit an, das ist am deutlichsten und einfachsten zu verstehen. So wird im Zeitablauf aus einem kleinen weiblichen Säugling bald ein Mädchen, dann eine Jungfrau. Sie wird zur Frau, auch diese ändert sich, altert und wird zu einem Leichnam. Du kannst dir mühelos unzählige andere Beispiele ausdenken."

„Ja, **Bhante**, das mit der Zeit ist naheliegend. Aber wie kann ein normalerweise stabiler Gegenstand, der sich über viele Jahre, vielleicht Jahrhunderte nicht verändern würde, plötzlich verändern?"

„Auch dafür gibt es genug Beispiele, die du kennst, *Jesus*. Nimm beispielsweise ein Stück trockenes Holz: Halte ein Feuer daran und das Holz verwandelt sich in kurzer Zeit in Asche, Rauch und Hitze."

„Das meine ich aber nicht, sondern etwas, das sich gleichsam durch Magie verändert."

„Jetzt, *Jesus*, kommt, der Geist ins Spiel. Auch hier gibt es mehrere Methoden: Gaukelei, Wahrnehmungsverschiebung und göttliches Eingreifen."

„Mit Gaukelei meint Ihr sicher so etwas wie Zaubertricks, also wenn ein Zauberkünstler beispielsweise mit der leeren Hand hinter das Ohr eines Mannes greift und dort ein Ei hervorzaubert?"

„So ist es. Hier sind das Können des Zauberkünstlers, seine Fingerfertigkeit, sein Wissen um die Zaubertricks und eine geschickte Manipulation der Aufmerksamkeit der Zuschauer nötig. Hierzu braucht man – wie auch bei der Verwandlung in der Zeit – keinerlei spirituelle Erreichungen, dies ist schlicht eine Form des Handwerks."

„Für welche Wandlungen sind dann geistige oder spirituelle Fähigkeiten nötig, **Bhante**?"

„Nun, da gibt es einmal diejenigen Wandlungen, die durch die Götter stattfinden."

„Die kann ich aber doch nicht anwenden, **Bhante**!"

„Doch Jesus, durch spirituellen Kontakt mit den Göttern. Die einfachste, aber auch unsicherste Weise ist das Gebet. Sie ist deshalb unsicher, weil die meisten Menschen, die beten, nicht wirklich in Kontakt mit den Göttern kommen. Eine meditativ erfahrene Person aber kann mit den Göttern in Kontakt kommen. Während so einer Kontaktphase durchdringen gewissermaßen der menschliche Geist eines **Yogis** und der göttliche Geist einander. Es findet echte Kommunikation auf nonverbaler Ebene statt."[90]

„Erfahren wir diese in der Meditation, **Bhante**?"

„Je geübter wir in der Meditation sind, desto eher ist das möglich. Aber es ist nicht die einzige Möglichkeit, wie wir ein Ding durch Geisteskraft in ein anderes verwandeln können. Statt mit den Göttern eine geistige Vereinigung anzustreben, kann ein erfahrener **Yogi** auch mit einem anderen Menschen oder einer Gruppe anderer Menschen geistig in Kontakt kommen. Wenn du möchtest, kann ich es dir in zwei Wochen zeigen. Da bin ich zur Hochzeitsfeier meines Neffen eingeladen."

*Jesus* übte in diesen beiden Wochen weiter die unkörperlichen Vertiefungen, wobei er das achte **Jhana** noch nicht verwirklicht hatte, als sie um waren. *Jesus* bekam jeden Tag weiterhin den Gesprächstermin mit **Bhante** *Maharadesh*. Seine Fortschritte waren sehr erfreulich. Dann kam der Tag, an dem die Hochzeitsfeier des Neffen stattfand.

*Jesus* begleitete *Maharadesh*, der ihm unterwegs erzählte, dass er seinem Freund zugesagt habe, dass er, *Maharadesh*, die Getränke besorgen würde.

---

90 Diese Vereinigung des „eigenen" Geistes mit dem göttlichen Geist streben die Mystiker aller Religionen an. Im deutschen Kulturraum ist der renommierteste Meister Eckhart. Diese Vereinigung nennt man „unio mystica".

„Wo besorgen wir denn die Getränke?", fragte Jesus.

„In der großen Zisterne, *Jesus*, dort besorgen wir die Getränke".

„Es gibt also nur Wasser?"

„Nein, *Jesus*, wer möchte, kann Wasser haben, egal ob Mann, Frau oder Kind. Wer das lieber möchte, kann aber auch ein Süßgetränk haben, eine Limonade. Die Erwachsenen, vor allem natürlich die Männer, können zwischen diesen beiden Getränken und Palmwein wählen. Ich schätze, die meisten werden sich für Wein entscheiden, weil er am lustigsten macht."

„Das alles kommt aus der großen Zisterne? In der nur ganz normales Trinkwasser ist?"

„Ja, *Jesus*, in der Zisterne ist Trinkwasser, dann kommt es in drei Sorten Krüge, graue für das Wasser, gelbe für die Limonade und rote für den Palmwein."

„Ah, ich glaube zu verstehen, **Bhante.** Du verwandelst das Wasser in den Krügen in Limonade oder Wein!"

„Aber nein, *Jesus*. Ich verwandle das Wasser in den Köpfen und Herzen der Menschen in Limonade und Palmwein, letztlich also in ihrem Geist!"

Den Rest des Weges gingen sie schweigend.

Als sie ankamen, stellte der Meister drei Krüge an eine Stelle, an der er später eine Rede halten wollte, einen grauen, in den er Wasser schüttete, einen gelben, in den er ein rotes Pulver hineingab, was er aber so machte, dass nur Jesus es sehen konnte, und einen roten Krug, der leer blieb. „Diese Krüge reichst du mir nachher, wenn alle ‚Sadhu' rufen." Jesus nickte.

Tatsächlich handelte es sich um eine große Hochzeitsgesellschaft von vielleicht 150 Menschen, die sich im Garten von *Maharadeshs* Neffen versammelt hatten. Auf einem langen Buffet wurden die erlesensten Speisen aufgetischt. **Brahmanen** segneten das Paar ein. Dann stieg *Maharadesh* auf einen Tisch und hielt eine Hochzeitsrede. Gegen Ende der Rede kam er auf die Feier zu sprechen. Er lobte das Buffet, dann nahm er einen sehr merkwürdig geformten Stecken, den er unterwegs an einem Busch abgerissen und von den Blättern befreit hatte. Er vollführte merkwürdige Bewegungen mit dem Stecken, auf den daher alle wie gebannt starrten, als er von der unglaublichen beerigen Süße der Limonade sprach und sie ebenso in den höchsten Tönen lobte wie den ausgezeichneten Palmwein, der nur durch eine spezielle Technik so vollmundig geworden sei und außerdem nicht zu Kopfschmerzen führe. Dann rief er: „Sadhu!" Alle stimmten ein: „Sadhu! Sadhu! Sadhu!"

*Jesus* stellte die drei Krüge vor den Meister. *Maharadesh* hob den grauen Krug und schüttete den Inhalt vor aller Augen in den gelben. Wobei alle sehen konnten, dass es sich um eine klare Flüssigkeit handelte, augenscheinlich um Wasser. Dann schüttete er diese Flüssigkeit, wieder vor aller Augen, aus dem gelben Krug, in dem sich das Pulver inzwischen im Wasser aufgelöst hatte, in den roten. Ein bewundernder Aufschrei ging durch die Menge. Die Flüssigkeit war inzwischen zinnoberrot!

Nunmehr brachten die Bediensteten die grauen, gelben und roten Krüge und schenkten ein. Alle waren begeistert.

Jesus ging umher und wunderte sich. Er ließ sich auch von der Limonade geben – und lobte unwillkürlich das Getränk laut: „Das ist das Beste, was ich je trank, süßer Kirsch-Bananen-Saft!" „Du bist aber dumm", verbesserte ihn ein etwa siebenjähriger Junge, „das ist doch Mangosaft!"

„Darf ich mal von deinem probieren?", fragte *Jesus*. Der Steppke reichte ihm seinen Becher und Jesus kostete: „Tatsächlich, du hast Mangosaft!" *Jesus* hatte gesehen, wie beide Getränke aus dem gleichen Krug eingeschenkt wurden. Auch andere Kinder probierten bei ihren Freunden. *Jesus* konnte sie hören: „Igitt, bei deinem ist ja Möhre drin, das schmeckt doch gar nicht. Zum Glück habe ich Himbeere!" Es schien, als habe jeder Knabe und jedes Mädchen seinen Lieblingssaft bekommen – oder besser gesagt: Die Kinder schmeckten ihn.

*Jesus* war natürlich neugierig geworden und ließ sich auch aus einem roten Krug einschenken. Er kostete: „Wahnsinn, das ist vielleicht ein leckeres Getränk, exotisch, nicht zu süß, mit leichtem Brombeeraroma und einer Note von Mandel, ganz angenehm im Abgang!" *Jesus* wusste auf einmal, warum Menschen dem Wein verfallen konnten. Er stellte im Weiteren auch Veränderungen an sich selbst fest. Er war sonst eher zurückhaltend. Jetzt aber wurde er redselig und unterhielt sich fröhlich über eigentlich belanglose Dinge. Er fing auch von sich aus Konversationen mit Frauen an und gewann ihr Ohr mit Scherzen und scharfsinnigen Bemerkungen.

*Maharadesh* ging zu ihm und raunte ihm zu: „Nimm mal lieber aus dem grauen Krug!" Pflichtschuldigst tat das *Jesus*, allerdings wollte ihm das Wasser heute irgendwie nicht schmecken. Er passte den Moment ab, in dem *Maharadesh* im Gespräch mit Leuten am anderen Ende des Gartens war, schüttete sein Wasser weg und ließ sich von einem Diener erneut aus einem roten Krug einschenken. „Wir sollten im **Ashram** auch rote Krüge haben!", sagte *Jesus* sich.

Eine Stunde später befand er sich mit seinem **Guru** auf dem Heimweg. *Jesus* ging beschwingt, wenn auch nicht kerzengrade. Jetzt fasste er sich ein Herz und sagte zu seinem **Guru**: „Wir sollten im **Ashram** auch rote Krüge haben!"

„Damit du immer das Wasser aus dem grauen Krug ausschütten und vom roten nachfüllen kannst?"

Jetzt war *Jesus* perplex: „Ich war sicher, Ihr konntet das nicht sehen, **Bhante**!"

„Aber *Jesus*, ich habe nur vom grauen Krug getrunken. Ich kann daher noch mit dem Weisheitsauge sehen. Du aber, *Jesus*, wirst Wochen brauchen, um in der Meditation dort weitermachen zu können, wo du bis heute Mittag warst!"

„Wieso denn das, Meister? Ich denke, in allen Krügen waren nur Wasser und Farbstoff?"

„Falsch, *Jesus*, der Farbstoff war nur in dem einen Krug, damit die Leute etwas sehen konnten, das sich änderte. Dadurch glaubten sie an die Änderung. Hinterher war kein Farbstoff mehr nötig."

„Also hab ich doch nur klares Wasser getrunken, das kann mir doch nichts ausmachen!"

„Na ja, *Jesus*, in den Krügen war zwar nur Wasser, aber in deinem Kopf, in deinem Herzen und in deinem Geist hat sich das Wasser in Wein verwandelt. Womit meditierst du, *Jesus,* mit Herz und Geist – oder mit einem Krug?"

*Jesus* erkannte, welche Dummheit er gemacht hatte. Und am nächsten Morgen erkannte er es erneut. Das Getränk in den roten Krügen warf ihn tatsächlich in seiner meditativen Praxis weit zurück. Zum ersten Mal seit mehreren Wochen traten seine alten Vertrauten, die meditativen Hindernisse, wieder auf. Erst als einen Monat später die Regenzeit begann, seine zweite in **Bhārat Gaṇarājya,** konnte er in der Meditation wieder dort anknüpfen, wo er vor der Hochzeitsfeier war.

Während der Regenzeit erreichte er das achte **Jhana**. Noch bis zu deren Ende erhielt er Unterweisungen in den spirituellen Kräften, in Dämonenaustreibung, im Heilen von Krankheiten und sogar darin, vermeintlich Tote oder Todgeweihte wieder ins Leben zu rufen.

Aber hier sei eine Grenze erreicht, erläuterte ihm *Maharadesh*. Er, *Jesus*, sei jetzt so weit, dass ihm sein **Guru** nur noch die längere Erfahrung voraushabe. „Aber es gibt einen, *Jesus*, der dir Aspekte vermitteln kann, die ich dir nicht vermitteln kann und auch nicht vermitteln wollte. Es geht dabei um die unerfreulichen Aspekte unserer Praxis, und zwar Begegnungen mit Kummer, Schmerz und Tod. In diesen Disziplinen ist *Amar Jadoo in* **Rājagṛha** der größte Meister, zu ihm solltest du jetzt gehen – trotz allem."

*Jesus* fragte nicht nach, was sein **Guru** mit „trotz allem" gemeint hatte. Daher wusste er nicht, was ihn bei *Amar Jadoo* erwarten würde.

So verabschiedete sich der 16-jährige *Jesus* in Dankbarkeit von seinem **Guru** und vom **Ashram** bei **Benares.** Nirgends hatte er sich so lange aufgehalten wie hier, und zwar über ein halbes Jahr – an keinem Ort, seit er vor nunmehr drei Jahren *En Gedi* verlassen hatte.

# Amar Jadoo – der ganz Harte

*Maharadesh* hatte *Jesus* zwei Münzen mitgegeben, sodass er den Fährmann bezahlen konnte, der ihn ans andere **Ganges**ufer übersetzte. Die zweite Münze war dann für die Überquerung des Flusses *Sone* eine Woche später. Jetzt, am Ende der Regenzeit, führten die Flüsse nämlich noch reichlich Wasser. Auf seiner Wanderung gelangte er durch eine Landschaft, die relativ eben war und nur kleine Hügel aufwies, es gab sehr viel Landwirtschaft, etliche Dörfer und hin und wieder ein Städtchen. Eigentlich hatte sich in dieser Gegend nicht viel verändert, seit der Buddha 500 Jahre zuvor bei **Benares** die **Vier Edlen Wahrheiten** und den **Edlen Achtfachen Pfad** gepredigt hatte. **Benares** und **Rājagṛha** waren auch damals zwei der wichtigsten Städte, in denen er sich aufhielt. Auf den gleichen Straßen wie *Jesus* jetzt waren fünf Jahrhunderte zuvor der **Buddha** und **Mahavira** gewandert und hatten ihre Lehren verbreitet. Gern wollte dies auch **Jesus** tun, wenn er ausgelernt hatte. Allerdings glaubte er nicht, dass er jemals ein so großer spiritueller Meister werden könne, wie es diese beiden waren.

Er war das Umherreisen inzwischen gewohnt. Seit er mit dem *Prakrit* keine Probleme mehr hatte, fand er auch schnell Kontakt zu den Menschen. Es dauerte nicht einmal zwei Wochen, da hatte er **Rājagṛha** erreicht. Es war Abend, als er in die Stadt gelangte. Zunächst machte er einen Rundgang und fand einen Schlafplatz hinter dem Tempel, wo schon mehrere Personen lagen.

Am nächsten Tag suchte er keineswegs gleich *Amar Jadoo* auf, sondern ging zum anderthalb Stunden entfernten Berg **Gṛddhakūṭa**, dem Lieblingsberg des **Buddha**, wovon er Geschichten während seiner Zeit in **Puruschapura** gehört hatte. Der Berg war zwar nicht allzu hoch,[91] aber die Aussicht sowohl auf die Stadt als auch weit über die Ebene, in der sich immer wieder kleinere Hügel erhoben, war majestätisch. Man konnte sich hier wirklich dem weltlichen Treiben entzogen und dem Himmel näher fühlen. *Jesus* wunderte sich nicht, dass der **Buddha** sehr gerne hierher ging, um die Aussicht zu genießen und zu meditieren. Also setzte *Jesus* sich auch zur Meditation nieder, dankte dem gütigen Gott[92] für all das Gute, was ihm auf seiner Reise widerfahren war, und bat, dass er den **Guru** *Amar Jadoo* finden und bei ihm lernen konnte.

Am frühen Nachmittag stieg er wieder vom Berg herunter. Direkt an dem Weg nach **Rājagṛha** und nur 500 Meter vom **Gṛddhakūṭa** entfernt befand sich ein Kloster mit augenscheinlich buddhistischen Mönchen.

Er sprach einen Mönch, den er dort vorfand, an: „Guten Tag, Ehrwürdiger, mein Name ist *Jesus*. Ich komme aus der Provinz *Syrien* im *Römischen Reich* und pilgere auf den Spuren **Buddhas**. Das hat mich hierher zum **Gṛddhakūṭa** geführt, ein ebenso schöner wie eindrucksvoller Ort, wo auch der **Erhabene** meditiert haben soll."

Der Mönch war hocherfreut: „Wie schön, Euch hier begrüßen zu können, *Jesus*. Mein Name ist *Aryamitta*. Ich kann Euch versichern, dass der **Buddha** oft hier war. Außerdem hat auf diesem Berg das erste buddhistische Konzil nur wenige Monate nach dem Tod des **Buddha** stattgefunden. Das

---

91 Der Weg führt auf 232 m ü. NN, während **Rājagṛha** etwa 75 m hoch liegt.

92 Er verwendete nicht mehr das jüdische **JHWH**, weil der mit diesem Namen bezeichnete Gott nicht sein Gott war. Jesus glaubte zwar an den einen Gott, aber das konnte nicht der im **Tanach** beschriebene sein. Dieser war eher die Projektion zorniger alter Männer. Später ging er dazu über,„den einen und allmächtigen Gott' mit „Abba" anzureden, dem aramäischen Wort für Vater. Er ersetzt also ihre Projektion durch seine eigene eines idealen und gütigen Vaters.

ist auch der Grund, warum unser Kloster, das *Jīvaka Amravana Vihāra,* hier liegt. König **Bimbisara** hat den hiesigen Hain einst dem **Erhabenen** geschenkt. Hier wurde der **Buddha** auch medizinisch behandelt, wenn er krank war. Dazu hat König **Bimbisara** seinen Leibarzt zu Verfügung gestellt. Dessen Name war *Jīvaka,* daher der Name unseres *Vihāras,* unseres Klosters."

„Jetzt verstehe ich den ganzen Namen", freute sich *Jesus,* „es heißt demnach ‚Mangohain-Kloster des Arztes *Jīvaka'.* Dann muss es schon sehr alt sein."

„Du hast recht, *Jesus.* Aber zu **Buddhas** Lebzeiten war hier noch kein Kloster, allenfalls einige Palmdachhütten, in denen **Buddhas** Mönche die Regenzeit verbrachten. Der **Buddha** verbrachte diese aber meist im **Jetahain** bei **Sāvatthī.** Die ersten festen Gebäude dürften hier etwa 30 bis 50 Jahre nach **Buddhas Parinibbāna** errichtet worden sein, also vor gut 500 Jahren. Aber etwas ganz anderes, möchtest du nicht hereinkommen und uns mehr von dir erzählen? Du könntest auch um Ordination nachfragen, dann würde dich unser Abt als Novizen annehmen."

Das wollte *Jesus* gerade nicht, denn das war bereits ein anderes Mal schiefgegangen, außerdem war er mit einer ganz anderen Absicht hierhergekommen.

„Ich suche eigentlich primär nach etwas anderem. Ich habe gut ein halbes Jahr in **Benares** bei *Maharadesh* gelernt. Dieser hat mir empfohlen *Amar Jadoo in* **Rājagrha** aufsuchen. Weißt du vielleicht, wo ich ihn finden kann?"

Die Enttäuschung war *Aryamitta* anzusehen, der jetzt auch einen Schritt zurücktrat. „Aber das sind doch **Hindu-Gurus,** die irgendwelche Zauberkunststücke vorführen, um Spenden zu bekommen. Was willst du denn dort?"

„Ich glaube, das könnte mir weiterhelfen bei meiner späteren Tätigkeit in **Palästina.** Kannst du mir den Weg dorthin sagen?"

*Aryamitta* konnte es und tat es auch, dann wandte er sich traurig ab.

„Danke!", sagte *Jesus* und wendete sich zum Gehen, doch kaum fünf Schritte später hörte er *Aryamitta* nochmals sprechen. *Jesus* sah sich um.

„*Jesus,* eines noch. Ich finde es schade, dass du dort hingehst. Ich kann nicht verstehen, warum. Du scheinst mir aber einer von den Guten zu sein. Wenn du in einiger Zeit mit den *Hindus* durch bist, dann komm wieder zu uns. Ich hätte dich gern hier. Ich bin mir sicher, dass wir das spirituell Anspruchsvollere zu bieten haben."

*Jesus* lächelte: „Danke, *Aryamitta,* du bist wirklich – wie dein Name sagt – ein ‚edler Freund'. Ich werde es mir merken, danke! Bis dann!"

*Jesus* merkte es sich wirklich.

Jetzt jedoch ging er noch 200 Meter auf der Straße Richtung **Rājagṛha** und bog dann nach links ab auf den Weg, der zum Flüsschen *Dhadhar* führte. Der Weg folgte kurz dem Flusslauf, dann sah *Jesus* in einem Hain einen **Ashram**, ähnlich dem, in dem er bei *Maharadesh* praktiziert hatte, allerdings von geringerem Umfang.

*Jesus* versuchte einen Eindruck von diesem **Ashram** zu bekommen, der wie eine kleine Nomadensiedlung wirkte. Vier Hütten von jeweils etwa zehn Quadratmetern Fläche waren mit Palmblättern gedeckt und wirkten recht ärmlich. Eine Hütte stand abseits. Sie war zwar auch mit Palmblättern gedeckt, darauf aber lag ein Tigerfell, an dem noch der Kopf dran war, der vermutlich präpariert war. Vor der Hütte, rechts und links vom Eingang, stand jeweils ein Elefantenstoßzahn. Diese Hütte war offensichtlich die von *Amar Jadoo.* Sie war Zeichen eines großen Selbstbewusstseins, eines großen Egos. „Es dürfte schwer werden, mit diesem **Guru** ein ähnlich freundschaftliches Verhältnis aufzubauen wie mit *Maharadesh*", sagte sich *Jesus.*

In diesem Moment spürte der *Galiläer* eine leichte Berührung an seiner rechten Wade, die unterhalb des Knies unbekleidet war. *Eine Katze,* dachte Jesus und schaute herunter. Er sah allerdings einen mächtigen Leoparden, der ihn abschätzend, aber leicht feindlich, ansah. *Jesus* wusste, was das zu bedeuten hatte. „Guten Tag, ehrwürdiger *Amar Jadoo*, mögen die Götter allzeit mit Euch sein!", sagte *Jesus*, dann drehte er sich langsam um.

Vor ihm stand ein kleiner Inder mit einem großen Selbstbewusstsein, rechts und links von ihm saß jeweils ein Gepard. „Auch eine Demonstration von Macht über Mensch und Tier", sagte sich *Jesus*, denn Leoparden und Geparden leben gewöhnlich nicht in trauter Gemeinsamkeit, sondern in ständiger Rivalität, da sie Fressfeinde sind. Haben Geparden etwas erlegt und ein Leopard kommt dazu, sichert er sich die Beute, indem er die Geparden vertreibt. Diese lauern gewöhnlich, bis das stärkere Tier sein Mahl beenden hat, und kommen dann zurück zum Jagdopfer, wo sie sich daraufhin mit den Resten begnügen müssen. Aber *Amar Jadoo* war es offensichtlich gelungen, die Tiere so abzurichten, dass sie miteinander und mit den Bewohnern des **Ashrams** leben konnten.

Der **Guru** aber hatte den Neuankömmling aus der Ferne schon einige Zeit beobachtet, um ihn einschätzen zu können. Denn er war ein vorsichtiger Mann, der gern mehr über andere Menschen wusste, als diese im Gespräch preiszugeben bereit waren. Er hatte ein geübtes Auge, um in dem Verhalten der Menschen lesen zu können, was in ihrem Kopf vorging – oftmals bevor diese es selbst wussten.

„Sei mir gegrüßt, *Jesus* von *Nazareth*", sprach der Guru den *Galiläer* an und machte damit deutlich, dass er entweder hellsichtig war oder aber über ein ausgezeichnetes Spitzelsystem verfügte, „du warst zuletzt bei *Maharadesh* als Schüler, hast die unkörperlichen Vertiefungen geübt, seine Dämonenaustreibungen und mäßig guten Wundertaten bzw. Tricks kennengelernt. Das war dir aber nicht genug. Du wolltest zum Besten, dem Großmeister aller **Fakire** von **Bhārat Gaṇarājya** und dem Rest dieser Welt, also hierher. Was bringst du mir mit?"

Das war eine überraschende Frage, damit hatte *Jesus* nun wirklich nicht gerechnet. Er antwortete: „Ich, *Jesus* von *Nazareth*, bin als besitzloser Schüler nach **Bhārat Gaṇarājya** gekommen. Ich bringe Euch mein Vertrauen und die Früchte meiner noch recht unvollkommenen Weisheit mit. Ich bringe Euch meine meditative Erfahrung in allen acht *Jhānas* und meine Tatkraft im Verfolgen des Guten mit. Meister, ich bringe Euch meine hellwache Achtsamkeit mit. Möget Ihr aus mir einen machen, der Euch als *Guru* Ehre macht. Ich werde Euch preisen, wenn die Menschen sich wundern, dass ich Dinge kann, die sie nicht können, und ihnen sagen: ‚Das habe ich beim im höchsten Maße ehrwürdigen *Amar Jadoo* gelernt. Ich bin nur der Schüler, er aber, *Amar Jadoo*, ist der Meister aller Meister von *Bhārat Gaṇarājya.*"

Der *Guru* sah ihn mit zusammengekniffenen Augen an: „Das sind alles nette, aber hohle Worte, *Jesus*. Ich verlange, dass du mir die Hälfte aller Erträge, die du aus deinen Vorführungen erwirtschaftest, abgibst. Du hast sie mir jedes Jahr im Frühsommer vor Beginn der Regenzeit abzuliefern, andernfalls – oder wenn du mich bezüglich der Höhe der Erträge betrügst, wirst du die folgende Regenzeit nicht überleben."

Das war doch einmal eine Ansage! *Jesus* brauchte nicht zu überlegen. Er, der vorhatte, keinerlei Erträge aus Vorführungen zu erwirtschaften, antwortete: „Nein, ehrwürdiger *Guru*, großer Meister, Gigant unter den Fakiren von *Bhārat Gaṇarājya,* ich werde dir nicht die Hälfte meiner Erträge abgeben, sondern zwei Drittel!"

„Du bist als Schüler angenommen und kommst zu einem guten Zeitpunkt. Morgen beginnen wir mit einem neuen Thema: Schlangenbeschwörungen." Dann stieß der *Guru* einen schrillen Pfiff aus. Kurz darauf kam ein Mann, der kaum älter war als *Jesus*. Er warf sich auf dem steinigen Weg vor dem *Guru* nieder und fragte: „Was ordnet mein Gebieter an?"

„*Anando*, ab sofort wirst du mit *Jesus* zusammenarbeiten. Jesus ist fähiger als du. Er ist besser als du und wird erfolgreicher sein als du. Verstehe dich also als sein Diener." Der *Guru* drehte sich um und verschwand grußlos.

*Anando* war ziemlich verstört. Er lernte bei diesem *Guru* bereits seit vier Jahren. Er bemühte sich nach Strich und Faden und hatte auch durchaus schon schöne Erfolge erzielt. Aber jetzt wurde er zum Diener eines Anfängers degradiert. Das war gemein!

*Jesus* konnte sich gut in *Anandos* Empfindungen einfühlen. „Du hast gehört, was *Amar Jadoo* gesagt hat. Wir wissen beide, dass er Gehorsam verlangt. Ich allerdings brauche keinen Diener, sondern einen Freund. *Anando,* bitte sei mein Freund. Ich werde dich auch immer als einen Freund behandeln – nie als Diener!"

*Anando* war nach dieser Versicherung durch *Jesus* etwas erleichtert, aber auch skeptisch. Er hatte – nicht nur hier, aber auch hier – gelernt, dass man mit Versicherungen bezüglich Treue, Freundschaft und Ähnlichem sehr vorsichtig sein musste. *Jesus,* der sich gut in andere Personen hineinversetzen konnte, wusste, wie es *Anando* ging, wie er sich jetzt fühlte. Aber er wusste auch, dass dieses vorsichtige Misstrauen *Anandos* allmählich nachlassen würde, wenn er *Jesus* erst besser kennen und damit auch schätzen gelernt hatte.

„Ich bin hier neu", sagte *Jesus,* „war aber schon in mehreren Gemeinschaften. Ich war ein Jahr bei einer spirituellen Gemeinschaft in meinem Heimatland, bei den **Essēnern.** Dort wurde alles miteinander geteilt, man war sehr freundlich und studierte den **Tanach,** eine heilige Schrift. Dann war ich einige Monate in einem buddhistischen Kloster und in einem der **Jains.** Als Letztes war ich mehr als ein halbes Jahr im **Ashram** von *Maharadesh* bei **Benares.** Überall gab es einen recht klar strukturierten Tagesablauf."

„Das ist hier etwas anders, *Jesus.* Das hängt auch immer davon ab, wie *Amar Jadoo* gerade drauf ist. Er ist ein großer Wundertäter. Man kann eine Menge von ihm lernen, aber er ist eine schwierige Person und verlangt unbedingten Gehorsam. Manchmal arbeiten wir ein paar Wochen richtig intensiv, dann passiert eine Zeit lang gar nichts. *Amar Jadoo* führt dann Experimente für neue Tricks durch. Vor einem Vierteljahr mussten wir Schlangen fangen, Kobras! Einer von uns ist dabei umgekommen, aber das hat *Amar Jadoo* gar nicht interessiert. Stattdessen hat er drei Monate lang die Schlangen beobachtet, studiert und Experimente mit ihnen durchgeführt. Morgen soll der Unterricht im Schlangenbeschwören beginnen. Zuvor hatten wir mit Schmerzen experimentiert, das war schrecklich. Wir mussten auf Dornen schlafen, kochende Milch über uns schütten und Ähnliches mehr, einige haben damals aufgegeben."

„Wie ist es mit der Ernährung?", wollte Jesus wissen, „Die **Essēner** sind normaler Erwerbsarbeit nachgegangen. Die Buddhisten und **Jains** haben sich ihre Nahrung erbettelt, und in **Benares** haben Laienanhänger uns täglich Nahrung gebracht. Wie ist das hier?"

„Also, wir betteln nicht. Es gibt Einnahmen, mit denen wir unseren Lebensunterhalt bestreiten. Einmal im Jahr sind wir für ein paar Wochen unterwegs und treten mit unseren Wundern in verschiedenen Städten auf. *Amar Jadoo* wird häufig auch zu Hochzeiten oder anderen Feiern eingeladen, wo er gegen Bezahlung auftritt. Dann gibt es auch noch die Ehemaligen, also Leute, die hier eine Ausbildung erhalten haben und später dafür die Hälfte ihrer Einnahmen abgeben müssen."

„Also kauft ihr ganz normal auf dem Markt oder in Läden ein und bereitet dann hier die Mahlzeiten zu?"

„Das machen unsere Frauen!"

„Eure Frauen? Hast du wirklich gesagt ‚unsere Frauen'?"

„Wir nennen sie unsere Frauen, weil es *Amar Jadoo* so verfügt hat. Er hat ihnen auch Frauennamen gegeben. Sie erledigen die Hausarbeiten, also Kochen, Backen, Waschen, Putzen. Es sind diejenigen, die in der Hierarchie des **Ashrams** unter uns stehen, obwohl sie auch aus der **Kaste** der **Brahmanen** stammen wie alle hier. Andere werden gar nicht aufgenommen, außer dir, aber das zählt nicht, weil du Ausländer bist. *Amar Jadoo* weiß, dass es außerhalb von **Bhārat Gaṇarājya** keine **Kasten** gibt. Die meisten wissen das nicht."

„Es gibt also neben seinen normalen Schülern auch diese sogenannten Frauen und offensichtlich auch Diener?"

„So kann man es sagen. Die Frauen leben alle in einer Hütte: *Mahila, Majandra, Mala* und *Manika*. Sie dürfen derzeit nicht an den Veranstaltungen und Übungen des **Gurus** teilnehmen, können aber darauf hoffen, einiges Tages von ihm zu ‚Männern‘ befördert zu werden. Diener gibt es – außer jetzt mir – nur noch einen, und zwar Anik, den Diener *Amar Jadoos*.“

Inzwischen waren *Jesus* und *Anando* im **Ashram** angekommen. *Anando* stellte jeden einzeln vor, außer die Frauen, die waren bei der Hausarbeit. Dann führte *Anando* seinen „Herrn“, also *Jesus*, im **Ashram** herum, wo es allerdings nicht viel zu sehen gab, mit einer Ausnahme, dem Tempel – und natürlich der Hütte des Meisters, die sie allerdings nicht betraten.

Der Tempel war deutlich größer als die Hütten. Er maß vielleicht 50 m². Es gab so etwas wie einen Altar. Auf dem brannte ein Öllicht, außerdem lagen einige Schriftrollen, aber auch Gefäße, deren Bedeutung *Jesus* nicht klar war. Er fragte auch nicht danach. Er interessierte sich vielmehr für einige der abgebildeten Götterbilder, es gab auch einige Statuen. *Jesus* fiel eine davon besonders ins Auge: **Ganesh**. „Den kenne ich schon. Es ist **Ganesh**, aber seine Bedeutung ist mir nicht klar.“

„Dann werde ich dir **Ganesh** vorstellen, obwohl er in diesem **Ashram** keine wichtige Rolle spielt. Er ist der Sohn des Gottes **Śiva,** der ist ganz wichtig, von dem erzähle ich dir auch noch etwas, und der Göttin **Pārvatī**. Man kann sagen, diese drei zusammen stellen so etwas wie die ideale Familie dar. Sie sind gewissermaßen die heilige Familie. Eine Legende sagt, dass **Ganesh** nicht gezeugt wurde, sondern auf andere Art erzeugt. **Śiva** habe seine Frau nämlich lange Zeit allein zurückgelassen, während dieser wurde sie von zahlreichen Verehrern bedrängt und belästigt, was **Pārvatī** gar nicht gefiel. Daher nahm sie ihr Ohrenschmalz, formte daraus ein Bällchen und hauchte ihm Leben ein, so entstand damals **Ganesh** – allerdings noch mit einem ganz normalen Menschenkopf. **Pārvatī** ernannte ihn nun zum Oberbefehlshaber der himmlischen Heerscharen, mit denen er dafür zu sorgen hatte, dass die Göttin nicht mehr belästig wurde. Nach vielen Jahren fiel **Śiva** wieder ein, dass er eine Frau hatte und wollte sie besuchen. Dort stand allerdings **Ganesh** und ließ ihn nicht ein, denn er hielt ihn für einen der Verehrer seiner Mutter und Herrin. Das ließ sich **Śiva** natürlich nicht bieten. Er nahm sein Schwert und schlug **Ganesh** den Kopf ab. Jetzt trat **Pārvatī** hinzu, beschimpfte **Śiva**, weil er ihren Sohn getötet hatte, und sagte ihm, er solle sich nie wieder blicken lassen. Entsetzt versprach **Śiva** seiner Gattin, dass er sofort losgehen wolle, um dem nächsten Lebewesen den Kopf abzuschlagen und diesem **Ganesh** aufzusetzen. Gesagt, getan, **Śiva** fand einen Elefanten, der in einem Kampf einen Stoßzahn verloren hatte, schlug ihm den Kopf ab und setzte ihn **Ganesh** auf den Hals."

*Jesus* fand das alles ziemlich abartig und noch viel fremder als die Geschichten aus dem **Tanach**. Er fragte aber nur: „Was sind das für Dinge, die er da in seinen vier Händen hält?"

„Da hält er eine Süßspeise, nämlich seinen Lieblingspudding. Das Beil steht für seine Geistesschärfe, mit der er die Dinge gut analysieren und unterscheiden kann. Die Blütenkette steht für die Fähigkeit, alles gut miteinander zu verbinden, weswegen die Menschen in diesem Land so gerne Blütenketten tragen. Dann hat er noch seinen abgebrochenen Stoßzahn, mit dem er ein heiliges Buch geschrieben hat."

„Was soll die Ratte darstellen?"

„Die Ratte ist sein Reittier."

„Aha!" *Jesus* fragte sich, wo er da denn hingekommen sei.

*Anando* bemerkte die Distanz, die *Jesus* zu alldem verspürte, und bemühte sich, dessen Augenmerk auf die wichtigeren Götter zu lenken: „Das hier ist **Śiva**, einer der drei Hauptgötter. Die anderen beiden sind **Brahma**, der Schöpfer, und **Viṣṇu**, der Bewahrer. **Śiva** gilt als der Gott der Zerstörung, diese drei bilden eine **Trinität**. Ohne den Schöpfer gäbe es nichts. **Viṣṇu** hat die Aufgabe, alles Gute, also auch die Schöpfung, zu bewahren. Allerdings gibt es nicht nur Gutes, sondern auch

Verdorbenes. Hier kommt **Śiva** ins Spiel, der alles Überholte zerstört und damit Platz macht für Neuschöpfungen."

„Dann kommt wieder **Brahma** ins Spiel", schloss *Jesus.* „Aber warum steht dann allein **Śiva** als große Statue über dem Altar?"

„Für *Amar Jadoo* ist **Śiva** die zentrale Gottheit. Er verehrt ihn besonders. Wenn ich einen Tempel zu gestalten hätte, würde ich **Viṣṇu** dorthin stellen."

„Ich glaube, ich würde **Brahma** in den Mittelpunkt stellen", sagte *Jesus,* doch im gleichen Moment wurde ihm etwas bewusst: Wenn er das Judentum reformieren wollte, musste er den Glauben an **JHWH** zerstören. Er musste aber dafür sorgen, dass das Gute, gerade das Gute aus dem **Dekalog**, bewahrt wurde und er musste etwa Neues schaffen: die Ausrichtung auf den einen, wahren und allmächtigen Gott, der die Verkörperung des Prinzips von *Metta*, von bedingungsloser und selbstloser Liebe, ebenso war wie von *Karuna*, von Mitgefühl und großer Hilfsbereitschaft. Also etwas schien doch an dem Gedanken der **Trinität** dran zu sein.

*Jesus* sah sich um, dann sagte er: „Aber es scheint hier im Raum noch eine zweite dominante Figur neben **Śiva** zu geben. Das ist nicht **Brahma** und auch nicht **Viṣṇu**. Es ist eine schwarze Frau. Sie wirkt auf mich bedrohlich. Auf dieser Darstellung hat sie vier Arme, an ihrer Halskette hängen Schädel, ihr Rock besteht aus abgeschlagenen Armen. Als Ohrschmuck scheint sie ein totes Kind zu tragen. In einer Hand hält sie einen abgeschlagenen Schädel, in einer anderen eine Sichel und in einer dritten eine Schale mit einer roten Flüssigkeit, vermutlich Blut. Auf mich wirkt das äußerst verstörend, vielleicht sogar als Verherrlichung von Menschenopfern."

„Na ja, das kann man so sagen. Aber in der Tat gilt diese Göttin, sie heißt *Kali*, als Frau **Śivas** ..."

Hier unterbrach Jesus ihn: „Ich dachte, das sei **Pārvatī**."

„Ja, auch, aber das eine muss das andere nicht ausschließen. Du darfst das alles nicht nur negativ sehen, obwohl da schon ein ziemlich zerstörerischer Aspekt drin ist. Aber es gibt auch Positives. Schau doch nur auf diese Hand, die zeigt eine trostgebende, eine segnende Geste."

„Das mag sein, allerdings steht sie auch auf einem Menschen, vermutlich auf einer Leiche ...""

Doch hier korrigierte *Anando*: „Nein, nein, das ist **Śiva**, der hat sich nur tot gestellt.[93] Erst als sie auf ihm tanzte, hatte sie ihn erkannt. Es war ihr so peinlich, dass sie ihm aus Scham die Zunge herausstreckte."

*Jesus* beschloss, das nicht zu kommentieren.

Aber sein Schweigen musste wohl so deutlich gewesen sein, dass sich *Anando* veranlasst sah, ihn wieder aufzurichten.

„Das alles mag sich bedrückend anhören, aber es ermöglicht *Amar Jadoo*, den Tod zu besiegen. Er kann sterben und Tage später wieder auferstehen."

Das ließ *Jesus* hellhörig werden. Das wollte er auch können.

So beschloss unser Held, solange in diesem **Ashram** zu bleiben und sich anzupassen, wie es nötig war, um dieses „Wunder der Auferstehung" zu erlernen. Denn er hatte die vage Vermutung, dass ihm das eines Tages nützlich sein würde. Er würde sich anpassen, würde alles mitmachen, was ethisch vertretbar war, und Kraft aus seiner Freundschaft mit *Anando* ziehen. Danach aber würde er den **Ashram** verlassen – und nie wieder zurückkehren. Zwar hatte er sich auf die Abmachung mit *Amar Jadoo* eingelassen, jährlich vor Beginn der Regenzeit hier zu erscheinen, um zwei Drittel seiner Einnahmen aus der Zurschaustellung seiner Wunder abzugeben. Da er sich aber mit Sicherheit nicht für Wunder, Dämonenaustreibungen und Krankenheilungen bezahlen lassen würde, war dieser Vertrag mit *Amar Jadoo* gegenstandslos.

Den Rest des Tages führte *Anando Jesus* im **Ashram** herum. Dabei ging es vor allem darum, ihn mit den anderen Männern bekannt zu machen. Hierbei hatte **Jesus** erwartet,

---

93 „**Śiva** ohne *Kali* ist *Śava*", sagt daher eine Redensart der Kali-Verehrer (auf Deutsch: Ohne *Kali* ist **Śiva** eine Leiche).

vor allem die kennenzulernen, die mit ihm die Hütte teilen würden. Es stellte sich aber heraus, dass es keine feste Hüttenbelegung gab. Bis zum Beginn der Regenzeit würden alle im Freien schlafen. Wie danach die Hütten aufgeteilt wurden, dafür schien es keine Regeln zu geben – außer, dass die „Frauen" eine eigene Hütte hatten. Es gab auch keine festen Gesprächsgruppen, wie *Jesus* das von den anderen klösterlichen Gemeinschaften kannte. Es war eben alles sehr unstrukturiert.

Schließlich brachte *Anando Jesus* noch zum „Haushaltsgelände", also dorthin, wo die ‚Frauen' ihre Arbeit verrichteten. „Das ist *Mahila*", stellte Anando ihm eine der ‚Frauen' vor. *Mahila* war offensichtlich der/die älteste von ihnen, er/sie führte den Haushalt, die anderen drei ‚Frauen' waren ihre/seine Gehilfen.

„**Namaste!** Herzlich willkommen bei uns im Frauentrakt", *Mahila* verbeugte sich zum Gruß mit gefalteten Händen vor *Jesus*. Sie/er war eine fröhliche Person von gut 40 Jahren mit einem geflochtenen Bart, in dem mehrere Blüten stecken. Auch auf dem Kopfhaar hatte er/sie einen kleinen Blütenkranz. Die anderen ‚Frauen' hielten sich im Hintergrund.

„Was mich hier wirklich überrascht hat, ist dass ihr hier ‚Frauen' habt, die die Frauenarbeit machen. Wie kommt das?", fragte Jesus ihn/sie.

„Das fing vor ungefähr 20 Jahren an", erläuterte *Mahila*. „Damals war unsere Gruppe noch jung, *Amar Jadoo* leitete sie mit noch zwei anderen Gefährten zusammen. Es gab immer wieder Streit, wer die einfachen Arbeiten zu erledigen hat, weil fast alle das als unter ihrer Würde ansahen. Ich war gewissermaßen die einzige Ausnahme. Irgendwann schimpften wieder alle, dass es so nicht weiterging. Dann ergriff *Amar Jadoo*, der Dominanteste unter den drei Führungsfiguren, das Wort und wies daraufhin, dass alle sich als etwas Besseres dünkten, und keiner die Frauenarbeit machen wollte. Es gäbe aber eine Ausnahme: *Mani*, so hieß ich damals, der sei eine richtige Frau. Deshalb würde er mich künftig *Mahila* nennen, mir also einen Frauennamen geben. Das war schon ziemlich beleidigend. Aber da mir immer meine liebe Großmutter ein Vorbild war, sagte ich mir, dass ich damit leben könne, wie sie eine subalterne Rolle zu spielen, in dieser aber eine gewisse Anerkennung zu bekommen. Ich brauchte aber Unterstützung durch mindestens zwei weitere Frauen. Insgeheim hoffte ich, dass wir wirkliche Frauen holen würden, mit denen ich dann zusammenarbeiten würde. Das fand ich damals perspektivisch sehr verlockend. Nachdem ich das ausgesprochen hatte, konnte ich nicht mehr zurück. *Amar Jadoo* schlug vor, dass jeder der drei Rädelsführer einen als Frau bestimmen sollte. Natürlich wurden mir die Unbeliebtesten zugeteilt. Die drei verließen uns aber bald einer nach dem anderen. Dann bürgerte es sich ein, dass alle, die zu unserer Gemeinschaft wollten, zunächst einige Zeit als ‚Frau' arbeiten mussten. Einige von diesen überstanden das nicht und verließen uns wieder. Die anderen konnten zu den Männern aufrücken, wenn wieder ein Neuling kam, der den ‚Frauen' zugeteilt wurde. Warum *Amar Jadoo* bei dir eine Ausnahme gemacht hat, weiß ich nicht."

*Jesus* wusste es, aber er zog es vor, es nicht zu thematisieren, sondern fragte: „Wie geht es dir damit? Du bist jetzt seit 20 Jahren auf diese Rolle festgelegt. Möchtest du nicht auch als ‚Mann' anerkannt werden?"

*Mahila* schüttelte den Kopf: „Anfangs schon, aber allmählich habe ich mich in dieser Rolle eingerichtet. Ich weiß gar nicht mehr, warum ich mich eigentlich dieser Gruppe hier angeschlossen habe. Ich wollte wahrscheinlich einfach von zu Hause weg. Das war kurz nach dem Tod meiner lieben Großmutter. Ich bin hier gelandet und habe einerseits eine subalterne Rolle, andererseits ein gutes Auskommen und zumindest im Frauentrakt Anerkennung, da bin ich die Chefin. Ich glaube auch, es lag etwas daran, dass mir *Amar Jadoo* unter all dem vielen Frauennamen den Namen *Mahila* gegeben hat."

*Jesus* sah ihn an: „Das verstehe ich, deine Großmutter hieß wohl so?" – *Mahila* nickte, sie/er fühlte sich verstanden.

„Wie sieht euer Arbeitstag als Frauen so aus?"

„Wir stehen etwa eine halbe Stunde vor den anderen auf und machen Morgentoilette. Dann gehen wir mit den anderen zur Morgenmeditation, die dauert etwa eine Stunde. Anschließend bereiten wir den kalten Morgenimbiss vor, während die anderen mit der Toilette beschäftigt sind. Danach frühstücken wir gemeinsam. Anschließend räumen wir auf. Danach beginnen wir mit der Vorbereitung des Mittagessens, während eine von uns mit dem Esel rausgeht und Holz sammelt.

Um die Mittagsstunde ist die Hauptmahlzeit. Danach räumt eine von uns auf, eine geht die Wäsche waschen. Ich und noch eine gehen mit dem Esel nach **Rājagṛha** zum Einkaufen. Manchmal bummeln wir dort noch etwas. Da habe ich schon ein gewisses Privileg."

„Geld zum Einkaufen ist kein Problem?", fragte *Jesus*.

„Nein, wirklich nicht. Der Alte, ähm, ich meine natürlich *Amar Jadoo,* ist zwar ganz versessen darauf, dass wir Geld erwirtschaften, aber weiß eigentlich nicht damit umzugehen. Das war anfangs ein Problem, inzwischen gibt es allerdings ein für mich sehr günstiges Arrangement: Ich bin der Schatzmeister. *Amar Jadoo* gibt mir alles Geld. Den größten Teil verwahre ich in einem Versteck, das keiner kennt, nicht einmal der Alte. Anfangs musste ich ihm immer bei Vollmond Bericht erstatten über alle Ausgaben, er wollte auch die Rücklagen sehen. Inzwischen vertraut er mir aber soweit, dass ich ihm nur noch einmal, vor Beginn der Regenzeit, die Rücklagen zeige."

*Jesus* sah sich um, niemand hörte ihnen zu, dann sagte er: „Ich bin überzeugt, dass du von dem Schatz immer einen Teil in ein separates Versteck abzweigst, falls du irgendwann gehst oder die Gemeinschaft zerfällt."

*Mahila* lächelte und schwieg. Erst einige Zeit später fand *Jesus* heraus, dass *Mahila* einmal monatlich allein nach **Rājagṛha** zum Einkaufen ging und dann einen Abstecher ins Bordell machte. Er ging dort allerdings nicht in seiner Rolle als „Frau" hin.

Am Abend versammelten sich alle im Tempel und rezitierten gemeinsam ziemlich lang **Mantras**, sodass *Jesus* danach im Schlaf noch immer das eine **Mantra** für *Kali* im Kopf herumging ...

**oṃ śrī mahākālikāyai namaḥ**

Am nächsten Vormittag begann das „Schlangenbeschwörer-Seminar". Dazu versammelten sich alle Männer des **Ashrams** auf einer Wiese auf dem Gelände.

*Amar Jadoo* saß etwas erhöht und hatte vor sich vier runde Körbe mit einem Deckel stehen. Als alle saßen, begann der **Guru** zu sprechen: „Männer hört, wir beginnen heute mit der Arbeit mit Schlangen. In manchen Teilen **Bhārat Gaṇarājyas** ist die Arbeit mit Kobras sehr verbreitet. Im **Ganges**tal aber wird dies nur noch vereinzelt von alten Leuten berichtet, die es in ihrer Kindheit sahen. Auch Handelsreisende berichten davon. Im Umkreis von mindestens zehn Tagesreisen von hier, also dort, wo wir in unserer Reisesaison umherziehen, ist diese Kunst verloren gegangen. Ich selbst habe sie vor mehr als 20 Jahren gesehen und im letzten Jahr vom Sohn eines Schlangenbeschwörers einiges über den Umgang mit Kobras erfahren. Auf dieser Basis habe ich mehrere Monate lang mit Schlangen experimentiert. Ich denke, dass wir das in der nächsten Reisesaison zu unserer Hauptattraktion machen werden, denn die Menschen gieren nach neuen Reizen. Tatsächliche oder vermeintliche Gefahren sind besonders beliebt. Daher habe ich beschlossen, dass wir ab heute mit Kobras arbeiten."

*Jesus* hatte sich umgeblickt. Alle sahen gespannt, aber auch angstvoll auf den Meister. Im letzten Jahr hatten sie als Hauptattraktion mit Schmerzerduldung gearbeitet. Sie hatten auf Lagern aus spitzen Nägeln gelegen und auf Dornen gesessen. Zwei leichtere Personen aus ihrem Kreis waren an Haken, die in die Haut ihres Rückens eingehakt worden waren, drei Meter in die Luft gezogen und dann mit kochender Milch übergossen worden. Jetzt konnte *Jesus* die Angst in den Gesichtern der Männer sehen, die gleichwohl nicht den

Mut aufbrachten, ihrem **Guru** Einhalt zu gebieten. *Jesus* hob eine Hand: „Meister, eine Frage!"

Das war ungewöhnlich. Man fragte nicht, sondern lauschte und folgte dem **Guru**, so funktionierte das **Guru**prinzip. Aber jetzt wollte der Ausländer offensichtlich an dieser altbewährten Regel rütteln. Die Männer im **Ashram**, die sich als „Brüder" verstanden, was eine noch engere Beziehung als das Wort „Freunde" ausdrücken sollte, waren teilweise erstaunt, teilweise entsetzt über diese Dreistigkeit *Jesu*. Aber in ihnen keimte auch die Hoffnung, dass er das aussprach, was alle dachten, dass er nämlich den Sicherheitsaspekt ansprach.

*Amar Jadoo* hatte *Jesus* mit festem Blick fixiert. Ihm gefiel die Wortmeldung nicht, gleichzeitig war er sich bewusst, dass *Jesus* der fähigste unter den Brüdern war. Also wollte er erst hören, was dieser Mann zu sagen hatte, bevor er entschied, ob er in den Konfliktmodus verfallen würde oder nicht. „Was willst du, *Jesus*?", fragte er streng.

Der *Nazarener* nahm vorsichtshalber eine leicht devote Haltung ein, andererseits stand er aber auf, um seinen Worten mehr Gewicht zu verleihen: „Großer **Guru**, wir sind alle beeindruckt von Euren außerordentlichen Fähigkeiten und dem klugen Vorgehen, zunächst mit den Tieren zu experimentieren, bevor Ihr uns mit ihnen konfrontiert. Wie Ihr wisst, haben viele von uns in der letzten Reisesaison trotz aller Bemühung zur Schmerztoleranz zu kommen, doch erheblich unter den Übungen gelitten. Meister, wir sind besorgt um unser Leben. Das Gift der Kobra ist in der Lage Menschen zu töten, die weniger geschickt im Umgang mit den Tieren sind. Wie soll gewährleistet werden, dass niemand von uns während des Seminars oder unserer Auftritte ums Leben kommt?"

Der **Guru** wartete einige Augenblicke, fixierte *Jesus* und sah in die gespannten Gesichter der Brüder. Dann sagte er: „Ich weiß, dass ich einiges von euch verlange, Männer. Aber ich versuche alles Erdenkliche, um Todesfälle zu vermeiden. Daher habe ich zunächst allein mit den Schlangen experimentiert. Nunmehr weiß ich, wie wir sie behandeln müssen. Außerdem ist die Schlange nicht überall gefährlich. Der Gefahrenpunkt liegt in ihrem Giftzahn. Bei zwei Kobras habe ich den Giftzahn entfernt. Der wird zwar wieder nachwachsen, aber auf Monate hinaus haben wir mit diesen beiden Schlangen kein Problem. Bei den anderen muss der Giftzahn noch entfernt werden, was, wie ich inzwischen weiß, für einen einzelnen Mann sehr schwierig und auch gefährlich ist. Da du, *Jesus*, so besorgt um die Sicherheit deiner Brüder bist, werde ich dir die Ehre zuteilwerden lassen, mit mir die Giftzähne der übrigen Kobras zu entfernen."

Das war sehr geschickt von *Amar Jadoo*. Er hatte *Jesu* Frage zufriedenstellend beantwortet. Gleichzeitig hatte er den Fragesteller dazu verpflichtet, eine lebensgefährliche Tätigkeit auszuüben, bei der er von der Vorsicht des Meisters abhängig war. Dadurch konnten sich andere nicht ermutigt fühlen, das öffentlich zu hinterfragen, was er, der **Guru**, anordnete.

Dann öffnete der **Guru** einen der Körbe, die Kobra lugte hervor. „Dies ist eine der beiden Schlangen, die keinen Giftzahn mehr hat. Ich gebe ihr jetzt Gelegenheit, sich an das Licht außerhalb des Korbes zu gewöhnen. Anfangs ist sie noch etwas benommen, weil sie seit gestern in dem Korb gedöst hat. Sie muss sich erst wieder an das Licht und die vielen Eindrücke gewöhnen. Anschließend werde ich mit ihr spielen. Ich lasse sie dann auf mir herumkriechen. Ihr müsst wissen, es gibt zwei Sorten gefährlicher Schlangen. Das eine sind die Giftschlangen wie die Kobra, das andere Würgeschlangen. Dazu zählen unter anderem die Pythons. Diese töten ihre Opfer nicht mit Gift, sondern erwürgen sie. Viele Menschen, die meisten eigentlich, kennen den Unterschied nicht. Daher nehmen sie an, die Kobra könne sie erwürgen. Es ist aber völlig ungefährlich. Ich verwende daher die größte Kobra als diejenige, die auf mir kriechen wird. Das sieht gefährlich aus für diejenigen, die glauben, Kobras könnten einen erwürgen. Da sie keinen Giftzahn mehr hat, ist die Übung völlig ungefährlich." Jetzt nahm der **Guru** die über zwei Meter lange Kobra mit beiden Händen und legte sie über seine Schultern. Langsam schlängelte sich das Tier um ihn. „Wenn sie sich um meinen Hals schlängelt, weite ich die Augen, als sei ich entsetzt und ängstlich. Das kommt immer sehr stark bei den Leuten rüber", lachte der **Guru**.

Die Brüder ließen nun Beifallsbekundungen hören. Sie waren sichtlich erleichtert, dass doch wohl alles ungefährlich war.

„Aber nun zu einer Darbietung, die wir Schlangenbeschwörung nennen. Hierzu verwende ich eine Kobra, die noch einen Giftzahn hat. Außerdem benutze ich hierbei eine Flöte." Der **Guru** zeigte ein etwa anderthalb Fuß langes Instrument, das aus einem Flaschenkürbis und zwei Holzröhrchen mit Löchern drin bestand. Unten an der Flöte baumelten an einem Faden einige bunte Federn. Dann spielte er darauf eine einfache kurze Melodie. Allerdings waren zu diesem Zeitpunkt alle Schlangen in ihren Körben. *Jesus* – und wohl auch die anderen – erwartete, dass sich die Deckel heben und die Schlangen hervorkommen würden, doch nichts dergleichen geschah. Als der **Guru** mit der Melodie zu Ende war, lächelte er schelmisch: „Keine Schlange kam heraus. Wisst ihr warum?"

Alle schwiegen, aber das war eine rhetorische Frage, denn nur *Amar Jadoo* kannte die Antwort: „Jeder, der einmal eine Schlangenbeschwörung gesehen hat, glaubt, die Musik würde die Schlangen veranlassen, sich im Takt zu wiegen, aber das ist Unsinn. Während meiner Experimente habe ich herausgefunden, dass Schlangen taub sind. Sie hören absolut gar nichts. Es ist eigentlich kein Wunder, oder hat jemand von euch schon mal eine Kobra mit Ohren gesehen?" Das war wieder einmal eine der merkwürdigen Fragen, mit denen der **Guru** bei öffentlichen Auftritten Heiterkeit erntete, auch die Brüder waren belustigt.

„Jetzt wird's ernst", sagte der **Guru**. „Jetzt kommt die Nummer mit der giftigen Schlange." Er entfernte den Deckel des Korbes, griff zur Flöte und begann zu spielen, wobei er seinen Körper und damit auch die Flöte im Takt der Melodie hin und her wiegte. Langsam richtete sich die Kobra auf, sie begann auch, sich im Takt der Melodie zu wiegen. Jetzt bewegte der Guru sogar eine Hand von der Flöte weg und berührte die giftige Kobra. Alle hielten den Atem an. Schließlich spielte er mit der linken Hand weiter auf der Flöte, während er mit der rechten den Deckel nahm und die Kobra in ihren Korb drückte.

Alle Zuschauer waren ob dieser Vorführung erregt und redeten heftig miteinander. Nach einigen Minuten ließ *Amar Jadoo* einen schrillen Klang auf der Flöte ertönen, worauf alle wieder zu ihm sahen, um ihm zu lauschen.

„Männer, das sah jetzt relativ einfach aus. Aber es gelingt nur, wenn man weiß, was und wie man es machen muss. Zunächst einmal: Die Schlange ist bereits einige Zeit vor der Aufführung im Korb gewesen, denn das ist eine reizarme Umgebung. Wichtig ist auch, dass der Korb mindestens eine Stunde vor der Aufführung nicht bewegt wird. Denn diese Bewegungen wären wieder Reize, die die Schlange zu mehr Achtsamkeit zwingen. Wir brauchen aber zu Beginn eine dösende Schlange. Der Lärm auf den Märkten, auf denen wir auftreten, ist hingegen unproblematisch, weil die Kobras taub sind. Die Musik lenkt nur die Menschen ab, gaukelt ihnen etwas vor. Wie bei allen Tricks kommt es darauf an, die Menschen vom eigentlichen Geschehen abzulenken. Wird der Deckel des Korbes entfernt, schreckt die Schlange auf, aber sie hat ein Problem: Sie ist geblendet, sie kann wegen der plötzlichen Helligkeit nichts sehen. Das Erste, was sie sieht, bin ich, ein Mensch, ein potenzieller Feind. Ich könnte sie angreifen und töten wollen. Würde ich mich der Schlange nähern, so würde sie blitzartig vorschnellen und zubeißen, sobald ich mich ihr auf etwa einen Fuß nähere. Daher bleibe ich in zwei, besser drei Fuß Entfernung. Ich bewege mich zum Klang der Melodie hin und her. Dass das mit der Melodie zu tun hat, glauben die Zuschauer, die die Melodie hören. Die Schlange weiß nichts von der Melodie. Sie sieht nur meine Bewegungen. Da sie mich für einen potenziellen Feind hält, nimmt sie an, ich würde ausloten, wie ich sie angreifen kann. Sie bewegt sich also im gleichen Rhythmus wie ich, um jederzeit attackieren zu können, wenn ich ihr zu nahe komme. Allmählich haben sich ihre Augen an die Helligkeit gewöhnt, sie sieht jetzt die Flöte in meiner Hand. Diese hat einen oder zwei Stäbe und darüber die Kugel eines Flaschenkürbisses, unten einen Stab oder eine Kugel. Das sieht fast aus wie die Physiognomie einer anderen Kobra, die über ihrem schlanken Körper auch eine fast kreisförmige Ausbuchtung hat. Diese vermeintlich andere Kobra ist ein potenzieller Sexualpartner. Dieser potenzielle Partner wiegt sich im gleichen Rhythmus hin und her. Zur Angst vor dem Feind kommt nun also noch die geschlechtliche Erregung. Gleichzeitig wird der Blick allmählich klarer. Sie erblickt das Federspiel, das an einem Faden an der Flöte hängt. Das könnte ein Vogel sein, also Nahrung für sie, die hungrig im Korb lag. Nach der Ruhe im Korb also eine immense Reizüberflutung: ein vermeintlicher Feind, ein möglicher Partner im Liebesspiel und etwas zu fressen. Die Schlange ist jetzt total verwirrt und weiß nicht, was sie tun soll, wo sie zuerst zulangen soll. Vielleicht ist ihr auch noch wegen der rhythmischen Bewegung schwindlig. Dann kommen noch die Menschen und das Treiben im Hintergrund im Umfeld dazu. Sie ist total verwirrt. Zudem habe ich sie noch berührt, ein zusätzlicher Reiz, den sie gar nicht mit all dem anderen auf die Reihe bringen kann. Aus dieser Wirrnis erlöse ich sie, indem ich sie mit dem Deckel in den Korb drücke. All das, Männer, werden wir in den nächsten Tagen üben. Noch Fragen, Männer?"

*Jesus* war durchaus bewusst, warum der **Guru** immer Männer sagte – und nicht Brüder. Er wollte eine Distanz schaffen. Brüder begegnen sich auf einer Stufe, sie sind gleichberechtigt, brüderlich. Der **Guru** aber steht höher, ihn zu hinterfragen ist in diesem System nicht möglich. Er wollte also doppelte Distanz schaffen, einmal zwischen sich und den Männern, zum anderen durften sich auch diese Männer als etwas Besseres dünken, denn es gab noch diese vier sogenannten Frauen, die die Unterschicht bildeten, die Arbeiterklasse. Der Guru reproduzierte also mit seiner

Anrede ein ähnliches Modell wie die indische Kastengesellschaft, da war er ganz Inder.

*Jesu* Frage einige Minuten zuvor schien jedoch auch noch einen anderen ermutigt zu haben, eine Frage zu stellen, aber doch nicht so, dass sich *Anando* traute, sich direkt an den Meister zu wenden. Er fragte also *Jesus:* „Warum hat er denn dieser Kobra nicht den Giftzahn gezogen?" *Jesus* sah seinen Freund an: „Vermutlich war ihm die Sache zu gefährlich, daher will er mich dazu rekrutieren ihm zu helfen." Doch nachdem er seinem Freund geantwortet hatte, wendete er sich an *Amar Jadoo:* „Meister, wäre es nicht besser, auch dieser Kobra den Zahn zu ziehen?"

Der Meister lachte: „Die Menge liebt den Nervenkitzel. Sie will gefährliche Dinge sehen. Wenn ihr auftretet, könnt ihr selbstverständlich mit entgifteten Schlangen arbeiten. Ich aber werde die Schlange, die ich auf dem Markt habe tanzen lassen, zum Schluss packen und sie in einen Käfig sperren, in einen Käfig mit einem Huhn. Das Huhn gerät selbstverständlich in Panik. Die Schlange ist jetzt nicht mehr durch konkurrierende Reize abgelenkt. Sie beißt das Huhn, es gibt einen kurzen Todeskampf, dann verschlingt die Kobra das Tier. Das Volk will sich gruseln, es will Blut sehen. Ich werde diese Gelüste bedienen – und damit gut verdienen. Du aber, *Jesus,* wirst heute Nachmittag mit mir zusammen vier weiteren Kobras die Giftzähne ziehen. Oder hast du etwa Angst?"

Jetzt waren aller Augen auf ihn gerichtet. *Jesus* sah den **Guru** an: „Ich bin mir der Ehre bewusst, Euch bei dieser Gelegenheit assistieren zu dürfen und würde mich ebenso freuen, wenn Ihr mir anschließend die Gelegenheit geben würdet, von Euch unter vier Augen beraten zu werden." Damit hatte *Jesus* seinen **Guru** ähnlich in die Pflicht genommen wie dieser ihn, denn es wäre für den **Guru** ein Gesichtsverlust gewesen, dies zu verweigern.

Während die anderen am Nachmittag ersten Körperkontakt mit den beiden entgifteten Kobras einübten, ging *Jesus* ins Schlangenhaus zum Zähneziehen. *Amar Jadoo* hatte sich ein Verfahren ausgedacht, bei dem er selbst die Schlange mit einer Astgabel direkt unterhalb des Kopfes fixierte, und sie dann so hochhielt, dass er den Kopf hielt, *Jesus* aber mit einer Zange den Zahn ziehen musste. Das bedeutete, dass *Jesus* derjenige war, der eindeutig stärker gefährdet und dabei noch dazu von *Amar Jadoo* abhängig war. würde der nämlich loslassen, wäre es um *Jesus* geschehen. Dieser war sich jedoch sehr sicher, dass *Amar Jadoo* ihm nicht nach dem Leben trachtete. Zwar war er hier der Einzige, der dem **Guru** Paroli bieten konnte und daher eine potenzielle Gefahr für die Autorität des Meisters. Aber er hatte dem Guru zwei Drittel seiner Erträge aus Zauberkunststücken versprochen – und *Amar Jadoo* war sehr gierig.

*Jesus* aber freute sich auf das Vieraugengespräch mit dem **Guru**. Bei dieser Gelegenheit würde er das ansprechen, weswegen er wirklich in diesem **Ashram** gelandet war.

# Tod und Auferstehung

Es kam alsdann wirklich zu dem Vieraugengespräch zwischen den beiden wichtigsten Männern im **Ashram**. *Jesus* sprach sofort das Thema an, das ihm wichtig war: „Meister *Amar Jadoo*, ich habe bei meinen früheren Aufenthalten in einem buddhistischen Kloster, einem Kloster der **Jains** und dem **Ashram** des *Maharadesh* viel gelernt, vor allem die vier feinkörperlichen und die vier unkörperlichen **Jhanas.** Ich bin zu Euch gekommen, weil man mir sagte, dass Ihr eine Versenkungsstufe beherrscht, die noch jenseits dieser acht **Jhanas** ist, dass Ihr fähig seid, für Tage aus dem Leben zu scheiden und dann von den Toten wieder aufzuerstehen. Es scheint aber so zu sein, dass Ihr dies hier mit Euren Schülern nicht übt. Ich möchte Euch daher bitten, mich darin zu unterrichten."

*Amar Jadoo* dachte kurz nach, dann sagte er: „*Jesus*, du hast ein zu lineares Verständnis von der Meditationspraxis. Ja, es gibt diese acht **Jhanas,** die vier feinkörperlichen und die vier unkörperlichen. Aber es ist keineswegs so, dass immer eine Fähigkeit auf der anderen aufbaut, auch wenn das oft propagiert wird. Dann erscheint es so, dass man erst alle diese acht **Jhanas** durchlaufen muss, dass man sie beherrschen muss, dass danach gewisse paranormale Fähigkeiten entwickelt werden, z. B. Hellsehen, Hellhören, die Fähigkeit sich an andere Orte zu versetzen oder aus dem Leben zu scheiden und wieder aufzuerstehen. Schließlich scheint es etwas noch Höheres zu geben, das bei den **Hindus** und **Jains** *Erleuchtung,* bei den Anhängern des **Buddha Erwachen** genannt wird. Das ist aber eine teilweise falsche Betrachtung.

Das sage nicht nur ich dir jetzt, das können dir auch fortgeschrittene **Gurus** der **Hindus**, der **Sangha** des **Buddha** und die **Jains** bestätigen: Um zur *Erleuchtung* oder zum *Erwachen* zu gelangen, sind die vier unkörperlichen Vertiefungen ebensowenig notwendig wie für die paranormalen Fähigkeiten. Für all das ist zwar eine sehr solide Meditationspraxis nötig, aber keineswegs die unkörperlichen Vertiefungen. Wenn man diese solide Meditationspraxis hat, wenn man die vier fein-körperlichen, also die ersten vier Vertiefungen, beherrscht, kann man schauen, worauf man im Weiteren seinen Fokus legen möchte.

Die Meditations**gurus**, ein solcher ist *Maharadesh*, bei dem du praktiziert hast, empfiehlt und lehrt dann die unkörper-lichen Vertiefungen anzugehen. Der **Buddha** empfiehlt den **Dreifachen Pfad** aus Ethik, Meditation und Weisheit. Aus dem Meditationsteil genügen dabei die vier feinkörperlichen Vertiefungen. Ganz viel Wert wird aber beim **Buddha** und ebenso bei **Mahavira** auf Ethik gelegt. Für die **Hindus**, die **Erleuchtung** anstreben, ist dann **Vipassanā** nötig. Was für sie bedeutet, daran zu arbeiten, sich mit dem **Brahman** zu vereinigen. Die Anhänger des **Buddha** streben **Erwachen** an. Auch dazu dienen **Vipassanā**-Praktiken, allerdings mit einem anderen Ziel, nämlich dem von **Anattā**, was gewissermaßen das Alleinstellungsmerkmal der **Buddha**-Jünger ist. Dann gibt es **Yogis** wie mich, die sich auf paranormale Fähigkeiten spezialisiert haben. Eine dieser Fähigkeiten ist, scheinbar – ich betone, scheinbar! – zu sterben und nach Stunden oder Tagen wieder aufzuerstehen. Hier liegt mein Schwerpunkt. Hierin bin ich zumindest im Gangestal, möglicherweise sogar in ganz **Bhārat Gaṇarājya,** der Beste."

*Jesus* hörte das alles. Es schien ihm zur Abwechslung ganz ehrlich. *Amar Jadoo* hatte sich diesmal nicht als „der Größte" präsentiert, sondern nur als der Beste – soweit ihm bekannt war – in einer einzigen Disziplin. Auch diese war nicht so gi-gantisch, wie die Leute sagten. Es ging nicht darum, wirklich zu sterben und von den Toten wieder aufzuerstehen. Es ging vielmehr darum, nur scheinbar zu sterben und dann wieder aufzustehen. Zwischen den Zeilen glaubte *Jesus* auch heraus-gehört zu haben, dass *Amar Jadoo* keine der unkörperlichen Vertiefungen beherrschte, dass er selbst, *Jesus,* und natürlich auch *Maharadesh*, ihm in diesem Punkt überlegen waren. Dass *Amar Jadoo* in den Punkten Ethik und Weisheit kein Gigant war, hatte *Jesus* bereits zuvor, in den wenigen Tagen, seit er hier war, bemerkt.

„Danke, Meister *Amar Jadoo*, das hilft, die Angelegenheit klarer zu sehen. Mein ganz klares Interesse ist, die Sache mit dem gesteuerten Scheintod und der Auferstehung zu erlernen. Ich habe die sichere Gewissheit, dass dies in meinem Leben ganz entscheidend ist. Seid Ihr bereit, mir das zu vermitteln. Ich meine nicht irgendwann, sondern so bald wie möglich?"

„*Jesus*, unterschätze das nicht, das ist nicht so ein billiger Taschenspielertrick wie die Schlangenbeschwörung oder das Sitzen auf einem Nagelbrett. Das braucht seine Zeit. Aber ja, wir können damit so bald wie möglich anfangen. Ich denke, du brauchst wesentlich weniger Zeit für die Sache mit den Schlangen als die anderen im **Ashram**. Dann bleiben uns täglich eine oder zwei Stunden, um an der Sache mit dem Scheintod zu arbeiten. Sobald du darin einigermaßen firm bist, bauen wir das in unser Reiseprogramm ein. Auf unseren Reisen gebe ich in allen großen Städten davon zumindest eine Kostprobe. Wenn wir zu zweit sind, können wir die Zurschaustellung noch perfektionieren."

„Danke, Meister *Amar Jadoo*, damit bin ich sehr zufrieden."

Der **Guru** nickte: „Ich erwarte von dir, dass dieses Gespräch vertraulich bleibt."

„Selbstverständlich", erwiderte *Jesus*, dem klar war, dass sich der Meister ihm gegenüber weiter geöffnet und auch seine Schwächen aufgezeigt hatte, als er es vor dem Gespräch für möglich gehalten hatte.

Am nächsten Tag ging für die meisten im **Ashram** alles seinen gewöhnlichen Gang. Nach der Meditation und dem Morgenimbiss gingen die „Frauen" in die Küche bzw. zum Einkaufen, während die Männer in zwei Gruppen eingeteilt wurden. Die eine bekam den Auftrag Flöten herzustellen, die andere experimentierte mit den entgifteten Schlangen. Ziel war es, ein Gefühl dafür zu bekommen, wie lange die

Schlangen brauchten, um sich nach dem Öffnen des Korbes an die Helligkeit zu gewöhnen und wie man durch das Hin- und Herbewegen des Oberkörpers die Schlange dazu brachte, das Gleiche zu tun. Es ging also darum, ein Gespür für das Verhalten der Kobras zu bekommen.

*Amar Jadoo* wies seine Schüler insbesondere darauf hin, dass es absolute Priorität habe, wenn eine Schlange ausbricht, sie wieder einzufangen. Denn Kobras ohne Giftzahn neu zu besorgen, war ein schwieriges und zeitraubendes Unterfangen, daher wurde zunächst in den Hütten geübt.

Nachdem jeder wusste, was er zu tun hatte, zogen sich *Amar Jadoo* und *Jesus* zurück, um an dem Projekt „Scheintod" zu arbeiten. Der **Guru** erläuterte *Jesus*, worum es ging: „Du bist ein ausgezeichneter Meditierer. Die Meditationen zerfallen in zwei Gruppen: Die Śamatha-Meditationen dienen der Beruhigung des Geistes, sie sind die Grundlage für jedes erfolgreiche Meditieren. In der ersten meditativen Vertiefung, dem ersten **Jhāna**, gibt es zwei kognitive Faktoren, nämlich Gedankenfassung und Arbeit mit Gedanken, außerdem die Konzentration auf das Objekt der Meditation, hinzu kommen zwei emotionale Faktoren, die meist als Freude und Verzückung bezeichnet werden. In der zweiten Vertiefung fallen die beiden kognitiven Faktoren weg. In der dritten Vertiefung fällt die heftigere der beiden emotionalen Faktoren, die Verzückung, weg. Es tritt eine gewisse Beruhigung ein. In der vierten Vertiefung entfällt mit der weiter fortschreitenden Beruhigung auch die Freude, vielmehr führt diese tiefere Beruhigung zu Gleichmut. All das ist gut und wichtig für das, was wir entwickeln wollen."

„Genau so habe ich es auch gelernt", ergänzte *Jesus*. „Darauf aufbauend kann man entweder die unkörperlichen Vertiefungen in Angriff nehmen oder aber man widmet sich den **Vipassanā**-Praktiken, die in den einzelnen religiösen Richtungen ein etwas unterschiedliches Ziel haben ..."

*Amar Jadoo* unterbrach ihn: „Genau das machen wir nicht. Es geht bei dieser Praktik nicht um religiöse Einsichten. Es geht auch nicht um unkörperliche Vertiefungen. Es geht vielmehr darum, das weiterzuentwickeln, was im vierten *Jhāna* da war: Dort gab es Gleichmut. Die beiden kognitiven waren ebenso weggefallen wie die beiden emotionalen Faktoren. Was wir also noch hatten, waren die Konzentration auf das Meditationsobjekt, die Beruhigung und der Gleichmut. Das Meditationsobjekt ist in vielen Fällen der Atem oder Körper, so auch bei dieser Meditation, die wir jetzt üben. Wir versuchen den Gleichmut und die Beruhigung verbunden mit der Achtsamkeit auf Körper und Atem immer mehr zu verfeinern. Es geht darum, alle unsere Lebensfunktionen herunterzufahren. Unser Ziel ist es aber nicht den Tod herbeizuführen, sondern diese Lebensfunktionen auf einen absoluten Sparmodus zu reduzieren. Bären und andere Tiere machen einen Winterschlaf, das versuchen wir zu imitieren. Wir versetzen uns in einen künstlichen Tiefschlaf. Die absolut lebensnotwendigen Funktionen müssen erhalten bleiben, also ein Minimum an flacher Herztätigkeit, ein Minimum an subtiler Atmung und das absolute Minimum an Stoffwechsel, wobei auf die körpereigenen Reserven zurückgegriffen wird. Aber alles das auf einem so niedrigen Niveau, dass diese Funktionen für einen Dritten nicht mehr erkennbar sind. Dann sind wir scheintot."

„Das klingt absolut logisch, klar und einfach – also jedenfalls für in der Meditation erfahrene Personen", freute sich *Jesus*.

„Halt, mein Lieber, so einfach ist es auch wieder nicht. Das Problem ist, dass dieser Prozess reversibel sein muss. Wir müssen auch wieder zurückkehren ins Leben. Das ist der kritische Punkt!"

„Aber wenn das sogar Bären und andere Tiere beherrschen, muss es uns doch auch möglich sein, oder *Amar Jadoo?*"

„Die Bären sind darauf von Natur aus programmiert. Wie dieses Programm genau funktioniert, weiß niemand. Es könnte durch die Außentemperaturen, durch die Sonnenscheindauer oder dadurch verursacht sein, dass eine gewisse Zeitspanne vorbei ist oder die körpereigenen Reserven an einem kritischen Punkt angelangt sind, vielleicht auch aus einer Kombination von allen dreien. Wir wissen es einfach nicht. Auf jeden Fall ist es so, dass in den Bären dieses Programm von allein abläuft. Ob das der Wille eines Schöpfers ist oder eine Naturgewohnheit, die sich über Millionen von Jahren entwickelt hat, wissen wir ebenso wenig. Was wir aber wissen, ist: Wir haben das nicht. Also gibt es nur zwei Möglichkeiten, das Wiedererwachen zu erreichen. Das ist entweder der feste Wille, oder aber es muss von außen unterstützt werden, und zwar von einem Gehilfen."

„Wie macht Ihr es, großer Meister?"

„Ich setze auf einen Gehilfen. Unabhängig davon versuche ich es auch durch Willen. Also wenn ich mir vornehme, 24 Stunden scheintot zu sein, dann weise ich meinen Gehilfen an, nach 30 Stunden mit der Rückholaktion zu beginnen, falls ich den Weg bis dahin nicht allein gefunden habe. Je länger die Phase des Scheintodes ist, desto schwieriger ist die selbstgesteuerte Rückkehr. Ich schaffe es bislang maximal drei Tage, an denen ich gerade noch selbstgesteuert zurückkehren kann. Darüber hinaus bin ich von einem Gehilfen abhängig."

„Habt Ihr keine Angst, dass Euch der Gehilfe aus irgendeinem Grund nicht zurückholen kann?"

„Wenn Angst da ist, funktioniert die Sache mit dem Scheintod nicht. Das bedeutet, dass ich einerseits volles Vertrauen in den Gehilfen haben muss, dass er alles daransetzt, mich zu dem angegebenen Zeitpunkt zurückzuholen, andererseits aber auch, dass in mir eine völlige Akzeptanz dafür vorhanden sein muss, dass die Aktion tödlich ausgehen kann. Vergiss auch nicht *Jesus*, im vierten **Jhāna** haben wir Gleichmut entwickelt. Genau dahin, in dieses **Jhāna,** begeben wir uns in der Meditation zunächst und arbeiten alsdann weiter."

*Jesus* war jetzt voller Tatendrang: „Das klingt gut. Können wir gleich mit den Übungen anfangen?"

„Alles klar, mein Lieber, solche strebsamen und zielorientierten Schüler lobe ich mir. Es geht also zunächst darum, in das vierte **Jhāna** einzutreten. Zuvor aber verankern wir die feste Absicht in uns, die Vitalfunktionen soweit herunterzufahren, wie das schadlos möglich ist. Wir legen uns nicht auf eine bestimmte Zeit fest. Vermutlich wirst du aufwachen, wenn deine Körperhaltung dir Schmerzen bereitet."

Die beiden setzten sich also in Meditationshaltung auf eine abschüssige Wiese, auf der ihr Gesäß durch die Neigung höher saß als die beiden Knie. Sie verwendeten beide die in Indien übliche Lotushaltung, bei der die Füße auf dem jeweils anderen Unterschenkel liegen und die Fußsohlen nach oben zeigen. *Jesus* fasste den festen Vorsatz, seine Vitalfunktionen so weit herunterzufahren, wie ihm das möglich war. Vorsichtshalber legte er auch einen spätesten Endzeitpunkt fest: die Abenddämmerung. Das war zwar äußerst illusorisch, da es noch Vormittag war, aber sicher war sicher! Alsdann ließ er Gedankenfassung und diskursives Denken los, was in ihm große Genugtuung und Freude auslöste. Aber diese beiden emotionalen Faktoren beruhigten sich schon bald, stattdessen trat Gleichmut ein. Ohne darüber nachzudenken, war sich *Jesus* des Zwecks seiner Meditation bewusst, und zwar der weitgehenden Reduktion der Vitalfunktionen.

„*Jesus*, wach auf."

Er spürte eine Berührung an seinen Schultern, die Störung war ihm unangenehm, er wollte doch die Beruhigung …

„*JESUS* – WACH AUF!" Diesmal war die Stimme, von der er nicht wusste, ob sie von außen oder innen kam, lauter und imperativ. Er merkte, wie sein Herz klopfte, ihm war schwindlig. Mühsam öffnete er die Augen.

„Alles in Ordnung?" Es war *Amar Jadoos* Stimme.

„Wie, was ist den los, warum reißt Ihr mich aus … der Meditation? Ich habe doch erst … gerade erst … die nötige Tiefe erreicht", stammelte unser Held verstört.

„Ganz so ist es nicht – und Mittagessen bekommst du auch nicht, dafür ist es zu spät. Du hast rund fünf Stunden gesessen!"

„Fünf Stunden? Mir kam es höchstens wie eine Viertelstunde vor. Ich hätte gerne noch weitergemacht."

„Nein, mein Lieber, das ist zu gefährlich!"

„Wieso denn, Ihr habt selbst von drei Tagen gesprochen ...“

„Ja, *Jesus*, ich kann das sogar bis sieben Tage, aber die Rahmenbedingungen müssen stimmen. Ich habe dann immer einen Gehilfen, der mich zurückholen kann.“

„Aber Meister, erstens habe ich mir auch ein Zeitlimit gesetzt, wie Ihr das empfohlen habt. Ich habe mir vorgenommen, spätestens bei der Dämmerung aufzuhören. Außerdem wusstet Ihr, was ich mache, und dass Ihr mich jederzeit zurückholen könnt.“

„Was ich auch gemacht habe, und zwar nachdem ich deinen Puls gefühlt habe, nein, nachdem ich versucht habe, deinen Puls zu fühlen. Der war aber zu schwach, um ihn fühlen zu können. Dann habe ich deine Körpertemperatur untersucht. Dein Gesicht und deine Hände fühlten sich normal an. Das ist aber nicht verwunderlich, schließlich ist heute ein warmer Frühlingstag. Dann habe ich unter deine Achselhöhlen gefühlt, denn dort ist die Körpertemperatur immer höher als an der Körperoberfläche. Sie war es aber nicht. Deshalb musste ich dich zurückholen.“

„Aber Ihr habt doch tagelang ...“, versuchte der junge Galiläer einzuwenden.

„Aber doch nicht im Sitzen, *Jesus*! Ich habe dabei gelegen. Wenn deine Herztätigkeit zu weit absinkt, wenn also die Pumpleistung nachlässt, sammelt sich mehr Blut in den unteren Körperbereichen. Es kann sein, dass dann dein Hirn nicht mehr durchblutet wird. Wenn dein Hirn aber einige Minuten nicht vom Blut erreicht wird, ist es tot. Dein Körper kann dann zwar wiederbelebt werden, aber dein Geist nicht mehr. Vermutlich hat die Seele dann deinen Körper bereits verlassen.“

„Oh“, war alles, was dem ernüchterten *Jesus* jetzt einfiel.

„Ich wusste nicht, dass du so schnell und bereits beim ersten Versuch deine Vitalfunktionen so deutlich herabsetzen kannst. Das hängt vermutlich mit deiner sehr umfassenden Meditationserfahrung zusammen.“

„Was heißt das jetzt für die Zukunft?“

„Wir werden wie geplant weiterüben, aber nur in kleinen und sorgfältig geplanten Schritten vorgehen. Jeder Körper ist anders. Was bei mir funktioniert, muss bei dir nicht so sein. Du wirst von morgen an im Liegen meditieren."

*Jesus* sah ein, dass *Amar Jadoo* recht hatte. Aber was ihn besonders freute: Sein **Guru** war nicht der gnadenlose Sektenführer, für den er ihn gehalten hatte. *Amar Jadoo* schien sich tatsächlich Sorgen um ihn gemacht zu haben. Damit war *Jesus* sicherer, ihm in wichtigen Dingen vertrauen zu können.

„Ihr habt recht, Meister. Es kann nicht schaden, behutsam vorzugehen." Da wusste er allerdings noch nicht, was ihm sein Meister noch am selben Abend zumuten würde, denn es war **Uposatha**.

Am Abend versammelte sich die Gemeinde im Tempel des **Ashrams**. Dieser spezielle Abend, so sagte jetzt *Amar Jadoo*, sei der Göttin **Kali** gewidmet. Der Tempel und die darin verehrten Götter – insbesondere **Śiva** und **Kali** – waren *Jesus* nach wie vor unheimlich. Dass heute Abend hier außerdem ein Huhn zugegen war, machte es für *Jesus* noch unbehaglicher. Das erinnerte ihn an den Zwischenfall auf dem Markt in *Puruschapura*, weswegen er zwei Jahre zuvor das **Theravāda**-Kloster verlassen musste.

Dann kam *Amar Jadoo* auf *Jesus* zu sprechen: „Ich betreibe diesen **Ashram** jetzt seit gut zwanzig Jahren. Wir opfern den Göttern. Insbesondere **Śiva** und **Kali** verehren wir hier. Wir praktizieren unsere magischen Übungen dank ihrer Kraft, ihrem Schutz und Segen. Dazu gehen wir jedes Jahr einige Zeit auf Wanderschaft und zeigen unsere Fähigkeiten, die wir mit göttlicher Unterstützung ausüben, den Gläubigen. Wofür diese uns unterstützen, sodass wir ein gutes Leben führen und unsere Fähigkeiten weiterentwickeln können.

Nach der Regenzeit werden wir wieder auf Wanderschaft gehen. Bis dahin üben wir weitere magische Kunststücke ein. Wir haben gerade damit begonnen, die Schlangenbeschwörungen einzuüben und werden in der kommenden Saison damit auftreten. Aber noch ein zweites Projekt ist heute begonnen worden. Neben mir wird auch *Jesus* dann als einer auftreten, der nach Belieben sterben und begraben werden kann und alsdann von den Toten aufersteht. Dafür holen wir uns jetzt den Segen und die Unterstützung von **Kali**. *Jesus*, bitte tritt vor."

Damit hatte *Jesus* nicht gerechnet, das hätte *Amar Jadoo* zuvor mit ihm besprechen sollen! Etwas verstört und mit großem Unwohlsein ging *Jesus* nach vorn. Auf dem Altar befand sich eine Holzscheibe, ein Beil lag und ein Kelch stand daneben. *Jesus* hatte schlimme Befürchtungen, was das Huhn und seine Reaktion anging. *Anik*, der Diener des Gurus, hielt das Huhn. Den sprach *Amar Jadoo* nun an: „Reiche mir das Huhn!"

*Jesus* schloss die Augen und richtete ein Stoßgebet gen Himmel: **„Abba**, bitte mach, dass dieses Huhn nicht leiden muss und ich nicht wieder einen Anfall von Jähzorn bekomme."

Als er die Augen öffnete, sah er, wie *Amar Jadoo* seinem Diener das Huhn fast zärtlich abnahm, beruhigend auf es einsprach, es dann auf die Holzscheibe legte und ihm geschwind den Kopf abschlug. Jetzt nahm er den leblosen Körper und hielt ihn über den Kelch, damit das Huhn in den Kelch ausblutete. *Amar Jadoo* wandte sich an ein Bild **Kalis**: „Große Göttin, Dir opfere ich dieses Huhn, mögest Du die beiden **Yogis** segnen, die mit Dir durch das Blut dieses Tieres verbunden sind, und ihnen ermöglichen, wie tot zu erscheinen und doch nach Tagen wieder aufzuerstehen."

Dann legte er das ausgeblutete Huhn zur Seite, hob den Kelch zum **Kali**bild und sprach: „Mit deinem Segen werde ich mich begraben lassen und wieder auferstehen!" Dann nahm er den Kelch und trank einen großen Schluck des warmen Blutes. Anschließend reichte er *Jesus* den Kelch.

Nach einer Schrecksekunde nahm *Jesus* den Kelch und verbeugte sich vor *Amar Jadoo*: „Großer **Guru**, ich bedanke mich für Eure Belehrungen, für Eure Unterstützung und Hilfe."

Er drehte sich jetzt zu den Brüdern (und den vier „Schwestern"), hielt den Kelch hoch und sagte: „Auch euch, meinen Brüdern, möchte ich meinen Dank aussprechen."

Alsdann hielt *Jesus* den Kelch himmelwärts: „Mit Deinem Segen werde ich mich begraben lassen und wieder auferstehen, *Abi*[94]!" Dann nahm er einen kleinen Schluck aus dem Kelch und stellte ihn alsdann auf den Altar.

*Geschafft*, dachte er. Der Rest des Rituals rauschte an ihm vorbei. Er selbst dankte **Abba** für die Unterstützung, diese Szene besser überstanden zu haben als damals in **Puruschapura**: „Danke, **Abba**, dass Du diesen Kelch an mir vorbeigehen ließest!"

In den nächsten Tagen und Wochen lief das gleiche Programm ab wie an diesem Tag. Die Männer übten mit den Schlangen, während *Amar Jadoo* seinen besten Schüler allmählich tiefer in die Praxis von Scheintod und Auferstehung einführte. Sie übten jetzt abwechselnd, denn allzu oft kann diese Praxis nicht wiederholt werden. Es muss vor allem aufgepasst werden, dass sich keine derartige Routine einstellt, in die man beim normalen Einschlafen verfällt. Es könnte sonst sein, dass man für tot gehalten wird, während man eigentlich nur schläft, aber möglicherweise aus diesem totengleichen Tiefschlaf ohne Hilfe eines Gehilfen nicht mehr herausfindet.

Außerdem sollte bei allen längeren Zuständen von Scheintod, also wenn eine Nacht zwischen „Tod" und „Auferstehung" liegt, mit anregenden Salben gearbeitet werden. Nach einem Monat experimentierten sie auch mit „Begräbnissen". Zwar werden in Indien die Leichen nicht begraben, sondern verbrannt. Aber die Tatsache, dass jemand unter der Erde liegt, machte es für Nichteingeweihte deutlicher, dass der Begrabene nicht atmen kann, was allerdings nicht stimmt. Maulwürfe und Würmer können auch unter der Erde atmen. Für einen Menschen reicht dort normalerweise die Luft nicht

---

94 „Abi" ist im Aramäischen das Kosewort für *Abba* (Vater). Jesus verwendet hier die Koseform, denn sie klingt ähnlich wie **Kali**, dadurch glauben die anderen, dass er sich – wie sein Guru – bei **Kali** bedankt, in Wirklichkeit jedoch adressiert er seinen Gott.

aus. Aber wenn alle Körperfunktionen so weit wie möglich heruntergefahren sind, ist das etwas anderes. Der Boden darf allerdings dabei nicht zu feucht sein. Die Regenzeit eignet sich definitiv nicht! Und es muss sichergestellt werden, dass Sand und Erde nicht in die Atemwege gelangen. Diese müssen also mit einer sehr feinmaschigen Decke oder etwas Ähnlichem abgesichert werden. Nach gut zwei Monaten waren sie soweit. Es waren noch etwa zwei bis drei Wochen bis zum Beginn der Regenzeit.

„*Jesus*, nach der Regenzeit gehen wir auf unsere jährliche Tournee, vor allem mit der Schlangenbeschwörer- und unserer Auferstehungsnummer. In der Regenzeit können wir zwar in den Hütten üben, aber nicht unter der Erde. Wir müssen jetzt, vor der Regenzeit, einen ersten Auftritt haben, und zwar hier in **Rājagṛha**, das ist unsere Generalprobe. Dann können wir in der Regenzeit noch an Einzelheiten feilen. Außerdem sind wir dann Stadtgespräch. Das macht die Leute neugierig. Sie werden unserem Auftreten nach dem Ende der Regenzeit entgegenfiebern. Nach ihr beginnen wir unsere Tournee ebenfalls in **Rājagṛha**. Dann haben alle schon von uns gehört und wollen unsere Schau sehen. Das wird sich mit der nach der Regenzeit wieder beginnenden Reisesaison der Kaufleute rasch auch in den anderen Städte im Gangestal herumsprechen. Wir werden überall Zuspruch haben – und gute Einnahmen! *Jesus*, wir beginnen heute in einer Woche, dann ist die Generalprobe. Von morgen an treten zwei von unseren Männern auf dem Markt mit der Schlangennummer auf und kündigen dabei unsere Auferstehungsschau an.“

*Jesus* war froh, dass er die Nummer mit dem Scheintod inzwischen konnte. Eigentlich wollte er nichts anderes als das. Anderseits sah er sich auch gegenüber *Amar Jadoo* in der Pflicht. Der hatte ihm das in der sicheren Annahme beigebracht, einige Jahre mit ihm herumziehen zu können. Aber *Jesus* hatte absolut keine Lust, als Unterhaltungskünstler im Zirkus aufzutreten. Er hatte sich fest vorgenommen spätestens am Ende der ersten Tournee, also Ende des Jahres, *Amar*

*Jadoo* und dessen **Ashram** zu verlassen. Vorläufig machte er aber gute Miene zum albernen Spiel.

Eine Woche später war es so weit. Die Generalprobe in **Rājagṛha** stand an, sie sollte am Marktplatz stattfinden. *Amar Jadoo* hatte dazu eine geeignete Stelle am Rande des Hauptmarktes gefunden und sie vom Marktaufseher reservieren lassen. Schon zeitig am Morgen brach die ganze Gemeinschaft auf. Genau am Ende der großen Straße, die auf den Marktplatz führte, lag der etwa fünf mal sechs Meter große Abschnitt, der für die *Amar-Jadoo-Yogi-Show* reserviert war. Zunächst wurde das Gelände an drei Seiten mit Holzpflöcken eingezäunt. Man wollte verhindern, dass Leute auf diese „Zirkusarena" liefen. Nur vorn, zur Straße hin, befand sich kein Zaun, wo eine beliebig große Menge an Zuschauern stehen konnte. An dieser Seite waren auch 20 Sitzmatten ausgelegt. Das waren die Logenplätze, für die zuvor bezahlt werden musste. Auch bei den dahinter Stehenden sollte Geld gesammelt werden, aber davon versprach sich *Amar Jadoo* wenig: „Die sind nur für die Werbung nötig. Sie werden die Sensation in der Stadt und im Umfeld bekannt machen und stolz erzählen, sie seien dabei gewesen. So bekommen wir genügend zahlende Zuschauer für die weiteren Veranstaltungen nach der Regenzeit."

Sobald das Markttreiben losging, begannen die Vorführungen mit der Schlangennummer. Die *Amar-Jadoo*-Gruppe hatte insgesamt zehn Kobras, davon sechs entgiftete. Es begann mit einer Flötennummer, danach kam die Ansage, dass am Nachmittag ein Mann lebendig begraben würde, der erst am übernächsten Tag wieder ausgegraben würde, „ein Experiment auf Leben und Tod", wie *Amar Jadoo* ankündigte. Anschließend wurde die Nummer mit der entgifteten Kobra, die sich um *Amar Jadoo* wand, gezeigt. Dann kam wieder die marktschreierische Ansage vom „Experiment auf Leben und Tod". Anschließend wiederholte sich das Ganze, zwischendurch gab es immer wieder Einlagen aus der Show des letzten Jahres, wo es um schmerzhafte Dinge ging, das Liegen auf Dornen, das Übergießen mit kochender Milch oder auch Haken, die durch die Zunge gebohrt wurden.

Eines war bis zu diesem Zeitpunkt noch nicht geregelt, und zwar, wer nun begraben werden sollte, *Amar Jadoo* oder *Jesus*. Im Prinzip waren beide dafür ausgebildet. Sie hatten beide mit den Scheinbegräbnissen gearbeitet. *Amar Jadoo* hatte sich für die Entscheidung etwas Besonderes ausgedacht, eine Art Abstimmung unter den Zuschauern. Bis dahin ging alles seinen geplanten Gang.

Inzwischen war angekündigt worden, dass nach der nächsten Nummer das Begräbnis beginnen sollte. Allmählich füllten sich daher die Reihen. Für *Amar Jadoo* war besonders wichtig, dass die vorderen Reihen mit zahlenden Kunden besetzt waren. Die hinteren sechs Plätze waren für **Vaiśyas** reserviert. Diese Plätze waren etwas billiger. Die mittlere Reihe war den **Brahmanen** vorbehalten, das war die mittlere Preiskategorie, die vordere, die teuerste, den **Kṣatriyas**. In jeder dieser Reihen gab es sechs Sitzplätze. Direkt bei dem noch auszuhebenden Grab gab es zwei weitere Sitzplätze, die am teuersten waren und nicht nach Kastenzugehörigkeit vergeben wurden, da war *Amar Jadoo* ganz Marktwirtschaftler: Wer am meisten zahlte, bekam den besten Platz. Einer dieser beiden teuersten Sitzplätze ging an einen ausländischen Kaufmann, den hier keiner kannte. *Amar Jadoo* war es recht, denn dieser hatte den höchsten Preis geboten.

Während noch einmal eine Flötennummer lief, wurde das Grab ausgehoben. Leider ergaben sich Schwierigkeiten mit einem großen Gesteinsbrocken, weswegen man etwas seitwärts erneut graben musste. Die Zeit wurde dadurch überbrückt, dass zwei Brüder noch einmal eine der schmerzhaften Übungen aufführten.

Inzwischen waren alle Sitzplätze verkauft. *Amar Jadoo* hatte mit einer Befragung begonnen: Wer sollte nun begraben werden? Er, der Guru, oder aber jener junge Mann aus dem Römischen Reich mit dem merkwürdigen Namen *Jesus*. Einer meldete sich lautstark zu Wort: „Nehmt diesen Ausländer, *Amar Jadoo* kennen wir doch schon. Der hat das früher schon einmal gemacht. Lasst doch mal den Ausländer zeigen, ob er eine Kunst beherrscht, die bestimmt nur von *Yogis* aus **Bhārat Gaṇarājya** beherrscht wird!" Dem Argument stimmte andere zu, keine einzige Stimme erhob sich, die wollte, dass *Amar Jadoo* begraben werden sollte.

*Amar Jadoo* sah sich um: „Das scheint einstimmig zu sein ..."

„Halt!", rief der unbekannte Kaufmann. „Ich habe noch nicht gesehen, wie *Amar Jadoo* begraben wird und wieder aufersteht." Dann wandte er sich an den Guru: „Ich zahle fünf große Goldstücke, wenn du es machst, und zwar im Voraus!" Bei diesem Worten griff er in seinen Beutel, nahm fünf Münzen in die Hand und bot sie *Amar Jadoo* an. Wie nicht anders zu erwarten war, griff dieser gierig zu.

*Jesus* war ziemlich verstört. Die Menge hatte sich eindeutig für ihn ausgesprochen! Außerdem war er doch so gut vorbereitet! Bis zu drei Tage hatte er geübt, zuletzt tatsächlich unter der Erde. Er ging verwundert auf den Kaufmann zu.

„Du weißt es noch nicht, aber ich habe dir soeben das Leben gerettet", raunte der Kaufmann ihm zu. *Jesus* war erstaunt und entsetzt, aber was ihn am meisten verwunderte, war, dass der Kaufmann Aramäisch sprach!

„Wieso ..." *Jesus* wollte wissen, was dieser wusste, er jedoch nicht.

„Frag nicht, *Jesus*, sieh selbst. Einen schönen Gruß soll ich dir ausrichten von *Dimitros* aus **Antioch**." Im selben Moment war der Kaufmann verschwunden.

Inzwischen war *Amar Jadoo* in eine spezielle Decke aus Tierhaar eingewickelt worden und lag im Grab, nur seine rechte Hand war frei. Es brauchte einige Minuten, bis die Meditation tief genug war, bevor man das Grab verschließen konnte. *Amar Jadoo* hatte *Jesus* gesagt, man solle noch einmal die Flötennummer aufführen. Wenn das Flötenspiel zu Ende war, konnte man mit dem Schließen des Grabes beginnen. Es sei denn, dass derjenige von ihnen beiden, der im Grab läge, dann die Hand hebe. Das war gewissermaßen eine Rückversicherung, damit kein Unglück geschehe. Es schien aber alles seine Richtigkeit zu haben. Deswegen begannen sie jetzt, Erde auf ihren Guru zu schütten.

Als das Grab geschlossen war, verkündete *Jesus*: „Übermorgen, drei Stunden nach Sonnenaufgang, wird das Grab geöffnet. Ich hoffe, Sie dann alle hier wieder zu sehen und mit Ihnen die Auferstehung meines großartigen **Gurus** *Amar Jadoo* feiern zu können. Selbstverständlich können Sie alle jederzeit zwischendurch hierherkommen, um nachzusehen, ob alles mit rechten Dingen zugeht. Wer will, kann auch die ganze Zeit hierbleiben. Von uns aus dem **Ashram** wird mindestens eine Person, *Amar Jadoos* Diener *Anik,* hierbleiben und die vorübergehende Ruhestätte unseres **Gurus** bewachen.“

Einige Zuschauer blieben noch eine Weile, aber allmählich zerstreute sich die Menge. Die meisten Brüder waren jetzt etwas verunsichert, denn sie hatten erwartet, dass *Jesus* im Grab liegen und sie dann das machen würden, was ihr **Guru** anordnete. Ohne *Amar Jadoo* jedoch schienen sie etwas kopflos. Also entschloss sich *Jesus,* vorübergehend die Führung zu übernehmen.

„Brüder, wir sind alle etwas überrascht vom Verlauf der Dinge. Ihr habt gehört, dass *Anik* hierbleiben und das Grab bewachen wird. Das scheint mir etwas zu wenig, daher werde auch ich bleiben und bitte dich, *Anando,* ebenfalls zu bleiben. Sollte noch einer oder zwei von euch den Wunsch haben, hierzubleiben, können die sich im Anschluss bei mir melden. Die anderen gehen zurück in den **Ashram** und kommen übermorgen bei Sonnenaufgang – wie geplant – hierher. Morgen früh werden wie üblich zwei Leute vom Küchenteam hierher zum Einkauf kommen. Dann erfahren wir, was es bei euch Neues gibt. Ihr erhaltet Nachricht von uns hier. Sehen wir zu, dass alles geordnet abläuft und wir unserem **Guru** zur Ehre gereichen.“

*Anik* kam auf *Jesus* zu: „Solange *Amar Jadoo* ausfällt, bleibe ich bei dir als zweiter Diener.“

„Ich bin sowieso an deiner Seite, *Jesus*", versicherte ihm *Anando*. Auch *Mahila* kam zu Jesus: „Schönen Dank, *Jesus*, dass du uns als ‚Küchenteam' bezeichnet hast, und nicht als ‚Frauen'. Wenn es recht ist, bleibe auch ich hier. Als Erstes werde ich uns einen Imbiss besorgen. Ihr seid sicher auch hungrig. Ich weiß, wo man hier um diese Zeit etwas einkaufen kann."

„Prima", freute sich *Jesus*, „dann sind wir jetzt vier Mann hier, das dürfte genügen."

Eine Stunde später waren die Brüder Richtung **Ashram** entschwunden. Nur noch einige Leute aus der Stadt standen herum und diskutierten die Ereignisse oder besahen sich die Stelle, an der *Amar Jadoo* vergraben lag. Inzwischen war auch *Mahila* mit Gemüseeintopf in Kokosnussschalen und Naan-Brot gekommen. Man aß gemeinsam zu Abend.

„Was war das eigentlich für ein merkwürdiger Kaufmann mit den Goldmünzen? Er hat in einer fremden Sprache mit dir gesprochen", fragte *Anando*.

„Das habe ich auch nicht ganz verstanden. Die Sprache war Aramäisch. Das wird in meiner Heimat gesprochen. Er schien einen Freund von mir in einer weit entfernten Stadt im Römischen Reich zu kennen. Er hat mir Grüße von ihm ausgerichtet."

*Anando* war noch nicht ganz zufrieden mit der Antwort: „Aber warum hat er so irre viel Geld bezahlt, damit nicht du, sondern *Amar Jadoo* begraben wurde?"

„Das eben habe ich nicht verstanden. Er hat gesagt, er hätte damit mein Leben gerettet. Ob er einfach nur Angst hatte, dass ein Landsmann von ihm hier umkommt, oder ob jetzt auch *Amar Jadoo* in Gefahr ist, weiß ich nicht. Daher habe ich mich entschlossen hierzubleiben und euch gebeten, auch zu bleiben. Sollte irgendeine Gefahr für unseren **Guru** bestehen, müssen wir eingreifen."

Alle aßen still und überlegten. *Anik* war der Erste, der wieder sprach: „Das mit dem Ausheben des Grabes hat doch nicht richtig funktioniert, da war dieser große Stein, weswegen das Grab verlegt werden musste."

*Jesus* nickte: „Das ist auch so eine Sache. Wir hätten das Grab vorher ausheben müssen, damit es nicht zu so einer bösen Überraschung kommt."

„Das ist wieder einmal typisch *Amar Jadoo*. Natürlich wäre es besser gewesen vorher zu graben und die Bodenbeschaffung zu untersuchen. Aber das durfte erst im letzten Moment erfolgen, wenn die Leute das Ausheben des Grabes sehen, des dramaturgischen Effektes wegen", war *Malikas* Einwand.

„Wie dem auch sei. Die Situation ist jetzt so, wie sie ist. Wir müssen damit umgehen. Zunächst zu dem Problem mit dem Grab: Der einzige wirkliche Felsbrocken ist umgangen worden. Zwei Handbreit unter dem Grab befindet sich aber Fels oder jedenfalls große Steine. Die sind aber jetzt so dick mit Erde gepolstert, dass sie keine mechanische Gefahr mehr darstellen können. Ich war selbst im Grab und habe alles untersucht. Da dachte ich noch, es wäre mein Grab. Es ist nicht klar, ob irgendjemand einen Anschlag auf *Amar Jadoo* vorhaben könnte, das müsstet ihr eher wissen. Aber diese Gefahr ist dadurch minimiert, dass wir das Grab zu viert bewachen. Wenn irgendjemand ihn aus dem Weg räumen wollte, könnte er das bei anderer Gelegenheit leichter. Unser Guru streift schließlich oft allein durch die Gegend. Aber wir sollten auf jeden Fall Wachen aufstellen. Wer übernimmt die Wache für das erste Drittel der Nacht?"

„Das mache ich", meldete sich *Malika*.

„Dann übernehme ich die zweite", rief *Anik*.

„Und ich die dritte", sagte *Anandos*.

„Gut, Männer, wir haben getan, was zu tun ist. Mögen die himmlischen Mächte uns beistehen, gute Nacht." *Jesus* hatte bewusst religionsübergreifend formuliert.

Die Nacht verlief ohne Zwischenfälle. *Jesus* wachte am Morgen gut erholt auf. Anfangs war ihm noch der Kaufmann aus **Antioch** durch den Kopf gegangen. Doch dann hatte er sich gesagt, dass Grübeln nichts brächte. Wenn die Dinge reif wären, würden sie sich offenbaren. So war er ruhig eingeschlafen. Es war die gleiche Methode, mit der *Jesus* seinen Gedanken am Anfang der Meditation Einhalt gebot.

Der Tag verlief zunächst unspektakulär. Erst hatte *Malika* Frühstück besorgt. Nach einiger Zeit waren zwei „Frauen" vom Küchenteam erschienen und berichteten, dass es nichts zu berichten gab. Alles schien seinen geordneten Gang zu gehen. *Jesus* sagte seinen Freunden: „Ich sehe mich kurz in der Stadt um." Den anderen war das recht.

Kaum hatte er den Marktplatz verlassen, fiel *Jesus* auf, dass es eigentlich gar keinen Grund gab, in die Stadt zu gehen. Warum tat er es dann überhaupt?

„Du bist gekommen, um mich zu suchen?" Die Stimme hinter ihm sprach Aramäisch. Jesus fuhr herum – tatsächlich, es war der Kaufmann aus **Antioch**.

„Herr, warum seid Ihr hier? Warum habt Ihr gestern eingegriffen? In wessen Auftrag seid Ihr hier? Und wie geht es *Dimitros*? Ich hoffe, er ist wohlauf."

„Ich bin nicht gekommen, um Fragen zu beantworten und auch nicht das, wofür du mich hältst, *Jesus von Nazareth*. Du bist in Gefahr. Gestern habe ich die unmittelbare Gefahr abwenden können, sonst wäre dies in der Tat dein endgültiges Grab gewesen. Dafür ist die Zeit aber noch nicht reif. Aber in den nächsten vierundzwanzig Stunden wirst du entscheiden müssen. Dazu lastet große Verantwortung auf deinen Schultern. Du musste eine wichtige Entscheidung treffen, die alles andere als leicht zu treffen ist. Denn es geht um deinen weiteren Lebensweg – um Leben und Tod."

„Augenblick, bitte", sagte ein Eseltreiber, der sich mit seinem schwer beladenen Tier zwischen den beiden Gesprächspartnern hindurchdrängte. Als Esel und Treiber vorbei waren, war der Aramäer verschwunden – wieder einmal.

*Jesus* wusste jetzt wenigstens, warum er in die Stadt gegangen war, und zwar wegen des merkwürdigen Kaufmanns. Aber hatte <u>er</u> sich entschieden deswegen zu gehen? Oder war es nicht vielmehr so, dass der Kaufmann ihn mit unhörbarer

Stimme gerufen hatte? Unwillkürlich blickte *Jesus* himmelwärts.

Während er weiterging, wurde er Zeuge eines Gesprächs.

„Ach, *Ishani*, mein linkes Bein schmerzt heute so sehr."

„Aber *Kanja*, damit bist du zu früh dran. Damit ist frühes-
tens in zwei Wochen zu rechnen."

„Aber ich merke es doch, dann kommt der Regen eben
dieses Mal früher."

*Jesus* durchfuhr es wie ein elektrischer Schlag: Die Regenzeit
kommt früher! Es war unmöglich, in der Regenzeit begraben
zu überleben! Er rannte los, blickte zum Himmel und sah nur
Schönwetterwolken. In diesem Moment wehten einige Blätter
an ihm vorbei. Wind? In letzter Zeit war es windstill. Wieso
wehte plötzlich eine heftige Prise? *Jesus* blickte sich um: Vom
Westen her zogen dicke schwarze Wolken auf. *Jesus* rannte
noch schneller, vor ihm befand sich der Marktplatz, darauf
seine Freunde in geselliger Unterhaltung. Jetzt war er gleich
da und rief ihnen entgegen: „Männer, besorgt ganz schnell
Schippen, Schaufeln, Spaten, der Regen kommt. *Amar Jadoo*
kann im Grab nicht überleben, wenn es regnet!"

„Aber *Jesus*, das dauert noch zwei Wochen!"

„Seht doch nach oben!"

„Eine Wolke macht noch keine Regenzeit!"

„Ich habe einen Propheten getroffen, der für heute den
Beginn der Regenzeit angekündigt hat!"

Jetzt mischte sich *Anando* ein: „*Jesus* hat recht, wir sollten auf jeden Fall vorbereitet sein. Besorgt alles, was ihr zum
Graben finden könnt. Wir können später entscheiden, ob es
nötig ist."

„Das ist Verrat an meinem Guru! Er würde das nicht wollen.
Ihm ist es wichtig, das bis zum Ende durchzuziehen, wegen
der werbenden Wirkung!" *Anik* stellte sich quer.

„Ich versuche hier Schaufeln zu kaufen, unsere sind noch
im **Ashram**", rief *Mahila* und lief los.

„Wo sind eigentlich die Salben, um den Guru zur Wiederbelebung einzureiben?", fragte *Jesus*.

„Die sind noch im **Ashram**, sie werden schließlich erst morgen gebraucht", antwortete *Anik*.

„Kannst du bitte schnell hingehen und sie holen?"

*Anik* wurde bockig: „*Amar Jadoo* hat gesagt, die brauchen wir erst morgen, also hole ich sie jetzt NICHT!"

„In Ordnung, ich hole sie und bringe auch zwei Schaufeln mit", ergriff *Anando* die Initiative.

„Aber beeile dich!"

*Anik* setzte sich auf den Boden und sagte: „*Amar Jadoo* hat gesagt, ich soll hierbleiben und Wache halten. Das mache ich jetzt."

„*Anik*, natürlich sollst du Wache halten. Aber du sollst Wache halten, um eingreifen zu können, wenn etwas Unerwartetes geschieht. Dieser Regen, der frühzeitige Ausbruch der Regenzeit, ist genau das Unerwartete. Dein **Guru** zählt auf dich!"

„Das denkst du, *Jesus*, aber *Amar Jadoo* hat zu mir immer gesagt: ,Denk nicht, das kannst du nicht, gehorche.' Also gehorche ich."

*Jesus* war das Gespräch jetzt zu blöde. Inzwischen waren Donner zu hören und Blitze zu sehen. Unmöglich, dass *Anando* rechtzeitig vom **Ashram** zurück war. Und wo blieb *Malika* mit dem Werkzeug? *Jesus* sah sich um und ein halb fertiges Haus. Ob da vielleicht ...? Er rannte hin und fand, tatsächlich, eine Schaufel und einen Spaten. Er nahm sich das unbewachte Werkzeug und lief zurück.

„Du bist ein Dieb, *Jesus*, das werde ich den **Kṣatriyas** sagen. Dafür wirst du ausgepeitscht oder es wird dir die Hand abgehackt."

*Jesus* hatte keine Lust, mit dem Idioten zu reden. Er ignorierte ihn einfach. Ein letzter Blick auf den Himmel, dann begann er vorsichtig zu graben. Etwa ein Fuß Erde lag auf *Amar Jadoo*. Diese Schicht musste zuerst mit der Schaufel abgegraben werden, bevor er sich daranmachen konnte, den übrigen Körper mit den Händen auszugraben. Als erste Tropfen fielen, ließ er die Schaufel sinken und machte sich daran, den im Tuch eingewickelten Kopf des Vergrabenen mit seinen

Händen freizuräumen. Jetzt war *Jesus* bei dem Tuch angekommen, das die Atemwege des **Gurus** vor Sand schützen sollte – und es ließ sich nicht zerreißen!

„**Abba**!" – nur ein Wort hatte das Stoßgebet *Jesu*.

„Hier, nimm das Messer!"

*Jesus* blickte nach oben, tatsächlich war *Mahila* mit mehreren Männern und Werkzeug eingetroffen. Dieser Praktiker aus der Küche hatte zum Glück auch an ein Messer gedacht. Das Gesicht des **Gurus** war jetzt frei, aber er atmete nicht – zumindest nicht merklich.

„Weiter freilegen, Gesicht vom Regen abschirmen!" Jeder hörte jetzt auf das Kommando des Mannes aus *Galiläa*.

„Hier, Herr, die Salben", das war *Anando*, der inzwischen mit Verstärkung aus dem **Ashram** zurück war. *Jesus* rieb etwas von der Gesichtssalbe auf die Stirn, Nase und Mundgegend des **Gurus**. Inzwischen war der Sand vom Oberköper entfernt. *Jesus* schnitt das Tuch und auch die Robe seines **Gurus** auf. Dann begann er die Herzgegend einzusalben.

Jetzt öffnete der **Guru** allmählich die Augen: „Es regnet?", fragte er.

Mehrere Männer, darunter auch *Anik*, redeten auf ihn ein. Der **Guru** schloss die Augen wieder. *Jesus* fasste an seine Halsschlagader: „Er lebt, macht weiter, aber bitte ohne diese Lautstärke."

Dann ging alles ganz ruhig vonstatten. Schließlich zogen sie Richtung **Ashram**. *Anando* hatte zuvor noch das entwendete Werkzeug auf die Baustelle zurückgebracht.

Niemand sprach auf dem Weg in den **Ashram** ein einziges Wort. Es war gespenstisch. Dort ging der **Guru** zu seiner Hütte: „*Anik*, komm mit und berichte!"

Es dauerte fast eine Stunde, bis *Anik* die Hütte verließ. Er grinste gehässig: „Du sollst jetzt reinkommen, *Jesus*, viel Spaß."

*Jesus* trat ein. Der **Guru** stellte Fragen. *Jesus* antwortete. Dann sagte der **Guru** emotionslos: „Und jetzt schildere den Gesamtablauf aus deiner Sicht. Das Gleiche habe ich übrigens auch *Anik* gesagt."

*Jesus* tat, wie ihm geheißen. Dann fragte der **Guru** – noch immer völlig emotionslos: „Wie sollte es deiner Meinung nach weitergehen?"

*Jesus* antwortete: „Unsere Vorstellung in **Rājagṛha** ist nicht so verlaufen, wie wir uns beide das gewünscht haben. Das ist die erste Tatsache. Die zweite Tatsache ist, dass ich Euer Leben gerettet habe. Daraus folgt, drittens, dass wir nicht einfach so weitermachen können wie geplant. Die Hierarchie im **Ashram** ist heute etwas aus dem Lot geraten. Ich schlage vor, Ihr entlasst mich. Dann könnt Ihr so weitermachen wie vor meiner Zeit hier und nach der Regenzeit Eure Tournee mit der Schlangennummer unternehmen. Dafür verzichtet Ihr auf alle Ansprüche gegen mich. Ich meinerseits verspreche Euch, keine Wunder oder Zaubertricks gegen Geld aufzuführen. Die Sache mit Scheintod und Auferstehung werde ich innerhalb von **Bhārat Gaṇarājya** nicht wiederholen."

„Lass uns nach draußen gehen", schloss der **Guru** die Unterredung ab. Dann gingen die beiden Männer hinaus, wo sich alle Brüder (und die ‚Frauen') versammelt hatten. Alle lauschten gespannt, was ihr **Guru** zu verkünden hatte.

„Männer, hört! Als ich im Grab lag, ist mir **Śiva** erschienen. Eigentlich war es vielmehr so, dass nur mein Körper im Grab lag, ich aber zu **Śiva** ging. Er ist der Meinung, dass unsere Verbindung mit *Jesus*, der sich weigert, ihn, den großen **Śiva,** anzubeten, unrecht ist. Wir sollten uns von *Jesus* trennen. Männer, ich habe immer **Śiva** geopfert und ihn um Hilfe gebeten. Deshalb werde ich den Mann, der mir das Leben gerettet hat, bitten, unseren **Ashram** zu verlassen und weiterzuziehen. Es wird noch zwei kleinere Veränderungen geben. *Anik* hätte mich sterben lassen, nicht aus Bosheit, sondern aus Dummheit. Er wird noch heute unseren **Ashram** verlassen. Niemand von uns wird je wieder ein Wort mit ihm wechseln. Das ist eine unbedingte Anordnung. *Anando*, du hast dich als Diener *Jesu* hervorragend bewährt. Du bist ab sofort mein Diener."

Der **Guru** drehte sich um und verschwand in seiner Hütte. *Anik* saß vollkommen erschüttert und laut lamentierend am Boden, aber niemand tröstete ihn oder richtete auch nur ein einziges Wort an ihn.

Selbstverständlich gab es an diesem Abend noch lange Diskussionen. Nur *Anik* war nicht mehr dabei. Er hatte den **Ashram** verlassen. Auch *Jesus* nahm an den Gesprächen nicht teil, er hatte sich beizeiten abseits hingelegt und schlief. Er hatte nur einen einzigen kurzen Traum direkt vor dem Aufwachen. In diesem erschien ihm der Kaufmann vom Vortag, dann kam – auch im Traum – ein Treiber mit einem beladenen Esel. Als dieser vorübergegangen war, stand ihm gegenüber sein alter Freund *Dimitros* und sagte: „Alles richtig gemacht! Und du: Lebe wohl." Dann verblasste sein Bild, es löste sich einfach auf.

*Jesus* erwachte und sah sich um: „Ja, *Dimitros*, ich glaube, wir haben alles richtig gemacht." Er stockte einen Augenblick, denn erst jetzt wurde ihm klar, was *Dimitros* ihm mit seinem letzten Satz mitgeteilt hatte: Er war jetzt tot! Daher war sein Bild verblasst. Er zweifelte keinen Augenblick daran, dass es so war. Er ging in die kleine Einsiedelei und betete dort zu **Abba**. Er dankte ihm, dass er ihm *Dimitros* geschickt hatte. „**Abba**, bitte nimm ihn auf in Dein Reich. Amen." Er wischte sich die Tränen aus den Augen und ging zurück zu den anderen. Dort verabschiedete er sich von seinen Freunden, nur *Amar Jadoo* war nicht da. Niemand wusste, wo er war. So verließ *Jesus* den **Ashram**.

An der Weggabelung kurz vor **Rājagṛha** blieb er stehen. Links ging es nach **Rājagṛha** und weiter Richtung **Benares,** rechts zur Geierspitze, zu **Buddhas** Lieblingsberg, und zum buddhistischen Kloster, wo er einst nach dem Weg zu *Amar Jadoos* **Ashram** gefragt hatte. *Jesus* zögerte einen Augenblick. Er schüttelte den Kopf und sagte sich: „Es wäre nicht gut, jetzt in der Nähe von **Rājagṛha** und *Amar Jadoo* zu bleiben, vielleicht später einmal." Dann schlug er den Weg nach **Benares** ein.

In **Rājagṛha** passierte er den Marktplatz, an dem sie tags zuvor *Amar Jadoo* ausgegraben hatten. Dort war jetzt ein Menschenauflauf. *Jesus* ging hin, um zu sehen, was die Ursache war. Tatsächlich stand auf einem Wagen *Amar Jadoo* und hielt eine Rede: „Wie ich dort unten im Grab lag, erschien mir **Kali** und sprach: ‚Begib dich sofort in den Himmel zu **Śiva.**‘ Da ich jedoch nicht aus dem Grab konnte, ließ ich meinen Körper dort. Nur meine Seele begab sich zu **Śiva** in den Himmel. Der mächtige Gott sprach: ‚Ich bin zornig, weil du mit einem Ausländer, einem Ungläubigen, gemeinsame Sache machst. Daher werde ich einen Regen schicken, der dich im Grab ertrinken lässt. Dann wird am nächsten Tag die wütende Menschenmenge diesen *Jesus*, der an allem schuld ist, suchen und töten. Dein **Ashram** aber werde ich durch einen Gewittersturm auslöschen.‘ Ich aber fiel auf die Knie, schwor ihm ewige Treue und sagte ihm zu, den Ausländer, der sich weigert, unseren Göttern zu dienen, zu verjagen. Dann trat auch **Kali** hinzu und ergriff Partei für mich. Sie sagte zu **Śiva:** ‚Siehe, *Amar Jadoo* ist dein treuer Diener. Er wird den Ungläubigen verjagen und dir zu Ehren eine große Tournee durchs Gangestal machen, um dich zu preisen.‘ Da erbarmte sich **Śiva.** Die Erde tat sich auf und mein Körper war frei, sodass meine Seele wieder in diesen zurückkehren konnte."

Die Menge applaudierte. *Jesus* sah auch, dass *Amar Jadoo* an diesem Tag, anders als sonst, das Zeichen der **Brahmanenkaste** trug. „Wunder, auch vermeintliche, ziehen bei den Volksmassen immer", sagte sich *Jesus*. Dann verließ er die Stadt.

## Gibt es das,
## dass sich Meditierende in den Scheintod begeben?

Neben einer ganzen Reihe von Scharlatanen, die so etwas zu Unrecht behaupten und zum großen Teil auch dabei entlarvt wurden, gibt es auch eine Reihe von glaubwürdigen Berichten.

Einen davon habe ich ausgewählt und gebe ihn hier wieder. Der Bericht stammt vom **Richard von Garbe** (1857-1927), Mathematiker und Indologe, Extraordinarius an der Universität Königsberg. Ich zitiere aus seinem Buch **„Beiträge zur indischen Kulturgeschichte, Berlin 1903**[95]**)**, und zwar aus dem **„Kapitel 6: Über den willkürlichen Scheintod indischer Fakirs"**, die Zahlen in Klammern sind die Seitenzahlen:

(S. 205) *Das Endresultat dieser Yoga-Übungen ist das Versinken in Bewusstlosigkeit, der sog. Yoga-Schlaf, der natürlich bei den Indern als ein höchst wunderbare Erscheinung angesehen wird, nichts anderes ist als der hypnotische Schlaf, darauf brauche ich wohl kaum ausdrücklich hinzuweisen.* (...)

(S. 207 f) *Wenn nun Yogis infolge der Ausübung der Yogapraxis in Hypnose und Katalepsie verfielen, so hielt das Volk sie begreiflicherweise für tot; und wenn die Yogins nachher wieder zum Leben erwachten, so wurden sie in ebenso begreiflicher Weise mit der größten Ehrfurcht behandelt und als Heilige betrachtet. ... Einstweilen also werden manche Yogins danach getrachtet haben, durch fortschreitende Vervollkommnung der hypnosigenen Methoden und durch Verlängerung des kataleptischen Zustandes in den Geruch größerer Heiligkeit und Wunderkraft zu gelangen.*

(S. 209 f) *Nun aber komme ich zu dem eigentlichen Gegenstand meiner Ausführungen, zu dem wirklich Lebendigbegraben, d.h. zu der Tatsache,*

---

95  Garbe, Richard: Beiträge zur indischen Kulturgeschichte. Berlin: Gebrüder Paetel 1903. Das kursiv Gedruckte sind wörtliche Zitate.

*daß ein Yogin in einem Sack oder in einer verschlossenen Kiste sich in der Erde vergraben lassen konnte, ohne irgendwelche Vorrichtung, die ihn mit Luft versorgte. ...*

*Es war Yogins Haridas, ein Mann, der es infolge besonderer Veranlagung* (in den 20er und 30er Jahren des 19. Jh., H.G.) *durch lang andauernde mühsame Trainierung dahin gebracht hatte, die an Yogins beobachtete **Katalepsie** auf ein ganz abnormes Maß zu steigern. Diesem Mann war es gelungen, die Lebenstätigkeit bis zu vierzig Tagen auszusetzen und so lange unter dem Erdboden zu verharren. (...) Von Haridas (...) aber ist das wiederholte Begraben so gut beglaubigt, dass ein Zweifel daran nicht bestehen kann: Taschenspielerei ist nach Lage der Dinge ganz ausgeschlossen...*

In den vier von **Braid** beschriebenen Fällen hat Haridas drei, zehn, dreißig und vierzig Tage im Grabe zugebracht:

(S. 211 f) *Das Begräbnis auf drei Tage ist besonders bemerkenswert. Das war im Jahre 1828 in Concon und wurde vom brit. Militär überwacht. Dort hatte ein Brahmane den engl. Major gebeten, dass sich „einer seiner heiligen Landleute" für neun Tage auf dem militärischen Gelände begraben lassen sollte. Nach langem Hin und Her bekam er die Erlaubnis, weil dadurch gewährleistet werden könne, dass es zu keinem Betrug komme, der Major selbst wollte die Bedingungen schaffen, dass ein Betrug ausgeschlossen sei. Daraufhin wird der „heilige Mann" auf offenem Feld in Anwesenheit von etwa tausend Indern ohne Sarg in eine Decke aus Kamelhaar eingewickelt und in einem drei bis vier Fuß tiefen Grab, das wie ein gewöhnliche Grab ausgehoben war, bestattet. Eine Wache von Muslimen wurde neben dem Grabe aufgestellt mit dem Befehl, jede Annäherung an das Grab zu verhindern, diese Wache wurde alle zwei Stunden abgelöst, und diese Wache befolgte den Befehl ganz strikt, um keinem der verhassten Hindus zu erlauben, auch nur einen Brocken Erde zu entnehmen. In einiger Entfernung aber wachten zahlreiche Hindus darüber, das keiner der als Posten aufgestellten Moslems irgend etwas unternehmen konnte, um den Versuch zu torpedieren. Es wurde also die starke Antipathie der beiden religiösen Parteien genutzt, um jeden Betrug zu verhindern*

*Inzwischen kommen dem Major erhebliche Bedenken, er könne belangt werden, weil infolge seines Handelns ein Mann zu Tode gekommen sei. Von Schlaflosigkeit ob seiner Zukunft geplagt, befiehlt er nach drei Tagen, den Mann sofort auszugraben. Ein Brahmane interveniert, das sei nicht nötig,*

*Haridas sei schon oft beerdigt worden, ohne Schaden zu nehmen. Der Major lehnt das ab und reitet selbst zum Grab. In Anwesenheit einer ungeheuren Menschenmenge wird der Grabhügel abgetragen und der Begrabene zum Entsetzen des Majors kalt und steif herausgeholt.*

*Der Major untersuchte den Leichnam und stellte den Tod fest und war von seinem Unglück überzeugt. Nun kamen zwei Schüler von Haridas und rieben ihm mit einer Salbe, Kopf, Augen, Hände, Füße und die Herzgegend ein. Nach gut einer Viertelstunde wurden erste Lebenszeichen festgestellt und nach etwa einer Stunde war er körperlich und geistig wieder hergestellt. Die Hindus feierten und der Major war glückselig, dass seine Befürchtungen nicht eingetroffen waren. (Quelle: Calcutta Medical Journal, 1835)*

Anschließend (S. 214 ff) beschreibt Garbe den Bericht von Sir Claude Wade über die Ausgrabung Haridas nach 40 Tagen, dabei geht es u.a. um die Ernährung vor der Vergrabung und die Wiederbelebung und er weist daraufhin, dass der Luftabschluss nicht hermetisch war.

# Bei den Brahmanen

Die Regenzeit hatte in diesem Jahr früh eingesetzt, aber in den ersten Wochen weniger heftig als gewöhnlich. *Jesus* hatte die Absicht gehabt nach **Benares** zu gehen. Aber noch innerhalb der Stadt **Rājagṛha** war er an eine Kreuzung gekommen, an der sich zwei Überlandstraßen kreuzten. Die linke ging nach **Benares**, von dort war er vor wenigen Monaten gekommen. Er fragte Passanten, wohin die andere führe, und erfuhr, dass sie nach **Pataliputra** ging und auch, dass diese große Stadt nur vier Tage entfernt sei, also viel näher war als **Benares**. In **Rājagṛha** konnte er wegen *Amar Jadoo* nicht bleiben. **Benares** war viel weiter weg, außerdem war Regenzeit, warum also nicht nach **Pataliputra**[96] gehen?

Also wandte sich *Jesus* nach Norden und erreichte die Stadt, in der damals wie in kaum einer anderen **Hinduismus**, **Buddhismus** und **Jainismus** aufeinandertrafen. Mit dem **Buddhismus** und **Jainismus** hatte *Jesus* bereits erste Erfahrungen gemacht. Den **Jainismus** lehnte er als zu radikal ab. Mit dem **Hinduismus**, den man damals meist als **Brahmanismus** bezeichnete, hatte er nur indirekte Erfahrungen gehabt über seine beiden Gurus *Maharadesh* und *Amar Jadoo*, die beide eher zu den Außenseitern in dieser Religion, die offensichtlich sehr vielschichtig war, zählten. Was lag näher, als bei den traditionellen **Brahmanen** nach dem **Brahmanismus** zu suchen?

Als er in die Stadt kam, fragte er, wo er Tempel finden könne, und erfuhr, dass es drei gäbe. Jeweils einer sei **Brahma**, **Śiva** und **Viṣṇu** gewidmet. Mit **Viṣṇu**, dem Zerstörer – oder zumindest mit *Amar Jadoos* Interpretation – hatte er bereits

---

96 Die Stadt heißt heute *Patna* und hat etwa 1,8 Mio. Einwohner. Näheres zur historischen Stadt unter **Pataliputra** im Glossar.

seine Erfahrungen gemacht. Von den beiden anderen erschien ihm als Juden **Brahma** der Interessantere, ist er doch der Schöpfergott. Vielleicht fände er in den Schriften der **Brahmanen** Aussagen über diesen Gott, die seiner eigenen Interpretation näherkamen als das, was im **Tanach** stand.

Also suchte *Jesus* den **Brahma**-Tempel auf. Dort setzte er sich hin und meditierte ziemlich lange. Nach etwa zwei Stunden verspürte *Jesus* etwas, das er später einmal als einen „Hauch des Göttlichen" bezeichnete. Er öffnete die Augen und sah, dass sich drei Männer im Tempel in einem Gespräch befanden. Es schien sich um einen theologischen Disput zu handeln, denn einer der Männer schüttelte den Kopf und widersprach einem anderen heftig. Dann nahm er eine Art Buch aus Palmblättern aus seinem Korb, blätterte darin und zeigte eine Textstelle. *Wie bei den Schriftgelehrten in Jerusalem*, durchfuhr es den **Galiläer**. Er näherte sich den dreien, blieb aber respektvoll in etwa drei Metern Abstand stehen, bis einer ihn ansprach: „Junger Mann, was wünscht Ihr von uns?"

*Jesus* stellte sich vor: „Ich bin *Jesus* von *Nazareth*, einer Stadt in der Provinz *Syrien* im *Römischen Reich*. Ich bin ein Diener des Schöpfers, den man in unserer Sprache **Abba** nennt. Bei uns gibt es heilige Schriften, den **Tanach.** Ich bin nach **Bharat Ganarajya** gekommen, um eure Schriften kennenzulernen und eure Lehre von **Brahma**, dem Schöpfer, damit ich das, was in meiner Heimat noch nicht bekannt ist, dorthin bringen kann."

Da wunderten sich die drei **Brahmanen**, einen so jungen Gelehrten aus einem fernen Land hier zu treffen. Da sie aber vorsichtig waren, fragten sie ihn einiges, und stellten fest, dass er in der Tat sehr bewandert war, von tiefgründigem Wissen. Schließlich sagte der Jüngste der drei, der aber auch schon einige Jahre älter war als *Jesus*: „Vater, wir sollten *Jesus* einige Zeit bei uns wohnen lassen. Er könnte im Haus mithelfen. Wir könnten ihm so von unseren Lehren erzählen."

Der so Angesprochene schien nicht abgeneigt zu sein: „Wir können es für einen Monat auf Probe versuchen, und, wenn es passt, beliebig verlängern."

„Das wäre toll", freute sich *Jesus*, „ich könnte tatsächlich im Haus helfen. Ich verstehe mich insbesondere auf Holzarbeiten und habe im Gebäudebau gearbeitet, allerdings in der Provinz *Syrien*. Da gibt es teilweise andere Materialien als hier, aber das dürfte kein Problem sein. Außerdem würde ich gern diese Schrift erlernen."

Da gab es jedoch plötzlich Widerstand. Einer der drei, ein älterer Mann, sagte barsch: „Das ist völlig unmöglich, es ist nur **Brahmanen** gestattet. Ihr seid kein **Brahmane**, welcher **Kaste** gehört Ihr eigentlich an?"

„Wir kennen in der Tat die Bezeichnung **Kaste** in meiner Heimat nicht, aber bei uns gibt es auch Priester und Schriftgelehrte. Man nennt sie **Rabbiner**. Dazu gehöre ich, das ist der Grund, warum man mich hierher geschickt hat."[97]

„Ja, wir nehmen ihn auf", entschied der dritte Mann, derjenige, welcher der Vater des jüngeren war. „Mach dir keine Sorgen, *Naresh*, wir passen schon auf, dass alles seine Ordnung hat und die **Kasten**regeln eingehalten werden. Jetzt lass uns gehen. Ich möchte den *Syrer* meiner Familie vorstellen."

So zog *Jesus* in das Haus des *Rahul*, des älteren Mannes, der sein Fürsprecher im Tempel gewesen war. Er war vielleicht Ende 50. Seine Frau hieß *Jasleen*, die Kinder der beiden waren erwachsen und längst aus dem Haus. Nur einer der Söhne, *Navin*, das war der junge Brahmane aus dem Tempel, wohnte jetzt im Nebenhaus, das erst gut zehn Jahre alt sein mochte und für *Navin* und seine Frau *Mula* gebaut worden war. Die beiden hatten zwei Töchter, die siebenjährige *Ranjana*, die erst dreijährige *Indica* sowie einen lebhaften Sohn, den fünfjährigen *Nadi*. Diese sieben Personen und *Jesus* sollten für die

---

97 Jesus war natürlich kein Rabbiner, er war auch nicht geschickt worden. Aber er war ziemlich geschickt, das so zu formulieren.

nächste Zeit wie ein Großfamilie zusammen wohnen. *Jesus* bat darum, die beiden Häuser von oben bis unten besichtigen zu dürfen, um Vorschläge für Reparaturen und Umbauten machen zu können.

Am Abend saßen alle acht Personen zusammen, wobei sich *Ranjana* um ihre beiden jüngeren Geschwister kümmerte, während die Erwachsenen den Vorschlägen *Jesu* lauschten.

Der berichtete: „Das Haus des jungen Paares ist meiner Meinung nach nicht optimal, aber eigentlich ganz gut im Schuss. Es ist schließlich noch nicht besonders alt. Daher sollten die Renovierungsarbeiten zunächst am Altbau erfolgen. In einer ersten Stufe sollten wir kleinere Ausbesserungsarbeiten im Inneren des Hauses erledigen. Auf die Einzelheiten gehe ich später ein. Wir beginnen mit diesen Arbeiten, weil sich Innenarbeiten während der dreimonatigen Regenzeit anbieten. In einer zweiten Phase, vielleicht ab Mitte September, werden wir am Außenbereich arbeiten. Auch eine der tragenden Wände muss ersetzt, die alte anschließend entfernt werden. Das wird zwangsläufig leichte Schäden am Dach verursachen. Dieses wird dann Anfang des nächsten Jahres erneuert, damit es zur Regenzeit fertig ist. Danach nehmen wir uns das Haus der jungen Leute vor. Hier ist eine Vergrößerung angemessen, denn derzeit reicht es zwar für die fünfköpfige Familie aus. Aber die Kinder werden größer und *Mula* erwartet wohl Nachwuchs. Sie ist im fünften Monat, schätze ich."

Er hatte kurz auf den Bauch der jungen Frau geschaut, bevor er das gesagt hatte. Alsdann sprach er weiter: „Die Vergrößerung beginnen wir mit dem Ausbau des Dachgeschosses. In einem späteren Schritt sind Anbauten sowohl am Haus von *Navin* als auch an diesem Gebäude möglich. Schließlich geht es auch darum, für die nächste Generation Vorsorge zu treffen, solange ich noch hier bin und euch unterstützen kann."

*Navin* brachte auf den Punkt, was alle dachten: „Ich habe noch nie einen Mann erlebt, der so zielstrebig ist und mit solch analytischer Klarheit plant. *Jesus*, ich bin beeindruckt.

Aber wenn ich es recht sehe, ist das ein Plan für drei bis fünf Jahre, oder?"

Jesus verstand den Einwand: „Du hast recht, wenn man das alles durchzieht, geht es um drei bis fünf Jahre. Natürlich kommt das für euch etwas überraschend und ihr überlegt euch, was ist, wenn ihr meiner nach zwei, drei Wochen überdrüssig seid. Das ist verständlich. Ich habe es durchaus auch eingeplant. Daher besteht das Konzept aus einzelnen Teilabschnitten, die nacheinander erfolgen sollen. Wir können jederzeit damit aufhören. Ihr habt gesagt, ich soll für einen Monat zur Probe bei euch wohnen. Dann haben wir einige kleinere Ausbesserungen im Altbau erledigt. Wenn ihr mich dann auffordert zu gehen, ist das so. Wenn nicht, machen wir mit dem ersten Abschnitt, also der Innenausbesserungen im Altbau, weiter bis zum Ende der Regenzeit – und dann entscheidet ihr neu."

Jetzt meldete sich *Rahul* zu Wort: „Ja, das klingt gut, genau so sollten wir verfahren. Ich meine aber, dass diese Arbeiten nicht länger als jeweils einen halben Tag gemacht werden sollten. Während der anderen Hälfte würde ich mich gern bei unserem neuen Freund *Jesus* für seine umfassende Hilfe dadurch erkenntlich zeigen, dass ich ihn in die Schriften einführe. Dazu muss er *Sanskrit* erlernen. Dir, mein lieber *Navin*, würde es auch guttun, wenn du die Schriften lesen könntest. Deshalb schlage ich vor, dass wir uns nachmittags hinsetzen und ich euch das Lesen beibringe. Es muss natürlich klar sein, dass *Naresh* und andere **Brahmanen** davon nichts erfahren dürfen."

*Navin* war nicht allzu begeistert von dieser Wendung der Dinge, denn er hatte sich bisher vom Lesenlernen gedrückt, was nicht allzu schlimm war. Schließlich hatte er ein ausgezeichnetes Gedächtnis und konnte zahlreiche Verse der **Veden** auswendig sowie viele weitere Geschichten daraus nacherzählen: „Du weißt, Vater, dass ich bin kein großer Freund des Lesenlernens bin. Aber wenn *Jesus* dabei ist, fällt es mir vielleicht leichter. Ich würde aber auch gerne meinen Beitrag leisten und euch allen die Geschichten erzählen, die ich für die schönsten halte. So lernt *Jesus* unsere Religion kennen und die Kinder unsere Kultur. Vielleicht können wir dazu hin und wieder auch andere Leute einladen."

„Prima", fasste *Rahul* zusammen, „dann gibt es also vormittags Bauarbeiten, nachmittags ist Lesenlernen angesagt und abends Geschichten – natürlich nicht jeden Tag, denn *Navin* und ich müssen auch Rituale im Tempel und auf Bestellung bei Menschen zu Hause durchführen, also bei der Namensgebungszeremonie, der Eheschließung oder der Beisetzung von Gemeindemitgliedern."

*Jesus* war aufgefallen, dass sich die beiden Frauen nicht zu Wort gemeldet hatten, daher ergänzte er jetzt: „Also zu diesen Zeremonien werde ich nur selten mitkommen, gewissermaßen nur zu Studienzwecken. Ansonsten kann ich in dieser Zeit den Hausfrauen bei ihrer Arbeit etwas zur Hand gehen."

*Mula* versucht abzuwehren: „Nein, nein, *Jesus*, das ist nicht nötig, das ist doch Frauenarbeit, das erledigen wir schon."

Doch *Jesus* ließ das nicht gelten: „Hausarbeit ist Ehrenarbeit. Ich habe lange in **Ashrams**, Klöstern und anderen spirituellen Gemeinschaften gelebt, wo es keine Frauen gab. Ich beherrsche das meiste auch. Was ich nicht kann, kann ich lernen. Es ist mir wichtig, das zu tun, zumal du, *Mula*, schwanger bist und keine schweren Arbeiten verrichten solltest. Du, *Jasleen,* bist in einem Alter, in dem meine Mutter *Maria* und meine Großmutter *Anna* froh waren, wenn ich sie unterstützt habe. Um es ganz klar zu sagen: Solche Arbeit macht mir auch Spaß."

Die beiden Männer waren weniger glücklich mit dieser Aussage des *Nazareners*, denn sie hielten sich von solchen subalternen Arbeiten fern. *Hoffentlich verwöhnt er die Frauen nicht zu stark*, dachten die beiden, wagten aber nicht es auszusprechen. *Jesus* ahnte ihre Bedenken, aber es war nicht seine Sache, an alten Gewohnheiten um ihrer selbst Willen festzuhalten. *Jesus* war ein Reformer. – Aber das wisst ihr.

Ich will hier nichts vom Fortgang der Bauarbeiten berichten. Es genügt zu wissen, dass *Jesus* seinen Zusagen entsprechend solange er im Haus der *Kassapas* – so der Clanname dieser Familie, zum Unterschied von anderen Familien dieses Namens wurden sie auch die *Kassapas* vom *Brahma*-Tempel genannt – wohnte, diese Bauarbeiten leitete, bei denen er von *Navin* und *Rahul* unterstützt wurde.

Nachmittags beschäftigten sie sich mit den Schriften. Wobei es im ersten Monat schwerpunktmäßig darum ging, die Sanskrit-Schriftzeichen zu erlernen, von denen es 50 gab. Allerdings sind nicht nur die Schriftzeichen, sondern auch die Laute von den bei uns bekannten verschieden. Außerdem unterscheidet sich die Grammatik deutlich von der unseren. Neben den bei uns üblichen vier Fällen (Nominativ, Genitiv, Dativ und Akkusativ) gibt es in *Sanskrit* auch noch die anderen vier Fälle der indogermanischen Ursprache, nämlich Vokativ, Numeralis, Ablativ und Lokativ, außerdem noch den Dual. Das allein machte das Erlernen und Lesen schon sehr viel schwieriger. Außerdem war das **Sanskrit** vom damals gesprochenen **Prakrit** mindestens so verschieden wie das Mittelhochdeutsche (eine mittelalterliche Vorstufe der deutschen Sprache) von unserer heutigen deutschen Sprache. Von daher war es nicht ungewöhnlich, dass auch die allermeisten **Brahmanen** diese Schriftsprache nicht beherrschten.

Demgegenüber waren die Abende erholsamer, denn da erzählte *Navin* Geschichten aus den **Veden**, die er von anderen **Brahmanen** gehört hatte. Jeder dieser Erzählungen schloss sich ein Gedankenaustausch an, bei dem man das Verhalten der Personen, aber auch die Einstellung des Autors der Geschichten in ethischer Hinsicht einer kritischen Würdigung unterzog.

Weiterhin wohnte *Jesus* auch Zeremonien bei, etwa derjenigen am **Uposatha**-Tag, der Namensgebungszeremonie, der Eheschließungszeremonie und den Zeremonien bei der Bestattung.

*Jesus* fiel auf, dass dabei neben den jeweiligen guten Wünschen und dem Appell für ein „gutes Leben", worunter man nicht ein materielles, sondern ein ethisch gutes Leben verstand, auch eine Festlegung auf Rollenmuster eingefordert wurde. Diese Rollenmuster verlangten, wie in der vorderasiatischen Kultur, der *Jesus* entstammte, die Unterordnung der Frau unter den Mann, die Unterordnung der Kinder unter die Eltern, die Unterordnung der Bediensteten unter den Dienstherrn und die Unterordnung der Staatsbürger unter die Obrigkeit. Daneben wurde allerdings auch zusätzlich noch verlangt, sich gemäß den **Kasten**regeln zu verhalten.

Noch diskutierte *Jesus* dieses Thema nicht mit den *Kassapas*, denn er sah darin ein erhebliches Konfliktfeld. Er nahm diese – in seinen Augen obskuren Regeln – vielmehr zum Anlass, auch die anderen Unterordnungssysteme zu hinterfragen, also etwa diejenigen, die in seiner Heimat galten. Aber noch etwas fiel ihm auf, vielleicht weil er seit seinem Aufenthalt bei den **Jains** dafür empfänglich war. Es gab noch eine Unterordnung, die allgemein akzeptiert, wenn auch bei den **Jains** hinterfragt wurde, und zwar die unbedingte Unterordnung der Tiere und Pflanzen unter die Menschen.

Während seiner langen Wanderung auf der Seidenstraße hatte er genug Zeit gehabt, die Tiere zu beachten. Hunde und Pferde schienen diese Unterordnung zu akzeptieren, Kamele weniger stark, Esel hatten wirklich Selbstbewusstsein. Es gab aber auch einige Fälle, wo er den offensichtlich erkennbaren anderen Willen der Esel mit dem der ihn führenden Menschen betrachtet und verglichen hatte. In den meisten dieser Fälle hatten die Esel die klügeren Entscheidungen getroffen.

Mit Elefanten hatte *Jesus* weniger direkten Kontakt, aber natürlich hatte er diese imposanten Tiere auf den Straßen und in den Städten häufig gesehen. Dort waren sie meist Arbeitselefanten, also dem Menschen untergebene Wesen. Dennoch konnte er an vielen ihrer Handlungen und Reaktionen erkennen, dass sie den meisten Menschen überlegen waren, insbesondere in ethischer Hinsicht. *Jesus* machte sich so seine

Gedanken und überlegte, wie viel davon er in Gesprächen mit seinen Mitmenschen thematisieren konnte, ohne von diesen als absoluter ‚Spinner' abgetan zu werden.

In den ersten Wochen war *Jesus* zusammen mit *Navin* und *Rahul* zu einigen Ritualen gegangen, bei denen die beiden **Brahmanen** neben bestimmten Gesten und Opfern immer auch Texte aus den **Veden** rezitierten, die allerdings in **Sanskrit** vorgetragen wurden und somit für *Jesus* und die anderen Zuhörer unverständlich waren. Diese seltsamen Texte schienen für die Gläubigen eine magische Kraft zu haben, die möglicherweise einen Einfluss hatte. So entfaltete sich in ihm der Gedanke: Der Glaube versetzt Berge.[98]

Vieles erinnerte *Jesus* an die jüdischen Rituale in den Synagogen und er erkannte, auf welche Art Religionen sich in das Vertrauen der Menschen einschleichen, nämlich durch die Kraft der Magie, des Rätselhaften. Damit hatte *Jesus* alles herausgefunden, was durch die Betrachtung dieser Zeremonien herausgefunden werden konnte. Viel wichtiger war ihm jedoch herauszufinden, welche Informationen die Texte tatsächlich über das Transzendente und Göttliche hergaben. Dazu musste er **Sanskrit** in Wort und Schrift verstehen. Er war in der sehr privilegierten Lage, die Möglichkeit dank der Familie der *Kassapas* zu haben. So hielt er sich mit Kritik zurück, er wollte diese Chance des Sprachstudiums nicht durch voreilige Dispute über Sinn und Zweck der Rituale gefährden.

*Jesus* genoss allerdings die Geschichtenabende, denn hier erfuhr er mehr über die Denkweise der Inder. Im anschließenden Gedankenaustausch über den Inhalt dieser Geschichten konnte man wirklich zu unterschiedlichen Interpretationen

---

98 Etwas, was er später auch in seiner Heimat kommunizierte. So berichtet es der Evangelist Matthäus: „Jesus aber antwortete und sprach zu ihnen: Wegen eures Kleinglaubens. Denn wahrlich, ich sage euch: Wenn ihr Glauben habt wie ein Senfkorn, so könnt ihr sagen zu diesem Berge: Hebe dich von hinnen dorthin, so wird er sich heben; und euch wird nichts unmöglich sein." (Mt 17,20–21)

kommen und die ethische Relevanz des Erzählten ausloten. Hier konnten Gedankenanstöße gegeben werden, durch die die *Kassapas* zu kritischerem Denken befähigt wurden. *Jesus* erhielt hingegen mehr Einblick in das Denken und Fühlen der Menschen im Allgemeinen und der Inder im Besonderen.

Es gab aber auch Momente, in denen *Jesus* feststellte, dass offensichtlich alte Mythen wie der Schöpfungsmythos, den man im **Tanach** findet, brahmanischen Ursprungs waren. So hieß es im brahmanischen Schöpfungsmythos, dass **Brahma**, der Schöpfer, die ersten Menschen in Ceylon geschaffen und den ersten Mann *Adima* und die erste Frau *Heva* genannt habe. Vor allem die Tatsache, dass *Adima,* wie *Jesus* inzwischen wusste, auf Sanskrit „der Erste" heißt, während das Wort *Adam* im Hebräischen keinerlei Bedeutung hatte, schien ihm ein eindeutiger Beleg dafür, dass, wer auch immer das erste Buch Mose verfasst haben mag, sich einer alten Geschichte aus den **Veden** bediente.[99]

Die Bauarbeiten schritten fort. So wurde innerhalb von drei Jahren tatsächlich im Prinzip all das umgesetzt, was *Jesus* am ersten Tag vorgeschlagen hatte. Am Ende dieser Zeit waren die Gebäude der Kassapas mustergültig hergerichtet, vergrößert und von so schönem Anblick, dass es einen jeden erfreute, der diese Häuser sah.

*Jesus* konnte inzwischen perfekt **Prakrit** und **Sanskrit**, Letzteres auch lesen. In ihm war jedoch allmählich der Druck gestiegen, einige Dinge nicht anzusprechen, die er für falsch hielt. Das waren im Wesentlichen

- die **Kasten**frage
- die Rolle der Frau
- der Umgang mit Tieren, insbesondere mit Nutztieren
- die innere Hohlheit der Rituale
- die Vergöttlichung moralisch verwerflichen Handelns in merkwürdigen Gottheiten.

---

99 Dieses Tatsache ist erstmals von *Louis Jacolliot* in seinem Buch „La Bible dans l'Inde" (Paris 1869) im Westen bekannt gemacht worden.

All das hatte sich mit den Jahren bei den *Kassapas* allmählich in *Jesus* aufgestaut und drängte danach sich zu entladen.

Es muss gegen Ende des zweiten Jahres gewesen sein, dass die Nachfrage nach religiösen Dienstleistungen bei den beiden *Kassapas vom* **Brahma***-Tempel*, also *Rahul* und *Narva*, stieg, insbesondere seitens der **Kṣatriyas**, der Kaste der Edelleute. Diese **Kaste** bildete die weltliche Oberschicht. Oft sahen sie auf die religiöse Oberschicht, die in geringerem Wohlstand lebte, herab. In den letzten beiden Jahren hatte sich jedoch das Anwesen der *Kassapas vom* **Brahma***-Tempel* gemausert, es war jetzt schmuck, adrett und stand den Häusern vieler **Kṣatriyas** in nichts nach. Die *Kassapas vom* **Brahma***-Tempel* schienen also in den Augen der **Kṣatriyas** von den Göttern gegenüber anderen Brahmanen bevorzugt zu sein. Daher war der Rückschluss, dass deren Gebete und Litaneien die Götter besonders günstig stimmten, nur allzu verständlich. Wer unter den **Kṣatriyas** etwas auf sich hielt, fragte also bei *Rahul* und *Nahin* um religiöse Rituale nach. So kam es, dass jetzt außer dem **Uposatha** auch durchschnittlich an zwei weiteren Wochentagen mindestens ein halber Tag für diese Rituale draufging. Um die Koordination mit den Renovierungsmaßnahmen nicht zu stören, hatte *Rahul* festgelegt, dass von Ausnahmen (für besonders zahlungskräftige Kunden) abgesehen, diese nur noch an den beiden ersten Tagen der Woche durchgeführt wurden.

Das bedeutete umgekehrt, dass *Jesus* jetzt an drei Tagen der Woche keinen genauen Dienstplan hatte. Er sah auch nicht ein, warum er in dieser Zeit allein an den Häusern arbeiten sollte. So streifte er durch die Stadt.

Er ging zu *Mowgli*, mit dem er gut bekannt war, denn dort kaufte er im Auftrag *Rahuls* die Dinge, die für die Renovierungsarbeiten nötig waren. *Mowgli* hatte so etwas wie einen Laden für Baumaterialien. Er war Händler, also aus der Kaste der **Vaiśya**.

„Kommst du auch am nächsten **Uposatha** in den Tempel zur Lesung und um an der devotionalen Praxis teilzunehmen?", fragte *Jesus* den Mann, mit dem er sich anfreunden wollte. „Natürlich nicht, das ist doch kein besonderer Festtag. Also dürfen wir das nicht." Da *Jesus* ein etwas ungläubiges Gesicht machte, ergänzte er: „Ich bin ein **Vaiśya**, ich darf die Lesungen aus den heiligen Schriften nur an besonderen Festtagen hören. Alles andere wäre ein Verstoß gegen das göttliche Gesetz!"

„Woher weißt du das? Hast du mit den Göttern gesprochen?"

„Natürlich nicht, die Götter sprechen nicht mit uns. Den Kontakt können wir nur über die **Brahmanen** herstellen."

In diesem Moment mischte sich auch *Valin*, der die einfachen Arbeiten im Laden erledigte, ein: „Ich bin **Śūdra,** ich gehöre der Arbeiter**kaste** an. Für uns ist es noch schlimmer. Ich darf nie die heiligen Schriften hören. Ja, ich darf nicht einmal die Bücher sehen, sonst erzürnen sich die Götter, heißt es. Mich kann nur der Tod aus dieser **Kaste** erlösen. Aber was kommt dann? Ich kann mir nicht einmal gutes **Karma** machen, indem ich die **Brahmanen** Rituale für mich vollziehen lasse. Das ist mir verboten. Ich darf auch nicht hören, was in den Schriften steht, woraus ich lernen könnte, wie ich mich zu verhalten habe, um mir gutes **Karma** zu machen!"

„Wie wäre es denn, wenn ich euch aus den Schriften erzählen würde? Ich bin kein **Brahmane.** Ich bin nicht an ihre Regeln gebunden", versuchte es *Jesus*.

„Ich fürchte das darf auch nicht sein. Den heiligen Klang der Silben darf kein **Śūdra** hören."

*Jesus* sah, wie die Angehörigen der unteren **Kasten** in diesem Zwangssystem gefangen waren. Er sah auch die Kraft der Religion, die sie unterdrückte, der sie aber selbst angehörten und folgen mussten. Also suchte er nach einem Ausweg: „*Valin*, ihr **Śūdras** dürft den heiligen Klang der Silben nicht hören. Aber diese Silben sind in **Sanskrit**, einer Sprache, die ihr gar nicht versteht. *Mowgli*, du darfst an bestimmten Festtagen die Rezitationen hören. Verstehst du aber ihren Wortlaut und Sinn?" *Mowgli* schüttelte den Kopf.

„Aha, ihr seid also beide in der gleichen Lage. Ihr könnt euch nur gutes **Karma** machen, wenn ihr euch an Regeln haltet, die ihr gar nicht kennt. Kann das der Wille der gütigen Götter sein?"

„Eigentlich nicht, das hat keinen Sinn."

*Jesus* versuchte an den Verstand seiner Zuhörer zu appellieren: „Es ist der Wille der Götter, dass ihr euch an ihre Regeln haltet und euch gutes **Karma** macht. Das steht in den Schriften, die ihr – in **Sanskrit** – nicht hören und verstehen könnt, und die die **Śūdras** nicht einmal sehen dürfen, obwohl ihr Anblick euch auch nicht schlauer machen kann. Der Schöpfer aber, den ihr **Brahma** nennt und den ich in meiner Heimatsprache mit **Abba** anrede, hat dafür gesorgt, dass ich die heiligen **Veden** lesen kann und sie – nicht in der für euch verbotenen Sprache *Sanskrit*, sondern in der erlaubten Sprache *Prakrit* darlege."

„Entschuldige, *Jesus*, aber dass dich die Götter gesendet haben, um uns zu lehren, ist ebenso eine Behauptung wie das, was uns die **Brahmanen** erzählen. Kannst du das irgendwie beweisen?", fragte *Mowgli*.

„Was wäre für dich ein Beweis?"

*Mowgli* dachte einen Moment nach, dann sagte er: „Es heißt, diejenigen, zu denen die Götter sprechen, vermögen auch Dämonen auszutreiben. Deine Schwester, *Valin*, ist von Dämonen besessen, wenn *Jesus* diese austreiben könnte …"

*Valin* schüttelte den Kopf: „Das hat keinen Sinn. Ich habe es bereits zwei Mal versucht, ein Mal bei einem merkwürdigen **Guru** namens *Amar Jadoo*. Einmal habe ich einen auswärtigen **Brahmanen** dazu bringen können es zu versuchen. Es hat mich jedes Mal so viel gekostet, wie ich in einem Vierteljahr verdiene – alles vergebens."

Jesus nickte: „Der **Brahmane** hatte vermutlich kein richtiges Interesse daran. Es war gegen seine **Brahmanen**ehre. Außerdem traue ich so etwas einem durchschnittlichen

**Brahmanen** nicht zu. *Amar Jadoo* wäre es eher zuzutrauen gewesen. Ich habe einige Zeit mit ihm zusammengearbeitet, daher weiß ich auch, dass man ihm nicht immer trauen kann. Ich kann euch nichts versprechen, werde aber versuchen, diesen Dämon auszutreiben. Wenn es der Wille der Götter ist, dass ich euch die heiligen Schriften offenbare, dann wird es geschehen. Lasst uns also die Götter bitten zu entscheiden."

Dann gingen die beiden zur ärmlichen Hütte *Valins*. Unterwegs erfuhr er, dass *Amisha*, so hieß die Unglückliche, seit etwa zwei Jahren besessen war. Seit einem Jahr war es so schlimm, dass sie außerhalb des Hauses angekettet war wie ein Hund.

Tatsächlich, als sie bei *Valins* Haus ankamen, war dahinter im Garten eine Frau an einen Baum gekettet. Daneben befand sich eine etwas größere Hundehütte, die ihr wohl in der Regenzeit als Unterschlupf diente. Dem Geruch nach nutzte sie diese jetzt aber, um dort ihre Notdurft zu verrichten. Als sie die drei Männer ankommen sah, schreckte sie auf und fing an zu brüllen, offensichtlich schien sie am wütendsten auf ihren Bruder zu sein.

*Jesus* wendete sich an *Valin*. Er sah ihn barsch an und brüllte dann: „Ins Haus mit dir, *Valin*. Bleibe dort, bis ich es dir sage!"

*Amisha* war verdutzt, dass ihr Bruder angeschnauzt wurde und sich wortlos fügte. Sie dachte sich: *Dieser Fremde muss ein mächtiger Zauberer sein, wenn Valin ihn so fürchtet.*

*Jesus* warf *Amisha* einen freundlichen Blick zu. Er erkannte, dass *Mowgli* offensichtlich nicht negativ bei ihr besetzt war. Vielleicht kannte sie ihn nicht oder nur vom Sehen. Daher wandte er sich jetzt an *Mowgli*: „Setze dich hier hin, sei still und rühre dich nicht vom Fleck, bis *Amisha* es dir erlaubt."

Das, was sie da hörte, war für *Amishas* Ohren absolut außer allem, was sie jemals hätte erwarten können. Sie hatte durch ihr Wort Gewalt über eine andere Person, über einen Mann! Noch dazu, wie sie jetzt an seinem **Kasten**zeichen sah, einen **Vaiśya**, also einen aus einer höheren Kaste als ihre! Der merkwürdige Fremde musste wirklich ein mächtiger Zauberer sein!

Jetzt ging er auf sie zu, sie sah in seine Augen. Noch nie hatte sie in so tiefe, freundliche Augen geblickt!

Auf dem Weg zu ihr riss *Jesus* einen kleinen Zweig mit nur drei Blättern vom Baum. Einen Meter vor ihr blieb er stehen: „Holde *Amisha*, Euch ist heute ungewöhnliches Glück beschieden, seht nur diesen Zweig, folgt ihm genau. Das wird Euch zu großem Glück gereichen." Er bewegte den Zweig vor ihrem Gesicht nach links, dann nach rechts und wieder zurück. „*Amisha*, du bist ganz müde, so müde, dass du im Stehen einschläfst." Sie schloss die Augen und schwankte etwas. *Jesus* ging ganz nah an sie heran. Er beugte sich vor und flüsterte ihr etwas ins Ohr. Dann trat er drei Schritte zurück. „Wach auf, holde *Amisha*!"

*Amisha* öffnete die Augen, ihr Gesicht strahlte vor Glück, sie blickte ihren Retter an. Dann sah sie den seitwärts sitzenden *Mowgli*, dem vor Überraschung der Mund offen stand, und sagte: „Junger Mann, stehen Sie doch bitte auf."

*Jesus* ergriff wieder die Initiative: „*Amisha*, ich glaube, es ist an der Zeit, dass du *Valin* rufst und ihm sagst, er soll diese dumme Kette entfernen."

*Amisha* schwankte einen Augenblick, dann rief sie ihn. *Valin* kam und glaubte seinen Augen nicht trauen zu können. *Amisha* sah ihren verunsicherten Bruder an: „*Valin*, die Kette!"

Er löste sie. Nunmehr erklärte *Jesus*: „Ich habe den Dämon aus *Amisha* ausgetrieben. Ich kenne diesen üblen Gesellen. Man nennt ihn ‚den Unterdrücker'. Er gehorcht **Mara**. Aber jetzt etwas ganz Wichtiges für dich, *Valin*. Er wird möglicherweise wiederkommen. Es ist ganz wichtig, dass du weißt, dass alles, was *Amisha* während ihrer Besessenheit gemacht hat, nicht ihrem Willen entsprang, sondern dem Willen des Unterdrückers. Behandle sie daher in Zukunft nicht mehr wie deine kleine Schwester, sondern so wie es sich gehören würde, dass du deine Mutter betrachtetest, wenn sie noch leben würde. Vergiss das nie, *Valin*. Ehre deine kleine Schwester, wie du deine Mutter ehren würdest, sonst kommt der Unterdrücker zurück und unterdrückt dann dich. Dann wärst du ein Besessener."

Der versprach es, bat seine Schwester um Verzeihung, dass er sie angekettet hatte, wo er doch eigentlich den Unterdrücker bestrafen wollte. Er dankte *Jesus* und bat ihn: „Herr *Jesus*, ich bin erschüttert ob Eurer großen spirituellen Kräfte. Ich habe Vertrauen in Euch. Würdet Ihr bitte mir und meinem Freund *Mowgli* die heiligen Schriften darlegen."

„Nur euch beiden?", fragte *Jesus* streng.

Es dauerte einen Augenblick, bis *Valin* eine Ahnung hatte, was *Jesus* meinte: „Du meinst doch nicht auch *Amisha*?"

*Jesus* sah ihn streng an: „So wenig ein **Brahmane** das Recht hat, sich als etwas Besseres zu dünken als ein **Vaiśya** und so wenig wie ein **Kṣatriya** das Recht hat sich als etwas Besseres zu dünken als ein **Śūdra**, ebensowenig hat ein Mann das Recht, sich als etwas Besseres zu dünken als eine Frau."

„Aber in den Schriften steht doch ..."

„Du willst mir erklären, was in den Schriften steht? Mir, einem, der mit **Abba**, den ihr **Brahma** nennt, redet?"

*Valin* sah betreten zu Boden. Er begriff jetzt, dass auch in ihm der Dünkel war, etwas Besseres zu sein als die Angehörigen einer anderen Gruppe, in diesem Fall keiner anderen **Kaste**, sondern des anderen **Geschlechtes**.

Am nächsten Tag trafen sich die vier erstmals, um eine Geschichte aus den **Veden** zu hören. *Jesus* hatte eine ausgesucht, in der es um Freundlichkeit ging. Hinterher besprachen sie diese. Von da an trafen sie sich wöchentlich. Natürlich erzählte *Jesus* nur Geschichten, in denen es nicht um Unterdrückung von **Kasten** oder Frauen ging und auch keine, in denen Tieropfer vorkamen. Manche Geschichten, die er erzählte, waren nicht aus den **Veden**, sondern aus dem **Tanach**. Einige waren auch vom **Buddha** und von **Mahavira**. Allmählich erweiterte sich der Kreis. Nach einem halben Jahr waren es bereits siebzehn Hörer und vier Hörerinnen.

Es wollten noch mehr Menschen kommen, daher unterrichtete *Jesus* jetzt an zwei Nachmittagen, an dem einen die neu Hinzugekommenen, dort konnte der Kurs mit den Geschichten von Neuem beginnen, und an einem anderen Tag für die schon etwas Fortgeschritteneren mit Ethik. Wobei er sich teilweise an den ethischen Vorsätzen des **Buddha** orientierte und teilweise auf die des **Tanach** zurückgriff.

Inzwischen beherrschte **Jesus** das Sanskrit vollständig und hatte einen großen Teil der **Veden** gelesen. Er hielt sie jedoch in weiten Teilen für noch weniger hilfreich als den **Tanach**. Es sah für ihn mehr oder weniger nach einer religiösen Rechtfertigung für das **Kasten**system, also eines Apartheidsystems, aus. Er verrichtete zwar noch weiter Bauarbeiten an den Gebäuden der *Kassapas*, aber sein Herz war bei der Arbeit mit den **Vaiśyas** und **Śūdras**. Hierin sah er Sinn, hier konnte er emanzipatorisch wirken. Er stärkte deren Selbstbewusstsein. Er brachte ihnen bei, woher das Kastensystem stammte, nämlich aus dem **Rigveda**. Hier heißt es, der Urriese *Turusha* habe sich geopfert und aus seinem Mund seien die **Brahmanen** entstanden, aus seinen starken Armen die **Kṣatriyas**, aus seinen Schenkeln die **Vaiśyas** und aus seinen Füßen die **Śūdras**, so stünde es im **Rigveda**.

„Ich aber kann euch versichern, dass dem nicht so ist. Überall auf der Welt, im Römischen Reich, in meiner Heimat *Palästina*, in *Syrien*, in *Mesopotamien*, bei den *Persern* und bei allen anderen Völkern gibt es Berichte über die Entstehung der Welt. Überall wird **Brahma** verehrt, der Schöpfer, auch wenn er in manchen Sprachen anders genannt wird. Nur in einem einzigen Land ist das anders: hier in **Bhārat Gaṇarājya**. Aber warum ist es anders? Weil das **Rigveda** gar keine heilige Schrift ist, sondern eine Erfindung der **Brahmanen**. Warum haben die **Brahmanen** das erfunden? Damit es neben dem Adel noch eine zweite hochstehende **Kaste** gibt: sie selbst, die **Brahmanen**. Dadurch können die **Brahmanen** behaupten, dass nur sie die Schriften lesen dürfen und daher Geld dafür von den **Kṣatriyas** und den Wohlhabenderen unter den **Vaiśyas** verlangen können. Leute, die **Brahmanen** machen das, damit es nicht nur den Adel als angesehene Bevölkerungsschicht, die nicht arbeiten muss, gibt, sondern auch sie selbst. Die **Brahmanen** sind also Betrüger. Allerdings ist nicht jeder **Brahmane** ein Betrüger, denn inzwischen glauben ganz viele von ihnen selbst die Lügen, die frühere **Brahmanen** ins *Rigveda* geschrieben haben. Das mag für sie praktisch sein. Sie glauben diesen bösartigen Unsinn, aber ihr, ihr **Śūdras** und **Vaiśyas**, ihr solltet diesen Unsinn nicht glauben. Denn **Brahma**, der Schöpfer, hat alle Menschen gleich erschaffen, mit den gleichen Rechten, aber auch mit den gleichen Pflichten, sich an die Gebote zu halten."

Das waren die Inhalte, die *Jesus* hier unters Volk brachte, das war das, was die Menschen umtrieb. Es gab allerdings bei dieser Beschreibung der Schöpfung auch ein Problem. Einer seiner Zuhörer sprach es aus:

„Wenn **Brahma** alle Menschen gleich erschaffen hat, was ist dann mit den **Dalits,** mit den Kastenlosen, die man auch die Unberührbaren nennt, mit denjenigen, auf die auch wir herabsehen: Sollen die dann auch mit uns **Kasten**angehörigen auf einer Stufe stehen?"

*Jesu* Antwort war klar: „Ja."

Doch was ich eben mit nur einem Wort *Jesu* beschrieben habe, mit einem Ja, führte zu massiven Auseinandersetzungen zwischen den Zuhörern, das wurde auch nicht besser, als eine der Zuhörerinnen fragte:

„*Jesus*, wenn alle Menschen gleich sind, gilt das auch für Frauen?"

Wieder war Jesu Antwort: „Ja."

Man kann sagen, dass sich jetzt die Anhängerschaft *Jesu* reduzierte. Diejenigen, die an ihren **Kasten**vorteilen festhielten und auch daran, dass es schließlich der Mann sei, dem die Familie untertan zu sein habe, verließen seine Fortbildungsveranstaltungen. Die restlichen aber begannen ein gewisses Selbstbewusstsein – wenn auch nur zaghaft – zu gewinnen und informierten andere.

So wuchs die Anhängerschaft *Jesu*. Es kamen auch einige **Dalits** dazu. *Jesus* hatte bald Anhänger aus der ganzen Stadt.

Selbst aus anderen Städten und Dörfern kamen gelegentlich Menschen, um diesem „Prediger wider das **Kasten**unwesen" zu lauschen.

Was ich eben beschrieben habe, entwickelte sich über Jahre. Aber es kam, was kommen musste: Früher oder später mussten die **Brahmanen** Wind davon bekommen. Es war kurz nach der Regenzeit und es waren inzwischen fünf Jahre vergangen, seit *Jesus* zu den *Kassapas* gezogen war, als es zum Eklat kam.

*Rahul* war außer sich: „Bist du denn ganz und gar verrückt geworden? Da erlaube ich dir, bei uns zu wohnen. Obwohl es nicht zulässig ist, unterrichtet ich dich in **Sanskrit** und lasse dich die **Veden** lesen. Warum? Damit du etwas daraus lernen und es zu deinen Leuten nach *Judäa* bringen kannst. Aber was machst du, Undankbarer? Du hetzt hier die Menschen gegen die **Brahmanen** auf, gegen deine Gönner. *Naresh* hatte mich schon damals im Tempel bei unserer ersten Begegnung vor dir gewarnt. Ich aber hatte an dich und deine Treue geglaubt! Wie konnte ich nur so dumm sein? Du hast uns verraten. Ich werde mich vor dem **Brahmanen**rat verantworten müssen. Dich, einen Verräter, wird die einzige Strafe erwarten, die dafür angemessen ist: der Tod." Dann beauftragte er seinen Sohn *Navin Jesus* einzusperren.

*Navin* tat, wie ihm befohlen, brachte *Jesus* in eines der Zimmer seines Hauses im Obergeschoss und verbarrikadierte die Tür. Zuvor aber hatte er zu *Jesus* gesagt, als niemand anders zugegen war: „Wenn es dunkel ist, verschwindest du aus dem Fenster, darunter steht ein Karren mit Heu, auf den du springen kannst. Das ist das Einzige, was ich für dich tun kann."

*Jesus* umarmte *Navin*: „Danke!"

In der Nacht entkam er und verließ die Stadt.

# Bei den Anhängern Buddhas

Es gab für *Jesus* jetzt nur ein Ziel, denn er wusste nicht, wie groß das Gebiet war, in dem er mit Verfolgung zu rechnen hatte. Dieses Ziel war klar. Er musste aus dem Machtbereich der **Brahmanen**kaste heraus, und zwar in ein Kloster. Mit dem **Jainismus** hatte er abgeschlossen. Also würde er in ein buddhistisches Kloster ziehen. Er wusste auch, wo eines war, in nicht allzu großer Entfernung, nämlich in **Rājagṛha.** Dort hatte er einst nach dem Weg zu *Amar Jadoo* gefragt. Also machte er sich unverzüglich auf den Weg dorthin. Nur drei Tage später erreichte er die Stadt. Da er von Norden kam und das Kloster südlich der Stadt lag, musste er diese durchqueren.

Doch kaum war er in der Stadt angelangt, wurde er von einem ihm unbekannten Mann begrüßt: „Na, da ist doch dieser zaubermächtige *Jesus* aus der Truppe von *Amar Jadoo*, auch mal wieder im Lande? Bist älter geworden, reifer, aber ich habe dich gleich wiedererkannt."

*Jesus* sah den Mann verdutzt an. *Der muss einer der Zuschauer während des Auferstehungswunders gewesen sein*, sagte er sich, antwortete jedoch: „Sie müssen mich verwechseln, ich war noch nie in **Rājagṛha.**" Dann sputete er sich, damit er weiterkam. Er wurde zwar nicht mehr angesprochen, hatte aber mehrfach den Eindruck, dass Leute ihn fixierten. Vermutlich überlegten sie, woher sie ihn kannten. Er war froh, als er die Stadt verlassen hatte und den Berg **Gṛddhakūṭa** sah. Schon bald erblickte er auch das Kloster vor sich und glaubte, ein **Déjà-vu** zu haben: Vor dem Kloster stand ein einziger Mönch – *Aryamitta*.

Der allerdings schien keineswegs erstaunt: „Sagte ich nicht vor einigen Jahren: ‚*Jesus* eines noch: Du scheinst mir einer von den Guten zu sein. Wenn du in einiger Zeit mit den **Hindus** durch bist, dann komme wieder zu uns. Ich hätte dich gern hier bei uns. Ich bin mir sicher, dass wir das spirituell Anspruchs-vollere zu bieten haben.' Ich sehe, du hast es nicht vergessen."

*Jesus* lächelte: „Wie habe ich dir seinerzeit geantwortet? ‚Danke, *Aryamitta*, du bist wirklich – wie dein Name sagt – ein edler Freund. Ich werde es mir merken, danke! Bis dann!' Ich habe es mir gemerkt und bin jetzt da."

Die beiden umarmten sich. Sie wussten, dass sich etwas erfüllte, das sich hatte erfüllen müssen. „Lass mich raten – die **Kasten**frage?", vermutete *Aryamitta*.

„Es ist gut, dass du fragst. Demnach hat es sich noch nicht bis hierher herumgesprochen, aber es wird kaum lange dauern." Dann erzählte der *Galiläer* seinem Freund ausführlich, wie es ihm in **Pataliputra** ergangen war.

„Das klingt übel, *Jesus*, aber im Kloster bist du in Sicher-heit. Ich schlage vor, du bittest um Ordination. Dann wirst du als Novize aufgenommen. Dadurch verlierst du dein lan-ges Haupthaar und den Bart. Das macht schon etwas aus. Du solltest dennoch auf keinen Fall auf Almosengang in die Stadt gehen. Da müssen wir eine andere Lösung finden. Ich denke, wir sollten zum Abt gehen und ihm alles erklären. Es wäre schlimm, wenn er es aus zweiter Hand erführe."

Also brachte *Aryamitta* seinen Freund zu *Sangharama*, dem Leiter des Klosters. *Aryamitta* berichtete von ihrer ers-ten Begegnung. Dann erzählte *Jesus* von seinen Erlebnissen bei *Amar Jadoo* und in **Pataliputra**. Er schloss mit den Wor-ten: „Ich kam nach **Bhārat Gaṇarājya** auf der Suche nach den Worten des **Erhabenen**. Hier bin ich zunächst in einem Kloster der **Jains** gelandet und habe festgestellt, dass das nichts für mich ist. Ich habe dann bei zwei **Gurus** gelernt, zunächst bei *Maharadesh*. Bei ihm habe ich die unkörper-lichen Vertiefungen erreicht, dann bei *Amar Jadoo*, weil ich glaubte, einige seiner Künste könnten mir bei meiner Rück-kehr nach Palästina nützlich sein. Dann wollte ich die **Veden** kennenlernen. Das ist mir in **Pataliputra** möglich gewesen. Jetzt endlich komme ich auf mein eigentliches Ziel zurück:

Ich möchte die Lehre des **Erhabenen** erforschen dürfen, um sie in meine Heimat, nach *Palästina*, zu bringen."

„Aber du wirst als Aufwiegler gesucht! Früher oder später wird herauskommen, dass hier ein Rädelsführer von Aufständischen untergekommen ist. Du kannst also nur vorübergehend bleiben. Inzwischen denke ich über eine Lösung nach. Wir nehmen dich als Novizen auf, du darfst aber niemandem im Kloster deine Identität und Geschichte preisgeben außer *Aryamitta* und mir. Am besten, ich verordnete dir eine dreimonatige Schweigeklausur in deiner Zelle. Dein Essen wird dir *Aryamitta* bringen. Einmal die Woche holt dich *Aryamitta* und bringt dich zu mir. Dann können wir reden. Ansonsten gilt: schweigen! Bist du damit einverstanden?"

*Jesus* war zwar nicht begeistert von den Aussichten, sah aber die Notwenigkeit ein, also stimmte er zu. Dann holte *Aryamitta* Rasierzeug und befreite *Jesus* von Kopfhaar und Bart. Anschließend bekam er eine Robe. Dann erfolgte eine kleine Zeremonie, in der er den Namen *Devamitta* erhielt. Normalerweise wird ein neuer Name erst bei der Ordination vergeben. *Sangharama* hielt es aber für besser, wenn er schon jetzt einen „buddhistischen Namen" bekam. Einen Decknamen brauchte er sowieso, denn *Sangharama* war sich sicher, dass *Jesus* in sechs Monaten ordiniert werden konnte.

„An dem Tag, an dem du den Namen *Jesus* wieder verwendest, musst du das Kloster verlassen", beschied ihm *Sangharama*.

*Aryamitta* brachte *Devamitta*[100] zu seiner Zelle: „Sieh es mal so: Du bist gut versorgt, hast eine Einzelzelle und nach der vielen Umtriebigkeit endlich einmal Zeit zu dir zu kommen!" Dann verabschiedete er sich. Die Zellentür schloss sich hinter dem *Galiläer*. Sie war aber nicht abgeschlossen, wie eine Gefängniszelle, sie hatte eine unverschlossene Tür, durch die *Devamitta* zur Latrine gehen konnte, außerdem ein Fenster zum Innenhof des Klosters.

---

100 Der Name bedeutet „Freund der Götter" oder auch „Freund Gottes".

Zwei Tage haderte *Devamitta* mit seiner Situation. Er hatte jetzt viel Zeit. Er meditierte etwas und ließ den Lauf seines Aufenthaltes in **Bhārat Gaṇarājya** vor seinem geistigen Auge Revue passieren. Hergekommen war er, um die Lehre des **Erwachten** kennenzulernen. Davon hatte er ein wenig in seinem ersten Kloster in **Puruschapura** mitbekommen. Das war jetzt mehr als sieben Jahre her. Seitdem hatte er zwar viele interessante und vielleicht auch hilfreiche Dinge kennengelernt, aber auch etwas sein eigentliches Ziel, die Lehre des **Erhabenen** zu erlernen, aus den Augen verloren.

Er wollte etwas von der erhabenen Gelassenheit der Mönche des **Buddha** mitnehmen in seine Heimat. Er wollte das falsche Bild, das die Menschen von seinem Gott, den er **Abba** nannte, hatten, und den der **Tanach** zu einem zornigen alten Mann namens **JHWH** gemacht hatte, durch etwas ersetzen, das die erhabene Gelassenheit eines **Buddha** ausstrahlte. Was war dazu nötig? Bei den **Brahmanen** hatte er **Sanskrit** gelernt. Vermutlich musste er jetzt **Pāḷi** lernen. Er musste möglichst alles über das Leben dieses **Buddha** erfahren, um sich von ihm inspirieren zu lassen. Das würde helfen, aus dem Hitzkopf *Jesus* den weisen *Devamitta* zu formen. Außerdem musste er die Lehre des **Erhabenen** sorgfältig studieren und sehen, was davon für sein Volk in **Judäa** geeignet war.

Die wöchentlichen Gespräche mit *Sangharama* brachten wenig Neues. *Devamitta* erzählte von seinen Überlegungen und Meditationen, *Sangharama* gab ihm dazu einige Anregungen.

Doch nach sieben Wochen änderte sich die Situation völlig. Einer der Mönche, *Devamitta* kannte seinen Namen nicht, denn er durfte mit niemandem sprechen, kam in seine Zelle: „Anweisung von *Sangharama*: Du sollst unverzüglich zu ihm kommen. Ich bringe dich hin."

*Sangharama* sah sehr ernst drein. Er sagte nichts, sondern saß einfach da und schien zu meditieren. Dann erschien auch *Aryamitta*.

Jetzt öffnete *Sangharama* die Augen und beschied den anderen beiden sich seitwärts niederzusetzen: „Ich habe

Nachricht vom Kloster *Weiße Wolke,* das in den Bergen liegt. Sein Abt ist verstorben, weshalb es uns bittet, einen Abt von außen zu schicken. Es muss ein Mann mit Fähigkeiten zum Ausgleich sein, denn es gibt in diesem Kloster zwei unterschiedliche Richtungen. Eine große Anzahl von Mönchen bekennt sich nämlich zum **Mahāsāṅghika,** die anderen – wie auch der verstorbene Abt – sind – wie wir – **Theravādins**. Mit anderen Worten, sie brauchen einen erfahrenen Mönch als Abt, der gütig, verständnisvoll und für alle ein wahrer Freund ist. Diese Eigenschaften treffen auf niemanden so zu wie auf dich, *Aryamitta.* Bist du bereit, diese große Verantwortung auf dich zu nehmen?"

*Aryamitta* war höchst erstaunt über diese Wendung der Dinge. Er hatte eigentlich erwartet, dass es irgendein Problem mit *Devamitta* gäbe, warum war dieser sonst hier? Dann schien es ihm plötzlich klar zu werden: „*Sangharama,* das ist eine große Verantwortung, die Ihr in meine Hände legt. Ich bedanke mich für Euer Vertrauen und bin gern bereit, mich zu bemühen, dem würdig zu sein. Ich gehe weiterhin davon aus, dass ich *Devamitta* mitnehmen soll, damit er in eine Gegend kommt, wo man ihn nicht kennt."

„Du hast es richtig verstanden, *Aryamitta.* Ich möchte *Devamitta* hier loswerden. Denn sonst besteht immer die Gefahr, dass er entdeckt wird, was zu immensen Schwierigkeiten führen könnte. *Devamitta* wird also gewissermaßen als dein persönlicher Sekretär mitgehen, dazu muss er vorher ordiniert werden. Zwar sind die sechs Monate Probezeit noch nicht um, aber ich habe dennoch alles vorbereitet, damit wir noch heute die Ordination vollziehen können."

So kam es, dass *Devamitta* völlig überraschend ordiniert wurde. Bereits am nächsten Tag zogen sie zusammen mit zwei Mulis, die ein Geschenk an das Kloster *Weiße Wolke* sein sollten, los. Als dritter Mitreisender war *Atulyamitta* bei ihnen, der Mönch des Klosters *Weiße Wolke,* der die Nachricht vom Tod des Abtes überbracht hatte. Zunächst mussten sie wieder einmal **Rājagṛha** durchqueren, was *Devamitta* etwas ängstigte, war er doch dort vor drei Monaten auf der Straße erkannt worden. Diesmal lief es jedoch besser. Er wurde zwar zwei Mal so angestarrt, dass er den Eindruck hatte, der andere wusste, dass er ihn kannte, aber nicht, woher.

*Devamitta* versuchte so gleichmütig wie möglich zu blicken, sodass es zu keinem Zwischenfall kam. Natürlich waren auch jetzt die Voraussetzungen besser, denn erstens war er inzwischen an Kopf und Bart rasiert und befand sich außerdem in Begleitung von zwei Mönchen des **Buddha**, sodass keine allzu leichte Assoziation zu seinem früheren Wirken möglich war.

Als sie die Stadt verließen, erklärte *Atulyamitta:* „So, als Nächstes müssen wir nach **Pataliputra,** wo wir den Ganges überqueren."

*Devamitta* sah *Aryamitta* entsetzt an, aber der antwortete seelenruhig: „Nein, wir werden den Ganges nicht in **Pataliputra** queren, sondern weiter flussabwärts. Dort gibt es einen Fährbetrieb. Das ist zwar ein Umweg von zwei Tagen, aber wir haben es nicht besonders eilig."

*Atulyamitta* sah seinen künftigen Abt verständnislos an, aber er hatte gelernt, Vorgesetzten nicht zu widersprechen. Am Abend fanden sie einen geeigneten Platz zum Übernachten mit frischem Wasser für die Maultiere.

*Devamitta* hatte den ganzen Tag geschwiegen, denn er war von der Wendung seines Lebens doch sehr überrascht. Nie hätte er gedacht, dass er ganz plötzlich – eigentlich, ohne danach gefragt zu haben – nicht nur zu einem buddhistischen Mönch, sondern auch gleich zum Sekretär des Abts eines Klosters werden würde. Das musste er erst einmal verarbeiten. Jetzt, am Abend, allerdings blickte er hoffnungsfroh nach vorn: In der klösterlichen Abgeschiedenheit würde er endlich das erfahren, so hoffte er, weswegen er nach **Bhārat Gaṇarājya** gekommen war. Vielleicht konnte er sich bereits nach der nächsten Regenzeit auf den Heimweg machen!

Zunächst aber wollte er wissen, was das für zwei Fraktionen im Kloster *Weiße Wolke* waren: „Sag mal, *Atulyamitta*, es gibt da zwei Lager bei euch im Kloster. Mit den

***Theravādins*** kenne ich mich einigermaßen aus, aber diese anderen Leute, das sind doch genau wie wir Mönche des ***Buddha***, oder?"

„Die ***Mahāsāṅghikas***? Ja, sicher, aber sie behaupten, wir würden etwas falsch machen, wenn wir beständig nach unserem eigenen ***Erwachen*** streben würden, wenn wir uns bemühen würden, möglichst bald ***Arahats*** zu werden und ins ***Nirwana*** einzugehen."

„Was soll denn daran falsch sein? Das ist doch das Ziel des Pfades, den der ***Buddha*** aufgezeigt hat!"

„Sicher, *Devamitta*, und genau das, was du jetzt sagst, ist die traditionelle Argumentation der ***Theravādins***. Aber was hat denn der ***Buddha*** selbst gemacht? Als er sein ***Erwachen*** hatte, hat er sich dann zurückgezogen auf eine Wolke namens ***Nirwana***? Nein, er hat sich sein ganzes weiteres Leben darum bemüht, möglichst vielen Wesen dabei zu helfen, sich weiterzuentwickeln. Dazu muss man nicht erst warten, bis man erleuchtet ist. Man kann doch den Menschen schon vorher den ***Dharma*** darlegen und sie zu Übungen ermuntern, die sie auf dem Weg weiterbringen. Das war schon auf dem zweiten buddhistischen Konzil, gut hundert Jahre nach dem Tod des ***Erhabenen***, ein Streitpunkt. Die ***Mahāsāṅghikas*** wollen, dass ***Buddhas*** Lehre für alle Menschen zugänglich ist."

*Devamitta* versuchte die Position seines Gegenübers einzuordnen: „Wenn ich dich richtig verstehe, gehörst du doch wohl eher zu den ***Mahāsāṅghikas,*** so gut wie du mir deren Position vermittelst?"

„Nein, *Devamitta,* so einfach ist es auch nicht. Ja, ich habe eine gewisse Sympathie für deren Position, die gute Lehre allen Menschen zugänglich zu machen. Andererseits sagen die ***Mahāsāṅghikas***, um mehr Menschen zu erreichen, müsse es andere, leichter zugängliche Sutren geben. Aber die Sutren sind doch das, was uns vom ***Buddha*** überliefert ist. Natürlich kann man einige zusätzliche Übungen machen, um die

Ziele, die der **Buddha** verfolgt hat, zu erreichen. Aber man kann doch nicht neue **Sutren** erfinden und sagen, das sei **Buddhas** Wort. Das geht mir zu weit. Dadurch würde früher oder später alles beliebig."

*Aryamitta*, der bisher geschwiegen hatte, fragte jetzt ganz gezielt: „*Devamitta, Atulyamitta* hat die beiden Positionen, wie ich finde, sehr deutlich herausgearbeitet, wohin würdest du tendieren?"

„Das ist schwer zu sagen, ich habe bislang *Atulyamittas* Argumentation gehört. Sie scheint mir sehr schlüssig. Dies könnte der mittlere Weg zwischen den beiden Positionen sein. Auch der **Buddha** hat immer gesagt, dass der mittlere Weg zwischen zwei Extremen der zielführende sei. Allerdings ist mir heute diese Thematik zum ersten Mal bewusst geworden. Ich hatte zwar zuvor schon von verschiedenen Richtungen bei den Mönchen des *Buddha* gehört, konnte aber bis dahin nichts damit anfangen. Ich denke, ich habe das ganz besondere Glück, im Kloster *Weiße Wolke* beide Positionen ausführlich kennenzulernen. Darauf freue ich mich!"

„Das war ein schönes Schlusswort, lasst uns jetzt schlafen!", das war *Aryamittas* Weg, diese Diskussion zu beenden und gleichzeitig deutlich zu machen, dass er jetzt der Abt war und im Zweifelsfall das letzte Wort hatte.

Die weitere Reise verlief recht unspektakulär. Ein Problem gab es nur am Ganges. Denn die Fähre war nicht dafür geeignet Maultiere mitzunehmen. Aber es fand sich eine Gruppe von Laienanhängern des Buddha, die sich bereit erklärten, die Maultiere durch eine Furt wenige Meilen von der Fähre entfernt durch den Ganges zu führen. Auf diese Weise verloren sie einen weiteren Tag. Anschließend kamen sie aber schnell voran. Nur an den letzten beiden Tagen wurde es anstrengend, denn da ging es ins Gebirge. Sie mussten einen Pass überqueren und gelangten dann in ein Tal, in dem es längst nicht so heiß war wie am Ganges. Genau am kürzesten Tag des Jahres erreichten sie ihr Ziel, ein Kloster in einem Tal in der Nähe einer Kleinstadt namens *Chatra*[101]. Das Kloster lag auf einer Wiese, auf der Büffel weideten. Dahinter erhob sich einer der Gipfel des Himalaja, direkt über dem Kloster befand sich an diesem Tag – wie um den Namen des Klosters zu illustrieren – eine weiße Wolke.

*Devamitta* hatte eine Zelle direkt neben der des Abtes, also *Aryamittas*. Daneben gab es die Schreibstube. *Jesus* erfuhr, dass vor weniger als hundert Jahren erstmals der **Pāli-Kanon** (wie wir diese Schriftensammlung heute nennen) mit den Lehrreden des **Buddha** und weiteren Büchern in **Sri Lanka** schriftlich fixiert worden war. Die meisten dieser Bücher lagen auch hier in Abschrift vor und wurden von einem Schreiber kopiert. Geschrieben wurde auf Palmbättern. Diese wurden durch Bänder zu einzelnen Büchern zusammengehalten. *Devamitta* war fasziniert: Hier wollte er die Schriften studieren. Ebenso vorsichtig wie neugierig nahm er einen Band heraus und erschrak: „Diese Schrift kann ich nicht lesen, das ist kein Sanskrit!"

*Aryamitta* lächelte: „Nein, Devamitta, die Texte sind auf **Pāli**, das dem **Sanskrit** und insbesondere dem **Prakrit** recht ähnlich ist. Aber die Originaltexte wurden in **Sri Lanka** aufgeschrieben, dort verwendet man *singhalesische* Schriftzeichen. Wenn du also damit so umgehen willst, wie du das mit den **Veden** in **Pataliputra** gemacht hast, dann wirst du wohl die Schriftsprache **Pāli** und die singhalesischen Schriftzeichen erlernen müssen."

Das war das Ende von *Devamittas* Vorstellung, vielleicht bereits im nächsten Jahr wieder die Heimreise antreten zu können. Er wusste, was vielmehr zu tun war: **Pāli** lernen, singhalesische Schriftzeichen lernen, dann Texte studieren und diese mit anderen Mönchen im Gespräch vertiefen.

*Aryamitta* hatte ihm beim Denken belustigt zugesehen: „*Devamitta,* du darfst nicht nur denken, was du dabei tun

---

101 Nicht identisch mit der indischen Stadt Chatra. Das Chatra, um das es hier geht, liegt im heutigen Nepal.

willst, es wird auch Arbeit für dich geben. Ich beauftrage dich hiermit, eine komplette Kopie des **Pāḷi-Kanons** zu erstellen – so weit er uns vorliegt!"

„Meinst du das ernst, *Aryamitta*?"

„Aber sicher mein Freund, du darfst nicht nur von deinen Bedürfnissen ausgehen, also merke dir: Geben ist seliger denn nehmen."[102]

Inzwischen war *Atulyamitta* zurückgekehrt und hatte einen anderen Mönch dazu geholt: „*Devamitta*, das ist *Viryakirti*, der in der nächsten Zeit dein wichtigster Lehrer sein wird. Er wird dir die *singhalesischen* Schriftzeichen beibringen, und zwar sie zu lesen und zu schreiben. Alsdann wirst du den **Pāḷi-Kanon** kopieren, dabei wirst du immer wieder mit Worten Schwierigkeiten haben, sie nicht verstehen. Dann kann dir *Viryakirti* die ungefähre Bedeutung der **Pāḷi**-Begriffe auf **Prakrit** sagen. Vermutlich muss man meistens sogar mehrere **Prakrit**-Worte angeben, um die ungefähre Bedeutung des **Pāḷi**-Begriffes zu verstehen."

*Devamitta* sah seiner künftigen Arbeit mit gemischten Gefühlen entgegen. Einerseits wartete verdammt viel Arbeit auf ihn, andererseits hatte er in diesem abgeschiedenen Kloster die besten Möglichkeiten, den **Pāḷi-Kanon** zu studieren, mit Vertretern zweier unterschiedlicher Schulrichtungen darüber zu reden und auch seine eigene Meditationspraxis zu festigen. In **Pataliputra** hatte er wesentlich weniger gelernt, dort hatte er in erster Linie gearbeitet und gelehrt. Eigentlich war er aber zum Lernen hierhergekommen. Von daher konnte es eigentlich nur besser werden. Allerdings setzte er sich auch ein Ziel: In **Pataliputra** hatte er fünf Jahre verbracht. Er nahm sich vor, dass es hier auf keinen Fall mehr werden sollten. Schließlich machte er das alles, um den Menschen in

---

102 In der Tat merkte sich *Devamitta* alias *Jesus* diesen Satz gut und gab ihn auch an seine Apostel weiter, so findet er sich wörtlich in der Apostelgeschichte 20,35.

seiner Heimat zu helfen. Daraus schloss er übrigens, dass er wohl eher ein **Mahāsāṅghika** sei als ein **Theravādin**, wenn es ihm doch vor allem darum ging, anderen Menschen auf ihrem Pfad zu helfen.

Am nächsten Tag ging es ans Lesen- und Schreibenlernen. Nach einem Monat klopfte ihm *Viryakirti* auf die Schulter: „So, mein Freund, jetzt bist du soweit, du kannst anfangen mit dem Kopieren. In den ersten Monaten, vielleicht auch ein Jahr lang, wird es um den *Vinaya* gehen, das Lehrbuch zur Ordensdisziplin. Das klingt nicht sehr spannend, aber du erfährst dabei, wie die Gemeinschaft des **Buddha** begonnen hat, und warum allmählich diese vielen Ordensregeln eingeführt wurden, mit einer ganz ausführlichen Begründung für jede einzelne."

*Devamitta* sah diese Aufforderung als das an, was sie wirklich bedeutete: Er würde zum ersten Mal in seinem Leben einer geregelten Arbeit nachgehen, etwas, das ihn vermutlich lange beschäftigen würde. Aber wie sollte er sich dabei weiterentwickeln?

Doch gerade als in ihm dieser Gedanke aufstieg, kam einer der minderjährigen Novizen in die Schreibstube gestürmt: „*Devamitta*, Ihr sollt Euch umgehend beim Abt melden!"

Das klang nicht gut. Er warf noch einen Blick auf *Viryakirti*, der am anderen Schreibpult stand. Dieser zuckte nur mit den Schultern. Auch er konnte sich keinen Reim auf diese Anordnung machen. Also begab sich *Devamitta* zur Zelle *Aryamittas* und klopfte höflich an die Tür.

„Komme herein, *Devamitta*!" Etwas misstrauisch öffnete er die Tür und trat ein. „Guten Tag, *Aryamitta*, ich soll mich umgehend bei dir melden, hat der Novize gesagt."

*Aryamitta* stutzte einen Moment, dann lachte er: „Wenn einer der Novizen etwas ausgefressen hat, bestelle ich ihn mit diesen Worten ein. Als ich den Kleinen vorhin beauftragte, dich herbeizubitten, muss er wohl interpretiert haben, du müsstest dich in ähnlicher Weise vor mir verantworten. Das ist natürlich Unsinn, *Devamitta*. Nein, es geht um etwas ganz anderes. Seit ein, zwei Wochen kommen einige der jungen **Brahmanen** aus der Stadt immer mal hierher und wollen etwas über die Lehre wissen. Beim ersten Mal habe ich das selbst erledigt, aber dann habe ich einen anderen Mönch beauftragt. Gestern habe ich festgestellt, dass von den fünf jungen Männern nur noch drei kommen und einmal zugehört, wie dieser Mönch ihnen antwortet. Ehrlich gesagt, da wäre ich auch am liebsten weggeblieben. Daher wirst du in Zukunft ihre Fragen beantworten."

„Ich? Um Himmels Willen, *Aryamitta,* ich habe doch selbst kaum einen blassen Schimmer von der Lehre, das kann nicht gut gehen!"

„Doch, *Devamitta,* das wird gut gehen. Sie werden dir bisweilen Fragen stellen, die du nicht beantworten kannst. Dann vertröstest du sie diesbezüglich auf den nächsten Termin. Bis dahin hast du dich schlaugemacht. Man muss mit interessierten Menschen anderer Religionen sprechen, ihnen entgegenkommen, sie dort abholen, wo ihre Gedanken gerade sind. Ich wüsste niemanden, der ein besseres Einfühlungsvermögen hat als du. Außerdem wird das für dich der Anlass sein, über Aspekte des Dharma zu reflektieren, die du sonst nicht beachtet hättest, weil du der irrigen Annahme bist, diese wären unwichtig für deine spätere Lehrtätigkeit in *Galiläa.*"

*Devamitta* dachte einen Moment nach: „Kann es sein, *Aryamitta,* dass du dir davon erhoffst, dass ich mich selber zum **Dharma** bekehren werde, dass ich mich selbst in allen Punkten von der Lehre des **Buddha** überzeuge? Willst du so aus mir, einem gläubigen Anhänger **Abbas,** einen gläubigen Anhänger **Buddhas** machen?"

„*Devamitta,* was ich wirklich möchte, ist, dass diese jungen **Brahmanen** eigenständig anfangen nachzudenken. Wer könnte dazu ein besserer Lehrer sein als du? Sie werden morgen wieder herkommen. Ich vertraue auf dich. In einer Woche teilst du mir mit, welche Erfahrungen du mit deiner neuen Aufgabe gemacht hast." Daraufhin nickte er seinem Freund zu und nahm sich wieder das Palmblatt-Buch vor, das er gerade studiert hatte.

*Devamitta* wusste da noch nicht, dass diese Aufgabe die für ihn hilfreichste Tätigkeit war, die er in der ganzen langen Zeit in **Bhārat Gaṇarājya** ausführen würde, ja, dass dies sein ganzes späteres Leben verändern würde.

An diesem Abend fand, wie drei Mal wöchentlich, ein Studienabend statt. Dabei trug gewöhnlich ein Mönch eine Geschichte aus dem **Pāḷi-Kanon** vor. Hinterher tauschten sich die Mönche darüber aus. Diesmal ging es um ein interessantes Thema: die Nacht, in der der **Buddha** das **Erwachen** erreichte. Allerdings wurden zum gleichen Thema zwei verschiedene Lehrreden des Buddha vorgetragen.

Die eine, die *Viryakirti* nacherzählte, behandelte genaue Details der Meditationen des Buddha in dieser Nacht und schien ein exakter Bericht seines Erwachens zu sein, die andere vorgetragen von *Atulyamitta,* war ein **Mythos**, den der **Buddha** über die gleiche Nacht erzählte, in der Dämonen, die Erdgöttin sowie bezaubernde junge Frauen auftraten und eine siebenköpfige Schlange, die sich in einen Prinzen verwandelte.[103]

In der anschließenden Gesprächsrunde der fast hundert Mönche (und zwölf Novizen) dieses Klosters meldete sich zuerst *Theraraja,* der Sprecher des **Theravādin**-Flügels in diesem Kloster, zu Wort: „Es ist doch klar, welche der beiden Beschreibungen des **Buddha** die einzig wirklich hilfreiche ist. Natürlich diejenige, in der es um die vielen meditativen Details geht. Gerade hieraus können insbesondere die Jüngeren unter uns etwas lernen. Mit diesem anderen **Mythos** sollten wir uns hier gar nicht beschäftigen. Den hat zwar auch der

---

103 Im seinem Buch „Der Buddha – eine Biografie in Geschichten" behandelt der Autor dieses Buches im Kapitel „Buddhas Erleuchtung – Mythos und Wirklichkeit" diese beiden unterschiedlichen Darstellungen des Buddha über seine Erleuchtungsnacht ausführlich.

**Buddha** erzählt, aber nur für das unwissende Volk, um die Leute zu unterhalten und ein bisschen staunen zu lassen. Ich weiß gar nicht, warum die uns hier auch erzählt wurde, das ist doch Kinderkram."

Sofort gab es dazu auch eine Wortmeldung von *Nagamuni*, dem Anführer des **Mahsanghika**-Flügels: „Entschuldige, lieber *Theraraja*, aber das sehe ich völlig anders. Mit der Meditationstheorie haben wir uns doch wirklich schon genug auseinandergesetzt. Diese andere Geschichte aber, dieser Mythos,[104] der appelliert nicht an unseren Verstand, sondern an unsere emotionale Seite, an unser Gemüt. Hier werden geradezu archetypische Gestalten kreiert, die sowohl für das einfachen Volk als auch für uns, die wir uns mit den Funktionen des Geistes beschäftigt haben, hilfreich sind. Genau hier sollte unsere Analyse ansetzen, denn so können wir auch die unbewussteren Teile unseres Geistes ein Stück weit erforschen."

Während noch einige Argumente ausgetauscht wurden, blickte *Devamitta* zu *Aryamitta*, der lächelte zurück – und *Devamitta* verstand: Wenn er die jungen Brahmanen unterrichtete, durfte er nicht an Theorie kleben, sondern musste mit der Erlebniswelt dieser jungen Menschen umgehen können, musste sie dort abholen, wo sie waren, und ihnen auf diese Art Lebenshilfe geben, damit die Lehre des **Erhabenen** für sie im Alltag hilfreich ist. *Devamitta* erkannte, wie weise es von seinem Freund *Aryamitta* war, ihm das gerade heute vor Augen zu führen. Er hatte tatsächlich in *Aryamitta* den geschicktesten Lehrer gefunden, den er je hatte. *Aryamitta* steuerte so auch die Unterschiede zwischen den beiden Flügeln, zwischen den **Theravādins** und den **Mahasanghikas**:

---

104 Tatsächlich hat der Buddha in diesem Mythos die einzelnen Archetypen, wie sie Carl Gustav Jung im 20. Jh. erforscht hat, durchdekliniert: den „Schatten", den weisen Alten, die Anima, also die weibliche Seite des **Buddha**, und den jugendlichen Helden.

Er zeigte ihnen auf, dass der **Buddha** beides beherrschte – wie zwei verschiedene Medizinen für zwei verschiedene Typen von Patienten, die an der gleichen Krankheit litten.

In diesem Moment stand *Aryamitta* auf: „Diese Versammlung ist zu groß, um ein fruchtbares Gespräch zu führen. Alle unter 20-Jährigen gehen bitte in den Innenhof, die 20- bis 30-Jährigen in das Außengelände, die 30- bis 40-Jährigen in den Meditationsraum, die 40- bis 50-Jährigen in den Speisesaal, die 50- bis 60-Jährigen in den Yogaraum, die 60- bis 70-Jährigen zu den Bänken am Teich, die über 70-Jährigen bleiben hier."

*Devamitta* verstand: In kleineren Gruppen und unter Gleichaltrigen konnten die Mönche leichter miteinander sprechen, hatten weniger Angst sich zu äußern. Außerdem durfte durch die Aufteilung nach Alter sichergestellt seien, dass in jeder Gruppe Anhänger beider Richtungen vertreten waren. Auf dem Weg ins Außengelände verbeugte sich *Devamitta* vor seinem Abt und Freund: „Ich bin froh, einen so weisen Lehrer zu haben, danke, *Aryamitta*." Der lächelte, denn er sah, dass aus dem ungestümen Schüler *Amar Jadoos* allmählich ein weiser junger Mann wurde.

# Devamitta dringt in den Dharma ein

*Devamitta* hatte jetzt zwei Hauptaufgaben, zum einen das Kopieren des **Pāḷi-Kanons,** zum anderen die Lehrtätigkeit für die jungen **Brahmanen**. Am folgenden Tag kopierte er also vormittags eifrig zusammen mit *Viryakirti* in der Schreibstube. Anschließend brachten einige Leute aus der Stadt mit Eseln und Maultieren die Essensspende für die Mönche. Unter diesen waren auch zwei Freunde, die zur Gruppe der jungen **Brahmanen** gehörten, die sich für die Lehre des **Erhabenen** interessierten. *Aryamitta* stellte sie *Devamitta* vor: „*Devamitta*, ich habe dir doch von den fünf jungen **Brahmanen** erzählt, die hierherkommen, weil sie sich für den **Dharma** interessieren. Das hier sind *Nilay* und *Santosh*. Wo ist eigentlich *Yathavan*?"

„Der hat heute etwas anderes zu tun", erklärte *Santosh* verlegen. *Devamitta* und *Aryamitta* wechselten einen kurzen Blick. Sie wussten beide, dass durch die dilettantische Art, wie sie unterrichtet wurden, jetzt von den ursprünglichen fünfen nur noch zwei übrig waren.

„Aha", sagte *Aryamitta*, „das kann vorkommen. Ich habe für euch jetzt einen passenderen Ansprechpartner, nämlich *Devamitta*. Ich glaube, ihr werdet viel Freude aneinander haben, vielleicht kommt auch *Yathavan* oder ein anderer von euch jungen Männern wieder."

„Oder auch von den Frauen, der **Dharma** ist schließlich nicht nur für Männer gut!", ergänzte *Devamitta* – zur Verwunderung *Aryamittas,* der eine Augenbraue nach oben zog, jedoch nichts sagte, sondern sich mit einem Kopfnicken zurückzog.

Jetzt kam *Amita* näher, *Nilays* Schwester, die beim Abladen der Speisen geholfen hatte. „Hast du das ernst gemeint, *Devamitta*, dass auch Frauen den **Dharma** hören dürfen?"

„Aber selbstverständlich, meine Liebe. Der **Buddha** hat seine Lehre für alle Menschen dargelegt, völlig unabhängig davon, welchem Glauben sie angehören, welchem Geschlecht und welcher **Kaste**." *Devamitta* sah, die erstaunten Gesichter der beiden jungen Männern und bemerkte auch, wie sie leicht zusammenzuckten, als er das Wort **Kaste** aussprach. Allen drei war klar, dass hier etwas Ungeheuerliches geschah, dass *Devamitta* die Gesellschaftsordnung auf den Prüfstand stellte. Das war so völlig anders als das, was sie von dem anderen jungen Mönch, der sie zuletzt unterrichtete, gehört hatten.

„Am besten, wir holen uns etwas zu essen und beginnen gleich. Was haltet ihr davon, wenn wir uns dort drüben unter dem **Sal** niederlassen?", übernahm *Devamitta* die Initiative.

„Sonst haben wir immer im Inneren des Klosters gesessen ...", merkte *Nilay* vorsichtig an.

„Ja, richtig, aber wie ihr wisst, ist das ein Männerkloster. Da sollen aus gutem Grund keine Frauen rein. Da wir aber heute eine gemischte Veranstaltung haben, setzen wir uns lieber hier draußen hin. Es ist auch viel angenehmer im Freien." Sie nahmen Platz und aßen ihre Speise schweigend. Als sie damit fertig waren, sagte *Devamitta*: „Schön, dass ihr alle schweigend gegessen habt. Das ist bei den Anhängern des **Buddha** guter Brauch. Wenn wir essen, dann essen wir achtsam. Wenn wir reden, dann reden wir achtsam. Das Essen, das ihr gebracht habt, war lecker, schönen Dank dafür."

„Da habe ich gleich mal eine Frage, *Devamitta*. Du hast gesagt, das Essen sei lecker gewesen. Von deinem Kollegen habe ich gehört, alles auf dieser Welt sei leidvoll, soll der **Buddha** gesagt haben. War das Essen jetzt lecker oder leidvoll?" *Nilay* war offensichtlich der mutigste unter *Devamittas* neuen Schülern.

„Also, ich habe es als lecker empfunden", war die eindeutige Antwort *Devamittas*.

„Ich auch!", sagte *Santosh*. Alle sahen jetzt auf *Amita*.

„Also, lecker fand ich es auch. Aber ich bin hier ganz neu, ein Mädchen und auch noch ein wenig ängstlich. Deshalb hatte ich mir nur wenig genommen. Das fand ich dann schade."

„Ganz ausgezeichnet, *Amita*! Du hast etwas gemacht, das keiner von uns getan hat. Du hast eine differenzierte Antwort gegeben: einerseits lecker, aber da war auch etwas Wehmütiges drin, weil es zu wenig war. Genau in dieser Richtung argumentiert auch der **Buddha**: Wir müssen die Sache differenzierter betrachten. Deshalb hat er auch nicht gesagt, alles ist leidvoll, sondern, alles ist **Dukkha.** Dieses **Pali**wort heißt nicht einfach leidvoll. Es heißt vielmehr: nicht wirklich vollkommen befriedigend. Da ist auch ein Element von Negativem drin. Wir können also sagen, ein Essen ist dann **Dukkha,** wenn es entweder schlecht schmeckt oder wir zu wenig davon bekommen. Findet ihr vielleicht noch etwas, wieso ein Essen **Dukkha** sein kann?"

„Na ja, jedes leckere Mahl geht früher oder später zur Neige, das ist dann **Dukkha**", brachte *Santosh* ein.

„Also, mir fällt noch etwas auf. Ich weiß nicht, ob das auch zählt, aber ich habe heute Morgen bei der Zubereitung geholfen. Ich habe die **Bataten** geschält, zwei Stunden lang, das war ganz schön anstrengend", wusste *Amita* als Hausfrau zu berichten.

„Das ist sehr gut", lobte *Devamitta*. „Da ist ein ganz wichtiger Aspekt drin: Das Essen kann nicht nur aus der Sicht des Essenden betrachtet werden, sondern auch aus einer anderen Sicht, aus der des Produzenten oder hier aus der einer Produzentin, toll. Hat noch jemand eine Idee?"

Nach kurzem Nachdenken meldete sich *Nilay:* „Mir ist da noch eine Idee gekommen. Euer Abt hatte gebeten, dass für euer Essen keine Tiere geschlachtet werden sollen. Hat das vielleicht damit zu tun, dass das für die Tiere leidvoll ist?"

„Prima, *Nilay*, du hast noch einen ganz wichtigen Aspekt hereingebracht. Etwas, was für einen selbst aus egoistischen Motiven gut erscheinen kann, ist dann **Dukkha**, wenn es für einen anderen Nachteile bringt. Sehr gut. Aber jetzt versuchen wir einmal den **Buddha** zu widerlegen, strengt euch mal an. Gibt es nicht doch etwas, das ohne **Dukkha** ist?"

Alle drei überlegten, schließlich sagte *Santosh*: „Ich versuche es mal. Ich bin seit zwei Jahren verheiratet und damit rundherum glücklich. Meine Frau ist unwahrscheinlich toll.

Ich genieße das Leben mit ihr und unsere körperlichen Begegnungen. Sie hat mir ein ganz reizendes Töchterchen geschenkt. Klar gibt es manchmal kleine Unstimmigkeiten, aber die vernachlässige ich jetzt einmal und behaupte: Eine gute Ehe ist nicht **Dukkha**!"

„Klingt gut", sagte *Devamitta*, „und wie ist das bei deinen Eltern? Ich hoffe, die sind genauso glücklich."

„Ja, sicher, also das heißt: Sie waren es, sie waren ein Traumpaar. Leider ist meine Mutter vor zwei Jahren gestorben, seitdem ist mein Vater nicht wiederzuerkennen. Er hat einfach keine Freude mehr am Leben. – Oh, Devamitta, ich glaube, ich verstehe, was du meinst: Alles hat ein Ende. Einer stirbt – und das ist für beide schlimm."

„Ja", sagte Devamitta, „es ist ein bisschen wie bei *Amitas* Essen. Es war gut, aber plötzlich zu Ende und damit **Dukkha**. Wenn wir also etwas nicht nur aus der Ichperspektive betrachten, sondern auch aus der Sicht von Dritten, die damit zu tun haben oder unter dem Aspekt von Vergänglichkeit, dann erkennen wir, dass alles letztendlich **Dukkha** ist. Denkt einfach weiter darüber nach. Vielleicht fällt euch doch etwas ein, das nicht **Dukkha** zu sein scheint. Dann reden wir darüber. Glaubt nichts ungeprüft, egal ob das ein **Brahmane** sagt, ob ich das sage oder der **Buddha**: Prüft alles ganz genau – und im Zweifelsfall sprecht mit einem Weisen darüber – oder mit einer Weisen." Devamitta lächelte *Amita* zu.

So ging es noch eine Weile weiter, bis Devamitta sagte: „So, genug für heute. Wenn ihr mögt, übermorgen wieder."

*Nilay* stand auf und umarmte *Devamitta*: „Danke Euch vielmals, das war die beste Lehrveranstaltung, bei der ich jemals war, sei es hier im Kloster, bei den **Brahmanen** oder bei Vorträgen von umherziehenden **Sadhus**. Es war nicht so von oben herab, es war einfaches Lernen in einem offenen Gespräch." *Santosh* schloss sich den Ausführungen seines Freundes an und ergänzte: „Wenn ich das *Yathavan* sagte, kommt er bestimmt auch wieder."

*Amita* stand etwas verlegen auf: „Danke, *Devamitta*, dass Ihr mir erlaubt habt, an der Veranstaltung teilzunehmen. Vielleicht darf ich auch wiederkommen?"

„Na klar, du brauchst absolut nicht so schüchtern zu sein, deine Beiträge waren mindestens so hilfreich wie die der Männer. Vielleicht kommt das nächstes Mal eine von deinen Freundinnen mit. Es ist leichter für dich, wenn du nicht die einzige Frau bist!"

Sie verabschiedete sich mit einem dankbaren Blick. *Devamitta* fand allerdings auch mit einem etwas verliebten Blick, aber zum Glück war er jetzt ein Mönch.

An diesem Tag war er so fröhlich wie schon lange nicht mehr. Das lag keineswegs in erster Linie an diesem besonderen Blick *Amitas*. Bislang war er seit seiner Zeit im Tempel von *Jerusalem* immer unterwegs gewesen, um später einmal den Menschen eine bessere Lehre bieten zu können, als dies die **Rabbiner** taten. Seit er aber im Kloster *Weiße Wolke* war, konnte er hier und jetzt etwas weitergeben, was für Menschen hilfreich war, und zwar auf zweifache Weise.

Er hatte drei Menschen gefunden, die etwas von ihm lernen wollten, und konnte ihnen eine sehr gute Lehre weitergeben. Gewiss – etwas in der Art hatte er auch bei den **Vaiśyas** und den **Śūdras** in **Pataliputra** getan, aber damals musste er die Lehre der **Veden** zurechtbiegen, um sie von den rassistischen Vorurteilen zu reinigen. Hier aber konnte er eine gute und richtige Lehre so weitergeben, wie sie war. Das Gleiche tat er auch, indem er den **Pāḷi-Kanon** kopierte. Er wirkte also schon hier und heute hilfreich. Er verkündete den **Dharma**, die Wahrheit! Er tat das, wozu er sich berufen fühlte.

In den nächsten beiden Tagen war er so eifrig und freudig beim Kopieren, dass diese Freude auch auf *Viryakirti* übergriff. Denn der sagte plötzlich zu ihm: „Ach, *Devamitta*, es ist doch herrlich, eine Arbeit auszuführen, die am Anfang gut ist, in der Mitte gut ist und am Ende gut ist."

*Devamitta* ließ die Feder sinken, ging direkt auf *Viryakirti* zu und umarmte ihn mit den Worten: „Ich bin so froh, mit einem so lieben Freund eine solch gute Aufgabe auszuführen."

An dem Tag, da seine Schüler wiederkommen sollten, war *Devamitta* voller Vorfreude. Er hegte sogar die heimliche Hoffnung, dass nicht nur die drei vom letzten Mal kommen würden, sondern auch wieder *Yathavan*, der bei seinem Vorgänger abgesprungen war. Als die Leute aus der Stadt *Chatra* mit dem Essen kamen, beeilte sich *Devamitta*, um möglichst frühzeitig im Hof zu sein, wo das Essen aufgetragen wurde. Die erste Person, die er sah, war *Amita*, was für *Devamitta* ein Alarmzeichen war: *Wenn mir ausgerechnet die einzige Frau, die ich kenne, ins Auge fällt, und nicht einer der beiden Männer, dann ist das nicht in Ordnung!*

In diesem Moment begrüßte ihn *Santosh*: „*Devamitta*, ich habe mich so auf unser Wiedersehen gefreut und zu Hause so von dir und deiner Art zu lehren geschwärmt, dass meine Frau *Sanya* unbedingt mitkommen wollte, hier ist sie!" *Sanya* verbeugte sich tief vor *Devamitta*: „Herr, wenn es wahr ist, dass Ihr den **Dharma** auch Frauen lehrt, so möchte ich untertänigst darum bitten, als Eure Schülerin angenommen zu werden."

„Schön, dass du da bist!", freute sich *Devamitta*, und verbeugte sich vor ihr, um ihr zu zeigen, dass sie nicht untertänigst, sondern selbstbewusst hätte fragen können. Sie errötete, als sich der Mönch vor ihr – einer Frau – verbeugte. Das war so gegen alles, was sie bisher kannte, dass es ihr ziemlich peinlich war (aber auch ein bisschen guttat).

*Santosh* aber hatte noch eine Überraschung: „Das hier ist *Yathavan*, der letztmals nicht dabei war. Hier haben wir *Balu* und *Eka*, zwei weitere interessierte **Brahmanen**."

Damit hatte *Devamitta* jetzt bereits fünf Schüler und zwei Schülerinnen, allerdings alle aus der **Brahmanenkaste**, was ihm zu denken gab. Man aß wieder schweigend, dann zog sich unser Gesprächskreis unter den **Salbaum** zurück.

*Santosh* bat um das Wort, das *Devamitta* selbstverständlich erteilte: „Mein Freund *Yathavan* war das letzte Mal nicht dabei, weil ihm hier etwas nicht gefiel. Vielleicht können wir darüber sprechen."

*Devamitta* sah *Yathavan* an: „Das ist sehr gut, dass du wiedergekommen bist. Alles, was uns an der Lehre nicht gefällt, muss angesprochen werden. In den allermeisten Fällen geht es dabei um Missverständnisse. Worin lag also das Problem, *Yathavan?"*

„Wir haben bei Eurem Kollegen über etwas gesprochen, was er als die drei Wurzelübel bezeichnet hat. Das erste davon ist Gier. Er hat auch gesagt, dass selbst leichte Ausformungen davon – etwa Verlangen oder Habenwollen – verwerflich sind. Dann habe ich ihm gesagt, dass ich beobachtet habe, wie viele Mönche jedesmal, wenn wir das Essen bringen, mit gierigen Blicken auf das geschaut haben, was wir da aufgetischt haben. Das wollte er nicht wahrhaben. Er zum Beispiel hätte nur mit Wohlgefallen darüber, dass wir uns um gutes **Karma** bemühen, geblickt. Ich glaube aber, ich kann Wohlgefallen von Gier oder Verlangen unterscheiden zu können." Er hatte einen roten Kopf bekommen, während er sprach. Die anderen schauten betroffen nach unten, denn das klang doch schon nach einem ziemlich klaren Angriff auf einen Mönch. So etwas machte man nicht.

„Das ist ganz ausgezeichnet, dass du das ansprichst, *Yathavan*. Und zuerst muss einmal klargestellt werden: Ja, es gibt etwas, das der **Buddha** als die drei Wurzelübel bezeichnet hat. Die gibt es in allen unerleuchteten Menschen. Diese drei Wurzelübel nennt man Gier, Hass und Verblendung. Man kann es auch weniger scharf ausdrücken, dann wären es Verlangen, Abneigung und spirituelle Unwissenheit. In dem, was du geschildert hast, ging es offensichtlich nur um das erste der drei Übel, um Gier oder Verlangen. Dies gibt es in allen unerleuchteten Menschen. Ich denke, du kennst Gier oder Verlangen aus deinem eigenen Erleben. Ich kenne es aus meinem Erleben. Als ihr heute herkamt und das Essen aufgebaut habt, hatte ich Verlangen danach. Als ich heute Morgen in der Schreibstube saß, hatte ich Verlangen danach, mit euch gemeinsam den Dharma zu ergründen. Ich behaupte, in diesem Kloster gibt es keinen voll und ganz Erleuchteten. Also steckt in jedem von uns Verlangen. Wäre das anders, hätte der **Buddha** unrecht."

*Yathavan* hatte aufmerksam zugehört, wandte aber dennoch ein: „Aber dein Kollege ..."

„Halt!", intervenierte jetzt *Devamitta*. „Wir reden hier nicht über Abwesende. Wenn du etwas mit meinem Kollegen erörtern möchtest, kannst du das gern mit ihm erörtern. Er ist aber nicht da. Ich bin da. Wenn du meinst, ich hätte etwas gesagt, was du für falsch hältst, dann sage es mir, dann untersuchen wir es. Ist da etwas?"

*Yathavan* verneinte.

„Gibt es irgendjemand anderes unter euch, der zu dem Begriff Gier oder Verlangen noch eine Frage hat?"

Alle schüttelten den Kopf.

„Dann kommen wir zu einem anderen Punkt, nämlich dem Hass oder der Abneigung. *Yathavan* ich habe den Eindruck, du bist das letzte Mal nicht da gewesen, weil du eine gewisse Abneigung gegen die Art hattest, wie der andere Mönch mit dir umgegangen ist, kann das sein?"

„Ja, schon, aber ich hatte auch meine Gründe."

„Sicher hattest du die, *Yathavan*. Dir hat die Antwort des Mönchs nicht gefallen. Was glaubst du, warum er so antwortete?"

„Ich denke, er wollte als etwas Besseres angesehen werden, als er ist. Meine Bemerkung hat ihn gestört."

„Ja, *Yathavan,* ich kann mir vorstellen, dass es genau so war. Dann hätten wir also bei dem Mönch festgestellt, dass er Verlangen nach dem Essen hatte und eine Abneigung von dir bloßgestellt zu werden, könnte das sein?"

„Ja, Herr, genauso, wie Ihr es sagt!"

„Und du, *Yathavan*, hattest Verlangen danach, für deine richtige Erkenntnis, dass auch Mönche Verlangen haben, gelobt zu werden. Als dir dieses Lob versagt wurde, hast du eine Abneigung gegen den Mönch entwickelt. Ihr habt euch also beide gleich verhalten und dadurch die Richtigkeit dieser Lehre bestätigt. Das wäre doch eigentlich ein Grund zum Feiern gewesen! Lasst uns das jetzt feiern. Ich glaube, es ist noch Tee da, danach habe ich jetzt Verlangen. Mich giert danach, mit euch zu feiern!"

Alle gingen lachend und holten sich einen Becher mit Tee. Danach setzen sie sich wieder unter den **Salbaum**.

Nunmehr ergriff *Amita* das Wort: „Wisst ihr, das finde ich so genial an *Devamitta*. Bei ihm erscheint alles nicht abstrakt, sondern aus dem Leben gegriffen. Wenn er die Lehre erläutert, ist das von einer bewundernswerten Leichtigkeit. Es ist leicht wie ein Kinderspiel, aber doch tiefgründig. Sag, *Devamitta*, kannst du mal auf den anderen Begriff, auf die Verblendung eingehen, möglichst mit der gleichen Leichtigkeit, damit es auch Mädchen verstehen können."

„Lass es mich versuchen. Ich werde versuchen, es sogar so leicht zu erläutern, dass es nicht nur Mädchen, sondern auch Männer, **Brahmanen** und Mönche, verstehen müssten. Verblendung ist immer da, wenn wir etwas erwarten. Später sind wir dann enttäuscht, dass unsere unrealistischen Erwartungen nicht erfüllt wurden. Ich mache mal mit dem Beispiel von vorhin weiter. Der Mönch hatte die Erwartung, geehrt zu werden, weil er schließlich ein Mönch ist. *Yathavan* hat ihn nicht nur nicht verehrt, er hat auch sein Verlangen entlarvt. Das hat den Mönch vermutlich erst einmal enttäuscht. Er hatte sich getäuscht, denn er hatte Verehrung erhofft und das Gegenteil bekommen. Das war das Ende seiner Täuschung, daher war er ent-täuscht. *Yathavan* hingegen hatte etwas bemerkt, das Verlangen des Mönchs. Er hat das genau beobachtet und gehofft, dafür Anerkennung zu bekommen. Das war eine Erwartung, eine verblendete Erwartung. Statt dessen wurde er zurückgewiesen. Damit war auch er enttäuscht. Jede unrealistische Erwartung, jede Verblendung, führt zu Enttäuschung. *Yathavan* und der Mönch scheinen sich sehr ähnlich zu sein. Das ist auch kein Wunder, denn beide sind Menschen, unerleuchtete Menschen. Und in unerleuchteten Menschen haben Gier, Hass und Verblendung ihren Sitz. Auch in mir! Ich freue mich jedesmal, wenn ich mich wieder dabei erwische, mit Verlangen, Abneigung und Verblendung gearbeitet zu haben. Nur wenn ich das bemerke, kann ich es nämlich ändern, kann ich mich verbessern. Manchmal glaube ich, dass ich mich schon ein ganz klein wenig verbessert habe."

Zum ersten Mal sagte *Sanya* etwas, vielleicht weil sie *Devamittas* freundlichen, aber auffordernden Blick gesehen hatte: „Ihr macht das toll, *Devamitta*, Ihr nehmt einfache Beispiele aus dem Alltag, stellt Euch nicht auf ein Podest, sondern zeigt lächelnd auf Eure winzig kleinen Fehler und ermuntert uns so, auch auf unsere Fehler zu schauen. Ich glaube, Ihr werdet noch viele **Brahmanen** und, so hoffe ich, auch **Brahmanen**frauen bei euch als Schüler begrüßen können. Ich werde jedenfalls versuchen, möglichst viele zu überzeugen."

Doch dann geschah das, was alle erst einmal entsetzte, denn *Devamitta* wies genau das zurück: „So gern ich euch alle mag, so sehr ich mich freue, wenn ihr wiederkommt, so muss ich doch eines klarstellen: Die Lehre des **Buddha**, die am Anfang, in der Mitte und am Ende gut ist, ist für alle Menschen da. Nicht nur für Mönche, nicht nur für Männer, sondern auch für euch Frauen, *Sanya* und *Amita*. Sie ist aber auch nicht nur für **Brahmanen** gut. Wenn ihr hier mit weiteren Leuten studieren wollt, dann müsst ihr auch welche aus anderen **Kasten** herbringen. Sobald ihr einen Mann und eine Frau aus einer anderen **Kaste** für das Studium gefunden habt, bin ich auch bereit, einen weiteren **Brahmanen** zu akzeptieren, aber nur dann. Zu glauben, die Lehre sei nur für **Brahmanen**, ist Verblendung. Die wollen wir doch überwinden."

Diese Intervention hatte die Begeisterung aller etwas gebremst. Man sprach noch eine Weile darüber. Schließlich verabschiedete *Devamitta* die anderen mit den Worten: „Ich würde mich freuen, euch alle übermorgen wiederzusehen – und vielleicht noch ein oder zwei weitere aus anderen **Kasten**."

Es stellte sich jedoch heraus, dass das – abgesehen von der Hürde im Denken der **Brahmanen** – einfacher zu lösen war, als alle Beteiligten dachten. Bislang war es so, dass etwa die Hälfte der Mönche im Kloster aßen, was ihnen Laienanhänger/-innen brachten. Die anderen gingen auf Bettelgang in die Stadt, drei Mönche auch jeweils in eines der kleinen Dörfer. Die meisten Spenden, die ins Kloster gebracht wurden, kamen allerdings bei den wohlhabenden **Vaiśyas** und den wenigen **Kṣatriyas** zusammen. Ins Kloster gebracht wurde das Essen jedoch, abgesehen von den wenigen **Brahmanen**, die hier unterrichtet wurden, von **Śūdras**. Eigentlich mussten also nur die **Brahmanen** ihre Zulieferer und Arbeiter fragen, ob sie Lust hätten, mit ihnen den **Dharma** zu studieren. Aber so etwas machte man doch nicht. Warum nicht? Wegen der **Kasten**schranke, die sie verinnerlicht hatten, obwohl sie gerade dabei waren, sich von der Religion zu lösen, die diese **Kasten**schranke aufgebaut hatte.

Die ersten beiden, denen dieser Widerspruch bewusst wurde, als sie im Gespräch die Probleme erörterten, waren *Amita* und *Sanya*, die beiden Frauen.

„Sollten wir nicht endlich auch den Männern das klarmachen?", fragte Sanya.

„Ich bin nicht sicher, dass das gut ist, dann fühlen sie sich angegriffen und suchen wieder die unmöglichsten Ausreden, warum das nicht geht. Aber es gibt einen geschickteren Weg. Wenn ich mit meinem Bruder rede, du mit deinem Mann und wir es dabei so deichseln, dass sie glauben, sie hätten diese gescheite Idee gehabt, dann sind sie Feuer und Flamme. Wir beide kriegen es doch hin, sie glauben zu lassen, das wäre ihre eigene Idee, oder?" Die beiden Frauen umarmten einander vor Glück darüber, dass sie ihre Männer zur Vernunft würden bringen können.

Sie versuchten es. Tatsächlich gelang es ihnen nach einigen Mühen. Schließlich sagte *Santosh*: „Ja, verstehst du denn nicht, *Sanya*, dass wir dabei sind, in die Falle unserer **Brahmanen**kollegen zu tappen, wenn wir an die **Kasten**schranke glauben? Wir müssen diese einreißen, wenn wir der Lehre des *Erhabenen* folgen wollen!"

*Endlich hat er es verstanden!*, dachte *Sanya* und sagte: „Du hast recht, wie konnten wir das nur nicht gleich erkennen? Nur gut, dass du das herausgefunden hast. Meinst du, du könntest mit den **Kṣatriyas** und **Vaiśyas**, die uns die Spenden liefern, sprechen?"

„Kann ich machen, wenn du die **Śūdras** übernimmst!"

So kam es, dass ab der nächsten Woche neben den bisherigen fünf **Brahmanen** und ihren beiden Frauen auch ein **Kṣatriya** und zwei Frauen aus dieser Adelskaste sowie vier **Vaiśya**-Männer und zwei **Vaiśya**-Frauen zum Studium erschienen, außerdem drei **Śūdras**, alle männlichen Geschlechts. Für die **Śūdras** war es am schwierigsten, denn sie mussten dafür von ihrem Arbeitgeber freigestellt werden, jedenfalls, wenn sie eine feste Anstellung hatten.

Allmählich stabilisierte sich dieser Studienkreis und man entschied sich auch, eine Studienhalle zu errichten, um eventuell auch in der Regenzeit zu Treffen kommen zu können. Diese Halle lag am Weg zwischen *Chatra* und dem Kloster *Weiße Wolke,* denn in dieses konnten bekanntlich keine Frauen gehen.

Ein ganz wichtiges Thema im Studienkreis wurden die drei **Lakṣaṇas.** Den ersten Schritt, in dem es um **Dukkha** ging, haben wir bereits betrachtet, aber natürlich musste das mit den neu dazugekommenen Teilnehmer/-innen erneut durchgegangen werden.

Ganz eng mit dem Begriff **Dukkha** verbunden war **Anicca**, Vergänglichkeit. *Devamitta* legte viel Wert darauf, dass dieser Begriff wirklich ganz genau untersucht wurde. Er fing schon an, die Studienteilnehmer/-innen damit etwas zu nerven. Schließlich brachte es *Santosh* auf den Punkt: „*Devamitta*, wir haben es wirklich kapiert: Alles ist vergänglich, alles! Du hast gesagt, es gibt drei **Lakṣaṇas.** Warum reiten wir immer auf dem zweiten herum? Lass uns endlich weitergehen!"

*Devamitta* sah *Santosh* an. „Du glaubst wirklich, dass alles vergänglich ist, alles ohne Ausnahme? Also auch deine Liebe zu *Sanya*? Und ihre Liebe zu dir und damit eure Ehe? Die Verabredung eurer Eltern, dass ihr zusammen zu sein habt, die ist auch vergänglich? Was ist mit dir? Mit deiner Seele? Ändert sie sich auch? Dann wäre es nicht mehr dieselbe wie bei deiner Geburt. Nicht dieselbe wie im Leben zuvor, wenn das so ist, gibt es niemanden der wiedergeboren wird, oder?"

*Santosh* war verwirrt: „Wieso denn das jetzt? Der **Buddha** lehrt doch auch die Wiedergeburt, genauso wie die **Hindus**!"

„Nein, *Santosh*, der **Buddha** lehrt die Geburt nicht genauso wie die **Brahmanen**. Die **Brahmanen** lehren, dass man immer wiedergeboren wird, weil die Seele ewig ist. Wäre sie aber ewig gleich, so wäre sie unveränderlich. Du hast vorhin behauptet, du hättest verstanden, dass alles veränderlich ist. Also auch die Seele. Daher gibt es Wiedergeburt, aber niemanden der wiedergeboren wird, weil nämlich das, was weitergegeben wird, nichts Unveränderliches ist. Und das ist das dritte **Lakṣaṇa: Anattā**, was man mit ‚Nicht-Seele‘ übersetzen kann. Nichts und niemand hat einen festen Wesenskern, eine feste unveränderliche Seele, die wiedergeboren werden kann. Die Wahrheit von **Anattā** ist im Prinzip von **Anicca** schon enthalten. Wir haben also erst dann **Anicca** voll und ganz verstanden, wenn wir auch **Anattā** verstanden haben."

*Santosh* kam sich plötzlich klein und hilflos vor wie ein Kind: „Aber es muss doch eine Seele, einen **Ātman** geben, sonst wäre kein Unterschied zwischen einem lebenden Menschen und einem Leichnam."

„Falsch, *Santosh*, der Unterschied zwischen einem lebenden Körper und einem Leichnam ist, dass Letzterer kein Bewusstsein hat. Das Bewusstsein macht den Unterschied. Bewusstsein aber ändert sich. Unser ganzer Studienkreis hätte keinen Sinn, wenn er nicht dazu beitragen würde, unser Bewusstsein zu entwickeln. Bewusstsein kann entwickelt werden, es ist dynamisch. Das statische Konzept einer Seele ist daher falsch, es widersprich dem Gesetz der Vergänglichkeit. Das Tolle ist: Wenn wir unser Bewusstsein erweitern, können wir aus dem Rad der Geburten heraustreten. Das ist das Ziel der Lehre des **Buddha**: Jede und jeder ist in der Lage, aus dem Rad der Geburten herauszutreten, dazu muss sie oder er sich von einem Konzept lösen, vom Konzept des Ego, des Ich. Erst wenn wir unser Ego überwinden, sind wir frei! Dann ist unser Bewusstsein nicht mehr getrennt vom **Brahman**, vom großen Bewusstsein, vom Göttlichen. Dann sind wir mit dem **Brahman**, mit unserem großen Vater im Himmel, vereint."

Alle sahen *Devamitta* erstaunt an. *Amita* war die Erste, die wieder Worte fand: „Da sind wir aber, glaube ich, alle noch weit davon entfernt. Das Konzept des Ego, des Ich, ist noch ziemlich fest in mir verwurzelt. Ich glaube nicht, dass ich mich davon lösen kann! Wie ist das bei dir, *Devamitta*?"

Alle sahen ihren **Guru** an. Endlich antwortete *Devamitta*: „Ich habe mich auch noch nicht völlig vom Konzept des Ich gelöst. Ich bin nicht erwacht wie der **Buddha**. Aber ich weiß ganz sicher, dass das machbar ist. Ich weiß, dass es hier im Kloster mehrere Menschen gibt, die auf diesem Weg schon weiter sind als ich. Ich habe hier sehr gute Bedingungen dafür. Daher bin ich hier. Man muss an sich arbeiten. Man muss im Austausch mit anderen Übenden bleiben. Deswegen haben wir diesen Studienkreis, deswegen gibt es Klöster. Und, liebe *Amita*, ganz direkt zu dir: Ich glaube, dass du ganz sicher auf dem richtigen Weg bist. Ich bin mir sicher, dass du – oder besser gesagt die Bewusstseinsfragmente, die jetzt in deinem Körper sind, eines Tages erleuchtet sein werden. Möglicherweise vor den Bewusstseinsfragmenten, die in meinem Körper sind. Du wirst das schaffen. Ich habe auch fest vor, das zu schaffen, jede und jeder von euch kann das schaffen. Was der **Buddha** überwunden hat, das können auch wir überwinden. Was der **Buddha** erreicht hat, das können auch wir erreichen."

Erst war es einen Moment still. Dann kamen einige begeisterte Zurufe. Schließlich entstand eine gewisse Euphorie im Studienkreis, die dazu führte, dass viele besonders eifrig an sich arbeiteten, die weitergegeben wurde an Dritte. Im Laufe der Zeit entstand neben dem Kloster *Weiße Wolke* dieses

Laienzentrum, in dem sich täglich Menschen trafen und über ihre Praxis miteinander sprachen, auch dann, wenn gerade keine Lehrveranstaltungen stattfanden.

An diesem Abend bekam *Devamitta* Besuch seines Zimmernachbarn *Aryamitta*. „Du scheinst großartige Erfolge mit deiner Missionstätigkeit zu haben. Deine Anhängerschaft wächst. Offensichtlich vertrittst du den Weg der **Mahāsānghikas,** die auch den Nichtordinierten einen Weg zur Befreiung öffnen möchten."

„Darüber habe ich mir eigentlich gar keine Gedanken gemacht. Ich habe das getan, von dem ich dachte, es sei gut und notwendig. Aber wenn ich mir es recht überlege, ja, das scheint der Weg der **Mahāsānghikas** zu sein. Siehst du darin ein Problem, *Aryamitta*?"

„Ein Problem würde ich es nicht nennen, jedenfalls nicht, solange es unseren regulären Klosterbetrieb nicht stört. Ich höre auch von *Viryakirti,* dass du deinen Aufgaben in der Schreibstube vollumfänglich genügst. Das ist mir schon wichtig. Ich wollte dir noch einen Vorschlag machen. Warst du eigentlich schon einmal in **Bodhgaya**?"

„In **Bodhgaya**, dort wo der **Buddha** sein **Erwachen** hatte, nein, noch nicht. Meinst du, es wäre gut dorthin zu gehen?"

„Weißt du, *Devamitta*, eigentlich sollte man denken, es ist egal, wo man praktiziert. So dachte ich früher auch. Als ich frisch ordiniert war, hatte ich dann Gelegenheit mit einigen anderen Mönchen unseres Klosters eine Pilgerreise nach **Bodhgaya** zu unternehmen. Dort habe ich unter dem Baum meditiert, unter dem der **Buddha** vor mehr als 500 Jahren saß …"

„Den gibt es wirklich noch?"

„Ja, **Devamitta**, den gibt es wirklich noch. Er ist riesig. Es war ein wirklich umwerfendes Erlebnis. Es hat mein Leben verändert. Zuvor war ich strenger Anhänger der Lehre der Alten, inzwischen verstehe ich auch die **Mahāsānghikas** gut, obwohl ich mich dieser Richtung nicht zurechnen würde. Möglicherweise wäre es auch für dich ein großartiges Erlebnis, das deinen weiteren Weg beeinflusst, daher wollte ich dich fragen, ob du nicht eine Pilgerreise nach **Bodhgaya** unternehmen möchtest."

„*Aryamitta*, ich möchte ganz offen mit dir reden. Die Idee ist sicher gut. Andererseits gibt es jetzt diese gut funktionierende Studiengruppe. Wenn ich die für einige Wochen oder Monate verlasse, wird es nicht mehr dasselbe sein wie zurzeit. Kann es sein, dass es dir vielleicht gar nicht so unangenehm wäre, wenn die Studiengruppe, sagen wir, dezimiert würde."

„*Devamitta*, ich will genauso offen sein. Ich habe in der Tat etwas Bedenken hinsichtlich dieser Studiengruppe. Sie könnte allmählich zu einer Gefahr für die **Brahmanenkaste** in *Chatra* werden. Erinnere dich an das, was in **Pataliputra** geschehen ist. Du greifst mit deinen Reden nicht nur eine andere Religion an, jedenfalls empfinden die konservativen **Brahmanen** das so, sondern auch das Gesellschaftsmodell von **Bhārat Gaṇarājya**. Bisher wird unsere Minderheitenreligion toleriert. Aber wir müssen uns hüten, den Bogen zu überspannen. Wenn das **Kasten**system angegriffen werden soll, dann muss das durch eine Revolution von unten geschehen, durch die niedrigeren **Kasten** oder durch die *Kastenlosen*, aber nicht durch uns. Daher wäre es mir lieber, dich jetzt etwas aus der Schusslinie zu nehmen. Ich möchte die Studiengruppe beibehalten, würde sie aber für die Dauer deiner Abwesenheit einem anderen Mönch übertragen, der sie sicher auch gut leiten wird, aber in der **Kasten**frage ein wenig flexibler ist als du, damit es nicht zu unnötigen Konflikten kommt."

„Wen willst du damit betrauen?"

„Ich habe dafür *Nagamuni* vorgesehen. Er ist auch ein **Mahāsāṅghika,** aber einer, der in **Bhārat Gaṇarājya** aufgewachsen und daher etwas vorsichtiger im Umgang mit der **Kasten**frage ist."

*Devamitta* erinnerte sich, wie es schon einmal in einem buddhistischen Kloster, und zwar in **Puruschapura**, zu einem Eklat gekommen war. *Aryamitta* war sein Freund, er wollte ihn vor Ähnlichem bewahren. Also fragte er: „Willst du, dass ich sofort losgehe?"

„Nein, ich dachte so in einer oder zwei Wochen. In dieser Zeit könntest du mit *Nagamuni* zusammen die Studiengruppe leiten."

„*Aryamitta*, ich nehme an, du hast schon mit ihm darüber gesprochen?"

„*Devamitta*, ich wäre ein schlechter Abt, wenn ich das nicht getan hätte." *Aryamitta* stand auf und verabschiedete sich, indem er seinen Freund umarmte.

Alsdann ging *Devamitta* zu *Nagamuni*, der sich über seinen Besuch freute: „Wie schön, dass du kommst, *Devamitta*. Ich gehe davon aus, dass *Aryamitta* mit dir gesprochen hat."

„Ja, es sieht so aus, als würde ich für einige Wochen wegen einer Pilgerwanderung ausfallen. Du sollst mich vertreten."

„Ich muss sagen, dass es mir Freude macht, endlich im Sinne der **Mahāsāṅghikas** arbeiten zu können, und zwar mit Nichtordinierten. Ich war schon ein bisschen neidisch auf dich. Ich denke, wir werden das gut hinbekommen. Vielleicht besteht die Möglichkeit, dass wir dies nach deiner Rückkehr gemeinsam machen. Jetzt würde ich gern möglichst viel über das erfahren, was ihr bisher gemacht habt, was in der Gruppe besonders zu beachten ist."

An diesem Tag saßen die beiden noch lang beieinander. *Nagamuni* erfuhr alles, was ihn interessierte. *Devamitta* fasste Vertrauen zu seinem neuen Mitarbeiter.

Auch die Studieneinheit am nächsten Tag lief gut. *Devamitta* hatte *Nagamuni* eingeführt und gesagt, dass er in wenigen Tagen nach **Bodhgaya** aufbrechen würde. Ein Problem gab es erst nach dem Ende der Unterrichtseinheit. *Amita* kam nämlich zu *Devamitta* und sagte: „Ich komme mit nach **Bodhgaya**!"

„Aber *Amita*, das ist völlig unmöglich. Du bist erst 15, außerdem bist du einem anderen Mann versprochen. Du kannst nicht einfach von zu Hause weg. Mit mir kannst du schon gar nicht reisen, ein Mönch und eine junge Frau, das geht nicht."

„Doch *Devamitta*, das muss gehen. Letzte Nacht hatte ich einen Traum. Wir beide saßen unter dem Baum des **Er-**

**wachens.** Heute höre ich, dass du dorthin gehen wirst. Ich weiß, ich muss mit!"

*Devamitta* schüttelte den Kopf: „Das geht nicht. Du bist eine tolle junge Frau, du bist höchst intellektuell und ausgesprochen spirituell. Eine solche Frau habe ich mir immer gewünscht. Aber es geht nicht: Du gehörst der **Brahmanenkaste** an. Ich bin ein Ausländer und Mönch."

„*Devamitta*, es ist nicht so, wie du denkst. Ja, ich bewundere dich. Aber was ich wirklich will, ist etwas anderes. Als ich in meinem Traum unter dem **Bodhibaum** saß, kam eine Frau in einer Robe, wie du sie trägst. Sie hatte eine Glatze, nahm Rasierzeug und schnitt mir die Haare ab!"

„Du willst Nonne werden?"

„Ja."

„Dann würden wir uns vermutlich nie wieder sehen."

„Ja."

*Jesus* nickte. Er hatte gedacht, sie sei in ihn verliebt. Welch ein Irrtum! Es war wohl eigentlich umgekehrt. Er war in *Amita* verliebt. Er sah sie an: „Es geht trotzdem nicht, dass wir zusammen reisen. Ein Mönch und eine Frau können nicht zusammen reisen."

„Ich werde meinen Bruder überzeugen, dass er mitkommt, *Devamitta*. Aber ich bitte dich um eines: Sag meinem Bruder nichts von meinem Traum, sonst weigert er sich, versprichst du mir das?" *Devamitta* nickte. *Amita* schaute sich um, ob sie keiner sehen konnte. Dann küsste sie ihn auf die Wange, drehte sich um und ging.

*Was für eine Frau!*, dachte *Devamitta* und ging auf sein Zimmer.

Dort weinte er.

# Bodhgaya

und die Weiße Wolke

Es war etwa zwei Wochen nach dem Gespräch zwischen ihm und *Aryamitta*, als sich *Devamitta* zusammen mit *Atulyamitta* auf den Weg machte. *Antulyamitta* hatte, als er gehört hatte, dass *Devamitta* nach **Bodhgaya** pilgern wollte, den Abt gefragt, ob er mitkommen könne. Dieser hatte es gestattet. Sie gingen zunächst zusammen nach *Chatra*, wo sie *Nilay* und *Amita* abholten. *Nilay* erzählte von den Schwierigkeiten, die es in der Familie gegeben hatte, als sich herausstellte, dass *Amita* unbedingt eine Pilgerwanderung machen wolle. *Nilay* berichtete davon, dass es ihm schließlich gelungen sei, ihre Eltern dadurch zu überzeugen, dass es gerade jetzt die beste Gelegenheit sei, diese Wanderung zu unternehmen. Denn wenn *Amita* erst verheiratet wäre, würde ihr Mann ihr bestimmt keine Reiseerlaubnis mehr geben, während er, *Nilay*, jetzt seine kleine unverheiratete Schwester beschützen könne.

Auch *Antulyamitta*, der nichts von *Amitas* weiteren Absichten wusste, stimmte zu, dass *Nilay* und *Amita* mitkamen. *Devamitta* war nicht wohl dabei.

Sie waren zeitig losgegangen, denn sie wussten, dass der erste Tag der schwierigste sein würde, da sie den Pass überqueren mussten, den *Devamitta* auch schon auf dem Hinweg gegangen war. Zum Glück waren sie alle jung, sodass sie bereits zur Mittagsstunde nur zwei Meilen vom Scheitelpunkt des Passes entfernt waren. Hier machten sie Rast, da es den beiden Mönchen nicht erlaubt war, nach der Mittagsstunde zu essen. Etwas schwerfällig von der Mahlzeit ging es dann das letzte Stück aufwärts. Umso mehr genossen sie es, dass es von da an bergab ging. Bereits am Abend hatten sie das Gebirge hinter sich gelassen, was auch den Vorteil hatte, dass es hier wärmer war. Als es dämmerte, suchten sie sich einen geeigneten Lagerplatz etwas abseits des Weges.

Auf allgemeinen Wunsch sollte *Devamitta,* der mit Abstand am meisten von ihnen umhergereist war, etwas von seinen Reisen erzählen. Er entschied sich dazu, vom Anbeginn seiner großen Wanderung zu erzählen, wie er *En Gedi* verlassen hatte, dann Station in seinem Elternhaus machte und weitergereist war zum See Genezareth und schließlich nach Antioch, wo er *Dimitros* traf und erstmals vom **Erwachten** hörte.

*Amita* hatte aufmerksam zugehört: „Na, da haben wir es ganz einfach. Wir müssen nicht einmal drei Wochen unterwegs sein, um nach **Bodhgaya** zu gelangen. Du warst damals, als du losgingst, noch mal zwei Jahre jünger als ich jetzt!"

Danach legten sie sich nieder und schliefen. Als *Devamitta* aufwachte, erblickte er die junge Frau: Sie meditierte schon. *Sie ist wie ich damals,* dachte er wehmütig und ertappte sich, wie er insgeheim wünschte, dass sie mit ihm nach *Palästina* reisen würde. Aber das würde nicht geschehen.

Wieder unterwegs erkundigten sie sich bei einem Karawanenführer nach dem Weg, der sagte: „Es gibt zwei Möglichkeiten, der kürzere Weg führt über **Pataliputra** ..."

„Der interessiert uns nicht, beschreibe mir den anderen", unterbrach ihn *Devamitta* eingedenk der Tatsache, dass er dort mit Verfolgung durch die **Brahmanen** rechnen musste. Die anderen sahen sich verwundert an, während der Karawanenführer *Devamitta* darüber unterrichtete, dass man etwas weiter flussaufwärts den Ganges überqueren konnte und dann einfach nur der Pilgerroute folgen musste.

Im weiteren Verlauf des Tages, als *Amita* und *Devamitta* zufällig gerade ein Stück nebeneinander hergingen, sagte sie: „**Pataliputra** ist also einer der Orte, in denen du dich nicht mehr blicken lassen kannst. Gibt es davon viele?"

*Devamitta* sah die junge Frau kurz an: „Nur noch zwei: **Puruschapura** und **Rājagṛha**." Sie lächelte ihn an: „Aber davon willst du mir nichts erzählen, oder?" Er erwiderte ihr Lächeln: „Mit Sicherheit nicht, meine Liebe, mit Sicherheit nicht."

Sie überquerten auf ihrer Reise den *Ganges* dort, wo es der Karawanenführer geraten hatte. Im Übrigen kamen sie zügig voran.

Einmal übernachteten sie etwas abseits des Weges unweit eines Baches. Es war noch sehr früh, aber der Tag dämmerte schon, als *Devamitta* aufwachte. Er war unruhig, hatte davon geträumt, wie *Amita* die Haare geschoren wurden und sie in einer groben Robe davonging. „Ich werde mich am kühlen Bach erfrischen und dann meditieren", sagte er sich und ging an dem hohen Bambus vorbei dorthin. Dann blieb er wie versteinert stehen: *Amita* stand im knietiefen Wasser – völlig nackt und wusch sich den behaarten Intimbereich! Sie blickte auf, zuckte die Schultern und sagte: „Hab' halt meine Tage."

„Entschuldigung", stammelte *Devamitta* und entfernte sich so rasch er konnte. Er ging zu seinem Schlafplatz und setzte sich in Meditationshaltung hin, den Rücken dem Bach zugekehrt. Er saß zwei Stunden so. Aber er konnte nicht meditieren. Es ging einfach nicht! Dann hörte er, wie die anderen ihre Sachen aufräumten. Er stand auf. *Amita* sah ihn an: „Komm, *Devamitta,* lass uns frühstücken. Du hast doch bestimmt einen Bärenhunger!" *Devamitta* stammelte etwas, er wusste nicht, was er sagen sollte. Wie konnte sie nur so tun, als sei nichts gewesen?

Er ging auf sie zu, die beiden anderen Männer waren gerade am Bach. Er wusste nicht, was er sagen sollte, aber sie kam ihm zuvor. „Es war nichts, *Devamitta*. Du hast nur einen Körper gesehen. Lass ihn einfach wieder los!"

„Wenn das so einfach wäre!", seufzte er. Jetzt war sie die Lehrerin und er der Schüler.

Sechzehn Tage, nachdem sie die *Weiße Wolke* verlassen hatten, erreichten sie **Bodhgaya**. Dort wurde von zwei Mönchen ein Ritual geleitet. Anschließend ließen sich alle zur Meditation nieder, *Devamitta* setzte sich neben *Amita*. Die sah ihn an: „Ich wünsche dir alles Gute und recht viel Erfolg bei deiner Tätigkeit in *Palästina*."

*Devamitta* stutzte: „Soll das ein Abschied sein?"

„Du wirst sehen, sie wird erscheinen. Dann muss ich ihr folgen!"

„Wir werden uns nie wiedersehen?"

Sie lächelte. Es war ein Lächeln, das von geheimem Wissen zeugte.

*Devamitta* saß unter dem **Bodhibaum** und fühlte sich ganz merkwürdig. Er meditierte – oder versuchte zu meditieren – und war doch einfach nur verwirrt. Was war nur mit ihm los? Nach gut einer Stunde merkte er, wie sich jemand näherte.

Er öffnete einen Spalt weit seine Augen. Es war eine Nonne mit geschorenem Kopf. Sie trat vor *Amita*. Die Lippen der Nonne bewegten sich nicht, aber *Devamitta* hörte sie sagen: „Du bist gekommen?"

„Ich bin bereit", war die Stimme *Amitas* zu hören, deren Lippen sich auch nicht bewegten. Dann stand sie auf und folgte der fremden Nonne, ohne sich noch einmal umzusehen.

*Devamitta* schloss die Augen, er hatte plötzlich das dringende Bedürfnis zu meditieren. So schnell war er noch nie ins Nichtsheitsgebiet gelangt. Er meditierte lange, drei Stunden später schüttelte ihn *Nilay:* „*Devamitta* wach auf, was ist geschehen, wo ist *Amita?*"

Der Angesprochene kehrte allmählich ins Hier und Jetzt zurück. Wie sollte er dies *Nilay* erklären? Dann sagte er: „Ich war in tiefer Meditation, dann sah ich eine Göttin vom Himmel niederfahren, die sprach zu *Amita:* ‚Du bist gekommen?' Daraufhin stand *Amita* auf und sagte: ‚Ich bin bereit.' Alsdann sind beide in die Luft verschwunden."

Das war jetzt keine ganz exakte Beschreibung des Geschehenen, aber *Devamitta* hoffte, dass er damit ihrem Bruder am ehesten vermitteln konnte, was geschehen war. Außerdem hoffte er, dass *Nilay* dadurch davon Abstand nehmen würde, nach dem Verbleib seiner Schwester zu forschen. Allerdings irrte er. *Nilay* suchte sie zwei Wochen lang. Er unternahm alles Menschenmögliche. Dabei wurde er von *Antulyamitta* nach Kräften unterstützt, nicht aber von *Devamitta.* Der verwies darauf, sie sei von der Göttin in den Himmel verbracht worden.

Auf diese Art hatte *Devamitta* zwei Wochen Zeit, die er großenteils unter dem **Bodhibaum** in Meditation verbrachte. Er hoffte auf Eingebung. Der **Buddha** hatte hier gesessen. Dann war er aufgestanden und hatte gelehrt. Der **Buddha** hatte statt einer Religion, die auf Unterdrückung durch ein patriarchales **Kasten**system setzt, eine Religion der individuellen Freiheit gelehrt. Er hatte sich einfach nicht groß um die Götter der Menschen gekümmert. Sie hatten bei ihm nur Nebenrollen. Der **Buddha** hatte außerdem zwei zentrale Begriffe der alten Religion übernommen, sie aber neu besetzt: **Wiedergeburt** und **Karma**. Für den **Brahmanismus** bedeutete **Wiedergeburt**: Meine Seele wird wiedergeboren. Für den **Buddha** war es ganz anders: Es gibt keine Seele, keinen festen unveränderlichen Wesenskern, der wiedergeboren wird. Es gibt **Wiedergeburt**, aber niemanden der wiedergeboren wird.

Für den **Brahmanismus** bedeutet es gutes **Karma**, wenn man sich dem Kastensystem beugt, das macht, was die **Brahmanen** wollen, und ihnen Geld gibt, damit es einem selber im nächsten Leben besser geht. Für den **Buddha** bedeutet gutes **Karma**, dass man sich von dem eingebildeten Ich befreit, Selbstsucht überwindet, Egoismus hinter sich lässt und zum Wohl aller fühlenden Wesen handelt. Der **Buddha** hat die Menschen bei ihrem alten Glauben abgeholt und nur zwei Begriffe neu definiert: **Karma** und Wiedergeburt.

*Was aber muss im jüdischen Glauben geändert werden? Die Juden glauben an Gott, den Schöpfer. Aber sie sehen in ihm* **JWHW**, *diesen grausamen alttestamentarischen Gott. Sie werden den Gottesbezug nicht missen wollen. Aber es ist nötig, den Gottesbegriff neu zu besetzen, den Kriegsgott durch einen Gott der Liebe, der Verkörperung von* **Metta**, *oder um es mit einem griechischen Wort auszudrücken, von ἀγάπη* **(agápē)**. *Das Reich Gottes, in dem alles von ἀγάπη* **(agápē)** *durchdrungen ist, ist die Art von* **Nibbana**, *die ich in Palästina kommunizieren kann. Der Schöpfergott, der diese ἀγάπη* **(agápē)** *selbst praktiziert und belohnt, ist derjenige, den ich in Palästina kommunizieren kann. Auch ich, Jesus von*

*Nazareth, werde, wie der **Buddha**, zwei Begriffe umdefinieren und neuen Wein in alte Schläuche füllen.*

Auf diese Art, teilweise mit analytischer Meditation, teilweise in tiefem *Jhana* verbrachte *Devamitta* zwei Wochen unter dem **Bodhibaum**. Dann stand er auf und verbeugte sich tief vor dem Baum des **Erwachens**.

Nach zwei Wochen hatte auch *Nilay* eingesehen, dass es keinen Sinn mehr hatte, seine Schwester zu suchen. Er fürchtete sich aber davor, seinen Eltern gestehen zu müssen, dass er nicht auf seine kleine Schwester habe aufpassen können. Was würden ihr vorbestimmter Ehemann und dessen Familie dazu sagen? Das würde zweifelsohne familienpolitische Konsequenzen haben. Er war der Versager. Man würde ihn verantwortlich machen, ihn, der seine kleine Schwester mit zu diesen **Buddha**-Anhängern genommen hatte ...

All das ging in *Nilay* vor. All das erkannte auch *Devamitta*, der allerdings wusste, was *Amita* vorhatte, und sich schuldig fühlte, obwohl ihm klar war, dass er genauso wieder handeln würde. Wäre *Nilay* noch ledig, würde er jetzt auch ins Kloster gehen, um sich seiner Familie zu entziehen, aber das ging nicht. Er war verheiratet und hatte drei kleine Kinder.

„Du bist sicher, dass es eine Göttin war, die *Amita* mitgenommen hat?", erkundigte sich *Nilay* bei *Devamitta*.

„Na ja, es war ein großes weibliches Wesen, beide sind dann in die Luft aufgestiegen, gewissermaßen im Nichts verschwunden. Dort, wo ich herkomme, nennt man solche Wesen Engel, auch wenn sie meist nicht weiblich sind, sondern androgyn. Aber hier bezeichnet man sie wohl als **Devas**, als Götter oder Göttinnen."

„Aber es war definitiv ein weibliches Wesen?"

„Definitiv!"

„Du kannst Götter oder Göttinnen sehen?"

*Devamitta* stutzte einen Moment, er wandte sich *Nilay* zu, als sei das das Gewöhnlichste, was man sich vorstellen konnte: „Bitte, *Nilay,* warum heiße ich wohl *Devamitta,* Freund der Götter?"

Dieser Logik konnte sich *Nilay* nicht entziehen. Lediglich *Antulyamitta* zog die rechte Augenbraue nach oben.

Die bedrückte Stimmung hielt die ganze vierzehntägige Rückreise an. Als sie am letzten Tag den Pass überquert hatten, fragte *Devamitta Nilay:* „Sollen wir mit zu deinen Eltern und erklären, was geschehen ist?"

*Nilay* schüttelte traurig den Kopf: „Nein, da muss ich alleine durch." *Devamitta* aber war nicht wohl dabei, er fühlte sich schuldig.

In *Chatra* trennten sie sich. *Atulyamitta* und *Devamitta* begaben sich sofort zu *Aryamitta* und berichteten ihm. *Aryamitta* war verständlicherweise entsetzt. Er überlegte einen Augenblick, dann sagte er: „Ich möchte mit *Devamitta* alleine sprechen."

Kaum war *Atulyamitta* gegangen, brach es aus *Aryamitta* heraus: „Ich habe dich nach **Bodhgaya** geschickt, weil ich verhindern wollte, dass du ähnlich wie in **Pataliputra** die **Brahmanen** und die **Kṣatriyas** gegen uns aufbringst. Aber was machst du? Du nimmst heimlich, ohne mich zu fragen, ein **Brahmanen**mädchen mit. Aber damit nicht genug, du passt nicht einmal auf es auf! Was ist das für eine merkwürdige Geschichte, die *Atulyamitta* uns da aufgetischt hat: Du hättest gesehen, dass es von einer Göttin abgeholt wurde?"

Devamitta wusste, dass er zu seinem Freund absolut ehrlich sein musste: „*Aryamitta,* so war es nicht. Als ich der Studiengruppe mitteilte, ich würde für einige Wochen ausfallen, weil ich nach **Bodhgaya** gehe, hat mich *Amita* nach der Veranstaltung angesprochen, weil sie mitkommen wollte. Ich habe versucht, ihr das auszureden. Da hat sie mir gesagt, sie hätte in der vorigen Nacht geträumt, dass sie neben mir unter einem großen Baum in Meditation säße. Dann sei eine Nonne auf sie zugegangen, sie sei aufgestanden, ihr gefolgt und wäre auch Nonne geworden. Ich war nicht sicher, ob das von ihr erfunden oder ein Wunschtraum war. Daher habe ich gesagt, sie könne mitkommen, aber nicht mit mir, sondern mit einem Familienmitglied von ihr. *Nilay* hat sich dazu bereit erklärt. Ihre Eltern haben auch zugestimmt. Als wir unter dem **Bodhibaum** saßen, kam tatsächlich eine Nonne auf *Amita* zu. Obwohl sich ihre Lippen nicht bewegten, hörte ich sie sagen: ‚Du bist gekommen?‘ Da stand sie auf und folgte der Nonne. Ich war mir sicher, dass eine höhere Macht ihre Hand im Spiel hatte.“

*Aryamitta* überlegte, dann stand sein Entschluss fest: „*Devamitta*, die Hauptaufgabe, die ich dir hier im Kloster zugewiesen habe, ist das Kopieren des **Pāḷi-Kanons**. Statt dessen hast du dich mehr und mehr um die Laienstudiengruppe bemüht. Deine Aufgabe wird jetzt wieder in der Schreibstube sein. Die Leitung der Laienstudiengruppe aber wird künftig bei *Nagamuni* liegen. Du wirst nur noch ein Mal pro Woche mit Laien studieren, und zwar nur mit denen, die *Nagamuni* dafür auswählt. Da werden grundsätzlich keine Frauen mehr dabei sein. Du kannst dich jetzt entfernen.“

*Devamitta* verbeugte sich. So distanziert hatte er seinen Freund noch nie erlebt. Er hatte schon befürchtet, dass er gar keine Laienstudiengruppe mehr leiten durfte oder diese sogar aufgelöst wurde. So schlimm war es nicht gekommen. Aber die Tatsache, dass er keine Frauen mehr unterrichten durfte, fand er besonders schmerzlich. Andererseits konnte er *Aryamitta* verstehen. An seiner Stelle hätte er zweifellos genauso gehandelt. Vermutlich ahnte *Aryamitta* auch etwas von seinen Gefühlen gegenüber *Amita*. Diese hatten ihn auch selbst erschreckt. Vermutlich war alles so gekommen, wie es das Beste war, sagte er sich, als er sich in die Meditationshalle setzte. Aber nicht um zu meditieren, sondern um zu **Abba** zu beten – und ihm zu danken.

Danach suchte er *Nagamuni* auf. Dieser war bereits von *Aryamitta* instruiert worden. „Welche Art Schüler willst du mir schicken, *Nagamuni*?“

„Ich weiß es noch nicht, *Devamitta*. Die einzige Vorgabe, die ich zu erfüllen habe, ist, dass keine Frauen dabei sein sollen. Was wäre dir denn recht?“

„Also, ich fände es wenig ermutigend, wenn ich immer nur Anfänger bekäme. Was mir bisher sehr geholfen hat, war, dass ich tiefer in den **Dharma** eindringen konnte, wenn ich mich auf den Unterricht vorbereitet habe und kritische Fragen gestellt wurden. Daran konnte ich selbst wachsen. Dann ist der Unterricht für beide Seiten hilfreich, für Schüler und Lehrer."

„Dann werde ich dir diejenigen schicken, die mit Fragen kommen, die für die meisten anderen Anwesenden zu komplex sind. Allerdings brauchst du dir keine Gedanken zu machen, dass es so tiefschürfend wird wie in unseren Mönchsstudienkreisen. Es dürfte doch mehr um Fragen von praktischer Relevanz gehen. Ich werde übrigens bei meiner Auswahl absolut nicht darauf achten, welcher Kaste jemand angehört. Ich denke, das ist auch in deinem Sinne."

*Devamitta* war mit diesem Gespräch sehr zufrieden.

So vergingen die Monate. Die Regenzeit kam und verabschiedete sich wieder. Alles ging seinen geregelten Gang. Drei Mal täglich wurde meditiert. *Devamitta* kopierte den **Pāḷi-Kanon** gemeinsam mit *Viryakirti*. Zwei Mal wöchentlich trafen sich Mönchsstudienkreise. An **Uposatha** trafen sich die Mönche unter anderem, um die Übung des Eingeständnisses von Fehlern zu machen. Außerdem feierten an diesem Tag alle eine **Pūjā**, an den anderen Tagen nur diejenigen, die das wollten. Einmal wöchentlich leitete *Devamitta* eine Laienstudiengruppe. So ging alles seinen normalen Gang, tagaus, tagein, Jahr um Jahr. Wir werden uns allerdings noch anschauen, wie nunmehr der wöchentliche Laienstudienkurs von *Devamitta* ablief, bevor wir die *Weiße Wolke* hinter uns lassen.

Es kamen meist zwischen 20 und 30 Teilnehmer aus allen vier Kasten. Wobei es schon auffällig war, dass die Männer sich nach Kasten getrennt hinsetzten. Die **Brahmanen** nahmen ganz vorn Platz. Die **Kṣatriya** saßen seitlich von *Devamitta*, aber das waren meist nur ein oder zwei Männer. Die **Vaiśyas** setzten sich mit etwas Abstand hinter die **Brahmanen**. Die **Śūdras** schließlich saßen ganz hinten und machten sich so klein wie möglich.

*Nilay*, der nach dem Verschwinden seiner Schwester ein halbes Jahr lang der Studiengruppe ferngeblieben, dann aber wieder zurückgekehrt und von *Nagamuni* in die Studiengruppe *Devamittas* geschickt worden war, sagte: „Wie ist das eigentlich in der Lehre des **Buddha**, woraus besteht der Mensch? Im **Brahmanismus** wird gelehrt, der Mensch bestünde aus dem Körper und dem **Ātman**. Der Körper vergeht nach dieser Lehre nach dem Tod, aber der **Ātman** besteht ewig weiter und wird immer wiedergeboren, bis er sich endlich – nach Millionen von Wiedergeburten mit dem **Brahman** vereinigt. Der **Buddha** hat gelehrt, einen **Ātman** gäbe es nicht. Aber der Mensch besteht doch nicht nur aus einem Körper. Solange der Mensch lebt, ist da doch noch etwas anderes drin. Was ist das denn, wenn es kein **Ātman** ist?"

*Devamitta* freute sich über die Frage *Nilays*, der seit dem Verschwinden seiner Schwester einen mehr förmlichen und weniger freundschaftlichen Umgang mit ihm pflegte:

„Das ist eine ausgezeichnete Frage. Aber der **Buddha** wäre nicht der **Buddha**, wenn er eine theoretische Antwort gegeben hätte, die man dann glauben muss. Im **Dharma** gibt es keine *Dogmen*. Alles, was der **Buddha** entdeckt hat, können auch wir in uns entdecken. Der **Buddha** ermutigt uns, dies genau zu untersuchen: durch Selbstbeobachtung, durch Reflexion allein und mit anderen und durch Meditation. In der Tat, so sagt der **Buddha**, besteht der Mensch aus einer ganzen Menge von Komponenten. Man kann diese in fünf Aggregate oder fünf Gruppen von Komponenten einteilen. Die erste Gruppe ist das, was wir alle kennen, ob wir dem **Brahmanismus** folgen, dem **Buddha-Dharma** oder dem **Jainismus**. Diese erste Gruppe ist der Körper (**Rūpa**). Wir nennen das eine Gruppe, weil er aus verschiedenen Teilen besteht. Wir können den Körper einteilen in Rumpf, Kopf, Arme und Beine. Wir können ihn auch einteilen in Magen, Nieren, Herz, Lunge usw. und noch auf viele andere Arten. All das nennen wir die Körpergruppe (*Rūpa-kkhandha*). Die Körpergruppe ist die offensichtlichste dieser fünf.

Wir haben aber dauernd auch Empfindungen *(**Vedanā**)*, diese werden als die Gefühlsgruppe *(Vedanā-kkhandha)* bezeichnet. Diese Empfindungen sind entweder angenehm, unangenehm oder neutral. Wenn wir uns die Finger verbrennen, ist das unangenehm. Wenn uns ein geliebter Mensch berührt, ist das angenehm. Ihr alle habt derzeit im Sitzen eine Berührung des Gesäßes mit dem Boden. Wenn ihr die bis eben, als ich das sagte, nicht bemerkt habt, war diese Empfindung neutral. Bei genauerem Betrachten erkennt ihr jetzt vielleicht eine leicht positive oder negative Empfindung durch das Sitzen am Gesäß.

Wenn ihr durch das Sitzen eine negative Empfindung habt, dann werdet ihr euch bewegen wollen, eine andere Haltung einnehmen. Das ist eine Intention, ein Wollen. Der **Buddha** nennt das eine Geistesformation. Damit sind wir bei der dritten Gruppe, den Geistesformationen *(Saṅkhāra-kkhandha)*. Dazu gehört auch alles Wünschen, Befürchten oder Planen, davon machen wir ganz viel. Wir befürchten vielleicht, dass wir krank werden oder ein geliebter Mensch stirbt. Wir wünschen uns leckeres Essen und überlegen, woher wir es bekommen können. Vielleicht planen wir sogar den Bau einer Hütte oder eine Pilgerwanderung. Es gibt große oder kleine Dinge, die wir anstreben oder befürchten. Das alles sind Geistesformationen, die dritte Gruppe.

Dann gibt es noch Wahrnehmungen mit den Sinnen. Die Wahrnehmungsgruppe *(Saññā-kkhandha)* ist die vierte Gruppe. Sie erfolgt mittels unserer Sinnesorgane: Wir sehen mit den Augen, wir hören mit den Ohren, wir schmecken mit der Zunge, wir riechen mit der Nase, wir tasten mit der Haut und denken mit dem Hirn. Wir haben also sechs Sinnesorgane und damit sechs Sinne.

Aber alle sinnlichen Wahrnehmungen werden in unserem Geist, in unserem Bewusstsein verarbeitet. Wenn wir einen Gegenstand sehen, sagen wir einen Trinkbecher, dann erkennen wir ihn als Becher. Dazu ist Bewusstsein nötig, wir wissen auch, was wir mit einem Becher machen können. Wir können z. B. Wasser damit holen und es trinken. In diesem Beispiel arbeitet die Körpergruppe mit: Sie nimmt den Becher und holt das Wasser. Es macht die Wahrnehmungsgruppe mit, denn mit der haben wir den Becher gesehen. Es machen die Geistesformationen mit, denn es war unsere Intention, unsere Absicht, das Wasser zu holen. Es macht die Gefühlsgruppe mit, denn wir erkennen, dass das Wasser gut schmeckt oder verdorben ist. Es macht die Bewusstseinsgruppe mit, denn wir wissen das alles.

Es gibt also im Menschen diese fünf Gruppen: die Körperlichkeitsgruppe *(Rūpa-kkhandha)*, die Gefühlsgruppe *(Vedanā-kkhandha)*, die Wahrnehmungsgruppe *(Saññā-kkhandha)*, die Gruppe der Geistesformationen *(Saṅkhāra-kkhandha)* und die Bewusstseinsgruppe *(Viññāna-kkhandha)*.

Diese fünf Gruppen können wir in uns betrachten, sowohl im Alltag als auch in der Meditation. Was wir aber nicht betrachten können, weder im Alltag noch in der Meditation, ist ein **Ātman**, ganz einfach, weil es keinen gibt. Alles, was in uns ist, kann einer dieser Gruppen zugeordnet werden."

So erläuterte *Devamitta* den **Dharma**. Natürlich gab es Nachfragen dazu. Diese wurden beantwortet und miteinander besprochen. Am Ende dieser Sitzung sagte *Devamitta*: „Wir sollten nicht gehen, ohne noch eine kurze Meditation zu machen. Ich schlage jetzt den Gong. Dann achtet ihr bitte nur auf eure Empfindungen. Wir betrachten also die **Vedanā.** Reagiert nicht auf die **Vedanā**, betrachtet sie nur und stellt fest, ob sie angenehm, unangenehm oder neutral sind. Am Ende der Meditation gibt es wieder einen Gong. Dann tauschen wir uns über die Meditationserfahrungen aus."

Tatsächlich gab es beim Austausch immer Fragen. So hatte zum Beispiel *Ravi*, ein **Śūdra**, eine. Er meldete sich ganz vorsichtig, denn er fühlte sich gegenüber den Angehörigen der höheren Kasten minderwertig: „Entschuldigt bitte, Meister, wenn ich mit einer sicher ziemlich dummen Frage komme. Ich hatte plötzlich ein Verlangen zu meinen Kindern zu gehen und sie zu umarmen. Aber da war doch gar kein Kontakt mit irgendetwas, zum Beispiel mit dem Gesäß am Boden."

Zwei Brahmanen schüttelten die Köpfe ob dieser Ignoranz des **Śūdras**, aber *Devamitta* sah das völlig anders: „Das ist eine ganz ausgezeichnete Frage, mein lieber *Ravi*. Ich wäre schon etwas enttäuscht gewesen, wenn danach niemand gefragt hätte. Du hast offensichtlich genau untersucht, woher das kam und festgestellt, das kann nicht durch so etwas wie eine körperliche Berührung des Gesäßes mit dem Boden verursacht sein. In der Tat hatte ich zuvor nur über körperliche Ursachen von Empfindungen gesprochen, es gibt aber auch nicht-körperliche. Du hast eine erwähnt. Offensichtlich hast du die Trennung von deinen Kindern als schmerzhaft empfunden. Da es nicht körperlich war, wodurch wurde es dann verursacht?"

„Durch das Bewusstsein natürlich!", krähte einer der **Brahmanen** dazwischen, ohne dass ihm das Wort erteilt wurde.

*Ravi* zuckte zusammen, er führte sich gemaßregelt.

„Sag, *Ravi*, war das alles, war das nur die Bewusstseinsgruppe?"

Er dachte einen Moment nach, dann sagte er: „Nein, ich wollte etwas. Da war auch noch die Gruppe der Geistesformationen betroffen!"

*Devamitta* strahlte: „Wunderbar, *Ravi*, du bist ein ganz ausgezeichneter Beobachter! Jetzt habe ich noch eine Anregung für euch alle. Versucht doch jeden Tag ein klein bisschen Zeit für eine Meditation abzuzweigen. Dann betrachtet ihr jeden Tag eine andere dieser fünf Gruppen. Bei unserem nächsten Treffen tauschen wir die Ergebnisse aus. Dann können wir alle gemeinsam etwas daraus lernen, ja, ich auch. Ich freue mich, durch euch zu lernen. Also dann, bis nächste Woche!"

Auf diese Art leitete *Devamitta* die Studiengruppe. Auf diese Art lernten alle mehr über sich selbst, über ihren eigenen Geist und stiegen immer tiefer in den **Dharma** ein. *Devamitta* hatte daran ebenso viel Freude wie seine Schüler.

Als aber die fünfte Regenzeit seit seinem Eintritt ins Kloster *Weiße Wolke* gekommen war, ging *Devamitta* zu *Aryamitta* und sagte: „Lieber *Aryamitta*, ich bin dir dankbar für alles, was ich durch dich hier lernen konnte. Ich habe den **Dharma** studieren und verstehen können. Das hat mich sehr bereichert. Aber wie du weißt, ist es mein großes Ziel, den Kern des **Dharma**, Liebe und Freundschaft, in meine Heimat zu bringen. So wie in diesem Land die **Brahmanen** die Lehre vom Göttlichen verfälscht haben, so haben dies auch die **Rabbiner** in meiner Heimat getan. Ich werde versuchen, dort eine neue Sicht des Göttlichen zu etablieren und so viel wie möglich von der Weisheit des **Erhabenen** dorthin zu bringen."

*Aryamitta* nickte: „Mein Freund, ich wusste immer, dass dieser Tag kommen wird. Es ist sicher gut, wenn du das Ende der Regenzeit abwartest und dann losziehst. Ich wünsche dir viel Erfolg für das Wirken in deiner Heimat und bin sehr froh, dass du die Laienstudiengruppen hier eingeführt hast. Dies hat sowohl den Menschen aus *Chatra* geholfen als auch dazu geführt, dass wir wieder zu einer wirklichen Gemeinschaft geworden sind. Es gibt keine Auseinandersetzungen zwischen **Theravādins** und **Mahsanghikas** in der *Weißen Wolke* mehr. Wir ziehen jetzt alle an einem Strang. Das ist zum großen Teil dein Verdienst."

Dann umarmte *Aryamitta* seinen Freund.

# Die letzten Monate in Indien

Als die Regenzeit vorbei war, war *Devamitta* aufgebrochen. Zunächst ging es zwei Tage nach Süden. Es war die gleiche Strecke, die er mit *Nilay* und *Amita* vor Jahren gegangen war. Ihm wurde wehmütig ums Herz, *Amita* musste jetzt fast 20 sein. Dann aber sagte er sich, dass das, was vergangen ist, vorbei ist. Er war Mönch. In der Tat ging er mit seiner Robe und einer Bettelschale durchs Land.

Eigentlich war er froh, dass er nach zwei Tagen, als er den *Himalaja* verlassen hatte, nach Westen abbog in eine für ihn völlig unbekannte Gegend. Auf dem Hinweg war er von *Puruschapura*[105] aus nach Süden gegangen zu den **Jains,** dann später nach Osten und zuletzt ganz nach Norden, an den Südrand des *Himalaja.* Wenn er von hier aus parallel nach Westen ginge, so musste er etwa in drei Monaten wieder in **Puruschapura** sein, von wo aus er versuchen würde, mit einer Karawane weiter Richtung Heimat zu ziehen. Solange er noch in **Bhārat Gaṇarājya** war, würde er die Robe der buddhistischen Mönche tragen. Erstens fühlte er sich als ein solcher, zweitens erleichterte sie es, beim Bettelgang Nahrung zu bekommen. Denn auch die **Hindus** hielten die Mönche des **Buddha** für eine besondere Gruppe innerhalb des **Brahmanismus**. Zwar variierten die *Prakrit*-Dialekte überall etwas, aber es gab keine großen sprachlichen Schwierigkeiten.

Man kann ruhig sagen, dass *Devamitta* die Zeit des Wanderns genoss. Er liebte es, unterwegs zu sein, die Ernährung war gesichert. Oft wurde ihm auch ein Übernachtungsplatz angeboten, obwohl er auch gern im Freien schlief.

---

105 Zur Erinnerung: Das ist das heutige Peschawar in Pakistan in der Nähe des Chaiber-Passes, wo er als Novize war.

Ganz oft wurde er zum Essen eingeladen und revanchierte sich immer damit, dass er im Anschluss eine Episode aus dem Leben des **Buddha** erzählte. Er kannte sich schließlich im **Pāḷi-Kanon** besser aus als die meisten Mönche des **Buddha.** Nach ungefähr drei Monaten, just zu der Zeit, als die Tage am kürzesten waren, erreichte er **Puruschapura.** Da es fortgeschrittener Vormittag war, war es die geeignete Zeit, sein Almosenmahl zu erbetteln. Er hatte gerade zwei Handvoll Nahrungsmittel bekommen, da sah er einen Mönch ihm entgegenkommen. Mönche in der Tradition des **Buddha** waren natürlich für *Devamitta* keine Besonderheit. Doch irgendetwas schien ihm an diesem besonders. Er betrachtete den Näherkommenden. Da fiel es ihm wie Schuppen von den Augen: „*Sukhapada!*", rief er höchst erfreut aus.

Der andere blieb stehen und betrachtete ihn. Plötzliche erkannte er ihn wieder: „*Jesus*, bist du es wirklich?"

Der Angesprochene lächelte verlegen: „Ja und nein, ich heiße jetzt *Devamitta.*"

Die Wiedersehensfreude war groß. Die beiden sammelten gemeinsam weiter ihr Essen. Dann setzten sie sich am Rand der Stadt nieder und verspeisten ihre Mahlzeit. Als sie fertig waren, strahlte *Sukhapada* übers ganze Gesicht: „Welch eine Freude, dich wiedergetroffen zu haben. Was für eine besondere Freude, dich inzwischen in Mönchsroben zu sehen, wo kommst du her und wohin gehst du?"

„Ich war in den letzten Jahren in einem kleinen Kloster namens *Weiße Wolke*, das sich drei Monate von hier im Himalaja befindet. Jetzt bin ich auf dem Weg zurück in meine Heimat."

„Aber *Jesus*, äh, ich meine *Devamitta*, es sind die letzten Tage des Jahres. In den nächsten drei, vier Monaten solltest du nicht über den Chaiber-Pass und dann weiter. Warte den Frühling ab. Solange kannst du doch bei uns im Kloster bleiben. *Singhamati* wird sich freuen dich wiederzusehen."

„Aber *Sukhapada*, erinnerst du dich denn nicht, dass ich in Schimpf und Schande fortgejagt wurde?"

„Jetzt sei nicht albern. Wir wissen doch beide, dass der **Dharma** den Menschen verändert. Du bist nicht mehr *Jesus*. Du bist *Devamitta*. Du bist ein wertvoller Mönch. *Singhamati* wird sich ganz sicher freuen dich wiederzusehen."

Also brachte *Sukhapada* seinen alten und neuen Freund mit ins Kloster. *Sukhapada* steuerte direkt das Zimmer des Abtes an und klopfte. – „Herein!"

*Sukhapada* und *Devamitta* traten ein. *Singhamati* stutzte einen Augenblick, dann hellte sich sein Gesicht auf: „Wie schön dich wiederzusehen, Mönch. Wenn ich dich in der Robe sehe, so scheint es mir, dass du deinen früheren Jähzorn in den Griff bekommen hast und sich meine Wünsche erfüllt haben. Wie heißt du eigentlich?"

„Ich bin auch froh, Euch bei bester Gesundheit zu sehen, *Singhamati*. Ich heiße jetzt *Devamitta*. Aber ich muss gestehen, dass ich mich nicht mehr an Eure Wünsche von damals erinnere. Ich weiß nur noch, dass ich sehr unglücklich war über das, was wegen meines Jähzorns geschehen ist."

*Singhamati* lächelte: „Das Letzte, was ich dir damals sagte, nachdem ich dich wegen deines Jähzorns gerügt hatte, war: ‚Ich wünsche dir alles Gute auf deinem weiterem Lebensweg, vor allem spirituellen Erfolg.' Das scheint doch in Erfüllung gegangen zu sein. Ich würde gern erfahren, wie es dir ergangen ist. Aber bevor du das hier von jedem gefragt wirst, denke ich, es ist am besten, wir berufen eine Versammlung ein und du berichtest, wie es dem verlorenen Sohn unseres Klosters ergangen ist."

Tatsächlich ließ *Singhamati* überall verkünden, dass der frühere *Jesus* und jetzige *Devamitta* zurückgekehrt sei. Eine Stunde später versammelten sich alle.

*Singhamati* eröffnete die Versammlung: „Brüder, ich freue mich, dass einer von uns, der als Novize vor mehr als zwölf Jahren hier war und etwas sehr Unüberlegtes getan hat, weswegen ich ihn leider aus dem Kloster entfernen musste, heute geläutert und in Mönchsrobe hier aufgetaucht ist. Ich erteile jetzt *Devamitta* das Wort."

„Liebe Brüder, ich bin sehr froh, heute wieder hier zu sein. Für diejenigen unter euch, die mich noch nicht kennen: Ich bin vor dreizehn Jahren als Jüngling hier angekommen. Eigentlich stamme ich aus *Galiläa* in *Palästina*, das ist in der Provinz *Syrien* des *Römischen Reiches*. Ich hatte gehört, dass es in **Bhārat Gaṇarājya** einen **Erwachten** gegeben hatte. Also reiste ich zwei Jahre lang hierher. *Singhamati* nahm mich als Novizen auf. Doch leider brachte ich wenig später Ungemach über das Kloster, weil ich auf dem Markt wegen eines Falles von Tiermisshandlung von Jähzorn gepackt worden war. Daraufhin musste ich das Kloster verlassen. Ich wanderte entlang des **Sindh** nach Süden und traf dort einen nackten Asketen der **Jains**. Er erzählte mir von **Mahavira**. Es schien mir so, als habe dieser eine ähnliche **Erleuchtung** gehabt wie der **Buddha**. Ich war auch dort für einige Zeit als Novize, bis ich erkannte, dass diese Lehre deutlich schlechter ist als die des **Buddha**. Dann zog ich weiter nach Osten, arbeitete eine Zeit lang als Zimmermann und hörte von zwei Gurus, bei denen ich einige Zeit war. Ich lernte dort Meditation, aber auch einige andere ziemlich merkwürdige Praktiken, die auf übernatürlichen Kräften beruhen. Anschließend war ich einige Zeit bei Brahmanen in **Pataliputra**. Ich lernte die **Veden** zu lesen, begann aber die niederen **Kasten** in einigen Lehren des Buddha zu unterrichten, weswegen mich die **Brahmanen** verfolgten. Also ging ich nach **Rājagṛha**, wo ich am Fuß des *Geierbergs* in einem Kloster ordiniert wurde. Abschließend wurde ich Sekretär des Klosters *Weiße Wolke* in den Bergen des *Himalaja*. Dort kopierte ich den **Pāli-Kanon** und unterrichtete eine Laienstudiengruppe. Außerdem besuchte ich von dort aus auf einer Pilgerwanderung **Bodhgaya** und meditierte unter dem **Bodhibaum**. Vor drei Monaten brach ich auf, um die Lehre des **Buddha** in meine Heimat zu bringen. Ich werde hier bei euch bleiben, bis es in den Bergen warm genug ist weiterzureisen."

Natürlich gab es einige Fragen zu Einzelheiten, die *Devamitta* artig beantwortete. Dann jedoch stellte *Dayavandana* eine Frage, die zu einer gewissen Kontroverse führte: „*Devamitta*, du hast gesagt, du hättest im Kloster *Weiße Wolke* eine Laienstudiengruppe geleitet. Es ist guter Brauch, dass die Laien die Mönche unterstützen. Wer als Laie den **Dharma** sucht, der kann als Novize ins Kloster gehen, später ordiniert werden und den **Dharma** studieren. Aber wir unterrichten doch keine Laien! Kann es sein, dass du ein **Mahasanghika** bist?"

*Also wieder dieser Zwist*, stellte *Devamitta* fest, aber er versuchte deeskalierend zu wirken: „Als ich in **Rājagṛha** im Kloster war, kam ein Gesandter des Klosters *Weiße Wolke* und berichtete, dass dessen Abt gestorben sei. Im Kloster *Weiße Wolke* gab es Mönche, die der Tradition des **Theravāda** folgten und andere, die dem **Mahasanghika** anhingen. Sie baten, dass ein Mönch aus **Rājagṛha**, der zwischen den beiden vermitteln könne, zu ihnen als Abt käme. Daraufhin hat der Abt von **Rājagṛha** meinen Freund *Aryamitta*, einen **Theravādin,** gebeten, als Abt zur *Weißen Wolke* zu gehen. *Aryamitta* hat mich als seinen Sekretär mitgenommen. Er verstand es zu vermitteln. Nach kurzer Zeit war der Streit beigelegt. Jeder, der das wollte, konnte im Kloster bleiben und mit den anderen Mönchen studieren. Wer aber den Laien den Dharma weitergeben wollte, der durfte dies tun – außerhalb des Klosters tun. So waren alle zufrieden. Ich fand das eine sehr gute Lösung."

*Dayavandana* war damit aber noch nicht zufrieden: „Du, *Devamitta*, gehörst aber doch wohl dem **Mahasanghika**-Flügel an, wenn du eine Laienstudiengruppe geleitet hast."

*Devamitta* sah sich in eine Ecke gedrängt, also sagte er: „Nein, so ist das nicht. Ich habe nur einmal wöchentlich für zwei bis drei Stunden eine Laienanhängergruppe unterrichtet. Die restliche Zeit habe ich den **Pāḷi-Kanon** kopiert. Damit möglichst viele Mönche den Dharma studieren können. Außerdem unterrichtete ich nur die fortgeschreneren Laien. Ich wollte diesen ermöglichen, dass sie sich entscheiden können, selbst Mönch zu werden, zum Beispiel, wenn ihre Kinder erwachsen sind. Außerdem habe ich nur Männer unterrichtet."

Das hätte er besser nicht sagen sollen. Einer der Mönche schrie plötzlich: „Bei euch wurden auch Frauen unterrichtet? Wozu soll denn das gut sein? Das öffnet doch Unzucht Tür und Tor!"

*Devamitta* wies zwar daraufhin, dass Frauen nur außerhalb des Klosters unterrichtet wurden und mindestens eine von ihnen, *Amita*, zur Nonne wurde. Aber was er auch immer versuchte, er sah sich beständig in der Defensive. Schließlich ergriff *Singhamati* das Wort: „Brüder, ich verstehe diese Aufgeregtheit nicht. Wir alle wissen, dass es unterschiedliche Richtungen gibt, die sich auf den **Buddha** beziehen. Wir haben hier in der Stadt neben unserem Kloster auch eines des **Sarvāstivāda.** Es gibt da eine gewisse Konkurrenz. Man spricht nicht einmal miteinander. Obwohl sich beide auf den **Buddha** beziehen. Da scheint mir doch ein Ansatz, wo zwei unterschiedliche buddhistische Richtungen gemeinsam praktizieren und statt übereinander miteinander reden, wo, wenn ich *Devamitta* richtig verstanden habe, beide Richtungen zufrieden sind, durchaus erwägenswert. Wir sollten daher die Tatsache, dass wir für wenige Monate einen Mönch hier haben, der damit gute Erfahrungen gemacht hat, nutzen. Wir haben hier auch Studiengruppen. Ich schlage vor, dass eine Gruppe, die sich für diese Erfahrungen zumindest offen zeigt, ab morgen zusammen mit *Devamitta* arbeitet."

Das war zwar nur ein Vorschlag. Aber wenn der Abt etwas vorschlug, dann wurde es umgesetzt. Auf diese Weise war der Beinahe-Eklat abgewendet. *Devamitta* konnte in den nächsten Monaten einige Mönche für eine offenere Haltung gewinnen. Aber er freute sich doch auf die Zeit, wenn er **Puruschapura** wieder verlassen konnte und es der Heimat entgegenging.

Von Mitte April an ging *Devamitta* jeden zweiten Tag in die Stadt, um sich nach einer passenden Karawane umzusehen. Der Mai war gerade angebrochen, als er wieder einmal am Karawanenplatz war. An diesem Tag kam ihm einer der Männer dort bekannt vor. Er ging zu ihm: „Bist du es, *Demetrios?*"

Der drehte sich um und betrachtete den buddhistischen Mönch, von dem er normalerweise keine Notiz genommen hätte, wenn er ihn nicht Griechisch angesprochen hätte. Es dauerte einige Augenblicke, bis es ihm dämmerte: „*Jesus*?"

„Ja", antwortete dieser, „meine Zeit in Indien ist um. Ist dein Vater auch hier?"

„Aber nein, *Agathokles* ist schon vor acht Jahren gestorben. Wenn du mitkommen möchtest, eigentlich brauchen wir niemanden mehr, bist du trotzdem natürlich immer willkommen. Wenn du wieder diese Kräuter und Salben mitnehmen würdest, wäre das toll. Einen Medizinmann kann man immer brauchen. Allerdings geht es übermorgen früh los."

*Devamitta* brauchte nicht lange zu überlegen: „Gerne, ich sage heute noch im Kloster Bescheid. Allerdings brauche ich etwas Geld für die Kräuter und Salben, eventuell auch etwas andere Kleidung. Ich habe nur diese drei Tücher, die ich als Robe trage."

*Demetrios* gab ihm anstandslos das nötige Geld: „Vergiss nicht, *Jesus,* übermorgen früh bei Sonnenaufgang am Karawanenplatz zu sein."

*Jesus* eilte zurück zum Kloster. Er wurde sofort bei *Singhamati* vorstellig: „Ehrwürdiger *Singhamati*, ich habe in der Stadt *Demetrios* getroffen. Er leitet eine Karawane. Ich bin früher mit der Karawane seines inzwischen verstorbenen Vaters von **Antioch** hierhergekommen. Sie reisen übermorgen zurück. Morgen werde ich für die Karawane Salben und Heilkräuter besorgen, außerdem etwas andere Kleidung."

„Du willst dein Mönchstum aufgeben? Ich dachte, du gingst nach *Palästina*, um dort den **Dharma** zu verkünden?"

„Ich werde die Grundzüge des **Dharma** predigen. Aber ich kann den Menschen dort nicht sagen, dass es keinen Schöpfer gibt oder ich das nicht wüsste, wenn dort alle dran glauben. Auch den Glauben an Wiedergeburt einzuführen, dürfte schwierig werden. Aber ich werde mich bemühen, mich so weit wie möglich an den Lehren **Buddhas** zu orientieren."

„Die Kräuter, Salben und Kleidung, die du kaufen möchtest, mit welchem Geld bezahlst du sie?"

„*Demetrios* war so freundlich, mir welches zu geben und ..."

„Ja, weißt du denn nicht, dass es Mönchen verboten ist Geld anzufassen. Du hättest einen Novizen mitnehmen müssen, der es für dich hätte tragen können, Unglückseliger!"

„Verzeihung, Ehrwürdiger, diese Regeln sind für jemanden zu befolgen, der immer im Kloster lebt, aber für einen Weltreisenden, der sich in unterschiedlichen Kulturen und in der Wildnis bewegt, der zu anderen Völkern mit anderen Traditionen geht, ist das nicht praktikabel. Es geht doch wohl darum, den Kern des **Dharma** den Menschen zu vermitteln: Liebe, Mitgefühl, Freundlichkeit und nicht, welche Kleidung wer zu tragen hat und dass Geld nur von einem Gehilfen getragen werden darf."

„*Jesus*, du stehst außerhalb des **Vinaya**!" *Singhamati* hatte *Devamitta* absichtlich nicht mit seinem Ordensnamen angesprochen, um klarzumachen, dass er sich nicht mehr als Mönch betrachten konnte.

„*Singhamati*, ich habe, im Gegensatz zu Euch, den ganzen **Vinaya** abgeschrieben, das **Vinayapitaka** des **Pāḷi-Kanons** mit allen Begründungen. Jede dieser einzelnen Begründungen ist im jeweiligen Zusammenhang vernünftig, aber es sind keine Dogmen."

„Nein, *Jesus*, natürlich muss man sich daran halten – unbedingt. Bestimmte Dinge sind verboten. Es kann keine Ausnahmen geben, sonst käme morgen einer und sagt, Mönche dürften auch Frauen berühren oder ähnlich abstruses Zeug!"

„*Singhamati*, es kommt immer auf den Zusammenhang an. Ihr sagt, Mönche dürften niemals eine Frau berühren. Wenn Ihr das wirklich glaubt, was würdet Ihr machen, wenn Eure Mutter in einen Brunnen gefallen wäre und keiner sonst da ist? Würdet Ihr Eurer Mutter die Hand reichen oder würdet Ihr sie verrecken lassen?" Devamittas Kopf war rot geworden.

*Singhamati* lehnte sich zurück: „Was hast du nur in all den Jahren praktiziert, *Jesus*? Da ist noch immer der kleine, spitzfindige und jähzornige *Jesus*. Ich fürchte, das wird noch übel enden mit dir. Ich entlasse dich hiermit aus dem Mönchsstand. Geh zu *Jñanavaca* in die Kleiderkammer, gib deine Roben ab und lass dir irgendwelche alte Kleidung aushändigen." Dann drehte er sich um. Er hatte nicht die Absicht *Jesus* zu verabschieden.

Mit Tränen in den Augen ging *Jesus* zur Kleiderkammer, wo ihn *Jñanavaca* begrüßte: „Na, *Jesus*, wieder dasselbe Problem, Jähzorn."

Er hatte nicht vor, darauf einzugehen, sondern zog seine Roben aus: „Gib mir einfach irgendwelche alte Kleider."

*Jñanavaca* suchte ihm passende Kleidung heraus, die Mönche bei ihrer Aufnahme in den Orden abgegeben hatten: „*Jesus*, verwechsle nicht das, was einzelne Mönche oder auch Äbte sagen mit dem **Dharma**. Folge dem **Dharma**, nicht einzelnen Menschen – und: Arbeite bitte an deinem Jähzorn, damit er dir nicht wieder und wieder ein Bein stellt."

*Jesus* zog sich die alte Kleidung an. Im Gehen drehte er sich noch mal um und sagte: „*Jñanavaca*, du trägst deinen Namen zu recht."[106]

*Jesus* verließ das Kloster unbemerkt. Er ging zum Karawanenplatz und legte sich dort zum Schlafen hin, nachdem er sich bei *Demetrios* angemeldet hatte. Dieser hatte nicht gefragt, was los sei. Vermutlich konnte er sich denken, dass etwas schiefgelaufen war. Er fragte nur: „Übernimmst du die dritte Nachtwache?"

„Kein Problem." So unspektakulär verlief die Rückkehr des frühen Mönches *Devamitta* in den Alltag.

Das einzig Erwähnenswerte am folgenden Tag war, dass *Sukhapada Jesus* aufsuchte, um sich zu erkundigen, was vorgefallen war. Dann umarmten sich die beiden, die einmal in **Kalyāṇamittatā** verbunden waren. Beide hatten Tränen in den Augen, anschließend trennten sie sich.

Bei Sonnenaufgang am nächsten Tag begann für *Jesus* die Rückreise. Am vierten Tag erreichten die Karawane den *Kabul*-Fluss.

---

106 *Jñanavaca* heißt „der weise redet".

# Bei den Paganisten

In den ersten Wochen reisten die Karawane durch den *Hindukusch*, jenes Gebirge, in dem sie auf der Hinreise große Schwierigkeiten hatten und auch einige Kamele verloren. Diesmal ging es problemlos. In den niedrigen und mittleren Lagen hatten sie nur mit dem aufgeweichten Boden zu kämpfen. Denn jetzt im Mai taute der Schnee auch schon in den höheren Lagen. Bäche und Rinnsale flossen herab. Es war teilweise morastig. Da sie aber keine Fahrzeuge bei sich hatten, sondern in erster Linie mit Kamelen und Reitpferden, Mulis und Eseln unterwegs waren, kamen sie langsam, aber stetig, voran.

*Baktrien* hatte keine griechischen Könige mehr. Die Lehre des **Buddha** war auf dem Rückzug, es gab jedoch noch immer eine indo-griechische Kultur. Hier hatte *Jesus* auf der Reise nach **Bharat Ganarajya** von *Straton*, dem baktrischen Wächter, erste Informationen über den Mönchs- und den Nonnenorden des **Buddha** bekommen und war frohen Herzens, endlich der Lehre des Erhabenen erkennbar auf der Spur zu sein. Jetzt fielen ihm die heidnischen Kultstätten auf. Wann immer sie in einer Stadt für einen oder zwei Tage Rast machten, übte er seine neue Rolle, die er in der Heimat *Palästina* anstrebte: Er predigte und ermahnte die Menschen. Da viele sich damals offensichtlich irgendwelchen Götzen zuwandten, um ihre religiösen Bedürfnisse zu befriedigen, wandte er sich in Tempeln oder auf Marktplätzen an die Menschen. *Jesus* predigte jetzt eine Mischung aus buddhistischer Ethik und einem Monotheismus, der den Schöpfer verherrlichte. Wobei es ihm nicht auf ein bestimmtes Wort für Gott ankam. Natürlich konnte er mit seinen Ansprachen nur den Griechisch sprechenden Teil der Bevölkerung erreichen, also sprach er vom „großen Vater".[107]

---

107 μεγάλος πατέρας = megalos pateras

Manchmal war es aber glücklicherweise so, dass einer der Anwesenden, der von *Jesu* Ansprache begeistert war, die griechischen Worte in den lokalen Dialekt übersetzte. Das waren die Fälle, in denen *Jesus* das Herz aufging und sich häufig tatsächlich die Begeisterung auf die Zuhörerinnen und Zuhörer übertrug. Manchmal forderten die Menschen auch, dass *Jesus* ein Wunder wirken solle. Dieser Versuchung widerstand er damals noch. Denn der **Buddha** hatte seine Mönche dazu aufgefordert, Anhänger nicht über Wundertaten zu gewinnen, sondern mit dem **Dharma**, mit der Wahrheit, die das größte Wunder sei.

Daher rief er den Menschen zu: „Seht doch die Wunder, die unser *großer Vater* vollbracht hat, indem er das Weltall, die Sonne, den Mond, die Sterne und unsere Erde erschaffen hat. Diese Wunder gehen weiter bis auf den heutigen Tag! Die Zeugung und die Geburt eines Kindes sind Wunder! Eine Raupe, die sich verpuppt und aus der ein Schmetterling hervorgeht, ist ein Wunder! Dass Getreidekörner aufgehen und daraus neues, reiches Getreide hervorgeht, ist ein Wunder! Unser *großer Vater* im Himmel versorgt so alle mit Nahrung, die Menschen, die Tiere und die Pflanzen. Wer diese Wunder nicht sieht und als solche erkennt, beraubt sich der schönsten Gaben des Lebens. Wenn ihr aber statt dessen Götzenbilder verehrt, so schmäht ihr den großen Vater im Himmel. Wie sollte er euch da noch Gnade erweisen? Ihr Menschen dieser Stadt und dieses Landes! Versucht nicht den ewigen Geist, der unser *großer Vater* ist, mit den Augen zu sehen, sondern sucht ihn mit dem Herzen. Reinigt euren Geist, um euch seiner Gnade würdig zu erweisen. Bringt dem *großen Vater* nicht nur keine Menschenopfer dar, sondern opfert ihm auch keine Tiere, denn es sind Geschöpfe, die er geschaffen hat. Entwendet nicht das Eigentum eines anderen, denn er hat es im Schweiße seines Angesichts geschaffen und durch göttliche Gnade erhalten! Betrügt niemanden, auf dass auch ihr nicht betrogen werdet! Denn Betrug schafft Feindschaft, <u>der große</u>

_Vater aber ist mitfühlende Liebe._[108] Wenn ihr erkennt, dass ihr seine Kinder seid, dann übt auch mitfühlende Liebe mit allen fühlenden Wesen! Ergebt euch nicht der Völlerei, denn damit schädigt ihr euren Körper und Geist, damit erweist ihr euch nicht würdig, Kinder eures _großen Vaters_ zu sein! Wenn ihr die himmlische Glückseligkeit erreichen wollt, müsst ihr als Erstes euch selbst reinigen, dann eure Freunde, eure Mitmenschen, auf den rechten Weg weisen, auf dem sie die ursprüngliche Vollkommenheit wieder erreichen können. Geht diesen guten Pfad, der mit richtigem Erkennen beginnt, der zu richtigem Denken führt, der euch das Richtige sagen lässt, handelt richtig! Führt einen Lebenswandel, der den großen Vater erfreut! Strengt euch auf dem Pfad der mitfühlenden Freundlichkeit an! Seid achtsam! Versenkt euch tief in euch, damit ihr den Willen des großen Vaters, der die mitfühlende Liebe selbst ist, erkennt!"[109]

Solche Reden Jesu hatten zwei verschiedene Effekte. Die Menschen waren begeistert. Wie nachhaltig diese Begeisterung allerdings war, kann man wohl nicht wirklich sagen. Einige Angesprochene mögen sich langfristig verändert haben, viele werden wieder in ihren alltäglichen Trott und ihre früheren Unsitten zurückgefallen sein. Das war der erste Effekt, der zweite war natürlich ein Widerstand derjenigen Priester oder Schamanen, die die **paganistischen** Rituale eingeführt hatten und davon lebten. Ebenso wie sich die **Brahmanen** gegen die Lehren _Jesu_ wandten, so taten es diese Priester und Schamanen auch.

---

108 „Gott ist mitfühlende Liebe" (= Deus caritas est) hat übrigens auch Papst Benedikt seine erste Enzyklika genannt, die er zu Weihnachten 2005 veröffentlichte, gewissermaßen als die Weihnachtsbotschaft Jesu.

109 In Anlehnung an Nicolas Notovitch: Die Lücke im Leben Jesu. Stuttgart: Deutsche Verlags-Anstalt 1894, Abschnitt VII 5–18. Die letzten Sätze sind der Edle Achtfältige Pfad, den der Buddha lehrte.

Mindestens in einem Fall musste die Karawane dadurch auch einen Tag früher weiterziehen, weil sich ein wütender Mob versammelte.

Darüber war natürlich *Demetrios* alles andere als begeistert: „*Jesus*, ich schätze dich wirklich sehr. Du bist ein hervorragender Heiler. Das ist der Grund, warum ich sofort dafür war, dass du mitkommst. Du hast in den letzten Wochen auch mehrfach deine Heilkraft unter Beweis gestellt. Aber du bist auch eine Gefahr, nicht nur für dich, sondern die gesamte Karawane. Ich bitte dich daher: Mäßige dich, sonst ist bald der Punkt erreicht, an dem sich unsere Wege trennen. Du weißt, wie gefährlich es ist, allein zu reisen."

„Du musst wissen, was für dich wichtiger ist – entweder meine Heilkraft der Karawane zur Verfügung zu stellen, wir beide wissen, dass noch ganz andere gesundheitliche Probleme auf uns zukommen können als bisher – oder ob ich tatsächlich eine Gefahr für euch bin. Ich selbst bin vom **Karma**-Gesetz überzeugt: Wer Gutes tut, dem wird Gutes widerfahren – entweder kurzfristig oder aber langfristig, möglicherweise erst in einem späteren Leben. Wer selbstsüchtig und hochmütig handelt, der wird langfristig scheitern, denn Hochmut kommt vor dem Fall",[110] erwiderte Jesus.

Vorläufig war dieser Dissens schwelend vorhanden, doch zum Bruch zwischen *Demetrios* und *Jesus* sollte es erst bei den Persern kommen.

---

110 „Hoffart kommt vor dem Sturz und Hochmut kommt vor dem Fall." (Spr 16,18, nach der Einheitsübersetzung der Bibel), das bedeutet: Wer sich selbst überschätzt, ist zum Scheitern verurteilt. Hochmut (*lat. superbia*) ist laut der Bibel eine der sieben Todsünden.

# Im Land der Zoroaster

Das bei Weitem größte Reich zwischen den *Römischen Reich* und **Bhārat Gaṇarājya** war das **Arsakidenreich**. Wie wir bereits im Kapitel „Das **Arsakidenreich** und **Zarathustra**" erfahren haben, war damals dort die vorherrschende Religion die der **Zoroaster**. Das war eine ähnliche große Regionalregion wie das *Judentum* oder der **Brahmanismus,** also eine viel bedeutendere religiöse Bewegung als die verschiedenen **paganistischen** Kulte. Was konnte also besser für einen Testlauf dessen sein, was *Jesus* in seiner Heimat vorhatte, als hier die Wirkungen seiner Predigten auszuprobieren. Die Hauptstadt **Arsakia** war bedeutender als *Jerusalem*. *Jesus* war sich bewusst, dass das zu einem Bruch mit *Demetrios* führen konnte, vermutlich deswegen schon führen musste, weil er für sein Experiment mehr als die üblichen drei bis fünf Tage brauchte, die die Karawane sich in den Metropolen aufzuhalten pflegte. Das alles hatte *Jesus* in den vergangenen Wochen durchkalkuliert. Er war sich auch sicher, dass er es von **Arsakia** nach Hause schaffen würde, ohne fester Bestandteil einer Karawane zu sein.

Natürlich hatte *Jesus* auch schon in den kleineren Städten, in denen sie nur ein bis drei Mal übernachteten, bereits Predigten gehalten. Sprachlich ging das auch ganz gut, denn die verbreitetste Sprache waren *aramäische* Dialekte, die dem, was in *Palästina* gesprochen wurde, durchaus ähnlich waren.

In großen Staaten wie dem **Arsakideneich** versuchten die Herrscher natürlich, über alles auf dem Laufenden zu sein, d.h., es gab Spitzel der Regierung, die über abweichlerische Äußerungen berichteten. Natürlich gab es auch hier – wie überall – Verflechtungen zwischen Politik und den Führern der herrschenden Religion. Daher war am Hof in **Arsakia** durchaus bekannt, dass sich ein Dissident der Hauptstadt näherte.

Die Predigten, die *Jesus* hielt, waren inhaltlich der ähnlich, die er auch bei den **Paganisten** (vgl. voriges Kapitel) gehalten hatte. Natürlich predigte er auch in **Arsakia** in der gleichen Weise. Dass das nicht gut gehen konnte, lag auf der Hand. Bereits am zweiten Tag wurde *Jesus* verhaftet. Auch *Demetrios* wurde von Agenten der staatlichen Macht angesprochen und zu seiner Haltung zu *Jesus* befragt, er antwortete: „Ich habe diesen Mann in meine Karawane aufgenommen, weil er ein bekannter Heiler und guter Medizinmann ist, was auf Fernreisen eine äußerst hilfreiche Unterstützung ist. Mit seinen religiösen und politischen Absichten habe ich nichts zu tun. Niemand aus unserer Karawane hat damit etwas zu tun! Wenn ihr ihn seht, so teilt ihm mit, dass er fristlos entlassen ist. Mit Aufwieglern und Dissidenten will ich nichts zu tun haben."

Die Staatsmacht war damit zufrieden, auch wenn sie, solange *Demetrios'* Karawane in **Arsakia** war, diese durch zwei Spitzel überwachen ließ, was *Demetrios* natürlich nicht entging. Der war froh, dass seine Karawane nach fünf Tagen unbehelligt aus **Arsakia** abziehen konnte.

Wie aber erging es *Jesus*? Er wurde vor den Hohenpriester geführt, der ihn verhörte: „Du sprichst vom *großen Vater*, was soll das für ein merkwürdiger Gott sein? Weißt du denn nicht, dass der heilige **Zoroaster** der Einzige ist, der die wahrhaft göttlichen Offenbarungen empfangen hat? Im Paradies hat **Zoroaster** die göttlichen Gesetze empfangen, dort wurden sie von Engeln niedergeschrieben! Wie also kommst du dazu Gott zu lästern und Zweifel im Herz der Gläubigen zu säen?"[111]

*Jesus* wies den Vorwurf zurück: „Ich rede keineswegs von einem neuen Gott. Ich rede von unserem himmlischen Va-

---

111 Die Ereignisse in *Arsakia* wurden in Anlehnung an Trebst, Hans-Jürgen: „Jesu verborgene Jahre", Frankfurt: Frankfurter Verlagsgruppe GmbH 2004, geschildert. Trebst bezieht sich hierbei auf Nicolas Notovitch: Das unbekannte Leben Jesu, Paris 1894.

ter, der von Anfang an da war und immer da sein wird. Die Menschen, zu denen ich sprach, sind noch nicht so weit, Gott allein durch die Kraft ihrer Vernunft zu erkennen. Daher hat er mich geschickt, seinen Propheten. Ich habe den Menschen gesagt, sie sollen nicht die Sonne anbeten, denn sie ist kein Gott. Sie ist vielmehr das Werk des einzigen Gottes, unseres Schöpfers."

„Du gibst dich als Prophet aus, *Jesus*. Das ist eine Anmaßung. Wir sind die Priester, wir sind die religiösen Lehrer der Menschen!"

*Jesus* entgegnete: „Solange es keine Priester gab, hat die Natur die Menschen regiert und die Reinheit ihrer Seelen bewahrt. Ihr aber behauptet, man müsse die Sonne anbeten. Das ist irrig, denn die Sonne wirkt nicht aus sich heraus. Sie ist ein Produkt unseres Schöpfers. Der ewige Geist ist die Seele all dessen, was Leben hat. Was aber macht ihr? Ihr teilt den Geist in einen Geist des Guten und einen des Bösen. Das ist abscheulich, denn ihr erfindet einen zweiten Gott, einen Gott des Bösen, und beleidigt so unser aller *großen Vater*!"

In dieser Weise wurden die Verhöre mehrere Tage lang durchgeführt. Man muss aber der Priesterschaft zugutehalten, dass es Verhöre waren und keineswegs Folterungen. Möglicherweise hatte das auch damit zu tun, dass *Jesus* Zweifel aufgriff, die auch zwischen den Priestern diskutiert worden waren. Möglicherweise fürchteten sie auch den Zorn Gottes, sollte *Jesus* wirklich sein Prophet sein.

Draußen auf den Straßen, so berichteten die Spitzel, gab es bei einem nicht unbedeutenden Teil der Bevölkerung Sympathien für die Lehre *Jesu*. Dieser Gott des Bösen, *Ahriman*, war sowohl unter der Bevölkerung als wohl auch unter der Priesterschaft einigen äußerst suspekt.

Nach mehr als einer Woche, die Karawane *Demitros'* hatte inzwischen **Arsakia** verlassen, beendete der Hohepriester die Verhöre und beriet sich mit dem Hohen Rat.

*Kiyan*, der Sprecher des harten Flügels, argumentierte: „Dieser Extremist ist die gefährlichste Herausforderung unserer heiligen Religion seit mehr als hundert Jahren. Wir müssen mit aller Härte durchgreifen und dem Volk begreiflich machen, dass Häresie, Gotteslästerung, nicht geduldet wird. Er muss daher mit dem Tode bestraft werden. Ich schlage vor, ihn an einem heißen, trockenen Tag auf einen Scheiterhaufen zu stellen und zu verbrennen. Wir könnten bekannt machen, dass der gute Geist, *Mazda Ahura*, wenn *Jesus* wirklich sein Prophet wäre, ihn durch einen Wolkenbruch, der das Feuer löscht, retten könnte. Damit haben wir letztendlich einen Beweis, dass seine Lehren Irrlehren sind. Die Wirkung dürfte äußerst abschreckend auf mögliche Nachahmer sein."

*Mert* vertrat die Gegenposition: „Druck erzeugt Gegendruck. Wir wollen nicht unseren Gegnern die Munition liefern, wir könnten nur noch durch Todesurteile durchgreifen. *Jesus* predigt mitfühlende Liebe. Wollen wir wirklich zeigen, dass wir das Gegenteil vertreten, zornigen Hass? Ich glaube nicht, dass das unsere Position stärkt, unsere Anhängerschaft wachsen lässt. Wir sollten uns mit ihm arrangieren: Wenn er uns verspricht, nicht mehr zu predigen, bevor er im *Römischen Reich* ist, geben wir ihm die Freiheit. Ich glaube nicht, dass er uns betrügen würde, denn er predigt die Wahrhaftigkeit."

Der Hohepriester bedankte sich beim Hohen Rat für die erhellende Diskussion und verkündete seinen Beschluss, mit dem es ihm auch wichtig war, keine der beiden Fraktionen zu verprellen: „Ich glaube nicht, dass wir unserer Sache einen Gefallen tun, wenn wir ihn hinrichten lassen, schon gar nicht durch eine grausame Art wie die auf dem Scheiterhaufen. Ich gebe dir allerdings recht, *Kiyan*, dass es besser wäre, wenn er eher heute als morgen tot wäre. Wir müssen dafür aber einen anderen Weg finden. Sich einfach auf sein Wort zu verlassen, dass er nicht mehr predigt, erscheint mir zu gefährlich. Wenn wir ihn laufen lassen, müssen wir ihm einbläuen, dass er im Wiederholungsfall hingerichtet wird. Allerdings hat die Sache mit dem Gottesurteil durchaus ihren Reiz. Daher werden wir Folgendes machen: Wir sagen ihm, dass wir ihn aus der Stadt hinausbegleiten werden, einzige Bedingung, er muss für eine

Woche schweigen. Ich denke, dieses Angebot – eine Woche schweigen und dann Freiheit statt Todesstrafe – wird er annehmen. Vier Tagesreisen von hier befindet sich das *Tal des Schreckens*, eine Gegend, in die niemand freiwillig geht und in der es kaum noch Wild gibt, der vielen Raubtiere wegen. Dort sollten wir ihn freilassen. Den Rest überlassen wir der göttlichen Fügung."

Der Hohe Rat war zufrieden. Am nächsten Tag wurde *Jesus* von zwölf Soldaten quer durch **Arsakia** geführt. Selbstverständlich sprach sich die Neuigkeit rasch herum. Der Hauptmann des Trupps rief den Menschen zu: „Wir begleiten *Jesus* ein Stück Richtung seiner Heimat, dorthin, wo er künftig predigen wird."

„*Jesus*, wirst du ein freier Mann sein oder werden sie dich töten?", rief jemand aus der Menge.

*Jesus*, der eigentlich nicht reden durfte, antwortete: „Man hat mir versichert, dass man mir kein Leid antun wird. Mit der Hilfe des *großen Vaters* werde ich in meine Heimat zurückkehren. Ich fürchte mich nicht. Fürchtet auch ihr euch nicht. Der *große Vater* ist der gute Geist. Wo ich bin, da ist auch er."

„Das langt", zischte der Hauptmann. *Jesus* schwieg, aber er winkte den Menschen zu, als sei das ein Triumphzug und kein Gefangenentransport. Man erzählte sich in **Arsakia** und im ganzen **Arsakidenreich** noch lange von dem Propheten des einen Gottes, der leugnete, dass der böse Geist etwas Göttliches habe.

Natürlich wurde *Jesus* auch nachts bewacht, aber er war nicht gefesselt. Am zweiten Tag ergab es sich, dass der Hauptmann mit *Jesus* unter vier Augen reden konnte. „Der Plan ist, dass wir dich am vierten Tag im *Tal des Schreckens* verabschieden. Dort wimmelt es von gefährlichen Tieren. Wir sollen umkehren, damit wir vor Einbruch der Nacht das Tal wieder verlassen haben. Von dir wird erwartet, dass du durch dieses Tal gehst. Wenn du Angst hast, dann zu recht. Meine Männer und ich haben auch Angst. Sie wären gewiss damit einverstanden, dass wir dich gleich am Morgen des vierten

Tages verabschieden. Du gehst dann vielleicht eine Stunde weiter, in der wir dich beobachten. Meine Männer werden froh sein, so bald wie möglich von dort wegzukommen."

Jesus sah den Hauptmann an: „Du bist ein kluger Mann. Der *gütige Vater*, den ihr *Ahura Mazda* nennt, hört deine Worte und sieht deine Taten. Er richtet die Gerechten und die Ungerechten."

Am Morgen des vierten Tages fragte der Hauptmann seine Leute: „Männer, wir haben den Befehl, *Jesus* heute laufen zu lassen. Ich denke, ihr wisst, wo wir sind oder vermutet es. Meint ihr, wir sollten ihn noch einen halben oder vielleicht einen ganzen Tag in dieses Tal begleiten und womöglich in dem Tal übernachten?" Er hatte bewusst nicht *Tal des Schreckens* gesagt, aber die intelligenteren unter ihnen oder jene, welche die Gegend kannten, wussten oder ahnten, wo sie waren. Einer von ihnen, der Selbstbewussteste, ergriff das Wort: „Hauptmann, ich habe Euch so verstanden, dass wir heute den Gefangenen laufen lassen sollten. Jetzt ist heute. Wir können noch ein Stündchen schauen, wie er weiterläuft. Aber dann sollten wir nach Hause, unser Frauen werden uns dankbar sein."

„Viel Glück", wünschte der Hauptmann *Jesus*. Der blieb stehen, öffnete seinen Beutel mit den Kräutern und Salben und rieb sich wortlos ein. Er sagte: „Kommt gut heim!" Dann drehte er sich um und ging ins Tal des *Schreckens*. Als er sich eine Stunde später umdrehte, waren die Soldaten verschwunden.

Zwei Tage später hatte er wieder die Hauptroute der Seidenstraße erreicht. Er ging nach Westen. Als er eine Karawane vor sich sah, die in die gleiche Richtung ging, folgte ihr in fünfzig Schritten Entfernung. Zwei Tage aß er nichts und trank nur an den Wasserstellen für die Tiere. Am dritten Tag kam er durch ein Dorf. Er stellte fest, dass er den aramäischen Dialekt verstand. Man beäugte ihn und tuschelte. *Jesus* ging auf die Leute zu: „Ja, ich bin es, ich bin der Prophet des *großen Vaters*, des einzigen Gottes, den manche Menschen *Ahu-*

*ra Mazda* nennen." Jetzt kamen die Leute freudig auf ihn zu, wollten etwas von ihm wissen. „Lasst mich bitte erst einmal sitzen. Ich habe seit Tagen nichts gegessen."

Sofort nahm man ihn mit und bot ihm Essen an. Die Menschen wollten sein Wort hören. Sie wollten, dass er das Wort Gottes verkündete. „Das werde ich gern tun. Ihr dürft aber einen Mond lang niemandem davon erzählen. Andernfalls wird Gott dieses Dorf bestrafen. Aber wenn ihr in zwei Monden oder später davon berichtet, dann ist das in Ordnung."

„Wir geloben es, bei *Ahura Mazda*", sagte der Dorfälteste.

Nachdem **Jesus** sich gestärkt hatte, schaute er in die Runde: „Männer und Frauen dieses Dorfes, ich verkünde euch eine frohe Botschaft: Es gibt nur einen Gott, und der ist gütig. Er ist ein Gott der Barmherzigkeit, der Hilfsbereitschaft und des Wohlwollens ..."

In dieser Weise wandelte *Jesus* durch das **Arsakidenreich.** Weniger als drei Monate später erreichte er die Provinz *Syrien* des *Römischen Reiches.*

Was dann geschah, findet sich im Teil zwei dieser (geplanten) Trilogie.

# Begriffserklärungen

**Abba** – Wenn *Jesus* Gott anbetete, verwendete er das aramäische Wort für „Vater". Er verwendet nicht die Anrede **JHWH** wie im **Tanach**. Während **JHWH** den alttestamentarischen strengen Gott, der ursprünglich der Kriegsgott der Juden war, bezeichnet, interpretiert *Jesus* das Göttliche neu und sieht darin eine milde, verständnisvolle und unterstützende Vaterfigur.

**Ahimsa** – Gewaltlosigkeit, oberstes Prinzip des Handelns im Buddhismus, teilweise auch Einstellung im Hinduismus. *Ahimsa* war die Methode, die *Mahatma Gandhi* bei seinem Freiheitskampf für Indien im 20. Jh. einsetzte.

**Ajahn Chah** – (1918–1992) ein renommierter Mönch und Abt des thailändischen **Theravāda**. Er hatte vor allem ab 1970 zahlreiche westliche Schüler, die seine Lehren in den Westen brachten. Er gehörte der Waldtradition an, einer Reformbewegung, die sich vom Leben in exklusiven Stadtklöstern wieder auf Buddhas Leben in den Wäldern zurückbesann.

**Ajātasattu** – König von **Magadha**, der den Thron usurpierte und seinen eigenen Vater **Bimbisara** im Kerker verhungern ließ. **Bimbisara** war einer der Förderer des **Buddha**.

**Anattā** – „Nicht-Ich", da alles in Abhängigkeit von Bedingungen Entstandene vergänglich ist, kann es keinen festen unveränderlichen Wesenskern haben, also gibt es auch nicht so etwas wie ein festes „Ich", eine der drei buddhistischen Grunderkenntnisse über alles Existierende (die anderen sind **Dukkha** und **Anicca**). Der *Anattā*-Gedanke ist das Alleinstellungsmerkmal des Buddhismus.

**Anicca** – Vergänglichkeit; alles, was in Abhängigkeit von Bedingungen entstanden ist, verändert sich und vergeht, eines der drei *Lakshanas*, der Grunderkenntnisse über alles Existierende (die anderen sind **Dukkha** und **Anattā**). **Anicca** ähnelt dem abendländischen Vanitas-Gedanken.

**Antioch** – war eine der Hauptstädte des **Seleukidenreiches**, Neugründung im Jahre 300 v. Chr. (nach einem Erdbeben). Die Stadt heißt heute *Antakya* und liegt im äußersten Süden der Türkei an der syrischen Grenze (nahe *Aleppo*). 64 v. Chr. verleibte sich das Römische Reich die Reste des **Seleukidenreiches** ein. *Antioch* wurde zur Hauptstadt der Provinz Syrien (neben Ägypten die reichste Provinz des Römischen Reiches). Zu Jesu Zeiten hatte *Antioch* 500.000 Einwohner und war damit eine der vier größten Städte des Reiches (neben Rom, Alexandria und Karthago).

**apokryph – Apokryphen** (auch *apokryphe* oder *außerkanonische Schriften*; ἀπόκρυφος *apokryphos*, auf Deutsch ‚verborgen, dunkel‘) sind religiöse Schriften jüdischer bzw. christlicher Herkunft aus der Zeit zwischen etwa 200 v. bis ca. 400 n. Chr., die nicht in einen biblischen Kanon aufgenommen wurden oder über deren Zugehörigkeit Uneinigkeit besteht, sei es aus inhaltlichen oder religionspolitischen Gründen, weil sie erst nach Abschluss des Kanons entstanden sind oder zur Zeit seiner Entstehung nicht allgemein bekannt waren. (Wikipedia 8.1.2024)

**Arahat (Arahant)** – Heiliger, vollkommen Erleuchteter

**Arsakia** – Hauptstadt des **Arsakidenreiches**

**Arsakidenreich** – *Arsakiden* ist der Name der vom Parther *Arsakes I.* begründeten Dynastie, die ab dem 3. Jahrhundert v. Chr. bis 224 n. Chr. das *Partherreich* beherrschte. Die Hauptstadt **Arsakia** lag in etwa dort, wo sich heute *Teheran* befindet. Das *Arsakidenreich umfasste* am Höhepunkt seiner Macht nicht nur den ganzen heutigen Iran, sondern auch den größten Teil des Irak, Turkmenistans sowie Teile der Türkei, Aserbaidschans und Georgiens.

**Arūpa Jhānas** – Die höheren Vertiefungen (ab der fünften Vertiefung) werden als *Arūpa Jhānas* (formlose Vertiefungen) bezeichnet, da hier keine Körperlichkeit (Körper = *rupa*) mehr empfunden wird. Die Trennung zwischen einem empfindenden Ich und einer empfundenen „Umwelt" existiert nicht mehr.

**Āsana** – auf Deutsch ‚der Sitz‘, hierunter werden überwiegend ruhende Körperstellungen im *Yoga* bezeichnet. Wichtig bei der Ausübung ist das bewusste Hineingehen, der richtige Atem, bewusstes Halten und das bewusste Auflösen des *Āsana*. *Yoga-Āsanas* sollen bei ihrer Ausführung immer zwei Qualitäten enthalten: Stabilität und Wohlbefinden (sthirasukham āsanam, Yogasutra 2.46).

**Aśoka** – (304 – 232 v. Chr.) indischer Kaiser, der das große Land einte. Er trat, nachdem er sah, was seine blutigen Schlachten angerichtet hatten, zur Lehre **Buddhas** über, half bei der Verbreitung des Buddhismus, richtete soziale Institutionen (für Menschen und Tiere) ein, propagierte vegetarisches Leben, stellte Säulenedikte mit den Lehren **Buddhas** auf und entsandte buddhistische Lehrer u. a. nach Athen, Alexandria und **Antioch** (diese Stadt lag dort, wo das Mittelmeer, Syrien und die Türkei heute aneinanderstoßen), also dort, wo im 1. Jh. n. Chr. die erste christliche Gemeinde unter Petrus, Paulus und Barnabas gründet wurde.

**Ashram** – ursprünglich die Einsiedelei eines indischen Asketen, hier jedoch (wie heute üblich) ein klosterähnliches Meditationszentrum, an dem Anhänger einer spirituellen Lehre leben und sich unterweisen lassen. Den spirituellen Leiter und Führer eines *Ashrams* nennt man **Guru**.

**Ātman** – indisches Wort für Seele, im Hinduismus ein fester uns innewohnender Wesenskern, der von einem Leben ins nächste weiterwandert und das Ziel hat, sich irgendwann mit dem **Brahman**, dem Göttlichen, zu vereinen. Der **Buddha** verwarf den Glauben an einen *Ātman*. Er lehrt, dass der Geist – wie der Körper – aus einer Vielzahl von einzelnen Prozessen besteht, die sich in Abhängigkeit wandelnder Bedingungen ständig ändern.

**Baktra** – Hauptstadt von **Baktrien**

**Baktrien** – ist der historische Name einer Landschaft um die ehemalige Hauptstadt **Baktra** (das heutige *Balch* in *Afghanistan*), die nördlich des **Hindukusch** liegt. *Baktrien* wurde zum Zentrum von Wissenschaft, buddhistisch-hinduistischer Theologie und Weltwirtschaft.

**Batate** – Süßkartoffel, damals in Indien beliebte Grundlage für verschiedenste Eintopfgerichte.

**Bedingtes Entstehen** – zentrale buddhistisches Lehre: Alles (in *Saṃsāra*) entsteht in Abhängigkeit von Bedingungen. Entfallen diese Bedingungen, so erlischt das Produkt der Bedingungen.

**Benares** – (heute: *Varanasi* im indischen Bundesstaat *Uttar Pradesh*) Stadt, bei der der **Buddha** erstmals den **Dharma** darlegte.

**Bhante** – (Pali) bedeutet Herr oder Ehrwürdiger. Es wird meist gegenüber einem sehr viel weiterentwickelten Lehrer verwendet.

*Bhārat Gaṇarājya* – (Sprache: Hindi) indische Bezeichnung für Indien

**Bhāva** – Werden, Entstehen

**bhāvanā** – die Bedingungen schaffen, dass etwas Bestimmtes entstehen kann

**Bimbisara** – König von **Magadha**, Anhänger und Freund des Buddha, wurde von seinem Sohn **Ajatasattu** ermordet

**Bodhgaya** – Stelle, an der der Buddha seine Erleuchtung erreichte. Das Wort ist zusammengesetzt aus bodh (Erwachen, Erleuchtung) und Gaya (Name der nahegelegenen Stadt).

**Bodhibaum** – Baum, unter dem der **Buddha** saß, als er „erwachte", also zur Zeit seiner Erleuchtung.

**Bodhisattva** – Figur im **Mahāyāna**-Buddhismus. *Bodhisattvas* sind Wesen, die Erleuchtung nicht nur für sich selbst anstreben, sondern zum Wohl aller Wesen. (Im **Theravāda** wird das Wort nur für den späteren **Buddha** vor seinem **Erwachen** verwendet.)

**Braid**, James (1795–1860), schottischer Chirurg und Hypnoseforscher

**Brahmā** – einer der Hauptgötter des **Hinduismus.** Er gilt dort als der Schöpfer. Der *Buddhismus* kennt keinen Schöpfergott.

**Brahmanen** – eine der *Kasten* im Hinduismus, nur Brahmanen dürfen religiöse Rituale vollziehen

**Brahmanismus** – indische Religion, in der (u.a.) einen Brahman (Gott) verehrt wird. Der B. wird heute als Hinduismus bezeichnet.

**Brahmavihāra** – „göttliche Weilungen" oder „erhabene Geisteszustände", Oberbegriff für *Mettā, Muditā, Karunā* und *Upekkhā.*

**Buddha** – wörtlich: *Erwachter*; einer, der das Ziel des *Buddhismus* erreicht hat und damit befreit ist von den Fesseln des Ichglaubens. (Die weibliche Form ist auch Buddha.)

**Dāna** – „Gebefreude", auch: Großzügigkeit. Dāna ist eine hohe buddhistische Tugend und eine der sechs Tugenden, die ein *Bodhisattva* übt.

**Dalit** – eine der Bezeichnungen für die Unberührbaren. Diese waren nicht wie die Kastenangehörigen *Arier*, die nach Indien eingewandert waren, sondern gehörten der dunkelhäutigeren Urbevölkerung an. Die indische Kastengesellschaft hatte dadurch ein Element der Apartheid.

**David** – war laut dem 1. Buch der Chronik des *Tanach* und des Alten Testaments König von *Israel*. Er soll um 1000 v. Chr. gelebt haben und gilt als Verfasser zahlreicher Psalmen. Aus der prophetischen Zusage eines ewigen Bestands der Dynastie Davids entwickelte sich die biblische *Messias*-Erwartung.

**Dekalog** – (altgriechisch: δεκάλογος *dekálogos*) die Zehn Gebote

**Devas** – „Götter" im Hinduismus und Buddhismus, etwa vergleichbar mit den Engeln im Judentum, Christentum und Islam

**Dharma** – hier gewöhnlich die Bezeichnung für die Lehren des *Buddha*. Das Wort bedeutet Wahrheit, (Natur-)Gesetz, Wissenschaft, Lehre.

**Dreifacher Pfad** – einfachste Beschreibung des buddhistischen Pfades aus (1) Ethik, (2) Meditation und (3) Weisheit, eine ausgearbeitete Version zeigt der *Buddha* im *Upanisā*-Sutta auf.

**Dukkha** – ein zentraler Begriff der Lehre **Buddhas**, am einfachsten mit „Unvollkommenheit" oder „Unzulänglichkeit" zu übersetzen, besser wäre „das Gefühl, dass etwas letztendlich nicht vollkommen zufriedenstellend ist". Ältere Übersetzungen von **Buddhas** Lehre übersetzten „Leiden", was dazu führte, dass der Buddhismus als pessimistisch galt, denn letztendlich ist alles Vergängliche unvollkommen (*Dukkha*).

**Edle Achtfache Pfad, der** – erste und zentrale Beschreibung des **Buddha** für den Pfad zur **Erleuchtung**. Hier werden acht Baustellen genannt, an denen wir arbeiten müssen: 1. Rechte (oder Vollkommene) Vision (Ansicht), 2. Rechte Entschlossenheit, (3) Rechtes Denken, (4) Rechtes Handeln, (5) Rechter Lebenswandel, (6) Rechtes Bemühen, (7) Rechte Achtsamkeit, (8) Rechte Sammlung (**samadhi**)

**Einmalwiederkehr** – zweite Stufe der Heiligkeit: Einmalwiederkehrer. Er/sie hat den Persönlichkeitsglauben überwunden, führt keine sinnentleerten Rituale aus und zweifelt nicht mehr am **Dharma**. Außerdem hat er/sie Gier und Hass in ihren gröberen Formen überwunden. Der Name bedeutet, dass er/sie nur noch einmal wiedergeboren wird.

**Erhabener** – Anrede für den **Buddha**, wird nur von seinen Anhängern verwendet.

**Erwachen** – andere spirituelle Traditionen sprechen von **Erleuchtung**, im Buddhismus verwenden wir besser den Ausdruck „*Erwachen*" für das, was der Buddha erreicht hat. Während unter „*Erleuchtung*" jeder etwas anderes verstehen kann, beschreibt „*Erwachen*" das spezifisch Buddhistische, die Tatsache, dass die erwachte Person die drei Wesensmerkmale **Dukkha, Anicca** und **Anattā** völlig verwirklicht hat. Es ist für die erwachte Person so, als sei alles, was vorher war, so absurd und unlogisch wie ein Traum, daher der Ausdruck „*Erwachen*".

**Erwachter** – Synonym für den **Buddha**, einer der das **Erwachen** erreicht hat.

**Essēner** – eine religiöse Gruppe im antiken Judentum vor der Zerstörung des zweiten Tempels (70 n. Chr.), deren

theologische Hauptmotive die „messianische Naherwartung"
und die „Kritik am unreinen Tempelkult" in Jerusalem waren.
Nach verschiedenen Angaben zeitgenössischer Autoren (*Philon von Alexandria, Plinius d. Ä. und Flavius Josephus*) befolgten
sie strenge, zum Teil asketische Lebensregeln. Demnach war
sie eine im 2. Jh. v. Chr. entstandene jüdische Ordensgemeinschaft in *Palästina*, die möglicherweise auch vom **Zorastrismus**, *Pythagoreismus* und *Buddhismus* beeinflusst worden war.
(Wikipedia, 10.1.24)

**Fakir** – Der Ausdruck wird für heimat- und besitzlos umherwandernde **Hindu**-Asketen und **Sadhus** verwendet, die
ihre teilweise bizarren Künste vor Publikum demonstrieren,
z. B. wie sie scheinbar ohne sichtbare Schmerzen Dinge tun,
die normalerweise überaus peinvoll sind. (Im islamischen
Sufismus ist der Begriff anders besetzt.)

**Furtbereiter** – Die geistigen Führer des **Jainismus** werden
als *Tirthankaras* („*Furtbereiter*") bezeichnet, um ihre Funktion
als Mittler zwischen der materiellen und spirituellen Welt zu
verdeutlichen. Es soll insgesamt 24 *Furtbereiter* gegeben haben. Nur die letzten beiden sind historisch belegt. Der letzte
*Furtbereiter* war **Mahavira**.

**Galiläer** – Mann aus Galiläa, dem Siedlungsgebiet der
Juden in Palästina

**Gandhāra** – antiker Staat mit Peschawar (=**Puruschapura***) als Hauptstadt, der Teile des heutigen *Afghanistan* und
*Pakistan* umfasste. Die frühere persische Provinz wurde von
*Alexander dem Großen* erobert. Nach dessen Tod verfiel sein
Weltreich. Hier begegneten sich indische und hellenistische
Kultur. Zur Zeit des indischen Kaisers **Aśoka** verbreitete
sich hier der Buddhismus. Die buddhistische Kultur wurde
von griechischen Einflüssen geprägt. Hier entstanden auch
erste **Buddha**bildnisse, die den griechischen Gott *Apollo* als
Vorbild für unsere heutigen **Buddha**statuen nahmen. Die
größten **Buddha**statuen in *Gandhāra* sprengten am 12. März
2001 *Taliban*-Milizen in die Luft. Zuvor hatten die *Taliban*
über nahezu einen gesamten Monat erfolglos versucht, die

Statuen durch Beschuss mit Panzern, Geschützen und Raketen zu zerstören.

**Ganesh** – oder *Ganesha* ist eine der beliebtesten Formen des Göttlichen im *Hinduismus*. Die elefantenköpfige Gottheit ist überaus populär. Ihr Geburtstag (zwischen Mitte August und Mitte September) ist für viele *Hindus* der höchste Feiertag. In *Mumbai* ist seine Verehrung nur mit der Marienverehrung in einigen katholischen Ländern zu vergleichen. Sein Geburtstag ist dort das höchste Fest, es gibt Gottesdienste und Prozessionen mit unzähligen Statuen von ihm. Diese werden zum Abschluss im Meer versenkt.

**Ganges** – einer der großen Ströme des indischen Subkontinents (neben **Indus** und *Brahmaputra*). Er gilt bei den *Hindus* als heilig. Diese versprechen sich von einem Bad im *Ganges* die Absolution von ihren Sünden. Der **Buddha** lebte und wanderte im Umfeld des Ganges.

**Gṛddhakūṭa** – (dt.: Geierspitze) Berg bei **Rājagṛha**, auf dem sich der **Buddha** gern aufhielt.

**Guru** – spiritueller Lehrer und/oder Anführer

**Hellenismus** – (altgr. Ἑλληνισμός *hellēnismós*) die Epoche der antiken griechischen Geschichte seit Alexander des Großen (ab 336 v. Chr. bis zur Einverleibung des letzten hellenistischen Großreiches in das Römische Reich (30 v. Chr.).

**Hindu** – Anhänger des **Hinduismus**

**Hinduismus** – Mehrheitsreligion in Indien schon zu Zeiten des Buddha und bis heute

**Hindukusch** – Hochgebirge (bis 7700 m) in weiten Teilen Afghanistans und im Nordwesten *Pakistans*. Der Name bedeutet Hindu-Mörder und zeigt an, wie mörderisch diese Passage der Seidenstraße war.

**Israel** – ist eigentlich der Begriff für ein Volk. Einen Staat gleichen Namens gibt es erst seit 1948. Das Volk *Israel* besteht nach dem **Tanach** aus zwölf Stämmen. Einige Stämme *Israels* sind jedoch bei der Eroberung durch die Assyrer im 8. Jh. v. Chr. zwangsdeportiert worden. Über ihren Verbleib gibt es bis heute keine gesicherten Erkenntnisse, sondern nur Hypothesen.

**Jeta-Hain** – Wäldchen, das der Kaufmann *Anāthapiṇḍika* für einen horrenden Preis dem Prinzen *Jeta* abkaufte, um darin ein Regenzeitquartier für den **Sangha** des **Buddha** einzurichten.

**Jainismus** – Der *Jainismus* ist eine indische Religion, die es seit etwa 3500 Jahren gibt (teilweise wird sie noch älter geschätzt. Seine großen Lehrer werden als „**Furtbereiter**" bezeichnet, weil sie die Furt aufgezeigt haben, zu denen es an das andere Ufer (**Nirwana**) geht. Historisch belegt ist der letzte dieser **Furtbereiter**, **Mahavira**, der zur gleichen Zeit lebte wie der **Buddha**. Er war radikaler als der **Buddha** und gewissermaßen sein Konkurrent auf dem Markt der neuen Religionen Indiens vor 2500 Jahren. Im Gegensatz zum *Buddhismus* ist der **Jainismus** in Indien niemals verschwunden. Heute bekennen sich in Indien mindestens fünf Millionen Menschen zum *Jainismus*.

**Jains** – Anhänger der Religion des **Jainismus**

**Jhāna** – (Palibegriff, in Sanskrit: *dhyana*) ist ein meditativer Vertiefungszustand; nach der häufigsten Einteilung gibt es acht aufeinander aufbauende Vertiefungen. Ziel dieser Vertiefungen ist die Überwindung des Ego sowie der Gedanken und das Erreichen einer kosmischen Verbundenheit, die im Buddhismus als Nondualität zwischen Ich und anderen gesehen wird (*Anattā* = Nicht-Ich). *Jhāna* ist eine hohe buddhistische Tugend und eine der sechs Tugenden, die ein **Bodhisattva** übt. Es gibt (nach der üblichen Zählung) vier feinkörperliche und vier unkörperliche *Jhānas*. Im ersten *Jhāna* sind *vitakka* (aufnehmende meditative Konzentration), *vicara* (anhaltende meditative Konzentration), *citt'ekagattā* (einspitzige Ausrichtung des Geistes), *pīti* (Verzückung) und *sukha* (Glückseligkeit) vorhanden. In der zweiten Vertiefung fallen die ersten beiden Faktoren weg, in der dritten auch *pīti*. In der vierten entfällt *sukha*, stattdessen kommt Gleichmut (**upekkhā**) hinzu.

**JHWH** – ist der Eigenname des Gottes im **Tanach**. Da es in der hebräischen Schrift keine Vokale gibt, enthält er nur Konsonanten. Ausgesprochen wird er *Jahwe* oder auch Jehova.

**Judäa** – Name des Siedlungsgebietes der Juden zur Zeit *Jesu*. *Judäa* ist seit 63 v. Chr. Teil *Palästinas*, das wiederum Teil der Provinz *Syrien* des Römischen Reiches ist.

**Kali** – hinduistische Göttin. Die Ikonografie zeigt *Kali* meist schwarz, manchmal blau dargestellt. Sie hat mehrere Arme, meist vier oder zehn, und trägt eine Halskette aus Schädeln, einen Rock abgeschlagene Arme, manchmal hängt ein totes Kind an ihrem Ohr. Die Attribute in ihren Händen können variieren: Meist hält sie einen abgeschlagenen Schädel, eine drohend erhobene Sichel und eine Blutschale. Auf vielen Darstellungen ist ihre rechte Hand erhoben und zeigt die segnende und trostgebende Handgeste. Sowohl in der Mythologie als auch in der Ikonografie sind weibliche Goldschakale *Kalis* wichtigste Begleittiere. Viele Texte beschreiben *Kali* als unabhängig von einer männlichen Gottheit. Mitunter aber ist da auch **Śiva,** als dessen Gefährtin oder Ehefrau sie ihn zu wildem, unzivilisiertem Verhalten anstiftet. Viele Bilder zeigen, wie sie auf **Śiva** tanzt oder steht. Denn im Mythos wird erzählt, einst habe *Kali*, trunken vom Blut ihrer Feinde, auf dem Schlachtfeld triumphierend getanzt. Um ihr Toben zu stoppen, habe **Śiva** sich hingelegt wie eine Leiche. Erst als *Kali* auf ihm tanzte, habe sie ihren Gemahl erkannt und eingehalten. Auf einer anderen Bedeutungsebene drückt das Bild der *Kali* auf dem leblosen Körper ganz deutlich ihre Überlegenheit aus: Sie ist der dynamische Aspekt **Śivas** (nach Wikipedia, 21.02.2024).

**Kalyāṇamittatā** – Freund heißt auf Pali **Mitta**, *Mittatā* bedeutet Freundschaft, der Ausdruck heißt also „schöne Freundschaft" und bedeutet, dass diese Freundschaft nicht aus egoistischen Motiven (wie sexuellem Interesse oder dem „Eine Hand wäscht die andere"-Prinzip) gepflegt wird, sondern aus spirituellem Interesse, d. h., man unterstütze einander beim Pfad in Richtung Erwachen.

**Karma** – im Buddhismus jede absichtlich ausgeführte Handlung. Es wird davon ausgegangen, dass Handlungen Folgen haben, die (auch) auf den Verursacher zurückwirken. Im

**Hinduismus** hingegen wird meist davon ausgegangen, dass es karmisch heilsam sei, sich an die Regeln und Beschränkungen seiner **Kaste** zu halten und die **Brahmanen** (bezahlte) Opfer für einen bringen zu lassen.

**Karunā** = *Mitgefühl*

**Kaste** – die indische Gesellschaft wird gemäß der hinduistischen Religion in streng voneinander abgetrennte Kasten eingeteilt. Die wichtigsten Kasten sind die **Brahmanen** (Sanskrit: ब्राह्मण, *brāhmaṇa* = Priester), **Kṣatriyas** (Sanskrit: क्षत्रिय, Adel, Krieger, Beamte), die **Vaiśyas** (Sanskrit: वैश्य = Kaufleute, Händler, Großgrundbesitzer) und die **Śūdras** (Sanskrit शूद्र = Arbeiterklasse inkl. Handwerker), darunter stehen die **Dalits** (Kastenlose, Unberührbare). Auf diese Art schuf der Hinduismus eine Apartheidgesellschaft mit einer arischen Mittel- und Oberschicht und einer indigenen Bevölkerung, die man nicht einmal berühren durfte. So sollte eine Rassenvermischung verhindert werden.

**Katalepsie** (altgr. κατάληψις *katálēpsis* „Festhalten"; auf Deutsch auch Starrsucht) ist eine neurologische Störung. Sie äußert sich darin, dass aktiv oder passiv eingenommene Körperhaltungen übermäßig lange unerwünscht beibehalten werden.

**Kindheitsevangelium nach Thomas** – Man darf es nicht mit dem Thomasevangelium verwechseln, das bekannter ist. Das Kindheitsevangelium ist von einem als „Thomas der Israelit" bezeichneten Autor verfasst, es entstand wohl im 2. Jh. n. Chr.

**Kṣatriya** (Sanskrit: क्षत्रिय) höchste indische Kaste, umfasst Adel, Krieger und Beamte

**Magadha** – Staat im Norden Indiens z. Z. des **Buddha**. *Magadha* war etwa so groß wie Hessen und stand in Konkurrenz zum Nachbarstaat *Kosala*.

**Mahāsāṅghika** – (Große Gemeinde) Name einer frühen Schulrichtung des Buddhismus. Sie entstand 137 Jahre nach dem Tod (Eingang ins **Nirwana**) des **Buddha**, kurz nach dem zweiten Konzil von *Vaiśālī*. Hiermit hat sich gewissermaßen die spätere Spaltung in **Theravāda** und **Mahayana** angekündigt.

**Mahāvira** – wörtlich: „großer Held" gilt vielen als der Begründer der indischen Religion *Jainismus*, die etwa zeitgleich mit dem *Buddhismus* entstanden ist. Die Lehre des *Jainismus* existiert in Indien bis auf den heutigen Tag. Außerhalb des Subkontinents konnte sie jedoch – im Gegensatz zur Lehre *Buddhas* – nie nennenswert Fuß fassen. (Quelle: Wikipedia)

**Mahāyana** – eine der beiden Hauptrichtungen des *Buddhismus*. Das *Mahāyana* („großes Fahrzeug") betont, dass jeder, der Buddhismus praktiziert, erleuchtet werden kann, keineswegs nur Mönche und Nonnen. Sein Ideal ist der **Bodhisattva**, ein Wesen, das mit Mitgefühl und Weisheit handelt, um alle Wesen zur Buddhaschaft, zum **Erwachen**, zu führen.

**Mantra** – eine heilige Silbenfolge, die in Ritualen häufig wiederholt aufgesagt wird, das bekannteste buddhistische *Mantra* ist OM MANI PADME HUM. Das Wort *Mantra* kann mit „Schutzgeist" übersetzt werden. Oft lassen sich *Mantras* nicht übersetzen.

**Māra** – das Böse, in der Regel personifiziert als der Böse, der Versucher. Das Wort ist etymologisch verwandt mit dem deutschen „Mahr" (wie in Nachtmahr = Albtraum) und dem lateinischen mors (Tod).

**Messias** – Das Wort bezeichnet seit dem Propheten *Jessaja* die Erwartung des rechtmäßig von Gott eingesetzten Königs. Der Begriff (hebräisch משיח, griechisch transkribiert Μεσσίας, ins Griechische übersetzt Χριστός *Christós*, latinisiert Christus) stammt aus den heiligen Schriften im Judentum, dem *Tanach*, und bedeutet „Gesalbter". Er bezeichnet nach dem *Tanach* den Retter und Friedensbringer der Endzeit.

**Mettā** – eine sehr positive Emotion: Wohlwollen, Zuneigung, (nichterotische) Liebe, oft als „liebende Güte" übersetzt. Mitunter wird sie auch als „Allgüte" bezeichnet, denn *Mettā* soll allen Wesen in gleicher Weise entgegengebracht werden. Es ist das, was beispielsweise *Jesus* meint, wenn er sagt, man solle nicht nur seinen Nächsten lieben wie sich selbst, sondern sogar seinen Feind.

**Mettā bhāvanā** – Meditation zur Schaffung von Bedingungen damit **Mettā** entsteht, normalerweise in fünf Phasen geübt (1) **Mettā** für sich selbst, (2) für einen guten, edlen Freund/eine gute, edle Freundin, (3) für eine neutral besetzte Person, (4) für eine schwierige Person (Feind) und (5) für alle fühlenden Wesen.

**Mitgefühl** – (*karunā*) ist das Gefühl, wenn **Mettā** auf ein leidendes Wesen trifft. Es ist etymologisch verwandt mit *caritas* (lat.: Barmherzigkeit) und mit *to care* (engl.: sich kümmern).

**Muditā** – Mitfreude, eine der **Brahmāvihāras**

**Mythos** – (altgr.) ist in seiner ursprünglichen Bedeutung eine Erzählung. Im religiösen Mythos wird das Dasein der Menschen mit der Welt des Transzendenten verknüpft.

**Namaste** – Im **Hinduismus** übliche Grußformel (von sanskr. *námas* = Verbeugung und *te* = dir), die Grußformel geht auf das **Rigveda** zurück. Bei der Ausübung der Geste werden üblicherweise die Innenhandflächen zusammengeführt, in Nähe des Herzens an die Brust gelegt und der Kopf leicht gebeugt.

**Nichtwiederkehrer** – Man unterscheidet vier Stufen der Heiligkeit. Die unterste ist der **Stromeintritt**, es folgt der Einmalwiederkehrer (der noch einmal wiedergeboren wird), der Nichtwiederkehrer (der in einem himmlischen Gefilde lebende, der von dort ins **Nirwana** eingehen wird, ohne wiedergeboren zu werden) und der **Arahat.**

**Nirwana** – (auf Sanskrit: *nirvāṇa* bzw. auf Pāḷi: *nibbāna*) Ziel des Buddhismus, das Wort bedeutet „verwehen" oder Nicht-Wahn

**Paganisten** – Das moderne Wort *pagan* dient in der Geschichte des Christentums als Begriff zur abwertenden Kennzeichnung von religiösen Formen, die nicht im Zusammenhang der christlich-jüdischen Überlieferung oder Kultpraxis stehen. Wie *heidnisch* bezeichnet es vor- oder außerchristliche religiöse Elemente. Seit der Spätantike wurden die noch nicht christianisierten Dörfler und Bauern mit dem lateinischen

Wort *pagani* (lat. *pagus*, „Dorfgemeinde, ländlicher Bezirk") benannt.

**Palästina** – Das römische *Palästina* bestand seit 63 v. Chr. als Teil der Provinz Syrien des Römischen Reiches. Es umfasste das heutige Israel, die von Israel seit dem Sechstagekrieg 1967 bis heute besetzten Gebiete sowie Teile Jordaniens.

**Pāḷi** – ist eine Schriftsprache, in der in erster Linie buddhistische Texte niedergeschrieben sind. Sie wurde vom 6. Jh. v. Chr. bis zum 10 Jh. n. Chr. verwendet (mittelindische Zeit). Ältere Texte sind altindisch, die zuständige Schriftsprache ist **Sanskrit**. Es wird angenommen, dass *Pāḷi* aus dem Dialekt *Magadhi* abgeleitet wurde, dem Dialekt, der in **Magadha**, gesprochen wurde, einem der nordindischen Staaten, in dem sich der **Buddha** oft aufhielt. Das Wort *Pāḷi* bedeutet „Textzeile", woraus deutlich wird, dass es sich um eine typische Schriftsprache handelt.

**Pāḷi-Kanon** – älteste Schriftensammlung des Buddhismus. Hier sind u. a. die Lehrreden des Buddha enthalten.

**Parinibbāna** – Tod eines Erleuchteten. Mit der Erleuchtung hatte dieser **Nirwana** (*Pāḷi: nibbāna*) verwirklicht. Er war dem Kreislauf aus Geburt und Wiedertod entronnen. Da er jedoch noch einen Körper hatte, muss er noch einmal sterben, geht dann aber keiner neuen Geburt mehr entgegen. Diesen letzten Tod nennt man *Parinibbāna*.

**Pārvatī** – ist eine hinduistische Göttin, die als die Gattin des **Śiva** und Mutter von **Ganesh** gilt.

**Passafest** – Das P. ist eins der wichtigsten Feste des Judentums (hebräisch: *Pesach*), das jährlich im Frühjahr gefeiert wird. Ursprünglich war *Passa* ein Hirtenfest. Noch immer ist es mit der Zeit des ersten Frühlingsvollmonds verbunden (wie unser Osterfest). Für Juden ist es aber zu einem Fest von größerer Bedeutung geworden. Es erinnert an den Auszug aus der ägyptischen Gefangenschaft, die nach einem jüdischen Mythos von *Moses* angeführt worden sein soll.

**Pataliputra** – Die Stadt (das heutige Patna) an der Mündung des *Son* in den *Ganges* wurde zu **Buddhas** Zeit von König **Ajatasattu** (unter dem Namen *Pataligama*) gegründet. **Ajatasattus** Sohn Udayin machte sie dann zur Hauptstadt des Königreiches **Magadha**. Sowohl der **Buddha** als auch **Mahavira** besuchten die Stadt mehrfach. Im Jahr 253 v. Chr. fand hier das dritte buddhistische Konzil statt.

**paṭiccasamuppāda** – bedingte Entstehung, zentrale Lehre des Buddha. Häufig als zwölfgliedrige Kette des bedingten Entstehens dargestellt: (1) Unwissenheit – (2) Geistesformationen – (3) Bewusstsein – (4) Körper und Geist – (5) sechs Sinnengrundlagen aller geistigen Vorgänge – (6) Kontakt – (7) Empfindung – (8) Verlangen – (9) Anhaften – (10) Werden – (11) (Wieder-)Geburt – (12) Alter und Tod

**Prakrit** (Sanskrit, प्राकृत, n., *prākṛta*) ist die Bezeichnung für diejenigen indoarischen Sprachen, die in der sprachgeschichtlichen Entwicklung auf das Altindische folgten. Sie wurden etwa in der Zeit vom 6. Jahrhundert v. Chr. bis zum 11. Jahrhundert n. Chr. gesprochen. Natürlich gab es auch im Prakrit regionale Unterschiede.

**Prostration** – „Niederwerfung", eine Verbeugung mit dem ganzen Körper, bei der sich der Verbeugende in einer bestimmten Bewegungsabfolge auf den Boden legt und die Hände in Richtung des verehrten Objektes ausstreckt. Diese buddhistische Praxis wurde von der katholischen, orthodoxen und anglikanischen Kirche übernommen.

**Pūjā** – „Verehrung", auch Bezeichnung für eine buddhistisches Verehrungsritual, das aus i. d. R. Gebeten, Opfergaben und **Mantra**rezitationen besteht, es kann auch Textlesungen enthalten.

**Puruschapura** – Heute heißt die Stadt am östlichen Ausgang des *Chaiber*-Passes *Peschawar* und hat zwei Mio. Einwohner. Zu Jesu Zeiten war sie erst vor wenigen Jahrzehnten von den buddhistischen Königen *Gandharas* gegründet worden.

**Rabbiner** – ist ein Funktionsträger in der jüdischen Religion. Seine Hauptaufgabe ist es, die *Tora* (ein Teil des **Tanach**) zu lehren. Die Grundform des Rabbiners entwickelte sich, als sich Gelehrte versammelten, um die schriftlichen und mündlichen Gesetze des Judentums zu kodifizieren.

**Rājagṛha** – zu Buddhas Zeiten die Hauptstadt des Königreichs **Magadha**. Hier fand kurz nach **Buddhas** Tod das erste buddhistische Konzil statt. Heute ist die 50.000 Einwohner zählende Stadt relativ unbedeutend. Sie heißt jetzt *Rajgir* und liegt im indischen Bundesstaat *Bihar*. In unmittelbarer Nähe lag *Nalanda*, die größte buddhistische Universität, wo gleichzeitig etwa 15.000 Studierende von 1000 Professoren unterrichtet wurden. Diese Zahlen beziehen sich aufs 5. Jh. n. Chr.

**Rigveda** (sanskrit ऋग्वेद *ṛgveda* „Verse des Wissens") ist der älteste Teil der vier **Veden** und zählt damit zu den wichtigsten Schriften des **Hinduismus**.

**Sabbat** – jiddisch *Schabbes* ist im Judentum der siebte Wochentag, ein Ruhetag, an dem keine Arbeit verrichtet werden soll. Seine Einhaltung ist eines der Zehn Gebote. Er beginnt am Vorabend und dauert von Sonnenuntergang am Freitag bis zum Eintritt der Dunkelheit am folgenden Samstag, denn im jüdischen Kalender dauert der Tag vom Vorabend bis zum Abend des Tages – nicht von 0 bis 24 Uhr. Dies ist abgeleitet aus dem Schöpfungsbericht, dort heißt es: „und es war Abend und es war Morgen, ein Tag". (1 Mos, 5)

**Sādhu** – wörtlich „Heiliger", Bezeichnung für spirituelle Sucher, die häufig obdachlos sind, Sadhus gab es schon zu Buddhas Zeiten in Indien, aber auch heute noch. „Sadhu, Sadhu, Sadhu!" wird in buddhistischen Kreisen als feierlichfreudiger Ausruf verwendet.

**Śākya** – (sanskrit, auf Pāḷi: *Sākiya*) kleine Adelsrepublik in Nordostindien, in der der spätere Buddha geboren wurde.

**Śākyamuni** – Bezeichnung für den historischen Buddha, wörtlich: „Weiser (muni) aus dem Lande **Śākya**"

**Sāla** – Der Salbaum ist ein tropischer, langsam wachsender Baum, der bis zu 30 Meter hoch werden kann. In Indien gibt es ganze Wälder mit Salbäumen. Der botanische Name ist *Shorea robusta*. Der Baum kann 100 Jahre alt werden. Der **Buddha** wurde unter einem Salbaum geboren und starb später auch zwischen zwei Salbäumen. Der Baum hat in der indischen Mythologie eine besondere Bedeutung. Es heißt, dass Königin Maya ihren Sohn unter einem Salbaum geboren hat. Ihr Sohn Siddhartha Gautama wurde später durch seine Erleuchtung zum Buddha. Im Buddhismus wird die kurze Blütezeit des Salbaumes als Symbol für die Vergänglichkeit verwendet.

**Samādhi** – „tiefe Meditation, Versenkung, spirituelle Absorbiertheit", *Samādhi* ist auch der zweite Teil des **Dreifachen Pfades**.

**Samsāra** – alles, was nicht **Nirwana** ist, der Kreislauf des **Bedingten Entstehens**

**Sangha** – spirituelle Gemeinschaft, hier besonders für die Gemeinschaft der Schülerinnen und Schüler des Buddha. Zur *Sangha* in engeren Sinn gehören nur Mönche und Nonnen, zur *Sangha* im engsten Sinn nur Erleuchtete.

**Sanskrit** – eine altindische Schriftsprache, die um 1500 v. Chr. entstand, um die Veden, die heiligen Texte des **Hinduismus**, niederzuschreiben.

**Savatti** – Hauptstadt von *Kośala*, ein Staat in Nordindien zur Zeit des Buddha. Der Kaufmann **Anathapindika** hatte hier einen Park mit einem Kloster gestiftet, wo der Buddha insgesamt 19 Mal die Regenzeit verbrachte.

**Seleukidenreich** – Es gehörte zu den hellenistischen Diadochenstaaten, die sich nach dem Tod *Alexanders des Großen* bildeten. Während des 3. und 2. Jahrhunderts v. Chr. beherrschte das 312 v. Chr. begründete Reich den Vorderen Orient und erstreckte sich in seiner größten Ausdehnung von Kleinasien (heute: Türkei) bis **Baktrien**.

**Śiva** – (*sanskrit*: Glückverheißender) ist einer der Hauptgötter des **Hinduismus**. Als Bestandteil der „hinduistischen Trinität" (Trimurti) mit den drei Aspekten des Göttlichen, also mit **Brahma**, der als Schöpfer gilt, und **Viṣṇu**, dem Bewahrer, verkörpert **Śiva** das Prinzip der Zerstörung. Außerhalb dieser Trinität verkörpert er Schöpfung und Neubeginn ebenso wie Erhaltung und Zerstörung.

**Sindh** – großer Strom, der heute in *Indien „Indus"* heißt. In *Pakistan*, durch das er in erster Linie fließt, heißt er auch heute *Sindh.*

**Sri Lanka** – Die Insel vor der Südostküste *Indiens* war politisch unabhängig und ein Land, in dem der Buddhismus verbreiteter war als in *Indien*. Hier wurde im 1. Jh. v. Chr. der **Pāḷi-Kanon** erstmals schriftlich niedergelegt.

**Stromeintritt** – so etwas wie die erste Stufe der Heiligkeit im *Buddhismus*, die weiteren Stufen sind Einmalwiederkehr, Nichtwiederkehr und **Arahat**schaft (vollständige Heiligkeit, Erleuchtung). Stromeingetretene können nie wieder hinter diesen Zustand zurückfallen, sind also der baldigen Erleuchtung (spätestens nach sieben Leben, so heißt es) sicher.

**Śūdras** – (Sanskrit: शूद्र) Arbeiterklasse inkl. Handwerker, vierte (und niedrigste) der Großkasten, darunter gab es sog. „Unberührbare" oder *Dalits.*

**Sūtra** (Pl. Sutren oder Sutten) – Lehrrede

**Synagoge** – (von altgriechisch συναγωγή *synagōgē*, „Versammlung") ist ein Gebäude, das der Versammlung, dem gemeinsamen Gottesdienst und oft auch als Lehrhaus einer jüdischen Gemeinde dient. Sie ist die wichtigste Institution im Judentum.

**Tanach** – oder **Tenach** (hebr. ‏תַּנַ״ךְ‎ TNK) ist eine von mehreren Bezeichnungen für die **Hebräische Bibel**, die Sammlung der heiligen Schriften des Judentums. Er enthält unter anderem die Tora (Weisung). Das Christentum hat alle Bücher des *Tanach* – etwas anders geordnet – übernommen. Sie bilden das „Alte Testament".

**Therapeuten** – (altgr. Θεραπευταί) waren eine der Mystik zugewandte Gruppe jüdischer Einsiedler im Ägypten vom Anfang des 1. Jh. v. Chr. Die Quelle dessen, was wir über die *Therapeuten* wissen, ist *Philon von Alexandria,* der in der ersten Hälfte des 1. Jh. n. Chr. lebte. Er beschreibt die *Therapeuten* in der Schrift *De vita contemplativa* („Über das kontemplative Leben"). Die *Therapeuten* gelten mit den **Essēnern** als Vorläufer des christlichen Mönchstums. Von einigen Historikern wird die Hypothese vertreten, dass die Bezeichnung Θεραπευταί für den vorchristlichen Mönchs- und Nonnenorden möglicherweise eine Verformung des Sanskrit-/Pali-Wortes **Theravāda** war, einer Form des Buddhismus (nach: Wikipedia 10.1.2024).

**Theravāda** – eine der frühen Schulen des Buddhismus, die einzige Hinayana-Richtung, die noch existiert. *Theravāda* bedeutet „Schule der Älteren", was darauf hinweisen soll, dass ihre Anhänger den *Buddhismus* so praktizieren, wie es der Buddha selbst gemacht hat. Bei ihnen stehen die Lehrreden des **Pāḷi-Kanons**, der ältesten buddhistischen Schriften, im Mittelpunkt.

**Trinität** – (lat. *trinitas*; deutsch ‚Dreiheit') ist in der christlichen Theologie die Wesenseinheit Gottes in drei Personen (Gottvater, Jesus und Heiliger Geist). In der indischen Trinität (Trimurti genannt) sind es **Brahma** (Schöpfer), **Viṣṇu** (Bewahrer) und **Śiva** (Zerstörer).

**upanisā** – Vom Buddha wurde im upanisā **sutta** eine Reihe von aufeinander aufbauenden und sich gegenseitig verstärkenden Bedingungen für eine spirituell positive Entwicklung aufgezeigt. Ich übersetze upanisā mit „Voraussetzung". Im upanisā **sutta** ist der Pfad in – je nach Quelle – 12 bzw. 17 upanisās aufgeteilt, damit stellt er eine ausgearbeitete Variante des **Dreifachen Pfades** dar

**Upekkhā** – Gleichmut (nicht Gleichgültigkeit!), eine von Mettā getragene Emotion, die ein Wesen als Produkt seiner Bedingungen, seiner Umwelt und seiner individuellen (genetischen, sozialisatorischen und karmischen) Dispositionen sieht.

**Uposatha** – heißt wörtlich Fastentag. Alle sieben Tage ist Fastentag: bei Neumond, bei Vollmond und bei Halbmond (es galt der Mondkalender). An diesen Tagen waren die Laienanhänger der *Jains* dazu aufgerufen zu leben wie die Mönche an den übrigen Tagen, die Mönche aber fasteten. Die Regeln bei den *Buddhisten* sind anders. Dort sollen zwar die Laien auch enthaltsam leben und auf alle Unterhaltung (Musik, Gesang,

Theater) verzichten. Die Mönche machen an diesem Tag das „Eingeständnis von Fehlern", eine Art Beichte.

**Vaiśya** – (sanskr.) ist im indischen Kastensystem die Bezeichnung für die aus Kaufleuten, Händlern, Geldverleihern und Großgrundbesitzern bestehende dritte **Kaste** der traditionellen vier Kasten des Hinduismus.

**Vedanā** – „Gefühlstönung, Empfindung", diese kann positiv, negativ oder neutral sein.

**Veden** – heilige Schriften des Hinduismus. Die vier klassischen Veden sind Rigveda, Samaveda, Yajurveda und Atharvaveda. Alle hinduistischen Religionen akzeptieren die Unantastbarkeit dieser vier *Veden*. Jedoch rechnen einzelne Glaubensrichtungen individuell oft noch weitere Schriften hinzu.

**Vier Edle Wahrheiten** – zentrale Lehre des Buddhismus: (1) alles abhängig Entstandene ist unvollkommen, (2) es hat Ursachen (Gier, Hass, Verblendung), (3) durch Beseitigung der Ursache(n) vergeht es, (4) der Weg zur Beseitigung des Unerwünschten ist der **Edle Achtfache Pfad**

**Vinaya Pitaka** – (wörtlich: Korb der Disziplin) ist eine Sammlung von buddhistischen Ordensregeln. Er bildet die erste Abteilung („Korb der Ordensregeln") des **Pāḷi-Kanons** (Pitaka, „Dreikorb"). Er ist die Grundlage für das buddhistische Mönchtum. Er enthält Regeln für den Tagesablauf der Mönche und Nonnen sowie für Umgangsformen, die ein harmonisches Zusammenleben sowohl der Ordinierten selbst als auch zwischen Ordinierten und Laiengemeinschaft gewährleisten sollen.

**Viṣṇu** – ist eine der wichtigsten Formen des Göttlichen im **Hinduismus,** kommt bereits in den Veden vor. Er gilt als das bewahrende Prinzip.

**Yoga** – das indogermanische Wort ist gleichbedeutend mit dem Deutschen „Joch" (anjochen, anschirren, zusammenbinden), was eindeutig auf Disziplinierung hinausläuft. *Yoga* ist eine aus *Indien* stammende philosophische Lehre. Wer sie praktiziert, ist *Yogi* bzw. *Yogini*. In Europa und Nordamerika wurden bis vor Kurzem unter dem Begriff *Yoga* oft nur körperliche Übungen verstanden – die **Āsanas** oder *Yogasanas* – und der Begriff somit weitgehend mit *Hatha Yoga* gleichgesetzt.

**Yogi** – Person, die Yoga praktiziert

**Zarathustra** – soll ein iranischer Priester, Philosoph und der Stifter des **Zoroastrismus** sein, der im 1. oder 2. Jahrtausend v. Chr. gelebt haben soll. Heute geht man davon aus, dass er um 600 v. Chr. gelebt hat, also in der Achsenzeit, und somit ein Zeitgenosse von **Buddha, Mahavira**, *Laotse* und *Konfuzius* gewesen sein soll. Die älteste Biografie stammt aus dem 9. Jh. n. Chr., also mindestens 1000 Jahre nach seiner Zeit und ist daher mit Vorsicht zu genießen.

**Zensus** – steht für Volkszählung, eine gesetzlich angeordnete Erhebung statistischer Bevölkerungsdaten, im Römischen Reich für die Erfassung der Gesamtzahl der Bürger des Reichs.

**Zoroaster** – Anhänger des *Zoroastrismus*

**Zoroastrismus** – bzw. *Zarathustrismus* (auch: *Mazdaismus* oder *Parsismus*) ist eine Religion, die von **Zarathustra** gestiftet wurde. Der Begriff wurde vermutlich erst im 19. Jahrhundert n. Chr. gebräuchlich. Die Religion **Zarathustras**, die auf sehr alten indoarischen Traditionen und Überlieferungen fußt, entstand zwischen 1800 und 600 v. Chr. Ihre Herkunft ist umstritten. Sie breitete sich etwa im 7. bis 4. Jahrhundert v. Chr. im iranischen Kulturraum (von Gemeinschaften im östlichen Kleinasien und in Mesopotamien über Persien bis zum zentralasiatischen Raum) aus (nach: Wikipedia 21.1.2024).

**Zufluchten und Vorsätze** – ein Ritual, mit dem sich Buddhistinnen und Buddhisten (meist morgens) daran erinnern, dass sie die drei Juwelen oder Zufluchten (**Buddha, Dharma** und **Sangha**) in den Mittelpunkt ihres Lebens stellen, außerdem die *pañcasīla*, die fünf Vorsätze für Laien (Gewaltlosigkeit, Großzügigkeit, Wahrhaftigkeit, Genügsamkeit und Achtsamkeit).

# Namensverzeichnis

## In Palästina vor der Reise
Anna  Mutter Marias
Maria  Maria, Mutter Jesu
Jesus  Held der Geschichte
Josef  Ziehvater Jesu
Sekundus weiser Rabbiner
Nikodemus Mentor Jesu bei den Essēnern

## Auf der Reise
Dimitros  alter Mann in Antioch
Agathokles  Karawanenführer
Demetrios sein Sohn
Straton  Wächter aus Baktrien
Alexander Kaufmann
Aischylos  Wächter Alexanders
Heliokles Karawanengehilfe
Ptolemäus Gehilfe
Artavan  zoroastrischer Priester
Kujula  ein Karawanenführer
Jñanaketu Abt in Baktra
Shantiraja Sekretär des Abtes
Sraddhamitra  Mönch in Baktra

## In Puruschapura
Sukhapada Mönch
Maitreyabandhu Novizenaufseher
Jñanavaca Mönch in Kleiderkammer
Singhamati Abt
Vajraguptā Mönch
*Dayavandana* Mönch

## Bei den Jains
Jainmitra nackter Mönch
Ahimsaka Abt der Weißen Jains
Sukhavaca erfahrener Jain
Maitrivaca erfahrener Jain
Ahimsamaitri sterbender Mönch

## In Mirpur Khas
Jaspal Vater
Tamana Mutter
Sunil Sohn (15)
Prem Sohn (7)
Anisha Tochter (14)
Desna Tochter (11)
Ranjid Anishas Verlobter
Singh Schreiner
Brinda seine Tochter (13)
Darshanna seine Tochter (11)
Ila seine Tochter (7)
Lali seine Tochter (4)

## Bei Benares
Maharadesh meditativer Guru
Jerin Jogalehrer
Amal Latrinendienstleiter

## Bei Rājagṛha
Amar Jadoo der große Zauberer
Anando Jesu Diener
Anik Diener Amar Jadoos
Mahila „Frau"
Majandra „Frau"
Mala „Frau"
Manika „Frau"
Sangharama Abt in Rājagṛha

**In Pataliputra**
Naresh konserv. Brahmane
Rahul progr. Brahmane
Jasleen seine Frau
Navin junger Brahmane
Mula seine Frau
Indica Tochter (3)
Ranjana Tochter (7)
Nadi Sohn (5)
Valin ein Vaiśya
Mowgli ein Śūdra

**Im Kloster Weiße Wolke**
*Devamitta Jesus*
*Aryamitta Abt*
*Atulyamitta Mönch (Vertreter des Mittelweges)*
Viryakirti Schreiber
Nagamuni Mahāsānghika-Mönch
Theraraja Theravāda-Mönch
Nilay 1. junger Brahmane
Santosh 2. junger Brahmane
Yathavan 3. junger Brahmane
Amita Schwester von Nilay
Sanya Frau von Santosh
Balu 4. junger Brahmane
Eka 5. junger Brahmane

# Vom gleichen Autor liegen auch vor

Gelnhäuser buddhistische Reihe

Band 1 **Buddhas Sohn Rahula**
Geschichten aus dem Pāḷi-Kanon
ISBN: 978-3-7504-0010-8, 130 Seiten, Preis: 7 EUR
Band 2 **Die Tochter des Samurai**
Geschichten aus Mahayana, Vajrayana und Zen
ISBN: 978-3-7519-1734-6, 145 Seiten, Preis: 7 EUR
Band 3 **Buddhistische Pilgerwanderung**
Horst auf dem Weg Richtung Bodh Gaya
ISBN: 978-3-7519-7192-8, 246 Seiten, Preis: 10 EUR
Band 4 **Ausgewählte Lehrreden des Buddha**
in zeitgemäßer Form nacherzählt und teilweise erläutert
ISBN: 978-3-7526-2197-6, 186 Seiten, Preis: 9 EUR
Band 5 **Begegnungen mit dem Transzendenten**
Horst berichtet von seinem Weg zur Spiritualität
ISBN: 978-3-7543-1423-4, 248 Seiten, Preis: 10 EUR
Band 6 **Meditation und buddhistische Ethik**
ISBN: 978-3-7557-6114-3, 256 Seiten, Preis: 10 EUR
Band 7 **Evolviere zur/zum Buddha!** z. T. *farbig*
Du kannst – wie der Buddha – die Evolution vollenden!
ISBN: 978-3-7562-3601-5, 196 Seiten, Preis: 16 EUR
Band 8 **Selbsttransformation durch Meditation**
ISBN: 978-3-7347-0023-1, 330 Seiten, Preis: 16 EUR
Band 9 **Der Buddha – eine Biografie in Geschichten**
ISBN: 978-3-7583-2486-4, 196 Seiten, Preis: 12 EUR

Geschichten, Vorträge und andere Beiträge des Autors finden
sich auch unter **www.kommundsieh.de**

# Der Autor

Horst Gunkel, Jahrgang 1951, arbeitete 40 Jahre
als Lehrer an einem beruflichen Schulzentrum. Er
engagierte sich in vielen Vereinen und Bürgerinitia-
tiven zum Schutz des Lebens in all seinen Formen.
Von 1981 bis 1995 war er in zahlreichen Gremien
und zwei Regionalparlamenten aktiv. Von 1987 bis
2000 leitete er außerdem das ÖkoBüro Hanau. Anfang der 90er Jahre begegnete er dem Buddhismus
und erkannte schnell, dass ein Engagement hierin
(noch) wichtiger als sein bisheriges Wirken war. Er
legte alle politischen Ämter nieder und setzte sich
im Netzwerk Engagierter Buddhisten für ökologi-
sche, pazifistische und soziale Projekte ein. 1996
kam er zur Buddhistischen Gemeinschaft Triratna
(damals: Freunde des Westlichen Buddhistischen
Ordens), für die er zunächst in Frankfurt/M. eine
Meditationsgruppe aufbaute, dann die Buddhistische Gemeinschaft Gelnhausen, die er bis heute
leitet.

# Der Verlag

## *Wer aufhört besser zu werden, hat aufgehört gut zu sein!*

Basierend auf diesem Motto ist es dem novum Verlag ein Anliegen, neue Manuskripte aufzuspüren, zu veröffentlichen und deren Autoren langfristig zu fördern. Mittlerweile gilt der 1997 gegründete und mehrfach prämierte Verlag als Spezialist für Neuautoren in Deutschland, Österreich und der Schweiz.

**Für jedes neue Manuskript wird innerhalb weniger Wochen eine kostenfreie, unverbindliche Lektorats-Prüfung erstellt.**

Weitere Informationen zum Verlag und seinen Büchern finden Sie im Internet unter:

www.novumverlag.com